国家出版基金项目
NATIONAL PUBLICATION FOUNDATION

XIYU HANYU
TONGXINGSHI

西域汉语通行史

马克章／著

读者出版传媒股份有限公司
甘肃教育出版社

图书在版编目（CIP）数据

西域汉语通行史 / 马克章著. -- 兰州 : 甘肃教育出版社，2016.11
ISBN 978-7-5423-4032-0

Ⅰ. ①西… Ⅱ. ①马… Ⅲ. ①汉语史—研究 Ⅳ. ①H1-09

中国版本图书馆CIP数据核字(2016)第268345号

西域汉语通行史
马克章　著

出 版 人　王永生
责任编辑　冯　娟
装帧设计　马吉庆

出　版　甘肃教育出版社
社　址　兰州市读者大道568号　730030
网　址　www.gseph.cn　　E-mail　gseph@duzhe.cn
电　话　0931-8773136（编辑部）　0931-8773056（发行部）
传　真　0931-8773255
淘宝官方旗舰店　http://shop111038270.taobao.com

发　行　甘肃教育出版社　　印　刷　兰州新华印刷厂
开　本　787毫米×1092毫米　1/16　　印　张　26　　插　页　6　　字　数　520千
版　次　2016年12月第1版
印　次　2016年12月第1次印刷
印　数　1~1 500
书　号　ISBN 978-7-5423-4032-0　　定　价　98.00元

序

柴剑虹

三十六年前，我从乌鲁木齐市第19中学调到“红专学校”(市教师进修学校、教育学院前身)任教,和马克章老师成了同事。他教现代汉语课,我讲古代汉语,两门课程有许多契合之处,常在一起相互切磋。那时学校的教员多是从市属各中学调入的,老师们刚刚摆脱了“文革”的羁绊,思想也逐渐“解放”,很想在业务上多下些功夫,在提高自身水平与能力的同时,将所需知识传授给如饥似渴的学员们。在我的印象里,老马是我们这批“老大学生”中最勤奋的一位,也是刻苦钻研,在教学的同时最早步入“科研”领域的老师。现在想来,日后能够担当两千年“西域汉语通行史”这个大课题,那时已经打下了扎实的基础。

几年前，在和当年语文教学界老同事们的一次聚会之后,老马和我聊了他这些年搜寻、积累两千年间西域汉语通行方面的资料，准备撰写一本相关著作的设想。 我当然非常赞成——因为这不仅是新疆历史文化史中不可或缺的部分,而且也是社会语言学、文化语言学在中国汉语史研究中的一次有益实践和名副其实的突破。这些年来,我因为参与敦煌吐鲁番学研究的缘故,对相关出土文书中所反映出来的晋、唐时期敦煌及西域的“双语”乃至“多语”并行的情况颇感兴趣,但惜无研究。老马这本著作的着眼点是汉语在西部地区的通行史,同时也必然涉及和其他民族语言的交流、应用,相对于西域少数民族语言文献的研究(这也是我们的薄弱环节),西域汉语史的研究反而更加贫乏和滞后。语言文字本身是文化不可或缺的组成部分,也是文化传承的重要载体。我们在认真普及新疆历史文化知识时,当然应该对这一区域通行了两千年之久的汉语现象有更加清晰而确凿的认知。对于学界而言,从社会语言学和文化语言学的角度去厘清新疆汉语通行的史料并加以科学分析,则可以大大拓展人们研究西域文化历史的视野。

据老马在本书"绪论"中所说,他是三十年前在参与调查、研究新疆汉语方言的国家课题时开始关注"汉语通行"这个论题的。实际上,汉语的"普通话"只是现当代的概念,虽然古代的某个时期有"官话"的说法(如南宋时期临安的"官话"、晚近以来北方话系统的各地官话),其实也都是靠近某一种方言的语言——在漫长的历史时期,汉语不仅依靠各地方言而存在、传承、发展,而且也不断地从其他民族语言中汲取养料而丰富发展。新疆作为一个地域广阔的移民社会,各地区的汉语方言也不断地在新疆进行着交流。因此,新疆的汉语通行史,实际上正是汉语方言的通行史。诚如本书第一章第四节中所言:"汉语在西域的通行,始于汉人的进入西域。汉语通行空间的分布,取决于汉人在西域的地域分布。"书中对汉代汉人(戍边士卒、地方移民等)的人数、分布,做了详细的钩沉与统计,说明当时在西域已至少形成了十余个汉语语言岛,当然"岛"的含义,恐怕还不是彼此间不通音问,"完全隔绝",尽管交流并不通畅,但人员的流动是不可避免的,汉语不同方言间的渗透力亦不可小觑。从西汉至清末的两千多年间,体现了中原及江汉地区的各地方言交融特色的汉语,作为西域地区的"官方通用语",是无可争辩的事实。至于西域各少数民族语言对于汉语变革、传承、发展的贡献,也是有目共睹的事实。例如我曾经在一篇文章中提及元代维吾尔语对元曲语词的影响,还有目前汉语中已经非常普及的常用词汇(如葡萄、芫荽、琵琶、筚篥等等),佛经东传过程中少数民族翻译家在译经中的杰出作用,都证明了西域的汉语通行史,也是各民族语言的交融史。本书中对汉代以后西域地区"双语现象"乃至"多语现象"的精辟分析,也说明了作者叙述、评论汉语通行新疆的历史,恰是在正视历史事实的前提下,为了更生动形象地还原民族文化交融的图像,更好地维护民族团结与祖国的统一。新疆,作为统一祖国大家庭中地域最辽阔、各民族文化交流最活跃的成员,诚如作者在本书"余论"中指出的:"汉语在西域的通行,不仅起到了语言交际的作用,而且它对西域社会的发展和地区文化的发展，都产生了深刻的影响，具有重大的社会意义和文化意义。”

材料的翔实，方法的更新，严密的逻辑思辨，清晰的篇章结构，是本书的显著特色，也是我钦佩之处。本书征引的资料，有丰富的传世典籍，有大量的出土文物，有前辈的研究成果，也有国外专家的论著；本书使用的方法，除了借助文化语言学、社会语言学等新兴学科的认识论与方法论之外，多学科交叉综述，二重、多重证据，数字统计，等等方法，都得到了较好的运用；本书在具体的分析、综合中体现出来的逻辑思辨，包括精细推理而又留有余地，缜密而有说服力；本书依时代为序，厘为七章，纵论汉语在西域通行的史实，而每一章中又将新疆历史中一些重大事件与语言问题紧密地结合在一起论述，以求达到“横断面”清晰的效果。因此，这不仅是一部应用语言学的著作，也完全可以作为一部简明的新疆通史来阅读。学术的创新是必须以学术规范为基础的。我认为，学术规范的基本点，就是材料的真实、准确、齐备，语言的简明、通畅、生动，立论明确、推论合理、结论确定又留有余地，一句话，要杜绝假、大、空。我以为，老马的这部著作，是努力去做到这一点的。故乐于为之序，并求学界同道教正。

2013年9月4日于中华书局

本序作者系中华书局编审，中国敦煌吐鲁番学会副会长兼秘书长，敦煌研究院、吐鲁番学研究院兼职研究员，浙江大学、中国人民大学、首都师范大学、新疆师范大学等高校兼职教授。

绪　论

世界科学发展史告诉我们:19世纪全世界的科学发展,呈现出学科分门越来越细的发展趋势,20世纪则由分门过细,呈向学科的边缘或多学科交叉发展的趋势。科学的这种发展趋势,反映出人们对客观事物内部的认识的逐步深入以及对事物之间的关系和联系的进一步认识。后者往往是在前者发展中的局限性暴露之后的新思考、新发展。

我国是一个拥有五十六个民族的多民族大国。整个中华民族几千年的历史,是多民族的共同发展史。由于历史悠久、民族众多、各民族的历史地位不同等多种原因,特别是因为历史文献资料所囿,所以对我国各民族、各个不同历史时期、各个不同社会生活面的研究都还很不够。这就为我们未来的研究留下了极为广阔的空间。本书的研究课题就是从这个角度受到启发而发现的。

一、本书命题的产生

长时间以来,许多时候、许多问题单从某一学科角度入手,往往难以得出人们所理想的科学认识。究其原因,大都因为这一门学科的局限所致。

新疆自古以来就是一个多民族聚居区。整个新疆的历史,是新疆各民族共同发展的历史。

同全国情况一样,关于新疆各族的历史、不同历史时期、不同社会生活侧面的研究都还很不够。即便是有关汉族的情况,汉语在古代西域(新疆地区)通行的情况等,至今也还仍处于若明若暗的状况。本书命题研究汉语在西域的通行历史情况,就是因此种具体情况而产生的。

学科研究的局限启示了我们。

三十年前,我有幸参加了中国社会科学院语言所李荣、傅懋勣二位先生主持的国家六五计划期间重点社科项目(亚澳地区国际合作项目)之子项目(中国部分)——新疆汉语方言分区的调查研究。对新疆学界来说,新疆方言研究几乎是一件从零开始的工作。因为历史的原因,汉语在西域通行两千年来,却几乎无人对其予以关注。不要说方言的研究,就是汉语在这里通行的一般情况,我们也仍难知其详。尽管那次国家下达的关于新疆汉语方言研究的任务已经完成,但是,汉语在西域通行两千年的状况,以及新疆现代汉语方言形成的大致发展脉络等,作为问题,却一直萦绕在我们这些新疆汉语方言研究参与者的心中。

后来,我在研究确定新疆汉语次方言的代表话时,出于需要,翻阅了新疆通史。尽管阅读十分粗略,但还是发现,至今有许多问题仍然若明若暗。连我这样的历史学门外汉,都朦胧感觉到,许多问题看来确系文献资料缺乏,史学家都十分谨慎地不肯轻率表态。例如,关于西辽时期西域的汉语通行,史学家陈垣先生措辞就十分谨慎。明朝西域汉语的通行,学者们也几乎都避而不谈。我曾就明朝西域汉民的存在线索,请教过时任新疆社科院院长的刘志霄先生。刘先生是新疆史专家。他很客气地说,他自己也纳闷,远的不讲,就拿元朝来说,新疆有那么多汉民,但是到了明朝,史书里竟然找不到他们的下落。这使我感到,单从历史学角度要完全弄清相关问题,其局限已十分明显。看来不得不另辟蹊径,否则,这一问题就难以找到答案。

社会语言学告诉我们:语言是一种特殊的社会现象。语言的存在,依赖说这种语言的人的社会群体。据此我们有理由说,除了依据历史资料说话之外,依靠语言和操该语种的人口群体之间的互依关系,对语言的社会存在,或操这种语言的人的存在,进行相互推断,这一逻辑应当是具有说服力的。又如,文字是记录语言、把听觉转换成视觉的符号系统。某地有某种文字材料出现,就证明那里曾有它所记录的这种语言存在。二者的相依关系,也给我们带来了依据历史文献之外的发言机会。

已故语言学家罗常培先生在其《语言与文化》一书中，引用过几位已故美国学者的话。他们的观点也给了我们很大启发。美国已故语言学家萨皮尔（Edward Sapir）说："语言不能离开文化而存在。"另一位语言学家柏默（L.R.Palmer）说："语言的历史和文化的历史是相辅相行的，它们可以互相协助和启发。"(罗先生所接触系英文版——作者注)（转引自罗常培：《语言与文化》1 页，语文出版社，1989 年。）当我们仅靠目前历史研究的成果，对我们所关注的西域汉语通行历史状况、新疆现代汉语方言的形成等问题难以厘清时，如果从汉文化在西域传播的角度入手，是否可以得到一些"协助和启发"，得到我们所期望知道的东西。这实在是很有益的启发。

于是，这便成为我决心进行这一探索的基本想法。即在厘清历代汉语在西域的通行情况的同时，捕捉每一朝代汉文化在西域的传播造成的影响，二者互相作为佐证参照，既可印证汉语的通行，据以得知汉文化的传播、影响；又可透过汉文化的社会传播和影响，判定汉语曾经通行的社会存在。

社会语言学、文化语言学的新观点、新方法，令我们大受启发、备受鼓舞。它使我们在研究西域汉语的通行，观察新疆现代汉语方言的形成时，毅然突破旧有学科研究方法的局限，同时也启发了我们从多学科多角度着眼的创新思维，并给我们尝试探索新方法鼓舞了勇气。由此，我想，依据截至目前新疆历史研究的既得成果，梳理出历来内地说汉语人口西来的状况，掌握历代西域说汉语人口的大致数量及分布，应该可以窥得西域汉语在每一朝代通行的基本情况。进而，借助社会语言学、文化语言学的认识论、方法论，对汉文化在西域的传播，做出科学的判定。同时，因为汉文化的传播与汉语社会通行的密切关系，所以又可以从特定历史时期汉文化在西域的传播，反过来推断这个时期汉语的社会通行状况。其间，大量使用的方法，就是逻辑推论的方法。

就在这时，我在涉猎有关资料的过程中，接触到中国社会科学院边疆史专家马大正先生写给另一学者的一句赠言："作为与多学科密切关联的中国边疆史研究，要有一个整体的发展，必须要有一个多学科专家的通力协作，充分吸收诸学科的研究精华。"马大正先生的话，我认为既符合 21 世纪科学发展的大势，也符合西域汉语言文化的发展历史研究的实际。这使我更进一步坚定了多学科、多角度入手进行探索分析的信心。

二、需要率先廓清的几个概念

在研究过程中,我感到,关于西域等与本选题相关的几个概念,很有必要首先弄清楚。关于这几个概念的认识,近几十年学界确已多有研究,并取得了众多学者的共识。这里将其提出,无非是在引进共识,先予廓清的基础上,再展开对共同关注议题的讨论。

西域 西域是中国历史上的一个古老地理概念。它的意思是古代中国西部的疆域。

西域这个概念,有广义和狭义之分。广义的西域,原指自秦汉以前,我国西北地区、甘肃西部,包括今天新疆天山南北及其以西的中亚、西亚、北非、地中海东岸,以及印度北部等广袤的地域;狭义的西域,是指河西走廊尽头的玉门关、阳关以西,巴尔喀什湖以东、以南,葱岭以东,我国历代中央政府和地方政权所管辖的天山南北的大片地域。就狭义的西域而言,主要是指清朝划定版图之前,河西走廊以西、今天新疆天山南北及其以西的部分地域。可见西域和新疆还不是完全等同的概念。

关于西域,历史上早就同我国内地有着紧密的联系,人民过往密切。我国古代的许多典籍,诸如《穆天子传》《山海经》《管子》等,都对西域记之甚详。其中的许多古代传说,例如《穆天子传》中有关周天子宾于西王母,受到西王母热情款待的故事等,就是史前西域同内地联系的具体写照。我们这里要研究的西域同内地的关系等,是从我国有文字记载的、内地封建王朝汉朝政权对西域主权领有开始的。

汉族 汉族,作为中国主体民族的名称,它的由来有一个漫长发展变化的历史过程。它的所指对象,同其他任何民族的名称一样,也是一个历史的变化着的概念,并不恒指某一个固定的人口群体。

历史上的汉族曾经有过多种称呼。不同时期的不同称呼,正是它所指的这一变化着的人口群体,在新的情况下发生新变化之后的新所指。春秋战国时期,汉族在它的发祥地中原,称为“华”“夏”,也可连在一起称“华夏”。战国七雄的“秦”兴盛起来,统一了中国,周边各族群人们,就把中原的华夏人统称“秦人”。暴秦后被册封于汉中的刘邦所灭。刘邦就把自己所建的朝廷,称为汉朝。汉朝诞生,威慑天下。于是,周边的各族群,如南方的百越、北方的匈奴等,都称汉朝所辖土地上的人们为“汉人”。后来各朝也有被称呼“唐人”的等等。直到辛亥革命，“汉族”作为与“满族”相对区别的称呼，才被固定下来。

很显然，随着历史的发展，和各朝代发生的社会变动，我们这个国家的范围逐渐在扩大，特别是汉人同周边的少数民族相融合，族群便会不同于前。例如，春秋战国之前，夷、狄、蛮、戎融入了中原人之中。人们最清楚的是魏晋南北朝时，匈奴、鲜卑、羯、氐、羌等民族和汉人的融合。后来还有契丹、女真、党项和汉人的相继融合。直至元朝灭亡之后，部分蒙古人留在各地，与汉人的融合，满族人在入主中原之后与汉人也有融合。于是汉族人口不断增多，族群便越来越大。这是必须看到的一个基本历史事实。

所以，在本书中，自汉朝开始，尽量只用“汉人”“汉民”这样的字眼称说之，而不用“汉族”称呼它。之后偶有用“汉族”一词者，那大凡是在为了与其他民族的族别并称的特殊语境中偶尔用之。应该不至于造成概念的混乱。

汉语　汉语，作为一种语言，今天我们称其为汉民族共同语，简单说就是汉族话，这是可以的。但是严格地说，它作为一种客观存在，其服务对象也在随着社会发展而发生着变化。在华夏早期，它还只是一个不算大的人口群体所使用的语言。魏晋南北朝以来，匈奴、鲜卑等民族进入中原开始与汉人杂居一起，出于交际的需要，在本民族语言仍旧继续使用、本民族的自我意识还非常清晰的时候，就逐渐开始学习、运用起汉语来。对此，本书虽然仍然称呼这种语言为“汉语”，但事实上它的社会功能已经不局限于汉人交际使用。所以，自魏晋南北朝一章开始，书中虽然仍用“汉语”一词，但是对操这种语言的人，就不再称说是“汉人”“汉民”，而改说“说汉语人口”，以示说这种语言的人口中，不止汉民一种，还有其他民族中已经改说汉语，或者民汉语言兼通的人。

自明朝开始，因为中国诞生了回族，而回族在走向形成的过程中，元朝时候的回回人纷纷放弃他们先民所说的阿拉伯语、波斯语等语言，而把汉语当作自己这个新形成的群体之民族共同语。这样，中国说汉语的民族已不止汉族一个。所以，本书在某些特定的语境中，为区别说汉语的人口中族别的不同，也有把“汉族”一词拿来与“回族”，后来又拿来与“满族”并称。这是必须予以说明的。

汉文化　直观地从这个简单的偏正结构的合成词看，把它理解为“汉族的文化”并没有错。但是，我们决不能就这样简单从事。如前所说，汉族这个称呼固定下来是很晚的事。实际上,汉文化同汉族的发展一样,也不是一成不变的固定概念,而是随着社会发展,其外延和内涵都在不断变化着的一个复杂概念。

"文化"本身,就是一个复杂的概念。诚如罗常培先生提到的另一位人类学者戴乐尔(E.B.Tylor)所说,文化是一个复杂的总和,包括知识、信仰、艺术、道德、法律、习俗,和一个人以社会一员的资格所获得的其他行为习惯。"汉文化"在"文化"之前又冠以"汉"字这个限制成分,使其所指限定在一个特定的范畴,从而有了它特定的内涵和外延,于是,对其予以新的、科学的、严密的逻辑限定。

汉文化的提法,最早也只能是从有了汉朝时候才这样提。那时,汉人这个大族群,已是中华各民族中的主体部分。汉朝之前,早就有了关于这个人类群体文化的记载。例如,周口店文化、元谋文化、大汶口文化、仰韶文化、河姆渡文化等,后来又有距今时间更近了一些的河洛文化、商殷文化、周秦文化,再往后的湘楚文化、齐鲁文化、燕赵文化、吴越文化等等。它们后来融汇聚成一体,成为汉文化的基础。

汉朝建立了高度中央集权的封建统治机构,开始独尊儒术,把春秋战国时期产生、被人推崇的孔孟儒家学说视为至尊的思想理论。自此之后,孔孟儒家学说,连同墨家、法家、道家的思想信仰以及后来的佛教、道教,就成了汉文化的核心内容。随着社会的发展,民族的融合,其他民族的某些固有文化成分,不断融入汉文化,使其外延和内涵都不断有所变化和发展。

隋唐时期西域的突厥、回鹘文化的传入中原,辽、宋、金时期的契丹文化、女真文化、党项文化,还有南方闽、越等各地各族的文化,都有与汉文化交融的历史。其融入汉文化,亦无异议。

到了元朝、明朝、清朝的蒙、满两大民族文化和汉文化的深度渗透,远远超过前朝任何一个朝代。元代西域东来的大量移民,特别是元朝"遍天下"的大量"回回",经过元明两朝,形成了新的兄弟民族回族。元朝时期西域(特别是今新疆)畏兀儿族和中原的文化交流,明朝时期大量蒙古民众居住于全国广大汉民区和西域的多民族聚居区,形成了深度文化交流。因此,这时"汉文化"的外延和内涵都发生了更大的变化。我们对它的理解认识,更不能狭隘地只停留在汉唐时期那个境地。事实上,这时"汉文化随着历史的不断发展，已经成为以汉人传统儒学思想、佛教道教信仰、汉语言文字为主体的，中华民族多元一体之文化的集大成”。所以，自元朝始，本书索性将“汉文化”改称“中华文化”，以符合中华民族多民族大家庭的历史真实。

三、本书的内容构架

本书主要在于关注古代西域汉语通行的历史，所以，我们既要考虑到整个中华民族的历史以中原王朝兴亡的传统分段方法，又必须顾及作为整个中华民族一部分的西域在各个朝代里的史实。这样，我便结合西域的具体实际，将中华有记载的两千多年漫长历史，分成汉朝、魏晋南北朝、隋唐、辽宋、蒙元、明朝、清朝七个史段。每一史段自成一章。每章之内，节数虽然不尽一致，但大致都有如下几大部分内容。

（一）各朝代中原王朝的社会政治形势　该部分简要交代各个朝代的内地中原王朝（不管是汉族政权，还是少数民族政权）和当时西域的社会政治形势，以彰显西域和中原王朝的关系。安排这一内容，旨在将西域放到全国的大政治背景中，与全国联系在一起，以便于认识二者之间内在的各种有机联系，明确新疆自古以来就是中国不可分割的一部分这一基本认识，了解我们要研究的问题之社会人文背景。各章的这一部分文字简约程度不等，原则上，以能见出西域同中原政府之间的关系为度。

（二）各朝代内地说汉语人口的向西流动　在了解各朝代的特定政治背景之后，梳理、罗列内地说汉语人口（汉民和其他民族居民），以各种方式向西域流动的重要线索，借以掌握汉语在西域通行的社会基础。因为要借助历史资料说话，所以，在这里笔者坦言，对历史学家著作中有关这方面的材料及其分类认识，基本上是采取“拿来主义”照搬、借用。除了对史学家的辛勤劳动道谢之外，少有个人独立进行的考据和甄别。如此生吞活剥，诸如舛错之类，实恐难免。至于列举难以罄尽，更是必然，希冀无伤大局。

（三）各朝代西域说汉语人口的数量和分布　该部分旨在综合、分析、推断各朝代西域说汉语人口的有关情况，推测、把握西域说汉语人口的数量和分布，借以对西域汉语的通行情况做出较为科学、可信的判断。这一部分是全书各章据以立论、突出中心观点的主要依据。立足于历史材料进行综合加工，少不了个人拙见掺杂。说话的主要依据，虽仍然不能离开史料，但是，既然是想借助文化语言学、社会语言学进行一种探讨，就不可能完全采用史学家严格考据的治学方法。于是，根据社会生活逻辑与一般规律进行推测，也算是一种大胆尝试，权当是抛砖引玉。

（四）汉语在西域的通行、汉文化在西域传播的情况　这是每章的核心，突出全书中心的部分。该部分着重用社会语言学、文化语言学、社会学、民族学等学科的观点，概括、分析、评价各朝各代汉语在西域的通行态势，进而透析、论证当时西域汉文化的传播，认识汉语在西域通行、汉文化传播的深刻文化意义和社会意义，或者透过某种文化现象，帮助印证、了解当时汉语在西域的通行。

关于突出中心这一部分，各章情况不等。多数时候将该部分分作两节来写。一节抒写汉语的通行情况，一节突出强调因汉语通行而促进汉文化的传播情况。

至此，需要对上面各章行文中的一个常用措辞加以说明。行文中所用“通行”一词，是个广义的概念。语言作为一种社会现象，它的行、用受社会的影响，而往往会有某些变化，决非恒定的、绝对普遍的意思。例如，西辽全国通行汉语，这是西辽政府法定的语言文字使用的事实。但是，西辽境内突厥、回鹘人聚居的地方，可能有许多人民群众不会说汉语。这样，我们就不能说那里“不通行”汉语，因为政府发行的钱币、政府所行的公文在那里通行，都意味着汉语汉字的使用通行是个客观事实。又如，明朝时候，西域的许多“地面”和“国”，都通行本地民族语言，但是也不能说那里“不通行”汉语，因为汉语毕竟是明朝政府的官方通用语，当地仍杂居着一定数量的汉民、回民，他们必定还要使用汉语和汉文；西域各国和地面都还要用汉语汉文和明朝中央交际往来。这当然也是汉语“通行”的客观事实。

本书以期用事实证明，汉语确实自古以来就在西域通行，各朝各代连绵不断，而且今天新疆的汉语方言和内地其他各省的汉语方言一样，是从古汉语、近代汉语直至现代汉语一脉相承发展而来的。最终，希冀通过对西域汉语历史地通览，窥见历朝历代汉语在西域的通行概况，透过汉语在西域社会的通行，分析认识汉语通行给西域带来的汉文化影响，认识这些文化现象因为汉语在此通行所产生的深刻社会意义、文化意义。

四、关于方法运用方面的几点说明

与上述各章节有关内容的阐述,特别是方法运用方面,必须在此予以说明,以免误解。

(一)关于第二手材料　治学重视第一手材料的运用。本人是历史学的门外汉,在史料运用上,不可能全靠自己从历史典籍中亲自涉猎、搜集。于是,依据有关历史著作中现成材料,或者循着有关著作所引资料的相关线索寻找所需资料,即直接或间接地从现成著作里“拿来”,自然是最省力、最有效的办法。这方面我几乎完全是仰赖历史学家现成的劳动成果。如果依此指摘我多用第二手材料,不无道理。然而,与其等着别人批评,实不如自己自责为好。这是首先要说明的一点。

(二)数学方法的运用　在某些地方的论述过程中,笔者不揣冒昧地尝试采用了数学的方法。诸如运用数学中排列组合方法推测汉语的组词能力,运用数理统计学中的“中数”等概念,也许有人会持否定态度。运用这一方法,就我来说也只是一种尝试。先哲马克思认为,一门科学只有当它达到了能够成功地运用数学时,才算真正的发展。显然这一论断,涉及的是“方法论”问题。鄙人依之学着画葫芦,大胆尝试也是一件有趣的事。至于数学方法在此运用是否恰当,是否真正能够帮助认识问题、解决问题,这正是鄙人冒昧尝试的目的。

(三)逻辑推理等方法的运用　史学有史学的方法,语言学有语言学的方法。特别是文化语言学、社会语言学,它们都还在发展之中,有许多问题的研究方法,本身还在探索。因此,本书在一些问题的研究中,所用方法也算是一种尝试。例如,对社会人口动态中的推测,许多时候在无确凿数据为依时,往往在运用逻辑推理方法的同时,常掺杂进社会学的生活经验、历史经验的因素。这在某些行当看来,大有“凭空想象”的“唯心”之嫌。前朝遗留人口的推断,在只有朦胧人口线索的情况下,对人口数量的估计,都有此类方法的运用。凡此,自知科学信度含糊,已经尽量挤出水分,以期服人。所得认识,仅供参考。

五、关于材料取舍问题的补充说明

社会的人口流动是互动的,古今中外多民族的大家庭中,各族人民总是相互往来的,于是就会出现因为各种原因而发生的社会人口的互动。中国历史上,人口众多的汉民，因为各种历史原因而向西迁徙流动，是历史上经常看到的强势流动现象。而西域其他民族以种种原因的自西向东流动，也时有发生。唐代回鹘的西迁高昌，清初回鹘的东迁河西等等，史书都多有记载。因为本书的宗旨是，专门关注汉民到西域参与西域开发建设，借以研究汉语在西域的通行情况，所以，对于历史上其他民族的人口东渐，书中一概未予涉及。

语言、文化的影响是相互的语言、文化，作为两种社会现象，它总是随着人在社会上的运动而传播的。操某一语种的人走到哪里，这种语言和文化，就传播到哪里。一种语言和文化到了一个新的地方，这种语言和文化就会对那里的社会产生影响。同时，那里的语言和文化也会对新来的人产生一定的影响。简言之，语言、文化的影响是相互的。历史上，汉人到达西域，把汉语、汉文化带到了西域，在西域产生了深刻的社会影响。西域人到了中原，也把西域的民族语言和文化带到了中原。例如，龟兹音乐、西域歌舞，甚至服饰、习惯等，这都是历史事实。

本书的宗旨是研究汉语、汉文化在西域的传播和所产生的影响。所以，对于西域民族语言和文化在中原的传播和影响，一般未予涉及。因为元朝时期蒙古人促成的东西方人口大流动，异于从前。回鹘和回回大批进入中原，造成东西方语言文化的深度相互影响渗透，书中有所反映，其余则略。这里也予以说明。

语言、文化的影响，涉及物质和精神两方面文化，包括精神的和物质的两个方面。本书既然要透过历史文化观察汉语在西域的通行，当然就会涉及西域历史上的精神文化和物质文化各个方面。在此，我不得不自惭形秽地说，才疏学浅，不敢妄言一一涉及。尤其是关于物质文化方面，农业生产、手工业技术、商业流通等等，除与语言的传播有直接关系之外，它们还和自然科学、其他社会科学有着复杂的关系，而这些都是我所不懂的，万不敢轻率染指。就是单以精神文明方面来说，它也涉及许多方面，诸如民族宗教、文学艺术、语言文字、法律、民俗等等，鉴于自己缺乏研究，凡涉及这些领域处，我们只挑明它因汉语的通行而得以传播为止。因此，各朝各代的农业生产、技术传播等有关物质文明方面，尽量不予涉及。这也是必须予以说明的。

目录

Contents

第一章　汉朝时期(前206—220)

汉语从此在西域成为官方通用语 002

003　第一节　汉之开发西域

003　一、汉朝的建立

004　二、汉初的西域概况

006　三、汉朝对西域的管辖治理

008　第二节　汉代汉民人口的西流

009　一、官方行为的人口流动

011　二、民间自发的人口流动

013　第三节　汉代西域的汉民人口数量与分布

013　一、汉代西域的汉民人口数量

019　二、汉代西域汉民人口的分布

023　第四节　汉语从此开始在西域社会通行

023 一、汉语从此成为西域的官方通用语
028 二、汉代西域已出现不少能操汉语的双语者
033 三、汉代西域开始融入华夏,成为一个整体
039 第五节 汉语的通行是汉文化在西域传播的肇端
039 一、汉字在西域社会的使用
043 二、从汉代西域地名看汉文化在西域的影响
049 三、从汉代西域地名看汉语音译地名的双音节化

第二章 魏晋南北朝时期(220—589)

汉语在西域的官方通用语地位进一步巩固 **054**

055 第一节 魏晋南北朝全国政治局势
055 一、魏晋南北朝时期内地的政治局势
057 二、魏晋南北朝时期西域的政治局势
060 第二节 魏晋南北朝时期人口的向西流动
060 一、官方所致的人口流动
064 二、民间人口的流动
067 第三节 魏晋南北朝西域说汉语人口的状况
067 一、魏晋南北朝西域的说汉语人口群体
070 二、魏晋南北朝西域说汉语人口的数量
072 三、魏晋南北朝西域说汉语人口的分布
076 第四节 魏晋南北朝汉语在西域的通行和发展
076 一、西域出现了大面积汉语通行片区
079 二、汉语在西域的官方通用语地位审视
082 三、魏晋南北朝时期汉语在西域的发展变化
087 第五节 魏晋南北朝西域汉文化的传播

087 一、汉字在西域社会的影响更为深远
091 二、汉文化在西域的影响更加深入
095 三、西域社会出现了更值得关注的双语教学

第三章 隋唐时期(581—907)
汉语在西域的通行出现首次巅峰 102
103 第一节 隋唐王朝与西域的政治新格局和人口西流
103 一、中原隋唐王朝
105 二、隋唐时期的西域
108 第二节 隋唐时期内地人口的向西流动
108 一、军事行动
109 二、屯垦戍边
111 三、防务系统的建设
112 四、地方行政机构的建设
113 五、和亲睦邻
114 六、民众流动
116 第三节 唐代西域说汉语的人口状况
116 一、唐代西域说汉语人口的数量
121 二、唐代西域说汉语人口的分布
124 第四节 唐代西域汉语通行、汉文化传播盛况(上)
124 一、官方通用语在西域的通行达到新的巅峰
129 二、以儒学为核心的汉语文教育在西域的空前发展
132 三、唐代西域地名的汉文化分析
139 第五节 唐代西域汉语通行、汉文化传播盛况(下)
139 四、唐代汉文化在西域的多方面影响

143　五、西域沃土上绽开的唐诗奇葩

145　六、唐代西域双语教学的繁荣及影响

148　七、唐代西域语言科学的学术研究

第四章　辽、宋时期(907—1279)

汉语在西域特殊社会环境中通行不衰 **154**

155　第一节　中原的宋朝与北方割据势力的对峙

155　一、辽朝(907—947—1125)

156　二、宋朝(960—1126—1279)

157　三、西夏(1032—1227)

158　四、金朝(1115—1234)

159　五、新崛起的蒙古

160　第二节　辽、宋时期西域的地方政治割据

160　一、西州回鹘和喀拉汗及于阗王国的对峙

164　二、西辽王朝(1124—1211)

166　第三节　辽、宋时期西域的说汉语人口状况

166　一、西州回鹘和喀拉汗时期的说汉语人口

170　二、西辽的说汉语人口状况

176　第四节　辽、宋时期汉语在西域特殊环境中通行不衰

176　一、辽、宋时期西域汉语通行、汉文化传播的社会人文背景

181　二、辽、宋时期汉语在西域特殊社会背景下通行不衰

186　第五节　辽、宋时期汉文化在西域的传播

186　一、契丹人在西域传播汉文化的卓越贡献

191　二、有唐以来西域回鹘语中的汉语借词

195　三、汉文化影响在西域回鹘人中的进一步加深

199 四、中华民族意识在各民族中滋长

第五章 元朝时期(1206—1368)

汉语的通行处于无可替代的地位 **204**

205 第一节 元代全国的政治形势

205 一、元代的两个发展阶段

207 二、元帝国及其对立势力

210 第二节 元代内地人口向西域的流动

210 一、元朝建立之前

212 二、元朝建立之后

214 三、元代人口西流与前朝的不同

215 第三节 元代西域说汉语人口的状况

215 一、元代西域说汉语人口的数量

221 二、元代西域说汉语人口的分布

225 第四节 元代汉语在西域的通行

225 一、汉语在西域无可替代地仍居官方通用语地位

230 二、元代西域汉语地名的新特点

235 三、元代西域近代白话文已与内地同步通行

241 第五节 元代兄弟民族对中华文化的传播

241 一、促进西域和内地文化互动的畏吾儿(维吾尔)人

246 二、回回人对传承中华文化的突出贡献

252 三、用汉语诗歌抒写西域的契丹才俊耶律楚材

第六章 明朝时期(1368—1644)

汉语在西域的通行落入低谷 **258**

259　第一节　明王朝和北方蒙古势力的对峙
259　一、明王朝的兴衰变化大势
261　二、蒙古残余势力与明朝的南北对峙
264　第二节　明朝对西域的努力和西域地方割据
264　一、明朝前期对西域的努力
267　二、明朝西域的地方割据
270　第三节　明代西域的说汉语人口
270　一、明代西域的说汉语人口状况
276　二、明代西域说汉语人口的分布
280　第四节　明代西域特殊社会背景下汉语的通行
280　一、明代汉语在西域通行的有力佐证
289　二、处于通行弱势的汉语在西域仍居官方通用语地位
293　三、从《高昌馆课》看明代汉语在西域的发展变化
300　第五节　明代西域中华文化的影响依旧深远
300　一、《高昌馆课》的文化语言学解读
307　二、回族在特定社会里对汉语通行所起的独特作用
311　三、明代西域蒙古人在汉语通行中所起的作用

第七章　清朝时期(1644—1911)
汉语在新疆的通行迈上新的巅峰 **318**
319　第一节　清初西域的政局以及新疆的统一
319　一、清廷执政早期全国和西域的政局
321　二、清朝政府统一新疆
324　第二节　清朝中后期新疆说汉语人口的变化
324　一、清朝中后期新疆说汉语人口的快速增长

329　二、清朝中后期新疆说汉语的人口的变化
332　第三节　清代新疆说汉语的人口的数量和分布
332　一、清代新疆说汉语的人口群体
334　二、清代新疆说汉语的人口的数量
338　三、清代新疆说汉语的人口的分布
341　第四节　清代汉语在新疆的通行迈向了新的巅峰
341　一、清代汉语在新疆的通行达到新的巅峰
343　二、新疆现代汉语方言臻于形成
348　三、清代新疆汉语地名的中华文化透析
356　四、清代新疆"谪戍派"汉诗的中华文化影响
363　第五节　中华民族的凝聚力空前增进
363　一、清代新疆各民族的国家意识臻于凝成
367　二、清代新疆历史地理学的开创
373　三、清代新疆教育事业的发展

余　论　381
381　一、两千年来汉族一直在西域参与开发建设
382　二、汉语是西域发展史上唯一不曾断绝的语种
383　三、汉语两千年来一直是西域社会的通用语
384　四、现代新疆汉语方言是汉语在两千年通行中逐渐形成的
385　五、汉语在西域通行的意义

参考书目　387

后　记　389

第一章

汉朝时期

（前 206—220）

汉语从此在西域成为官方通用语

“汉之号令班西域”，从西汉开始，中央王朝对西域施行有效行政管辖，汉民陆续西来参加西域开发，汉族成为西域的主体民族之一，汉语开始在西域规模通行。伴随汉语的通行，汉文化和西域兄弟民族文化交流融汇，最终成为多元一体的新的中华文化。

汉代是西域和内地走向统一的发轫期，西域历史翻开了新的一页。

第一节
汉之开发西域

汉朝建立,中国社会进入了封建社会阶段,同时也进入了农业经济和农业文化时代。农业经济和农业文化相对优于游牧经济和游牧文化的势差,使汉朝产生了外向发展的需求和能力。于是,汉朝有了派张骞出使西域、开辟丝绸之路的壮举和汉朝在西域同匈奴进行角逐、对西域进行管辖以及大规模开发的努力。

一、汉朝的建立

早在汉朝建立之前，我国北方蒙古高原新崛起的匈奴族,就已经形成对秦朝的威胁。公元前 206 年,汉朝建立,自然面临着匈奴这样一个麻烦的对手。在新生政权尚无足够的力量和匈奴相抗衡的时候,汉廷曾经用和亲等办法与匈奴谋求妥协,换取一时的安宁。

早在汉朝建立之前,匈奴势力就已经进入了西域。经过几十年的励精图治,汉朝发展壮大之后,匈奴对汉朝的不断寻衅,使汉朝统治者心中萌生了与西域的乌孙和月氏人联手、“断匈奴右臂”的想法。

公元前 138 年(汉武帝建元三年)汉武帝派张骞通西域,开始了“凿空”西域的努力。公元前 119 年(汉武帝元狩二年),张骞二次出使西域,从此西域各国纷纷派使来朝。公元前 108 年(汉武帝元封三年),汉朝出兵楼兰、车师,控制了西域南北二道。而后又派李广利“两伐大宛”,与匈奴“五争车师”,于是西域的许多城国相继臣服于汉。通过这一系列的努力,汉朝终于打通了通向中、西亚的孔道,开辟了通向西方的闻名遐迩的“丝绸之路”。

经武帝、昭帝、宣帝三朝六十余年的努力,在先后占领河套以南地区、占领河西并设立酒泉、武威、张掖、敦煌四郡之后,“金城(今兰州)、河西并南山(今祁连山)至盐泽(今罗布泊),空无匈奴”(《汉书·张骞李广利传》2691页,中华书局,1960年。以下引用二十四史均用中华书局点校本,不再注明年代、页码),汉朝基本上掌控了西域天山南北的大片土地。

汉朝政府在逐渐打败匈奴在西域的势力之基础上,于公元前68年(汉宣帝地节二年),派侍郎郑吉、校尉司马熹,到渠犁屯田积谷以图进一步发展。

公元前60年(汉宣帝神爵二年),汉廷在乌垒(今新疆轮台县)置西域都护府,开始对西域大部地区实施军政事务管理,将其正式纳入汉朝版图。

二、汉初的西域概况

考古研究证明,古代西域分散居住着来自东西方的诸多人种的居民。我国古代的传说、文献都有我们先民到此活动的记载。这些无不说明,这里是东西方文化相碰撞、交流、融合的地方。因为历史和地理的关系,特别是地理上的三山两盆地的地理地貌,使塔里木盆地西部边缘的山脉和帕米尔高原限制了古波斯王朝进一步向东方的拓展,从而使西域与东部毗邻的中原农耕文明以及中原北方的草原文明的交流,相对便利许多。因此,西域与东方的交往,自然越来越密切。于是,有了后来匈奴人、汉人的相继西来,与曾经居住在这里的塞人、乌孙人、呼揭人、羌人和丁零人等相互交融,使这里的土著族群立足的重心逐渐向东方倾斜。

匈奴占领西域　在中国历史上,作为一种强大政治势力首先进入西域者,是秦汉以来生活在我国北方广大地域的匈奴。

匈奴是早就兴起于我国北方的游牧民族。公元前3世纪,匈奴统一了蒙古高原。其政治中心建在今内蒙古五原一带。

鼎盛时期的匈奴首领冒顿，曾把匈奴政权机构分成单于王廷、左部、右部。天山南北的广大地区属匈奴右贤王统治。汉朝初期，日逐王就是这里的首领。公元前 176 年（汉朝建立约三十年）之后，匈奴陆续西征，征服了天山南北的西域各国。

汉朝兴盛起来之后，匈奴曾与其南面的汉朝发生过几次大的较量，结果使匈奴力量大为削弱。于是，汉之北方边境方得安宁。这时西域成了汉与匈奴角逐的焦点。

不言而喻，匈奴是中国北方草原上兴起的第一个强大的游牧民族。虽然这时匈奴社会尚属比汉朝较为落后的奴隶制社会，但是匈奴的西进西域，毕竟证明匈奴王廷是中国历史上第一个在西域有所作为的政权。

汉初西域三十六国　西汉初期，西域处于完全分割的状态。天山南北有史称“三十六国”的城郭行国。它们语言不一，各自为政，互不统属。其中，东部的楼兰国（位于今罗布泊西北）势力较大。天山以北的乌孙国（位于今哈密附近）、呼揭国（位于今阿尔泰山南麓）势力也较大。匈奴进入西域之后，它们都成了匈奴的藩属。

从国家规模来看，据史籍记载，当时西域大国人口多达几万（龟兹，8 万多）、几十万（乌孙，63 万）。小国人口有的仅有三二百（高昌，330 人；狐胡，264 人）口，甚至少到一百来口（单桓，194 人）。有的国家，军队人数多达数万（龟兹，2 万余）、十数万（乌孙，18.8 万），而军队少的则仅有几十人（狐胡，54 人；单桓，45 人）。

从社会发展程度来看，它们虽然已经进入阶级社会初期，但是仍然相当原始。虽“各有君长”，但“兵众分弱，无所统一”，政治机器很不完备，发展很不平衡。史书上虽然也称它们为“国”，但实际上它们仅仅是以城郭为中心或以部落为中心的聚落人群。

从经济形态上看，它们大致分为两种情况：一种以农业生产为主，一种以游牧业为主。前者定居在村庄和城镇之中，是为“城郭诸国”。后者则逐水草而迁徙，史称“行国”。除了农业、牧业之外，各国也拥有不同程度发展水平的手工业和较原始的商品交换。但从整体上看，经济也仍处于相对落后的状态。

正因为这里政治、经济、文化相对落后，不仅落后于匈奴，更落后于中原的汉朝。所以，当匈奴一经进入西域，它们便纷纷归属匈奴；汉朝的势力一经进入西域，它们便向拥有更为发达的农业经济和农耕文化的汉朝倾斜。直至东汉末年，西域各国大都仍然处于较原始的落后状态。但是可以说，整个汉代，向往发达，走向统一，成了西域各聚落人群的社会取向，成为西域各部族发展的必然趋势。

三、汉朝对西域的管辖治理

公元前60年（汉宣帝神爵二年），汉朝在乌垒（今新疆轮台县）置西域都护府，自是，“汉之号令班西域”，西域正式成为直属汉朝、相当于今天的省级建制的一个不可分割的组成部分。

为了管辖治理西域，汉朝采取了一系列政治经济措施。自都护府建立之后，仅西汉就对西域进行了近七十年稳定而有效的治理，使西域出现了一片空前繁荣的局面。

西汉对西域的治理，主要采取了以下措施。

自西汉始，汉朝中央在西域建立都护府，委派官员，开始对西域实施军政事务的管理。据《汉书》记载，西汉先后派往西域的都护就有郑吉、韩宣、甘延寿、段会宗、廉褒、韩立、郑舜、孙建、但钦、李崇等十八人。他们又有下属，诸如副都护、丞、司马、侯、千人（带兵头目）等。他们都由朝廷直接任免和给予俸禄。

对于西域各地的管理，汉朝政府在保留西域各地“国”的称谓之同时，采取册封地方首领作为朝廷命官的方法，授予印信，让他们担任国王、译长、城长、君、监、吏、大禄、百长、千长、都尉……将、相至侯、王等职务，管理地方。他们都由西域都护督录总领。西域都护则代表朝廷直接行使对西域各国国王和官吏的任命、册封、升迁、降罢、奖励、处罚等权力。

西域都护的主要职责是总领天山南北两道，确保“丝绸之路”的畅通。为此，屯田成为当时最主要的军事建设和生产建设使命。都护所统帅的人马，大部分从事农耕，生产粮食，以供过往使者和驻军之需；少数人专职防戍。为了抓好屯田，后来又增设了戊己校尉等专职掌管屯垦的官员。

此外，为了保证“丝绸之路”的畅通，政府还在西域天山南北两道建筑了许多城堡和烽燧列亭，驻扎军队，执行监管交通、稽查行旅、保障安全的任务。

东汉时期开发西域的继续努力，主要还是通过同匈奴势力做斗争，继续掌控西域。

西汉末的公元 9 年，汉朝内部发生了外戚王莽夺权篡政建立新朝的事件(王氏执政 16 年时间)。公元 25 年光武帝刘秀中兴，建立东汉王朝。在此前后，匈奴利用自西汉末年经东汉之初中原王朝的内乱和改朝换代，在西域得以卷土重来。

公元 48 年(汉光武帝建武二十四年)之后，东汉又于公元 73 年(汉明帝永平十六年)、91 年(汉和帝永元三年)、127 年(汉顺帝永建二年)，三次从匈奴手里夺回西域。这就是史书上所说的“西域‘三绝三通’”事件，亦即匈奴和中原汉王朝交替控制西域的反复易手过程。在这期间，班超、班勇父子所做努力、所建功勋十分突出。正如史书所说，他们父子，尤其是班勇，为东汉的再次领有西域，再次打通西域的通道做出了卓越贡献。

第二节 汉代汉民人口的西流

丝绸之路的开通，沟通了内地和西域的往来，也有力地促进了东西方人口的互动。因为本书的宗旨，主要在于探讨汉语在西域的通行情况，所以，我们只把人口流动的关注点，放到汉民的向西流动方面。

社会人口的流动，史学家将其归纳为几个类型：1. 官方派遣的使者、官员与和亲的宗室女。2. 官方有组织的移民，包括召募的民户、屯田的士卒、谪戍的罪人。3. 逃亡、降附、被俘人员及来往贸易的商人等。其实，从社会语言学角度看，人口流动，简言之，不外官方行为和民间行为这两大类。其中官方行为（不管是政治、军事目的抑或是经济目的），历史上大多有不同程度的文献记载。而民间行为，多属民众自发，官方不大予以关注，自然少有文字记载。

汉朝初期，汉民人口早有西出西域的欲望。但是会被当时盘踞在西域东端（今甘肃河西走廊）的匈奴所阻挡。公元前 121 年（汉武帝元狩二年），汉朝政府派遣霍去病从陇西出击匈奴，平定河西走廊，并设武威、酒泉二郡，“徙内地人民（史称数万）充实之”。后又分置张掖、武威、酒泉、敦煌四郡，并阳关、玉门二关。有关专家著作中说，当时河西四郡人口竟达 280 211 口。（袁祖亮：《丝绸之路人口研究》6 页，新疆人民出版社，2009 年。）须知，汉初西域本地各国人口总数仅有 2 286 088 人。河西四郡人口总数，已相当于西域人口总数的八分之一强。这里作为内地人口西进的桥头堡，其与西域之间的人口密度之势差，一定程度上促进了人口流动。

汉朝汉民人口西流西域，主要线索有几个方面。

一、官方行为的人口流动

和亲乌孙　所谓和亲，是汉朝通过与对方首脑联姻、建立翁婿姻亲关系，以达促成政治友好、结为联盟的一种策略。

公元前 140 年(汉武帝建元元年)，汉朝政府派江都王刘建之女细君公主出使乌孙，与乌孙和亲。汉朝皇帝“赐乘舆服御物，为备官属宦官侍御数百人”。(《汉书·西域传》)细君公主死后，汉朝政府又将楚王刘戊之女解忧公主嫁给昆莫之孙岑陬，以解忧公主之弟的女儿相夫为公主，护送乌孙。

这种移民虽然规模不大，但意义非凡，其社会影响是不可低估的。

征伐匈奴的军事行动　西汉对西域的大规模军事行动，数量可观的汉人军队涉足西域，或由此通过、盘桓，或在此停留、屯驻，甚至最终在此落户、定居下来。这是重要的人口流动方式之一。

真正的军事行动导致的人口流动，是从赵破奴出击匈奴开始的。公元前 108 年(汉武帝元封三年)，赵破奴率军数万出击西域，破楼兰、击车师。

接着，公元前 104 年(汉武帝太初元年)和公元前 102 年(汉武帝太初三年)，李广利先后两次率兵征伐大宛。第一次率骑兵 6 000、步兵数万。第二次出师大宛，发兵 6 万余(“负私从者，不计其中”)。为备足粮草、武器，随行备有牛 10 万头，马 3 万匹，驴骡骆驼以万计。

至于东汉时期，虽然也有出击匈奴的军事行动，规模同西汉时期相比明显稍逊，而且许多时候是与西域地方政府军共同采取的联合行动。例如公元 73 年(汉明帝永平十六年)，东汉政府派四路大军出击北匈奴；公元 78 年(汉章帝建初三年)，班超率疏勒、于阗、打弥等国军 1 万多人，攻占役属匈奴的姑墨石城(在今新疆温宿西北)。

派军驻屯戍边 汉朝政府接受李广利出击大宛惨败的教训，决心在西域驻屯耕种，从而就地解决人马的粮秣供应。于是，有了大规模发展的屯垦这一大创举。

公元前101年(汉武帝太初四年)，汉政府在轮台、渠犁驻兵屯田，并置使者校尉领护。两地“皆有田卒数百人”(《汉书·西域传》)。这应该是汉在西域的第一个军屯点。

公元前68年(汉宣帝地节二年)，汉朝政府派遣侍郎郑吉、校尉司马熹，率兵到渠犁屯田积谷。郑吉率屯田兵和西域各国军队1万多人，再次攻打车师。第二年，郑吉分兵300人屯田车师地。公元前60年(汉宣帝神爵二年)，汉朝任命郑吉为西域都护治乌垒城，统管南北道各地。从此，西域广大地区正式列入汉朝版图。

东汉时期的屯田行动主要有：公元73年(汉顺帝永平十六年)和公元90年(汉和帝永元二年)，东汉政府派奉车都尉窦固，率部大败匈奴取伊吾卢，在此留吏卒屯田；窦宪派副都尉阎磐，率3 000骑掩击伊吾卢，之后(公元91年)，在此屯田，等等。仔细审视东汉的屯田，其垦点较少，且时启时停，则是明显的事实。

汉之屯垦，多是派兵驻屯，主事农业劳动，生产粮食。这样，屯垦人员就成了相对稳定的定居人口。很明显，汉之屯垦以军屯为主。其中当不乏平民百姓参与，下文将会提及。

派遣官员管理西域 汉朝政府对西域行使管辖权之后，便采取不同方式对西域实施管理。而建立行政管理机构，自然需要派遣各级官员前往任职。这在当时也是汉人西迁的主要方式之一。

对待西域绝大部分城郭行国，汉朝政府均通过西域都护实施间接管理。

而由汉朝中央政府直接派往西域实施管理的官员，则是都护。西域都护是汉朝委派管理西域事务的最高军政长官，也是管理西域屯田的最高负责人。

除了西域都护府之外，汉朝政府还设置有伊循都尉府(始设于公元前77年)和戊己校尉府。公元91年(汉永元三年)复置西域都护骑都尉、戊己校尉。这两个机构也属中央直辖，仅受都护节制。于是，这些派入西域为数不少的官员和其他在当地任命或选派的下级官员、吏、士人等，就构成了一个人数不小的屯垦管理系统。

东汉时期，先后派往西域的都护或驻屯官员，情况比较复杂。据不完全统计，东汉时任西域都护的，曾有莎车王贤，从内地派往西域的则有李崇（王莽时期）、陈睦、班超、任尚、段禧、班勇等人，还有校尉郭钦、耿恭、董卓等人。

商贾及其他人口的活动 “丝绸之路”的开通，打开了中西方的贸易局面。尽管那时交通不便，商贾仍不畏艰险，往来于途。《史记·大宛传》记载：“天子好宛马，使者相望于道。诸使外国一辈大者数百，少者百余人。”似此，一年之中，“多者十余，少者五六辈，远者八九岁，近者数岁而返。”史家普遍认为，这些“使者”实为使节兼官商。

史书说，除张骞（显然是执行政治任务）之外，相继出使西域的西汉使者，还有赵德、常惠、季都、姚定汉、奚充国，另有官员傅介子、冯奉世、魏和意、任昌、涨遵、文忠等。相比而论，这方面的人数看来不多，但在那时，其沟通东西往来的作用，确大有提及的必要。

二、民间自发的人口流动

官商之外民间的商业活动，也十分频繁。这是汉代民间自发的人口流动方式之一。

当时，中外商人“驰命走驿，不绝于时月，商胡贩客，日款于塞下”。例如，班超伐焉耆时，曾发吏士贾商千四百人。曾问吾先生“以此度之”，断定“汉代中国商人懋迁西域者为数当不少也”。（曾问吾：《中国经营西域史》75 页，商务印书馆，1936 年。）这里所说的商人，他认为是指民间商人。他还说：“张骞初至大夏，既见邛竹杖蜀布，是未通西域以前，滇蜀与印度间既有商旅往来。至通西域之后，行商可倚汉使及西域汉官吏以为保护。”（曾问吾：《中国经营西域史》75 页，商务印书馆，1936 年。）可见，以前就有民间商人的活动，丝绸之路开通之后，民商更为活跃，当是情理中事。商贾往来频繁，促进人口流动，懋迁西域，也许不少最终定居于此。

《丝绸之路人口研究》中的一个观点，可以用作参考。其作者认为，西汉时期，在西域的田卒，大多数是因为犯罪而被迁徙到边远地区的人。他还认为，除了这“大部分是长期的充军移民”之外，“确有一批中原人迁徙到这里，并且长期居住下来”。（袁祖亮：《丝绸之路人口研究》49—50 页，新疆人民出版社，2009 年。）如果把罪犯的充军看作官方行为的人口迁徙的话,那么,后者应该纯属我们所说民间自发流动的证据。

黄文弼所著《罗布淖尔汉简考释》中,根据考古所得许多汉简,考释记载就有戍卒及其家属的情况。例如:

简 34:"土南阳郡涅阳石里宋钧亲□□□妻玑年卅私从者同县籍同里交上□□□"

黄先生对此简解释说:土即士,士指屯戍卒,南阳郡涅阳,属荆州,涅阳因水得名。宋钧,人名。记述宋钧带着 30 岁的妻子和志愿西来的同籍人员到楼兰屯田。(赵予征:《丝绸之路屯垦研究》24 页,新疆人民出版社,2009 年。)黄先生的以上考释记载,肯定不少屯卒带有家属,曾引起诸多专家的注意。可见,屯田的人口中,来自平民百姓的确不乏其人。

这些商贾、屯垦人员中志愿前来参与屯垦者,都是平民百姓中自发流入西域的汉民人口的具体例证。

第三节
汉代西域的汉民人口数量与分布

语言的社会通行是一种社会现象。如果要对某一时期的社会语言通行情况进行研究，至少要从操这种语言的人口之数量和分布入手，进行必要的分析，进而对人口、语言、文化与社会的关系进行深入观察。本节将在对汉代西域汉民人口流入情况梳理的基础上，进行必要的生活逻辑的分析和推论，对汉代西域汉民人口数量略做估计。同时，在对汉民人口数量提出个人浅见之后，简要分析汉代西域说汉语人口的分布状况。

一、汉代西域的汉民人口数量

汉代内地来西域的汉民人口数量，就其对汉语在西域的通行所起的影响作用，我们可以从以下两个角度来分析、推测和估计。他们之中，一类是进出西域的过往人口，一类是移入西域的定居人口。

汉代进出西域的过往人口　前述汉朝西出大宛、讨伐匈奴的军队，后来派来西域执行军事任务者，都属此类。他们大多属于目的明确、肩负某种具体任务而进出过往西域的人口。任务一经完成或结束，大多可能返回内地。从语言和社会的关系来看，这种在西域进出的军队之过往本身，就是汉语在西域通行的一种表现形式。但是，因为他们未在西域定居，所以对汉语在西域的长久稳定通行，只起一种扩大影响和助推的作用。

至于此类出征军队的返回，史书则往往少予具体交待。但是，须知，军队的远距离行动，都难免会有因为劳累、疾病甚至伤残而滞留目的地，或者滞留途中等情况发生。这些人口滞留于当地或途中，大都自然成为当地的常住人口。他们所操语言在当地运用通行，必然对当地语言产生一定影响。从社会语言学的角度看，这正是我们所应该关注的。

1. 汉代西域过往军队滞留当地的人口

《史记》《汉书》等史籍记载着这样的实例：公元前103年（汉武帝太初二年），赵破奴"将二万骑击匈奴左贤王，左贤王与战，兵八万骑围破奴，破奴生为虏所得，遂没其军。居匈奴中十岁"。前90年（汉武帝征和三年），"李广利将七万人出五原"，与匈奴战，败后"降匈奴"。说明数以万计的汉族军人，弥留异域，成了"朔方"或"五原"当地人口。这数万汉民对当地说汉语人口的比例之改变，可谓举足轻重。不过，这两例事件都不发生在西域，我们在此只是借以参考，启发分析问题而已。

关于过往军队人口滞留西域的事，汉代确有一个典型案例，这就是《史记》《汉书》所载李广利第一次出击大宛无果而归的那件事。公元前104年（汉武帝太初三年）李广利率骑兵6 000，步兵数万第一次出征大宛。史学家分析，李广利这次出兵大宛，无功而返。究其原因，是因粮食供应短缺。"士自载不足以竟师"，"道远，多乏食，且士不患战而患饥"。因此，"强者尽食畜产，羸者道死数千人"。等到回到敦煌时，士卒仅存"十之一二"。

据史书记载，汉初，大宛国拥兵6万。这次李广利所带人马，除骑兵6 000，还有步兵"数万"。据我们推测，这"数万"（加上骑兵6 000）总数不会低于大宛的兵马总数6万。因为冷兵器时代的作战用兵，远距离出击他人，不拥有优势兵力，是兵家之大忌。据史籍，这次出征似未经过大战，真正战死者当有限。而返回时，道死羸弱者"数千"，占去全军总数"数万"的十分之一。最后回到敦煌的，也仅有"十之一二"。如果我们把这"十之一二"权且计算为15%，那么"道死"者和回归敦煌者，合计也只有25%。如果全部人马且按6万计算，排除道死者和返还者这两种可能，那么，其余的75%，即4.5万人显然下落不明，值得探究。

这支汉军其余的七成多人马，到哪里去了？只要从生活逻辑角度进行一个简单排查分析，就不难发现：在未经激烈战斗而得以活命返回的途中，因为粮食供应紧缺，饥饿、疲惫，时有造成道死途中的可能。而面对着这生与死的抉择，选择逃离队伍、滞留沿途，恐怕正是这时每一兵卒唯一合乎逻辑的思考。这一合乎生活逻辑的选择，恐怕连统帅李广利也无法不予认同，且无法予以阻拦和制止。

当然，这仅仅是西汉时一个最突出、最典型的例证。但它昭示我们，在估计、测算西域说汉语人口的数量时，这种数以万计的重要线索，绝对不能忽略。汉时过往西域的军队，史书未必都有记载。而因故滞留于途者，则绝对在所难免。过往军队次数越多，累计掉队人数也就越多。整个汉代，滞留西域军人数量之众，将是一个无法否定的事实。

2. 汉代随从军队过往西域的夫役人口

古代兵书常说："兵马未动，粮草先行。"它道出了战争中军队和后勤物资供应之间的紧密关系。军需物资的供应保障，首先取决于运输。秦代始有"车同轨"之制，汉时车行合辙，当还不太普及。地处边远的西域，恐怕连车道都没有。军队辎重转运，该是何等困难，可想而知。于是，为军队行动所需，帮助转运粮秣辎重的随军夫役，当是随从军队进出过往西域的批量流动人口。他们和军队一样，因为各种原因而滞留于途，实在是不可忽略的一项。

公元前 102 年（汉武帝太初三年）李广利第二次出击大宛，史籍称：汉朝政府增调 50 余校尉，发兵 6 万，牛 10 万头，马 3 万匹，驴骡骆驼以万计。军中数量如此巨大的牛马驴骡，不免要引起人们对人力需求的思考。按照李广利率有 6 万人马的规模来测算，除"负私从者，不计其中"之外，还该有多少随军雇佣夫役帮助转运物资、帮助军队管理这十数万头驮运物资的牲畜呢，着实值得探究。

无独有偶。史载就在李广利这次军事行动之前不久，卫青、霍去病的一次军事行动的军需转运，可以帮助我们推断李广利此行随军夫役人员的数量。

李广利出征前 17 年，公元前 119 年（汉武帝元狩四年），汉朝大将军卫青、骠骑将军霍去病曾率骑兵 10 万北击匈奴。当时，霍去病除了所率骑兵 10 万之外，尚有"负私从马14万匹”随行。另外,又以“步兵及转运者数十万”负责转运粮草军需。此次远征,分别从定襄、代郡出发,出塞深入漠北2 000余里。其军事行动之规模,粮秣军需的转运困难之大,皆可想而知。

我们姑且不管卫青、李广利两军的兵种差别和人畜途中每日军需消耗量的悬殊,仅以物资转送者人数与军队的比例进行逻辑类比,李广利第二次出击大宛所需的粮秣辎重转运夫役人数,应该可以推知个大概。

两相比对:卫青发骑兵10万,李广利发兵仅有6万(前者的五分之三);卫青负责军需转运的有“步兵及转运者数十万”,即正规军人数的数倍,于是,李广利的军需转运者,应当数倍于军队人数6万,是再清楚不过的。

这样,“6万”的“数倍”,该是多少?如果我们姑且把“数倍”理解为四倍,抑或是三倍,那么,同比李广利的夫役人数至少也有18万之多。

如果把其他变数考虑进去,例如,卫青军中负责粮草军需转运的是“步兵及转运者”数十万,而李广利的负责转运者则不明确,属于雇佣来的差役可能性最大。于是,李广利的雇佣夫役在到达目的地时,所押粮秣消耗近半,于是近半的夫役已成多余。因此,他们立马被遣散于当地的可能性,显然比卫青的“步兵及转运者”可能性要大得多。如果遣散、滞留于途不是一半,哪怕只有三分之一,那么,李广利军中转运军需的夫役(且按18万),至少就要有6万多人,成为当地永久定居人口。

虽然与李广利第一次远征的军人滞留西域一样,随军服役滞留西域的例证,我们也仅此一例。但是,据此不难想象,只要有军事行动,就必然有大量兵士夫役人等,事后难免滞留当地,定居于斯。因此,我们认为,汉朝时候,仅滞留西域的这种人员之数量,可能比军队滞留人数还要多得多。

汉代移入西域的定居人口 这类移来西域的汉民人口,是指那些可以确知他们常驻西域的人口。他们常驻于斯,对汉语在西域的通行,起着决定性的作用。

1. 屯田吏卒人口

当人们一提起汉时西域汉民常住人口,几乎无不首先注意到当时在西域从事屯垦的人数。例如,《丝绸之路屯垦研究》一书中的《西汉西域屯垦简表》所列总数在两万左右，与《新疆地方史》所称，“据统计，西汉在新疆的屯田士卒有2万多人”基本相符。(《新疆地方史》44页，新疆大学出版社，1991年。)另据《丝绸之路人口研究》称，“整个西汉时期，因屯田而迁徙到西域者不会少于几万人。”(袁祖亮:《丝绸之路人口研究》50页，新疆人民出版社，2009年。)这里的表述虽然用了个概数“几万”，但二者大体也还接近。

然而，当我们稍事留心，就会发现，从统计学的角度看，这个数字实在不能准确反映西汉西域的屯垦情况。须知，上述的屯垦人口数字，只是前后不同时期、不同地点的屯垦人口的片面数字，只不过是散见于史书典籍中，用来叙述历史事实时所举的一些例证。就像《汉书》记载西汉西域都护一共有18人，而史书上能查出姓名的也只有10人一样。都护名单既不完备，屯田人数更无法多说。

因此，笔者认为，上述“2万”这一数据，既没有穷尽全部的屯垦点，也没能概括出各点屯垦人口的总数。它既不是西汉某一个具体时间(横向)所有各点屯垦人口的合计，也不是整个西汉(纵向)历来屯垦人口的总和。于是，这个屯垦人数2万的数字，只可借以管中窥豹，而实际常驻屯垦的人数应比此数多得多。

2. 驻军人口

汉代的屯垦者，是属战时操戈，平时耕耘的双重身份的人。他们中间70%的人耕耘，30%的人防卫。这是历史事实。但是，这样表述，容易给人造成一个错觉。人们不免会把军屯人员与驻军理解为一回事。而实际则不然。

西域都护之下有两套明显不同的建制:1. 屯田系统，2. 军事系统。都护府外，还有两套机构。公元前77年设都尉府于伊循，公元前46年设戊己校尉府于交河(后移高昌)，而且明确二者分别“以驻军镇守、屯田守护为主”。既然有两套建制，明确各负其责。这应该是认定另有驻军的直接理由。

纵观整个汉代历史，400余年里，汉同匈奴之间的摩擦，几乎就没中断过。因此，西汉在西域必定长期安排有留守部队，以应突发事变。正是因为此，出于对这些常驻部队军需供应的考虑，所以才有了屯垦举措。这是认定驻军、军屯有别的又一现实理由。

《中国新疆历史与现状》一书更有驻军的直接表述，汉朝“中央派往西域任职的官仅数十人,驻军数千人”。(厉声:《中国新疆历史与现状》14 页,新疆人民出版社,2010 年。)另一处又说“乌垒城及轮台、渠犁驻军最多,在 2 000 人上下;其余两城(指伊循和高昌——作者注)驻军数百至千余人”。这是我们能够见到的汉在西域有驻军之确切数字。虽然这里提供的是个概数,而且数目似不很大,但是,总算有了纯粹的驻军人数。这足以证明驻军和军屯并不相同。

3. 其他来源的人口

除了上述两大宗到西域定居的人口之外,其他来源的人口,当数政府组织的移民和自发迁徙的平民。西汉时期,政府为充实边疆,汉武帝确实曾多次大规模“募民徙塞下”。例如,元朔二年,“募民徙朔方十余万”,元狩四年徙关东贫民于陇西、北地、西河、上郡“凡七十二万五千口”。不过,都不是直接向西域批量移民的记载。

《中国新疆历史与现状》一书解释汉朝治理西域的措施时,有“维护治权、引渡逃人”一条。解释说,“引渡逃人是国家主权的又一象征”。(厉声:《中国新疆历史与现状》15 页,新疆人民出版社,2010 年。)

与此几乎同时发生在西域的一件类似事件,也应属于这种维权的责任范围。公元 10 年(新莽二年),史陈良、终带、司马丞韩玄、右曲侯任尚密议,欲投匈奴。于是杀死戊己校尉刁护一家四口。“尽胁略戊己校尉吏士男女二千余人入匈奴”(《汉书·匈奴传》)。这 2 000 人引渡回来没有,我们不得而知。他们滞留于匈奴的可能性非常大。他们作为说汉语的人口,并未脱离西域的范围。他们仍然是汉语在西域通行的社会基础。

此外还有一些线索,可以帮助我们进行推测。

其一,是黄文弼先生从考古所发现的民众自发来西域参与屯垦的线索。其二,西域的屯垦人员中的“卒”中从中原移来之平民,抑或是内地签发来此的罪犯。

回顾审视上述西汉说汉语人口情况,可以清楚地看出,能够确切知道人口数据的项目很少。倒是从相关历史事实中进行逻辑分析,能够得出大量人口数据的推测,诚为可信。如果对于我们上述李广利首次出征大宛散失途中的人数,和随军转运军需的夫役人数所做分析,认为确实符合实际的话,那么,西汉时期西域实际说汉语人口,至少有以下几项:

(1)李广利第一次出征大宛,败归的军队滞留西域沿途人数,权且按 4.5 万人计;第二次的 6 万余兵卒,滞留人数哪怕只有十之一二,也有万人之多。

(2)李广利第二次率军 6 万人出征,随军进出西域而滞留沿途的夫役、负私从者(数倍于军,18 万的三分之一)至少 6 万余人。

(3)常年驻军人数权依前文所说(轮台、渠犁共 2 000 人,伊循、高昌共 1 500 人,莎车、疏勒、交河等各地各数百),驻军总数当在 5 000 人以上。

(4)分散于西域各地的屯垦人数,权且依一个屯卒除自给之外,包干供养一个吃粮人计。除供给常驻军人 5 000 之外,还应该供给过往使者、军政官员和保证粮秣储备。如果其余需要供粮者少说又需三两千人,那么,与上合计常年驻屯者当达 7 000—8 000 人。

(5)其他诸如遣犯、自流人口等累计,亦当数以千计。

这样,西汉西域的说汉语人口,仅上述几项,就应在 12 万上下,甚至可能还要多。

至于东汉人口,情况比较复杂。屯田规模实无西汉那么大,常年驻军也许没那么多、没那么稳定。但是,西汉定居保留下来的人口,大多应该还在。有一条资料也许能帮助我们看出一点眉目:东汉末年,莎车王康,继承其父王延之志,一心向汉,团结周围各小国,继续抵抗匈奴,收容和保护了西汉时期都护府属下的官吏士兵和家属 1 000 余人。又如,窦宪派副都尉阎磐,率 3 000 骑掩击伊吾,之后(公元 91 年),在此屯田。似莎车王延所收留、窦宪的副都尉所率屯卒,一地就有数千遗留,全西域该有多少,确实给我们留下了很大的思考空间。

二、汉代西域汉民人口的分布

综观汉朝对西域的领有与管理,其权力所及,除河西走廊一带、中亚的一些地方之外,因为那时天山以北大部分地方主要是匈奴、乌孙人的活动空间,所以两汉时期汉民的活动,主要当在天山以南沿丝绸之路南北两侧广大绿洲地区。即汉人在西域的定居分布,以天山以南,塔里木盆地南北两道的绿洲为主。

汉代西域汉民人口分布总况 汉朝领有西域管辖西域，政府为了宏观的政治需要,对西域大多数国家,采取了怀柔友好的政策。因而对西域广大地区的管理,实行当地之“国”自己管理自己的办法。自然汉官及汉军无须每处必派。这决定了西汉汉民并未遍及西域每一角落。

就西汉政府在西域的直接派官实施管理来看,朝廷直接派出的官员,首推都护。都护直接节度另外两名朝廷命官:校尉和都尉。都护首驻轮台,而且在其附近的渠犁等地一直安排数量不小的驻军和规模可观的屯垦士卒。校尉驻在丝绸之路北道重镇高昌。这里除安排规模巨大的屯点之外,又是控制丝绸之路北道的交通枢纽。都尉驻在丝绸之路南道的咽喉伊循,同时在此地以及附近的楼兰,也曾有过一定规模的屯垦。这三处形成三足鼎立之势,又扼守丝绸之路的南北要道咽喉。政治和军事的需要,决定了军、政机关和力量的分布,也决定了汉民相对集中的分布的总体特点。

就当地的自然地理情况看,丝绸之路的开辟,因受塔里木盆地大沙漠的制约,只能沿着盆地的南缘、北缘继而向西延伸。因此,自丝绸之路开辟成功之后,汉朝政府相继采取的一系列政治、军事举措,几乎都与保护丝绸之路有关。汉人的活动,自然也离不开南北两线的丝绸之路。初始的西域屯田,为的就是“积粟以给使外国者”;汉在西域安排驻军,主要为防范匈奴、保卫沿丝绸之路的烽燧亭障和商道畅通。换言之,汉官、汉军的活动以及屯田,则主要只在汉廷所关注的天山南麓丝绸之路南、北道(沿线)上的一些重要地点。

汉代汉民在西域的具体分布 概括起来,汉代汉民在西域的分布,大致呈两线三点的状态。

两线,即丝绸之路的北道和南道。汉时丝绸之路进入西域境内,分成南北两道。南道自敦煌西出阳关、玉门关,经楼兰、伊循、鄯善、若羌、且末、精绝、于阗、皮山、莎车、蒲犁、无雷,越葱岭而西;北道则从敦煌出玉门关,到车师前王庭,沿天山南麓西行,经危须、焉耆、尉犁、乌垒、轮台、龟兹、姑墨、疏勒,西逾葱岭继续向西。这种环形格局是塔里木盆地的坐落之客观自然条件所决定的。汉廷安置屯田、驻军,显然正是顺应客观自然环境和其政治、经济主观需要而从事的。这样,当时汉人主要就分布在这南北两条道沿线的绿洲上。这些地点便形成了汉人的活动空间和相对集中的地方。

三点，即上述南北通道上的轮台、高昌和伊循这三个地方。这是很明显的。后来随着时间的推移、形势的变化，某些时候某机关所在地确实有过变动，但是这三个地方作为战略要地，其重要性则少有改变。

尤其是轮台，自公元前 60 年始，在此设都护府。轮台的乌垒城（今轮台县的策大雅）堪称汉在西域的政治中心。这里便成为汉在西域之重镇。这里最早设使者校尉，后来在此首设都护府（驻乌垒城）。都护府是西域的最高军政机关。都护由汉朝中央直接任命派遣，其级别很高。轮台又是最早的屯田点。轮台、渠犁两地起初仅置数百垦卒，后来轮台屯垦人数增加达千余人之多，渠犁竟达 1 500 人之多。这里可以说是汉代西域经营最早，其事业连续时间最长，汉人居住最久的地方，地位最为显赫。此地一直保持着汉人人口较多的状态。

高昌的屯田地位和影响，仅次于前者。这里的交河和高昌，地理位置重要，土地肥沃。交河的开发自公元前 68 年始。先是由郑吉派来交河 300 余人，后又将渠犁吏卒 1 500 人派来驻其城中。公元前 48 年，高昌设戊己校尉府，地位逐渐超越交河，屯垦人数曾达两千有余。高昌位于丝绸之路北道上的交通咽喉。这里所设戊己校尉，与轮台的都护同样是由汉朝中央直接任命派遣。所以，这里堪称汉朝在西域的第二大重镇。其汉民人口也一直保持着相对较多的状态。

伊循、楼兰两地，是丝绸之路南线上仅有的屯点。虽然其屯垦规模不如轮台和高昌，但是它们位于南道的咽喉，是出阳关南行丝绸之路的必经之路。其军事地位之重要，堪与高昌相比。所以，不管是驻军还是屯垦，汉廷都很重视这里。

西汉时期，除因应与乌孙的联盟关系而设的眩雷、赤谷两地之外，据记载，汉人的屯田等活动只限于丝绸之路北线的轮台、渠犁、车师（交河、高昌）、北胥鞬、焉耆、姑墨等几个点。其中轮台、渠犁地位十分显赫。南线的屯点极为有限。南北相比，汉人活动于北线要比南线多。

东汉时期，屯田事业比西汉有些逊色。其屯垦点分布与西汉亦有不同。这时天山以北又出现了伊吾、金满（今吉木萨）两个重要垦点。天山以南丝绸之路北道上曾经新辟柳中(今鲁克沁),丝绸之路南道上新辟精绝、于阗。其中伊吾和金满是东汉屯垦非常着力的两处。东汉时设过都护府的龟兹,东汉时设过大都尉的莎车,东汉时设过都尉、司马的伊吾卢等,都是西域汉人居住活动相对集中的地方。

这些汉人集中点像一颗颗明珠,不等距地串在丝绸之路的南路、北路之上,形成了一个个汉人聚居的大小不等的居民点。这些点上,汉人相对集中,成为一个个大小不等的汉语流通小区。而这些屯垦点,又多与当地的城郭行国人民的居住点紧密相连,从而形成一个个两个语种流通范围相邻或相重的格局,进而造成汉民与当地人民相互学习语言的特殊语言环境。这充分显示出汉民与西域人民,从一开始就建立起来的密切关系。这也是汉代汉民在西域分布的最突出的特点。

就西域的辽阔来看,广袤的地域,汉语分布点主要就这么十几个,实在是不多。其分散、互不联属之状,也是显而易见的。这是汉代汉民在西域分布的又一突出特点。

第四节
汉语从此开始在西域社会通行

汉民人口源源不断来到西域，形成了丝绸之路南、北道上间隔距离不等的诸多汉民相对集中的聚居点。与汉民相伴而来的汉语，得以开始在西域通行。汉语在此的通行，促进了西域社会大范围的相互沟通，促进了西域各族人民和内地的政治、经济、文化等各方面的往来，对西域的农业、商业经济的发展，起了重要的推动作用。可以说，自汉语在西域通行，西域的历史进入了一个崭新的发展历程。

一、汉语从此成为西域的官方通用语

语言学告诉我们："在一个统一的主权国家内有多种民族，由于政治、经济、文化等原因，这些民族自然的以某一个民族的（大多是主体民族）语言为国语，或通用语。"（邢公畹：《语言学概论》226 页，语文出版社，1990 年。）这种通用语，或国语，又称民族通用语，是人类社会成员生活交际之客观所需，是人类社会的一种极为正常的社会现象。

汉代西域，多民族聚居。众多民族，有众多语种存在。因为汉民未到西域之前，西域邦国处于相对独立的分散状态，无主统领。所以，当时西域不可能有通用语的存在。

自汉朝始，汉语在西域的通行，使其与在当地社会交际中占有一定地位的匈奴语、乌孙语相比，影响越来越大，最终成了当地的又一大语种。三者之间，起初，匈奴语也许影响覆盖面积较广。乌孙语使用人口数（在西域范围）最多，但是因为其人口仅仅分布集中在西域一隅，其语言的社会影响面积可能次于匈奴语。汉语传入西域之后，经过汉朝同匈奴的长时间、不同规模的角逐，匈奴渐渐退出西域或转移他方，所以，汉语在西域的使用范围渐渐接近直至超过匈奴语是很自然的。

汉语在西域通用语地位的确定 语言是一种特殊的社会现象。它的存在，必须依赖特定的社会环境——操这种语言人口的存在。汉语在西域的通行，始于汉人进入西域。从张骞第一次出使西域，随从百人开始，继而细君公主和亲乌孙，直至征伐大宛和征伐匈奴的军队西出，存在于西域的汉人渐次成百上千逾万。随着汉人大批进入西域，与之俱来的汉语在汉人所到之处，便形成了使用汉语相交际的社会语言环境。这是汉语最早在西域通行的客观社会基础。

如前所说，由于西域地域辽阔，西域境内汉民分布在沿塔里木盆地周边的三点两线上的诸多汉民居住点上。除少数之外，大部分汉民居住点之间，往往相距百里、几百里，甚至更远。于是，这些汉人聚集点便形成了一个个"孤岛"，分布在丝绸之路的南、北两条大道上。我们姑且借用方言学中的术语"方言岛"之喻称，称其为"汉语岛"（我们还没有根据肯定每个点上的汉语就是一种汉语方言，所以暂不称其为"方言岛"）。这些汉语岛，大都曾经至少一次地派驻过汉军或垦卒等。于是，这里的说汉语人口，曾经等于或超过某些当地城郭行国土著人口总数。

当时，西域各国人口上万的，只有楼兰（14 100 人）、扜弥（20 040 人）、于阗（19 300 人）、焉耆（32 100 人）、龟兹（81 317 人）、姑墨（24 500 人）、疏勒（18 640 人）、乌孙（63 万人）、子合（10 000 人）等国。还有大宛、康居、安息等国，人口众多，但不在汉西域都护府管辖范围之内。上述我国西域境内的各国之间，除了乌孙之外，拥有人口较多的楼兰、于阗、焉耆、龟兹、姑墨、疏勒，和汉人屯垦驻军点基本重合。两种语言并存于当地。其余，还有渠犁、乌垒、交河、高昌、莎车等地，也大都属于民汉双语并存的地方。当时，汉朝因屯垦、防务、建政等诸多原因，陆续活动于西域的汉人已达十余万之多甚至还要多。他们已经达到汉初西域总人口的二十分之一（居于今天中国境外的国家人口未计入内)。这十多个较大的汉人聚居点,正是汉语在西域的主要通行地域。不管每一地点具体有多少汉人,但是汉语在此通行是肯定的。从较大范围来看,汉语在这些地方中的不少地点,可能占有一定的语言通行优势。

就整个西域范围而言,虽然乌孙人口曾经相对比汉人略占优势,汉语通行相对弱于乌孙语。后来,西域汉语通行范围却远远超过乌孙语,影响范围更大。而匈奴语随着社会政治形势的发展变化,其影响却渐渐无法与汉语相比。

相比而论,在当时西域全社会范围之内,因为"汉之号令班西域",西域各国归附汉朝,汉朝政府在西域的社会影响度,是乌孙、匈奴无法相比的。因此,乌孙语和匈奴语在全西域各国之间的社会交际作用,便都远远落于汉语之后。这是汉语在西域范围内的社会交际地位上升到最重要位置的根本原因。

特别需要强调的是,乌孙语、匈奴语当时都还没有与其语言相匹配的文字。而汉语独有同它相配的丰富、发达、完美的汉字系统,在西域全社会的交际中所发挥的辅助功能,使西域各国无不垂青。这就大大提升了汉语连同汉字在全西域的社会交际地位。于是,汉语在西域通用优势,最终远远超过乌孙语、匈奴语,其官方通用语地位牢牢确定了下来。

西域各国对汉朝官方通用语的认同　汉语在西域的官方通用语地位,除了内地西来的汉民人口数量巨大的因素之外,西域各国对汉语在西域通行的纷纷认同,也是一个重要原因。

按照社会语言学理论,一个社会的官方通用语,其确定是有科学理论依据的。不过,汉朝那时,人们只知道使用这种语言的人数在全国人口中占据绝大多数,而且朝廷里上至皇帝,下至文武大臣,无不在使用。正是凭着朝廷的政治权威和汉语的使用人口众多,汉语在汉朝整个社会的地位显赫、突出,成为一种不可动摇的社会客观现实。

西域各国也是如此。西域各国在认同自己和汉朝政府之间的隶属关系基础上,自愿听命汉廷的指令。于是,接受汉语这一官方通用语言,保证与朝廷的顺畅沟通,就成了自然而然的事。这样,汉语从此便成为西域境内诸多语言中使用最普遍、最大的语种,成为西域这一大的社会空间里、通行于各民族之间的官方通用语。据《汉书·西域传》记载，西域各城郭行国，自归附汉朝，接受汉之封绶者，“自译长、城长、君、监、吏、大禄、百工、千长、都尉、且渠、当户、将、相至侯、王，皆佩汉印绶，凡三百七十六人”。其中设译长者 24 国（达三十六国之三分之二）计 40 人（黄文弼先生著作中为 23 国、38 人），许多国家封有两位译长。这就是认同汉语为官方通用语的具体表现。

这些受封的国家，大都在汉朝疆域之内(另有乌戈山离、安息、大月氏、大夏、康居、奄蔡等国不属都护)。这些设“译长”的国家，既有译长，其下必有译员。即使未设译长之国，未必没有译员。否则，他们便无法与汉中央政府相沟通。译员所司，自然是语言沟通。当时西域各国之间的横向联系能有多少，我们不得而知。就汉与各国的关系来看，译者沟通本国、本部与汉之联系，必为主要任务。“汉之号令”必由译者进行翻译，方能令行西域。从这个意义上讲，汉语在此所发挥的社会交际作用之大，其他任何语言都无法与之相比。至于西域各国能说汉语的人数，尽管还相当有限，但是汉语在全社会的民族、部族、部落等社会群体之间的交际作用，堪称官方通用语是名副其实的。

汉语在西域的使用范围逐渐扩大 随着汉语在西域社会的交际地位越来越重要，汉语在西域各国的适用范围也逐渐扩大。西域各国除政府相关人员之外，少数民族群众学习和使用汉语者，后来也越来越多。

先是，除了上述那些接受封绶的人员之外，西域各国为表示对汉朝的忠诚，陆续派质子入侍长安。危须、尉犁、楼兰、乌孙等各国，派质子前往长安，近乎形成为一种制度。这些质子，都是社会上层人士中的后生。他们在长安的主要任务，是学习汉语及汉文化及各种典章制度。这些入侍者中的许多人(包括他门的随从人员)，都在长安受到了良好的汉语教育。通过几年的学习，他们都成了民、汉兼通的双语者，成了西域各国最有语言文化水平、最有身份的人。回国以后，他们都担任了重要职务。例如，扜弥太子赖丹，回国后曾被汉朝中央任命为校尉将军，负责屯垦；莎车王子延，回国后，做了莎车王。他们在内地长时间习得的汉语技能，在推动汉语成为西域官方通用语，起了很大作用。这是汉语官方通用语地位在西域各国确立的又一典型例证。

除了这些社会上层人士之外，还需要提及的是，西域各国的普通百姓中间的汉语学习之风。西来的内地汉人在西域定居，居民点与当地人民的居住点相邻近或相重合。

普通人在相互接触中日久天长，也会产生语言学习的欲望。经过几十年、百多年，甚至更长时间，这些汉民与当地的各族人民在一起相濡以沫的生活，使之渐渐不同程度地融为一体。汉族和其他民族、部族人民群众相互往来，形成了民、汉相交融的语言交际环境。不难想象，在这种情况下，汉民学习当地民族语言，成了程度不同的汉语、民族语兼通的双语者；西域各国人民群众中，也陆续出现一些程度不同的通汉语的双语者。双语现象的出现，助长了汉语在西域的通行，也是西域各国人民认同和巩固汉语官方通用语地位势在必然的事情。

汉语在西域社会得以逐步发展　当代语言学家袁家骅先生在描写一种语言之方言产生时，曾经如是说："人们生活的共同体——民族、部落或部族，由于人口增加，不得不向周围分散，分散面积日益扩大，距离较远的各地区的居民形成了独立或半独立的生活集体，彼此来往减少，如果有山林沼泽的天然阻碍，竟至完全隔绝。这样，原来相同的语言在各地区会发生不同的变化，形成不同的方言。"（袁家骅：《汉语方言概要》3页，文字改革出版社，1989年。）

依此审视分布于汉代西域的这些汉语"语言岛"，这里的汉民远离内地，各自形成了"独立或半独立的生活集体"。大家彼此"来往减少"，甚至"完全隔绝"。按照这一方言发生学观点来看，这些地方的汉语，就有可能分别形成有别于其他汉民聚居点的某些差异，亦即可能出现当地的方言土语。当然这还要有个很长时间的发展过程。汉置都护之前60年姑且不说，仅从汉置都护算起，至匈奴人再次控制天山南北，则整整一百年，人可繁衍四代。这一百年同内地相隔，使得西域各汉语语言岛的汉语与内地汉语相比，必定产生一些变化。因为历史不曾留下西域汉语语言要素和语言结构方面相关的材料，今天我们无法确知上述各汉语"语言岛"在匈奴重新控制天山南北过程中，那里的汉民人口出现的新的流动，以及说汉语人口在当地得以存留的社会语言的确切情况。

但是，诚如文化语言学家所说，"在使用某一种语言的社团瓦解的时候，这种语言并不是立即消失的"。"一个特定的社会或社团虽然解体了，但是只要文化特征或文化心理没有消亡，这种语言或它的某些成分可以依然存在。"（游汝杰：《中国文化语言学引论》17页，高等教育出版社，1993年。）据以推测，汉朝灭亡之后，汉政府在此的管辖权虽然终止了，但是，汉民并未在此灭绝。即使单看西汉时期，汉政府有效治理的70年中，我们不敢肯定，这些曾经聚居过许多汉人的地方已经形成特点非常鲜明的汉语方言。但是，汉语的声、韵、调，词汇和语法，出现一些与内地汉语的不同则完全可能。因此，我们说这些汉语"语言岛"已各自成为当地的一种汉语土话（比方言层次更低的状态）是完全有可能的。

语言是随着社会的发展而发展的。汉代汉语在西域成为官方通用语，证明汉语在西域的通行是铁的事实。西域形成了十几个"汉语岛"，证明汉语在这些地方扎了根。我们引证方言发生学的观点，对这里汉语可能已经发生的变化进行展望，从而科学地展望汉语在此的长远发展，更为坚信不疑。最终，我们相信，一地的汉语方言是从古代汉语，经过中古直至近代、现代汉语发展而来的。我们据以将今天的新疆汉语方言溯源于此，深信言之有据。因此而肯定，汉民自汉朝开始就参与新疆的开发建设，新疆现代汉语在新疆的源远流长，也是汉朝开拓西域的社会意义、历史意义之所在。

二、汉代西域已出现不少能操汉语的双语者

依照社会语言学的观点，每个人天生都有语言习得能力。哪怕是社会的最底层，他们难得有受教育的机会，但是，只要他在社会中生存，通过语言交际的实践，他都有习得语言的能力——即能够学习掌握某种语言的能力。每个人从牙牙学语开始，到后来能够应对各种场合的语言交流，是其具备语言习得能力的最普通的例证。他们能够学习掌握母语，也能学习掌握母语之外的任一种语言，这也是语言习得能力存在的证据。

前面已经提及，汉代的西域是个多民族聚居区。多民族聚居，多语种的并存，必然导致出现人们在掌握母语之外，进一步学习掌握另一种语言或另几种语言的现象。这种同一个人在日常生活中，在不同的场合，能够使用两种或两种以上的语言进行交际的现象，即人们在掌握母语之外，学习掌握另一种语言（包括掌握本族语言的另一方言）乃至几种语言的社会现象，社会语言学称其为双语现象，或多语现象。这种掌握双语或多语的人，社会语言学称其为双语人、多语人。双语现象和双语人的出现，是一种

不以人们意志为转移的、必然的社会现象。

当汉语没有进入西域之前,西域国与国之间不同语言的存在,它们之间所必需的语言交际,也会造就双语现象和双语人。上述人口数量较大的乌孙人和周边邻国之间,最早掌控西域的匈奴人和西域各地各国各民族之间,既有社会语言交际的客观需要,就会有双语乃至多语现象的出现。

当汉语传入西域之后,原西域各国的一些人在正常生活中,新添了与汉人接触的机会。出于语言交际的需要,他们中的一些人逐渐学习汉语,具备了一定的汉语水平。这种兼用母语和汉语的双语现象和双语人的出现,与上述本地语言之间出现的双语人和双语现象的存在,本质上并无什么区别。但是,民、汉语兼用双语现象的社会作用和存在意义,与前述单纯本地双语现象则大不相同。因为他们所掌握的第二语言是官方通用语,所以,他们的双语在社会上所发挥的作用,比一般语言为第二语言的双语现象社会意义更大。

双语现象存在于有声语言之间,或者说它是两种语言物理声之间相互对立存在的一种表现。语音的物理属性决定了语音同物理声一样,一发即逝,所以,有关古代的双语现象,我们无法直接感知它的存在。

因为汉代汉语成为西域的官方通用语,汉字已经早就出现并开始在西域使用,所以由汉字记录语言的辅助作用,给我们遗留下了可供了解汉代双语现象存在的极其重要的信息。它告知我们汉代西域已经出现不少双语者,并且还启迪帮助我们从更深层次认识双语现象存在的社会文化意义。

我国考古发现的新疆尼雅废墟等地出土了许多汉代木简、竹简等。这些汉简上的汉字记录的内容中,就有许多是西域土著居民掌握使用双语的实证。其中能够让学者绝对断言是双语者所为、所用的,当属和田尼雅出土的下述木简。这组木简中的三枚写有这些汉字:

第一枚　(正面)　休乌宋耶谨以琅玕一致问

　　　　(背面)　小大子九健特一

第二枚　(正面)　君华谨以琅玕致问

（背面） 且末夫人

第三枚 （正面） 臣承德扣头谨以玫瑰一再致问

（背面） 大王

考古学家从其所写内容和姓名断定，“休乌宋耶”“小大子九健特一”，当是当地土著民族人士之姓名，“且末夫人”“大王”无疑是有身份的王公贵胄的署名。（《新疆地方史》47页，新疆大学出版社，1991年。）这些木简无疑说明，当地各国上至“大王”，乃至一些贵胄，较普遍地使用汉语、运用汉文的事实。这些人显然是水平较高的双语者。至于民汉两种语言的语音面貌，我们至今仍无法知道，但是民汉双语兼通的现象，已经在当地较为广泛地存在，这是不争的客观事实。

后来佉卢文传入，西域甚至出现三种语言并存的“多语”现象。二世纪后半期，亦即东汉后期，塔里木盆地南缘地区，在官方普遍使用汉文的同时，有的地方也兼用佉卢文。于阗就是典型例证。考古发现了一种“汉佉二体钱”。（《新疆地方史》46页，新疆大学出版社，1991年。）这种钱的正面用篆体汉文标明币重，大钱作“重廿四铢铜钱”，小铢作“六铢钱”。其背面中心作马形或驼形图案，周围环以佉卢文，为于阗王的姓名、称号。汉字和佉卢文，分别记录着两种语言。加上于阗本地使用这种“汉佉二体钱”的土著民族的语言，可以确知，这里多语现象的存在是无疑的。除了汉佉二体钱之外，楼兰出土的东汉锦，也是多语现象存在的实证。东汉锦上织有汉字“延年益寿大宜子孙”，边幅有佉卢文“频婆·室利可陀之锦（价值）百万”。与上同样道理，两种文字的并存，这是双语现象存在的有力证据。（厉声：《中国新疆历史与现状》57页，新疆人民出版社，2009年。）如果加上这个范围内使用佉卢文的于阗土著民族，那么这里存在多语现象，也是肯定无疑的客观事实。

至于钱币上的佉卢文，有学者推测，“这时当地之所以接受佉卢文，可能是一批印度贵霜王国居民因战乱移民至此。他们人多，文化高，因而对当地的语文产生了重大影响”（厉声：《中国新疆历史与现状》56页，新疆人民出版社，2009年。），自然也不无道理。

于阗王这样在钱币上既铸上佉卢文，又要铸上汉文的现象，意味深长。人们推测，铸上佉卢文,很可能是因为这种文字符号,与于阗语音更切近些,使用同当地语音更接近的佉卢文铸上国王的姓名,多数百姓易读易认,还可树立国王的权威。而同时又用汉文标注币值,

恐怕更大程度上反映,在货币的社会流通中,广大民众最为关注的是其面值的现实。这样更便于使用、便于流通。笔者认为,这种“汉佉二体钱”,既说明汉文在西域具有官方通用的地位,同时也可证明当时西域各国民众中广有认识一点汉字、通晓一些汉语的双语者。加上佉卢文的在此通行,造就了更复杂的语言环境,从而出现三种语言并行的复杂多语现象。这对社会语言学研究,确实有着不可忽视的价值,对汉语在西域的通行优势的认识,更具有不可小觑的意义。

通过上述对考古发现的西域汉简所反映的双语现象、多语现象的分析,我们至少可以从中看到双语现象、多语现象存在,具有以下几方面重大社会文化意义。

首先,双语现象在社会群体中个体身上体现的意义。

语言是人类社会的重要交际工具。但是作为一种能力,它分别存在于人类社会群体之每一个社会成员自身。每一个双语人,同时掌握母语和母语之外的另一种语言,这意味着,这个个体本身的社会语言交际能力,是一般人的语言交际潜能的两倍甚至更多。他从外界社会接受的信息和传输出的信息,面积都更广,内容更丰富。从这个角度讲,一个人努力使自己成为一个双语者,是提高个人素质、增进社会适应能力的重要途径。

张骞通西域时,身边带着一个名叫甘父的通司,即语言翻译。这是我们知道名字的西域第一个双语人。这样的小人物,史书当然不会给他立传。我们无从知道他的族系、门第、身世,可是,我们都不得不承认,他的过人语言能力,在通西域这件大事上所起的作用。上文提到过的各国派到京都长安的侍子中,扜弥太子赖丹,莎车王子延等,因为在长安学习了汉语,成了双语人,学习了汉学知识,成了知识丰富的上等人,个人素质超过常人,能力在常人之上。所以回到西域,自然堪胜重任,得到汉朝政府的重用。更不必说还有许多侍子,他们通过在长安的学习,也都成为操汉语、掌握汉字的双语者,都会在社会上发挥一般人无法相比的作用。

就是西域各国的普通人中，在与杂居或比邻的汉民和其他民族相接触，具有双语能力之后，大大有助于他的日常生活交际，于公于私，都可能获得更明显的裨益。诸如，直接从汉人那里学到从前无法知道的新事物，懂得许多以前完全无法弄懂的道理，从汉人那里学到生产上的新技术、新本领，当面亲身向汉人学习掌握生活技能和某种手艺。如此等等。总之，大至国家大事，小到居家做人，汉人从相对发达进步的地方带来的、本地不曾有的东西，非汉人的双语人都可借助汉语这一交际工具而一一获得。这种双语人，受益于语言能力，应当不难想象。

其次，双语现象对于人类社会中民族发展的社会文化意义。

民族是人类社会中的一种更大的具有血缘关系、具有很多共同文化因子的人口构成群体。作为一个民族，它一经形成，就会有一个属于本民族的共同语。这个民族共同语，用来系连凝聚全族成员的民族心理和民族感情。这是民族理论中的重要内容。

汉代西域就是一个多民族地区。各民族有各民族自己的语言。即使那时还没有产生什么民族理论，但是，各民族语言的存在，民族语言在系连凝聚全族成员的民族心理和民族感情上的作用，也是客观存在无法否认的。

但是，任何一个民族从来就不可能永远与世隔绝，不可能不同本民族之外的社会进行语言交流。它同本民族之外的语言交际需要，往往会自然而然不由自主突破某些束缚，使之同族外发生交际关系，从而成为一个民族向外部学习、接受新鲜事物、获得民族发展的契机。上述新疆尼雅出土的一组三枚汉简，既是汉代西域双语现象的典型实证，当然也是一个民族必与外界产生交际的实证。“且末夫人”“大王”是什么民族，我们无法知道。但是，他们与汉族之间的双语现象，生动说明他们和汉族之间的语言交流。同样，于阗的土著民族在使用汉字的同时，使用着佉卢文，说明于阗这个土著民族同时和汉族、印度的贵霜王国移民两个民族有着语言往来。这种突破民族界限的交往，往往由语言的沟通，进一步促进感情的交流。感情的亲近融洽，更进一步促进不同民族文化的交融。这是文明进步的必由之路。汉代西域众多的民族、部族，已经历史地走上了这条大道。可见，双语现象对于民族这个社会族群发展的社会文化意义何等重大。

最后，双语现象对双语教育事业的社会文化意义。

双语现象的存在，启迪了人类对语言的学习，由天生习得的自然王国走向双语教育的必然王国。汉代初期西域各地各国，语言的学习完全依靠天生的习得能力。汉朝开发西域，汉语、汉字传入西域，特别是汉字的传入，对西域产生了重大社会影响。西域各国之所以出现向长安派侍子的热潮，固然有相当的政治因素存在其中，同时，决不能忽视汉字对西域各国产生的巨大吸引力。他们希望借助汉字这一学习工具，更好地学习汉语。而后，再通过汉语、汉字，学习掌握汉之典章制度、文化知识，得到更多的东西。于是，派遣侍子长住京城学习，竟然成了一种制度。这种学习方式，在至今尚无双语教育、双语教学的科学定义的情况下，我们权且称之为“双语教育”，是可以被人接受的。从某种意义上讲，汉代西域各族人民对语言的学习，起初完全由本民族的那种靠天生语言习得能力的自然学习，到见到汉字受到启迪，认识到借助汉字学习汉语，认识上产生了重大飞跃，从而才使语言的学习走上了必然王国。这无疑是双语教育产生的原始形态。因此，我们有理由说，双语现象对双语教育事业的产生，具有重大的社会意义。

三、汉代西域开始融入华夏，成为一个整体

人类社会出现人口的流动，是一种常见的现象。由于促成人口流动的原因等各有不同，从而造成人口流动的不同特点和不同的流动结果。汉代内地汉民的向西流动，带来了汉语在西域的通行，以及与汉语相伴而来的汉字在西域的使用，从而把西域推向了一个新的历史发展阶段，使西域开始融入华夏，从此成为一个不可分割的有机整体。

汉朝开发西域的成功　秦汉以前，西域一直处在东西方文化碰撞、交流的影响之中。后来在东西方文化交互影响中，西域的情感重心渐渐向东方倾斜。从汉代开始，影响西域的重大社会力量，分别来自匈奴和汉朝。西域在汉朝和匈奴交互产生影响的激烈角逐中，对自己的发展前途进行了艰难的严肃的选择。

生活于漠北的游牧民族匈奴，先行进入西域。由于受其生产方式和价值观的影响，匈奴势力的西进，像海水的潮汐一样，一涨一落，涨落交互。匈奴对西域的领有，常常是掠得了它所需的物质财富，便拨马而去，缺乏长久之计。

相形之下，以农业经济为基础的汉朝政府，在西域同匈奴的角逐，则呈另种姿态。汉朝的向西发展，呈现出移民的目的性、连续性和建设性几个特点。它以一种明确的目的性、鲜明的连续性向西移民，并且继移民之后，进行建设性的后继努力。整个过程体现出农业文化寻求发展的持续性奋进意图。为此，汉廷一边通过向西域派驻军队，驻戍、开拓，一边派出垦卒到西域实施屯垦、发展生产，以图自给，以期长期维持西域社会的安全与稳定。在这个基础上，汉朝政府还从社会实际出发，在西域着手建设管理所属的驻军和垦卒等各种事务的都护府，在努力创造物质财富的同时，对社会实行有效的管理。同时，汉朝政府又通过都护府对归附的西域各国，实行一种委托管理的方式，从而实现了对西域全社会的有序管理。这一系列的行动，也为当地人民带来了前所未有的福祉。最终在对西域实施开发中，显现出迥别于匈奴的不同文化特点。这应该是汉朝开发西域取得成功的根本原因。

比较迄今我们知道的我国历史上社会人口流动的重大事件，审视汉代汉民的流入西域，其社会影响之深且广，几乎是无与伦比的。汉代汉民的西来，伴之而来的是汉朝政府带来的封建社会政治、经济和文化。汉民作为西来人口群体中的主体，与之相伴而来的是有效沟通全社会交际的汉语言和文字。因而，汉朝政府依托汉民群众，给西域人民、给西域全社会带来了促进其政治、经济、文化发展的巨大影响。从而，西域社会在汉语通行的影响下，发生了一系列重大变化，使西域的历史发展跨入了新的纪元。

西域社会从此走向统一 汉民未到西域之前，西域全社会处于落后的原始的部落社会。所谓的“国”，几近于以某地域居住所囿的一种人口聚合，或以同样生产方式而联系在一起的社会集团，抑或是以一种靠血缘关系而维系的人口群体。这里的“国”，很少有行政机构的属性，几乎没有典型形态的国家机器，也没有国家相应的政治机制。全西域处于群龙无首、无主领有状态。就连统治他们很久的匈奴也无二样。

汉民进入西域，既迁来了数量可观的人口，随之俱来的又有相应的社会管理机制。代表汉朝中央在此行使权力的西域都护府的建立，就是西域社会政治上有了行政建制的具体表现。与此相协调的是，汉朝中央对西域地方的城郭行国予以册封。授予他们王、长、将、相 之类官衔的人，朝廷都各授予印信权力，通过他们去管理自己的国家。汉语言文字在西域社会作为沟通各国联系，方便社会交际的有效交际工具，对促进西域全社会走向空前统一，起了重要作用。

还有一点属于宏观上的社会变化，也发生在“汉令班西域”之后。这就是，原西域三十六国，曾经分化成五十多国。当西域归附汉朝之后，这种分割局面在无形中逐渐走向合并。这一点虽不见史书详细记载，但是，许多小国，自此再也不见其参与社会活动的丁点信息，也不再见到它们的国名出现在有关资料里。例如，只有几百口人的单桓（194口）、乌贪訾离（231口）、狐胡（264口）、车师都尉（330口）、劫国（500口）、依耐（670口）、车师后城长国（960口）等，还有人口只在千余的，例如，蒲类后（1 070口）、捐毒（1 100口）、卑陆后（1 137口）、卑陆（1 287口），等等。这种弱小、分散、封闭的原始社会形态，是政治、经济、文化上落后的典型表现。因此，在后来的社会发展过程中，它们与其他国家，在悄无声息中逐渐走向合并，完全合乎情理，顺乎人心，符合社会前进的客观发展规律。所以，这种合并，应该算得上西域全社会的一种发展变化之进步，是一种政治走向统一的突出表现。

可以说，西域社会从此开始有了以汉天子号令为遵循的统一意志和经济生活、文化生活发展可供效法的方向。西域从此开始逐渐实现全社会政治上的空前统一，逐渐与以中原为中心的华夏融为一个不可分割的整体。

西域经济出现跨越式发展　内地的汉朝和西域相比，两地经济发展的程度不同是客观的。汉朝经营西域，对西域社会的经济发展有所促进，也是一种必然。

谈到社会经济的发展，我们不得不注意人类社会经济发展过程中的两个重要时段。这两个时段就是人类的物质文明进步史上，曾经先后有过所谓青铜器时代和铁器时代。这两个时代，分别以使用两种不同金属制作的工具（青铜器、铁器）为标志。两个阶段一先一后，分别代表人类社会经济发展所经历的两大不同阶段。它们各自反映了不同时期经济发展水平的高低程度。

汉代汉民进入西域之前，西域因为地处偏远、封闭，经济发展也相对落后于汉朝。西域冶铁技术和铁器使用，得到大的普及，汉代才始见史书的文字记载。这时，大量的汉民士兵和田卒到西域屯垦戍边，带来了内地先进的生产工具和生产经验。如铁铧、铁锄、铁镰、铁锹等铁制农具。考古发现,中原的冶铁技术也是在这时传入西域,使当地冶铁业有了迅速发展,例如,新疆库车、民丰、洛浦等地都发现过汉代的矿冶遗址。库车的阿艾山冶铁遗址内出土的小坩埚、矿石、铁渣;民丰尼雅冶铁遗址出土的铁矿石、烧结铁、残铁铲、矿渣等。这些冶铁遗址的考古发现,还证实当时能用煤炼铁,用铁制造各种工具和武器,甚至还有五铢钱。虽然,其间还在库车发现铜矿遗址,但是发现铜质物远没铁质的那么广泛丰富。据专家推测,这也许是冶铜技术和青铜器的使用在西域尚不普遍时,冶铁技术便快步追了上来。因此,可以说,汉代西域经济可谓得到了跨越式的飞速发展。

汉民进入西域,对当地经济发展的促进,还表现在水利灌溉技术方面。这是汉朝农业文化在西域传播的突出表现。《史记·大宛列传》载,早在公元前 102 年李广利伐大宛时,事先得知该地城中无井,皆汲城外流水。李广利派人堵塞水渠,欲迫使大宛投降。但是围城 40 天,城中并未断水。破城后才知道是"宛城中新得秦人,知穿井"的缘故。这则史料,生动、真切地告诉我们,汉代掘井技术已经传到了西域。由此可以推知,钻井等水利技术,给西域各族人民的生活提供了极大方便,对农业生产起到了极大促进作用。

与掘井技术相比另具特点的是,农田灌溉系统工程技术的普遍使用。这是汉民社会农业技术发展的一种典型表现。考古发现,汉代西域大量的农田灌溉渠道,使用普遍而且规模可观。考古还发现,在若羌、轮台、沙雅、罗布淖尔、焉耆等地,都有不少汉代古渠道遗址。例如,沙雅境内的一条汉渠,长达 100 公里,宽 8 米,深 3 米;伊循屯田遗址范围内,也发现比较完整的渠道灌溉系统。这条渠道长达 37 公里。附于干渠的,还有支渠和毛渠。其配套和布局都很合理。可见农田水利事业在当时发达的程度。

汉代西域兴修农田水利的成绩巨大,军屯尤为显著。《水经注·河水篇二》记载,敦煌索励在楼兰领导汉军屯田,并在伊循屯田区兴修注宾河拦河大坝,灌溉农田。经过 3 年,积粟万担。史料中有关"守堤之兵"等记载,应该也是汉代农田水利工程发达的旁证。

冶铁和铁器在农田生产与水利工程技术上的使用,是汉文化传播对西域经济发展的重要影响,有力地促进了西域的经济快速发展。农业成为西域社会的主要产业,已不需赘言。

另外，汉民手工业技术方面，也给西域带来了一定影响。前已引述的楼兰考古出土的东汉锦，上有汉字“延年益寿大宜子孙”，边幅有佉卢文“频婆□室利可陀之锦（价值）百万”。锦面织有两种文字，可以肯定这是当时西域本地的织品。参照别处出土的更多汉代织锦，两相比较，认为这件织有两种文字的织锦，技术受汉民影响而来源于前者，不是没有道理的。汉语言文字在生产技术传播所起的作用，也不言自明。

西域文化与中华民族多元文化交融　文化是个内涵丰富、外延庞大的复杂概念。因为文化成分有深奥与浅近的区别，距离一般人的生活有较远或切近的区别，以及不同内容的文化传播难易程度不同等多种原因，所以，文化里的各种内容，对社会产生的影响，也明显存在接受快慢、程度高低等各种不同。

汉代汉民进入西域，汉文化亦随之传入西域。而汉文化在此传播最早、最快的，是和人民生活最切近的汉语言文字。这是汉文化的重要组成部分。

汉朝的问世，使得这个国度中的绝大多数社会成员，获得了一个周边人口群体所赋予的族名——汉族。汉族自其发祥于中原，以华夏文化先后汇合周边的仰韶文化、周口店文化、河姆渡文化，以及后来更直接地融合河洛文化、商殷文化、周秦文化等，直到春秋战国时期，又融合了齐鲁文化、燕赵文化、湘楚文化、吴越文化等多种文化。应该说，汉文化是一路融合了东夷、西戎、北狄、南蛮诸多民族及民族文化，逐渐形成了儒、道、墨、名、法等多家学说的集成，附以汉语言文字，表现出诗经、汉赋等文学形式，加上各种民风民俗、服饰饮食等众多内容相融合的综合体。待到西汉领有西域时，汉文化已经成了上述拥有庞大外延、囊括丰富内涵的文化集大成。虽然名曰“汉文化”，实际上则是以汉文化为主体、具有多元一体特点的一种综合型文化。其中，汉语言文字在促进各民族人民的接近，促进各民族文化的交融方面所起的作用，是不可低估的。

汉朝对西域的开发，使原来生活于西域本地的塞人、羌人、乌孙人、呼揭人、丁零人、匈奴人等各族人民，借助汉语言文字的通行，有力地促进了各族人民的交流，使得各族人民和汉人渐渐融成了新的大家庭。于是，来自各族人民的各具个性特点的文化，汇聚一起，成为一个光辉灿烂的新的整体。这也意味着，中原汉文化，在此逐渐吸纳了西域更多部族的文化，又一次完成了以汉文化为核心、兼集多元文化为一体的再发展。

这一历史性的大发展，使汉文化的多元一体特点更加鲜明。这一次质的飞跃发展，是由汉代汉民西流西域，将原来的汉文化带到西域、进一步和西域各民族文化融合而完成的。其功劳归于汉朝进西域的汉民和西域各族人民。

第五节
汉语的通行是汉文化在西域传播的肇端

汉语的通行，使得汉文化得以在西域传播。汉文化的传播，使得西域物质文明和精神文明得到了较快发展。促进生产和经济的物质文明的发展，除了语言的传媒作用之外，相关的因素还有许多。本书以下章节，均主要关注汉语通行在文化传播中给精神文明方面带来的影响。

一、汉字在西域社会的使用

语言和文字具有一种特殊的紧密关系。文字是记录语言的书写符号。语言和文字之间，语言是第一位的，文字是第二位的；语言为主，文字为辅。一个民族的语言的产生，是该民族在人类社会发展史上脱离蒙昧落后迈向文明的一大进步。而一个民族文字的产生，又是该民族走向成熟的又一次文化发展的飞跃。文字对语言而言，具有弥补有声语言受时间、空间限制而不能传久、传远的作用。文字这种特有的传久、传远作用，对一种语言的通行，使之社会作用得以更好发挥，有着极大、极其重要的辅助作用。尤其是它作为精神文明的载体，使之传久、传远，其社会意义十分重大。

汉字是记录汉语的书写符号系统。它是世界上三种最古老的文字之一。自然，汉字在我国多民族的语言中，是最早拥有的文字，这是毫无疑问的。它在西域社会的使用，不仅对汉文化，而且对西域各民族文化,对整个中华民族多元一体文化,都有重大的社会意义。

汉字在西域社会的显赫地位 汉语自汉朝在西域开始通行,这除了与汉朝政府的政治影响力有关之外,与汉语本身的丰富、发达、成熟程度有关,同时,也与它有一个丰富、发达、成熟的文字系统相辅助,有着重要的关系。

《汉书》告知我们,汉朝时候的西域三十六国,除安息(在今日新疆之外)有"草书,旁行为书记"的文字之外,其余各国均只有语言而无文字。就是当时率先进入西域、在西域社会影响仅次于汉族的匈奴,本地人口最多的邦国乌孙,也都只有语言而无文字。于是,匈奴"单于的王庭"也不得不使用汉字,所有与汉朝往来的文书皆用汉字书写。直至二世纪后半叶(东汉后期)之后,塔里木盆地南缘地区的一些地方,才在通行汉字之同时,有了印度北部的一种文字——佉卢文传入。再到后来,西域还曾经有过粟特文、吐火罗文等文种通行。那都是更晚时候的事情。因此,可以肯定地说,汉字成了西域社会最早使用的文字。

西域各国归附汉朝之前,因为没有文字,当然也就没有书面交际。汉语传入西域,汉字与之俱来。西域各国人民见到展现在他们面前的、早就发展成熟的汉字,无不立刻意识到:将汉字拿来补救本民族语言难得传远、传久之弊,是一种明智的选择。于是,面对本地没有文字的缺憾,各国官方在接受汉语的同时,普遍接受、使用汉字,作为书面交际的工具,便成为不争的客观事实。甚至,各国译者除了将汉令书面文件译成当地语言之外,并用汉字形式同周边各国进行书面沟通,也是其无以替代的唯一选择。

可以说,借助汉字,进行书面交际,是当时西域社会的迫切需要,是西域各国的共同选择。尽管当时他们中掌握汉字的人数很少(其实当时汉族人中识字的人也很有限),但是汉字的传入,为各国与汉朝以及各国之间的书面交际,带来了空前的、极大方便。于是,汉字成了西域全社会唯一辅助有声语言使用地位显赫的交际工具。

西域使用汉字的社会文化意义 社会语言学认为:对于一个民族社会文化,具有极其重要之影响者,莫过于文字。汉字的产生和发展,有力地促进了汉文化的发展。汉字的社会通行,有力地促进了汉文化的传播。汉语通行、汉字使用,对汉文化在西域的传播,使其社会影响得以扩大极为重要。其社会文化意义,不可忽视。

众多考古的出土材料,从各方面证实了汉字在西域的通行运用,对汉文化在西域的传播,起了极大作用。巴里坤松树塘发现的东汉和帝永元五年的《任尚碑》和汉顺帝永和二年的《裴岑纪功碑》,以及拜城县东北山中发现的汉桓帝延熹元年的《刘平国治关城诵碑》,都是汉朝戍屯西域的将士使用汉字留下的实证。这些文字材料,记录了汉代名臣任尚、裴岑、刘平国等人在西域参与的重大历史事件及建立的军政业绩。这些碑刻材料,既是历史文化的文献,也是汉字文明的写照。沙雅县于什格提故城出土的"汉归义羌长印",民丰县尼雅遗址发现的"司禾府印",也是上述汉文化历史文明的生动佐证。

1959年在民丰县尼雅遗址东汉墓葬出土的一块"延年益寿大宜子孙"汉字彩锦,和另一块书有"万事如意"的彩锦,都用五彩丝线织成。彩锦色彩鲜艳,字迹清晰,制作精美。后来,又在这里发现一块据研究系东汉至魏晋时期的(武士)护膊织锦。织锦色彩鲜艳,图案精美。上书"五星出东方利中国"等汉字,并有五星(星纹、虎、孔雀、仙鹤、辟邪)的图案。整个织件图案布局严谨、主题突出。据研究,"五星出东方利中国"语出《史记·天官记》。此物应该是当地官府、军事据点、商业用品等各方面使用汉字的事实。这些织锦本身是工艺品,其用彩、图案、构图、布局,美术方面的艺术水平,自然,都是当时的文化成就的反映。其中简约的文字,则是当时人们美好意愿的反映。这些文字和艺术品的完美结合,都是汉文化在西域传播的最佳佐证。

新疆地区考古发掘出土的无数木简、竹简,也是汉文化在西域传播的反映。众所周知,简牍本身就是汉字书法史上的一种汉字书写载体。它们与历代的碑铭石刻一样,也都有丰富的汉文化信息与内涵。例如,下举在罗布淖尔出土的几枚汉简文字内容为例:

简2."永光五年七月癸卯朔壬子左部左曲侯"

简3."右部后曲侯丞陈殷十月壬辰为乌孙寇所杀"

简4."二月庚辰朔丙午后曲侯"

简16."交河曲仓守丞衡移居卢訾仓"

简27."里公乘史隆家属畜产衣器物箱"

简中记载了楼兰屯田的一些情况。它们和其他简牍一样,不但让当时西域社会各族人民认识了汉字这一文化载体，认识到它传导相关文化信息的社会功能，而且流传至今，使今人得以获得两千年前的历史文化信息，其意义之大，可想而知。

汉字在西域的使用，对兄弟民族社会文化的影响也极为深远。

汉字一经被西域各族人民接受和使用，便使当地人民的有声语言难以传久、传远之弊，得到一定程度的弥补。他们借助汉字，眼界豁然开阔，知道了许多以前所不知的很远的地方、很久以前的东西，丰富了知识，增进了见识，有助于本民族文化的丰富和发展。

匈奴语是汉代西域的重要语种之一。但是，由于匈奴语没有与之相匹配的文字，所以，匈奴自己的民族历史，还是靠汉语言文字记录下来，后人才得以知道匈奴的来龙去脉等相关情况。因此，匈奴几乎完全因为学习、接受汉语言文字，从而成了西域外族人接受汉语言文化影响的典型代表。

匈奴曾经借助汉字，接受了许多汉文化的影响。例如，单于左右的官员，从汉人那里学会了计算方法，“以计课其人众畜物”，征收税赋。呼韩邪单于归汉后，历代单于因“见汉谥帝‘孝’，慕之，故皆称为‘若鞮’”。“若鞮”即“孝”字的匈奴语读音。由此可见匈奴文化借助汉字所受的影响。

考古所发现的新疆沙雅县于什格提故城出土的“汉归义羌长印”（为汉篆阳文），看来是授予羌族酋长的印信。还有三颗铜印，是发给“当户”的官印。这些都是西域土著居民使用汉文的实证，同时也是他们与汉的隶属关系之明证。前文已经提及尼雅出土的“休乌宋耶”木简，则既可证明因汉语在西域的通行而出现的双语现象，也是兄弟民族人民掌握使用汉文的有力证据。汉字在西域的使用，对西域各族人民的文化影响，是多方面的，此例略见一斑。

汉字在西域的使用，对中华民族多元一体文化的形成、发展也有促进作用。

汉语、汉字是汉文化的核心内容之一。汉文化的魅力吸引、影响了西域各族人民，使之成为西域各民族共有的东西。汉语、汉字在西域的传播使用，把西域和中原通过汉语言文字，紧密联系在了一起，从而使中华民族多元一体文化的内涵和外延都有所扩大。

汉代西域各民族文化，亦各有自身民族特点的文化，各有其成长、发展的历史过程。汉语、汉字没在西域传播使用的时候，我们对他们几乎一无所知。汉语、汉字在西域使用一经开始，西域各民族的文化，也借助汉字（哪怕是后来其他民族的文字），得以传久、传远。于是，西域各部族、邦国的社会、民族、文化、经济等方面的相关情况，诸如匈奴、乌孙、龟兹等各国的情况，都通过汉字书面形式传递到了内地。中原王朝的史官依据这些材料将其写入重要的史籍（《史记》《汉书》《后汉书》等），流传给后世。大家由此而得知，我们的国家竟是这样一个多民族聚居一起的、多元文化融于一体的大家庭。如果没有汉字这一记写工具的记写，只靠口头传播，我们今天哪能这么丰富、具体、翔实地了解两千年以前的西域呢！尤其是历朝史集里的《西域传》，一向是史学家对西域历史、社会、文化、经济等方面进行研究的重要依据。由此可见，汉字在西域的使用，对认识、研究整个中华民族多元一体文化的源流、特性，意义何等重大。

二、从汉代西域地名看汉文化在西域的影响

美国已故语言学家萨皮尔说过："地名的研究实在是语言学家最引人入胜的事业之一。"（转引自罗常培先生：《语言与文化》51 页，语文出版社，1989 年。）（同前，原文为英文版。——作者注）地名是语言词汇库中一种特殊的专用名词。它是一个地理实体或行政区域的一种文字代号。它作为一种历史文化的产物，不仅与语言有关系，而且与历史学、地理学乃至社会学等都有关系。同时，作为一种专用名词，它在一定的历史条件下产生，从而具有一定的普通语言学价值。因此，今天我们通过对汉代西域地名的认真审视，就可以从中窥得那时汉文化在西域所产生的影响。

汉之统辖西域之前，因为西域尚没有任何文字可以记录社会各方面的相关资料，所以，汉语里留存下来的西域地名，如葱岭、天山、金山、昆仑、乌孙等西域地名为数有限。汉朝统辖西域之后，西域的地理信息也通过汉语传回京城，史官将其记入了汉文史册，从而有了认识和了解相关知识的机会。

《汉书·西域传》中出现的西域地名（不包括与西域相邻的河西等地方之地名）多达 240 个（重复不记）左右。因为它们大都为前不见经传者，所以，它们便自然地暴露给我们一个汉语词汇发展演变的崭新横断面，使我们不受此前遗留语言材料的干扰，有可

能清晰而准确地认识、把握汉代西域地名的实际。同时,因为西域在汉代就是一个多民族、多部族人民聚居区,从而使这里形成了一个颇具特色的"双语""多语"语言环境。所以,这些西域地名不仅反映汉语和其他语种之间相互接触、渗透的关系,而且可以使我们更容易认识双语和多语之间共存的某些社会语言学现象。

汉代西域地名的类别　地名是人们给一个地理实体或行政区域的语言文字代号。一般来说,这个代号与其所指称的对象之间,存在着所指、被指的一对一关系。按照地名所指对象——地理实体或行政区域——的不同,我们对《汉书·西域传》中的西域地名,可以归为以下几类来认识。

1. 地域名称

历史学家在对汉代统辖西域之后的西域地域或社会实体赋予称说时,根据当地的自然条件、经济形态,称其为"城郭诸国"和"行国"。而这些城郭、行国在未被汉朝封为侯国之前,各自或互相以其居住的城镇、游牧的地域称呼之,抑或以某地域居住的部族、部落称呼之。因此,这种指称,很可能原本就是指称地域或指称部族的。这些地名的原本读音,我们不得其详,而以音译形式进入汉语之后,则以汉字记写成汉语的双音节、多音节词模样。

例如:乌孙、于阗、扜弥、鄯善、莎车、安息、奄蔡、康居、疏勒、危须、尉犁、渠犁、且末、楼兰、精绝、龟兹、姑墨、温宿、郁立师、乌弋山离,等等。

此外,还有诸如若羌、大宛、小宛、小蒲类、东且弥、西且弥等,也是指称西域的地名。但因它们的构成方法和构成成分与前述不同,特此提出,留待下面讨论。

2. 侯国名称

这里所说的侯国,是指西域当地接受汉朝封绶、隶属汉之都护管辖的、史书所谓的三十六"城郭行国"。这里的"国"之概念,袭用春秋战国时的原意。它们对汉中央政权而言,不是一个相对独立的国度,而是汉王朝的藩属。

上一小节的地域名称所指,多是这种"城郭行国"所在的地域。它们在未接受汉之封绶之前,以上述地域名称自称或相互称说。它们被汉朝领有之后,接受汉之封绶,则以地域名之后加上"国"字来称呼之,同时,仍不乏以其地域名称直呼其国者。如,鄯善国则仍可直称鄯善，疏勒国仍可直称疏勒，几十个藩国都是如此。为了便于对它们进行语言文化分析，我们只把通常史书里地域名称带有“国”字的，列入侯国名称一类。另外，还有诸如山国、劫国、车师前国、卑陆后国、车师后城长国等，通常这样称呼的“国”，数目不多。

侯国地名中比较特殊的，诸如山国、劫国，直观地看，它们是侯国无疑。但是，在汉朝封绶它们之前，它们是怎样称呼的，我们不得而知。当去掉其中的“国”字，所剩的“山”“劫”，是不是地域名称，我们不敢妄作解释。

3. 王治名称

王治名称是指侯国国君治所之所在地的地名。此外，还有少数虽非侯国王治所在，但其规模较大、名声较大的城郭等居民点，或某国内部小王分封治所之称“城”“谷”者。为了便于分析，考虑到其名称与前述王治带有相同的汉语语素“城”“谷”等结构成分，故将这些也归于此类。

属于王治一类的，例如：交河城、南城、西城、延城、危须城、精绝城、皮山城、莎车城、疏勒城、监氏城、番兜城，蒲犁谷、乌飞谷、衍敦谷、兑虚谷、番渠类谷等等。

其他非王治而规模较大者，如，乌垒城（西域都护之驻所）、伊循城（楼兰国大城、汉之都尉驻所、丝绸之路南路屯兵重镇）；护澡城、薄茅城、附墨城等，是小月氏、康居国内分封的小王之王治所在。

4. 其他地名

此类地名是指除了上述三种之外指称西域山川、关隘以及较小城池的地名。其中大多数属于西域范围之内。例如：南山、北山、天山、葱岭、盐泽、西海、弱水、妫水、令居、积石、白龙滩、蒲昌海、大头痛、小头痛、南山羌等。

其他如玉门、玉门关、阳关等则是在西域东部边关所在的地方。

汉代西域地名的构成分析 纵观上述四类西域地名，我们不难看出，它们的构成存在明显的不同。从其构成的角度着手，我们又可将它们分为以下三类来分析认识。

1. 音译而成

《汉书·西域传》中这种音译的地名，至少有 59 个。而且，多呈双音节形式，多音节的有一小部分，单音节的尚未见到。

我们判定它们是音译地名，根据如下：

汉语的词汇自古就以单音节词为主，双音节词则多限于双声、叠韵、叠音的连绵字。汉代双音节词渐渐多了起来。而汉语中的词（单音节词除外）作为一个语言单位，除了它本身有一个完整的意思之外，构成该词的构词成分语素与语素（字与字）之间，既有一定的语法关系，意义上往往又有某种联系。

然而，汉代西域汉语中音译的地名，虽然也有双音节、多音节（两个汉字、多个汉字）之别，但是，构成的这个语言单位，除指称一个地名之外，并无一个完整的意思，字与字之间也找不到任何语法关系和意义联系。如果说它是双声、叠韵、叠音者，两个字却又不共同表示一个完整的意思。

例如：精绝、楼兰，像是双声；单桓像是叠韵；鄯善、狐胡则既像双声又像叠韵，既像叠音而又不是叠音（叠音词二字相同）。构成它们的两个汉字之间，都没有任何意义联系。据此，我们肯定它们是音译进入汉语的借词。

又如，于阗、疏勒、焉耆、且末、莎车等绝大多数属于双音节者。郁立师、乌贪訾离等少数属于多音节者。

2. 音译加表意成分

语言的借词方式里，音译加表意成分是一种很重要的方式。汉代西域这样引进汉语的地名，有 113 个。它们均以前述的音译地名加上汉语表意成分，再造而成新词。上述侯国名称类，以音译地域名称，加上汉语表意成分的构词语素“国”；王治名称类，也以音译地名加上汉语表意成分的构词语素“城”“谷”而构成。它们都属此类。

例如：鄯善国、龟兹国、姑墨国，乌垒城、危须城、莎车城，乌飞谷、尉头谷、丹渠谷等等。它们中，除了少数如山国、劫国、延城、卢城是双音节形式之外，其余绝大多数都是在双音节音译地名基础上，加上汉语表意成分的构词语素而成的，当然都属于多音节（大多是三音节）形式。

甚至还有加上其他汉语表意成分的构词语素而成的，例如，车师前国、车师后国、车师后城长国。其中加入了汉语构词语素“前”“后”等。

3. 汉人命名

这是指批量汉民进入西域前后，用汉语的构词方法新构成的西域地名。这从它们的所指以及构成语素之间的关系，都能看出其构成不同于前两类。例如：葱岭、天山、盐泽、赤水羌、南山羌、大头痛、小头痛，等等。除了整体上指称某一地名之外，构成语素之间有着明显的语法关系和意义联系。例如：天山、盐泽、南山羌等词都是偏正关系。

汉代西域地名中的汉文化影响　地名是一种文化遗存，它因地域名称的语言、文字记录保留。因为"语言和文化的关系很密切，语言不能脱离文化而存在，文化也不能脱离语言而存在，语言和文化是共生、共存的。"（游汝杰：《中国文化语言学引论》16 页，高等教育出版社，1993 年。）所以，地名中必然有文化的影响存在。《汉书·西域传》第一次在汉语词汇中保留下了批量的西域地名。因此，从文化语言学角度看，这些西域地名中的汉文化影响，便成为我们所关注的焦点。

通过上面对西域地名的分类认识，我们已经看到它们中间含有汉语的语言文化色彩。音译的地名，自然都是原产于西域本地的地名，而且产生较早，大凡都在汉民到来之前。它们显然是由当地的土著居民自己命名（其地名原貌我们却无从知道）而流传下来的。但经音译进入汉语之后，难免受汉语的某些影响。双音节者居多，就是一点。

第二类，音译加汉语表意成分所构成的地名，显然是在汉民进入西域之后，汉民用当地已有的地名音译形式，加上汉语表意成分而构成的、另有所指的新一代地名（如鄯善国、且末城、鸟飞谷等）。加上的汉语语素，就是打上的一个汉语烙印。

至于第三类，完全是汉语语素加汉语语素构成的地名。其中不乏汉朝之前早就出现在内地的地名。而大量的应该是汉民进入西域之后，用汉语语素按汉语语法构成的新的汉语地名（如葱岭、赤水羌、大头痛等）。

这三类中用音译当地地名加上汉语表意成分构成的新地名，其语法结构上的汉语语法特点十分明确。它们都是以汉语语素"国""城""谷"为中心的偏正结构。

三个不同类型的地名一比较，汉语的语言特征已一目了然。同时，我们又可以清楚地看到，它们处于三个不同的历史发展层面，从中可以看到随着汉语在此通行时间的推移，汉文化影响的逐日加深。

更值得注意的是，这种音译加上汉语表意成分的构词相伴而来的社会政治影响。汉朝统辖西域之前，西域社会形态的发展处于相对落后的状态。所谓的“城郭行国”，并无真正意义的“国”的体制，大多数只不过是由部族、血缘关系、生产方式等因素系连在一起。汉朝领有西域之后，西域各地的城郭行国同汉朝的关系，发生了质的改变。各城郭行国接受汉之封绶，成为汉朝行政系统中的侯国。地名之后加上个“国”字，政治地位有了根本不同。诸侯国地位的确立，汉朝政府授予各国不同的官衔，各侯国国王的王治所在的地名之后加上“城”“谷”字，意味着社会更普遍的承认。一系列的变革，给西域社会带来了巨大变化。这种中原封建社会带来的分封地方王侯的传统做法，是传统汉文化的文化成分。它在西域的实施，无疑是汉文化给西域带来的一种社会政治影响。

另外，关于汉民直接给西域地方的命名，其汉文化影响更加明显。汉文化传统中对地方命名，也和给人起名字一样，要有个缘由或说头。这是一种命名文化。汉朝统辖西域之后，所到之处，原来没有地名者，为了需要而予以命名，则按照汉民的传统做法，也要找个缘由或说头。例如，婼羌，专家研究结果，认定这是汉人命名的。史学家黄文弼先生经过考证，认为：婼为部落之名，羌以示种族。《太平御览》引《说文》：“羌，西婼羌戎牧羊人，从人牧羊。”此说至今一致为人们所认同。

又比如，高昌，也是汉朝领有西域之后予以命名的。史书上说：“高昌，其地高敞，人庶昌盛”，故曰高昌。显然名字来自此地的自然特征、社会状况。至于这一名字的产生时间，许多研究者根据《魏书》以“因有高昌郡”，故名高昌，认为该地名始见于魏。这一说法是不能成立的。实际上，《汉书》中早已有“高昌壁”一说。依“高昌壁”一语的语法结构来看，其中心语是“壁”，“高昌”是其修饰、限制成分。“壁”，原意有军队营垒的意思。汉朝曾在高昌建设过营垒、驻扎过军队。无疑，没有“高昌”，何来“高昌壁”？没有“高昌”，何来“高昌郡”？“因有高昌郡”，故有高昌，其逻辑上因果颠倒，显然是错误的。因此，笔者认为，高昌一名肯定始于汉朝，为汉人命名。（拙文：《地名高昌探源》，载《语言与翻译》2000 年第 4 期。）

另外，诸如交河，是车师地域内命名的地名，恕不再细述。

大量的汉语地名出现在汉时西域，足见汉文化在此的影响深入，这无疑仰赖于汉语在西域的通行。同时,汉文化在西域的社会影响,又促进了汉语词汇的丰富发展。这是一个明显的事实。

三、从汉代西域地名看汉语音译地名的双音节化

语言是发展变化的。语言随着社会的发展而发展,随着社会的变化而变化。社会发展变化,促成的民族与民族的接触,以及随之而来的民族间语言的接触,也是促进语言发展变化的原因之一。而"历史比较法是语言的历史研究的方法之一"。(王力:《汉语史稿》上册 19 页,中华书局,1982 年。)通常情况下,对语言进行历史研究,观察语言的发展变化,不通过大量、不同时期的语言材料进行分析比较,则难以辨别出语言前后变化的不同。

汉代之前的汉语词汇发展,前人已经有所研究。先秦时期汉语的词汇"以单音节为主",已成学界的共识。尽管王力先生曾经指出,"汉语自始就不是单音节语;先秦时代已经有了大量的双音词","它们多是由双声、叠韵词构成的"。(王力:《汉语史稿》上册 45 页,中华书局,1982 年。)但是作为专有名词的地名,显然不在王先生所说的先秦汉语双音词(双声、叠韵)之列。研究表明,"商代和西周的地名大致以单音节占优势,春秋战国时期的地名,也还以单音节占相当的优势,到了汉代,单音节地名已是属于罕见的了"。(游汝杰:《中国文化语言学引论》107 页,高等教育出版社,1993 年。)这一判断,也可以从《汉书·西域传》得到最有力的佐证。

《汉书·西域传》第一次留下了西域通行的汉语相关情况,特别是西域的地名。因此,我们可以肯定地说《汉书·西域传》为我们提供了一个罕见的秦代之后观察汉语发展的横切面。它为我们提供了丰富、可信的全新语言材料,可以依之不受此前难以判定其产生时间的地名之干扰,特别是对大量的音译地名,可以得出一个鲜明的共时认识。从而可以见出汉代汉语音译地名在西域出现的某些信息。

汉代西域汉语音译地名情况纵览　《汉书·西域传》中保存下来的西域汉语地名,共约 240 个。我们在前面已经对其做过分类认识。它们的情况大致是:以音译的西域汉

语地名为一大类;而后再以其为基础,通过添加汉语表意成分的构词语素,进而构成侯国名称、王治名称的合成词;另有一些则完全是汉人用汉语命名的新地名。其中音译的西域地名、汉人用汉语命名的新地名,应该是最有代表性的。这两类中又以音译地名数量为多。下面我们仅对汉代西域汉语音译地名的构成情况进行观察。

这类地名主要有:

楼兰、且末、精绝、戎卢、扜弥、渠犁、于阗、皮山、莎车、焉耆、危须、尉犁

渠勒、乌垒、龟兹、温宿、姑墨、尉头、疏勒、蒲类、桃槐、捐毒、休循、无雷

依耐、蒲犁、子合、西夜、难兜、乌秅、单桓、狐胡、康居、罽宾(双音节34个)

郁立师、乌贪訾离、乌弋山离(多音节3个)。

从中可以清楚地看出:汉代西域汉语词汇中的音译地名,明显存在着结构上的复音化(两个音节以上)发展趋势,而且以双音节为主。这是一个客观事实。

汉代西域汉语音译地名为什么会以双音节为主 面对上面的观察结果,汉代西域汉语音译地名为什么会出现明显的复音化现象,而且以双音节为主,便成了我们必然进一步思考的问题。而当人们想到,值得思考的问题是出现在西域汉语地名音译过程中,自然就会首先从音译借词的译源方面寻找原因。

历史研究告诉我们,汉代西域是个多民族聚居区。众多民族的语言中,除了若羌、西夜、无雷、蒲犁、依耐一带的羌语与汉语同属汉藏语系之外,其余绝大多数民族的语言,分属印欧语系、阿尔泰语系等。它们与汉语所属语系不同,语言的三要素(语音、词汇、语法)也就有明显的不同,甚至音节的概念也明显不相同等。特别是不同语系,词的构成所拥有的音节多少不同,更是直观上可以明显感觉得到的现象。汉代之前汉语的词,以单音节形式为主,而印欧语、阿尔泰语的词汇都是多音节形式。问题虽然明显,但就译语系音节数目多少的差异来看,要想弄清词的对译过程中这一问题仍十分困难。

不难想象,这些译源语里,基本上没有单音词,单音节的地名更不会有,双音节的地名也不会多。于是,译源语中为数众多的多音节地名,如果(仅仅是如果)译成汉语的单音节形式,势必导致汉语中出现许多地名的同音、同形现象,使得地名与其所指之间造成严重混乱。这与借词的语言交际需要实不相符。

如果每一地名都尽量忠实于译源语，译入汉语时都译成多音节，那么翻译进来的地名，就必然会和汉语的词汇（单音节和双音节）构造大相径庭。这在语言运用上又与汉语的语言习惯不相符合。于是，唯一可行的路子是，以尽量少、而且至少不少于双音节的方式来完成地名的对译，才是正当途径。

由此可见，在对译中必然会导致人为简略音节数目的情况的发生，才能完成多音节语言和汉语的对译。唐代吐蕃的名称译入汉语，就是最鲜明的例证。吐蕃曾经有"图伯特""退摆特""条拜提"等多种译法，后来人们又将其简约成了"吐蕃"。其间，用字字数的出入，明显反映出翻译者人为简约音节的迹象。再看现代"俄罗斯"的汉语音译，人们无不为这个译法感到奇怪。按照"俄罗斯"的俄文现代读音，音感近乎"罗西亚"。而汉译的结果，却在词首滚音"p"之前平添了个音节"俄"，在词尾又去掉了个音节"亚"。该译名一直使现代翻译家们都感到莫名其妙。

汉代西域地名进入汉语时大量译成双音节形式，是一个客观事实。因此我们有理由说，在汉朝那时尚无"翻译学"理论"指导""约束"的情况下，"人为简约"音节，是一个重要原因。然而，"人为简约"为什么偏偏要以双音节为最低极限，这又迫使我们不得不进一步从汉语本身寻找内在的原因。

对汉语本身音译构词能力的推测　以双音节作为对译时掌控汉语音节数目的最低极限，使我们不得不改变自原先注目译源、译后的语言运用社会效果角度，从汉语本身音节的组合能力上再加考量。

马克思认为：一门科学只有当它达到了能够成功地运用数学时，才算真正发展了。由此我们想到，人们为了说明现代汉语为什么动听，已把汉语音节结构中乐音（元音）所占音素总数的百分之五六十作为论据，确实很有说服力。而汉语音译地名时音节的组合能力，如果能用量化的方法予以评估，这不失为一种大胆的尝试。

为此，我们试想用数学"排列组合"中的有序配合方法，对汉代汉语音系的音节和音节两两进行组合的组合能力做一个推测，借以验证古人以双音节（而不以三音节等）作为音译地名掌控的最低极限的理由。

因为这里只是为推测一种可能性，不是精确的判定绝对标准，又因为迄今没有汉代汉语音系的确凿材料，而语言的发展变化是缓慢的，所以这里姑且用距离汉代时间最近的隋代的《切韵》做参考，通过对隋代汉语的 3 603 个有效音节(邵荣芬:《切韵研究》137 页，中国社科出版社，1982 年。)，进行两两组合，测算窥探一下它们的组合能力如何。

考虑到汉语的音节组成里有声调这一因素，而西域的其他语种都没有声调，所以在测算时，也依隋代音系排除汉语声调对汉语有效音节的影响。这样隋代汉语音系有效音节的实际数量，应该是 3 603 除以 4，即约有 900 个。

又考虑到从汉代到隋朝 369 年语言发展可能产生的变化变数，哪怕发展很慢，我们也尽可能多挤出点水分，以求提高测算结果的信度，所以，我们把 369 年间汉语发展变化产生的变数，尽量大地假定为 30%(只是假设，没有任何根据)，那么，所剩的 70% 的有效音节，就算是汉代的有效音节数。

于是，汉代汉语有效音节权作：$900-(900\times30\%)=630$

有序排列组合两两组合的公式是：$A^{2n}=n\times(n-1)$

于是，将 630 代入上述公式，则：$A^{2n}=n\times(n-1)=630\times(630-1)=396\ 170$

通过计算得知，根据隋朝的《切韵》进行苛刻的逆测而假定的汉朝汉语 630 个有效音节，理论上两两进行组合，其能产量至少是 396 170 个语言构造。这就是说，尽管语言的发展是缓慢的，但是汉朝汉语的有效音节经过几百年发展，大量挤去可能产生的水分，所剩有效音节两两组合，仍能形成数以几十万计可供音译地名中避免重复使用的语言构造。

须知，当代大辞书《汉语大词典》(汉语大词典编辑委员会编，上海辞书出版社，1986 年版)(共 12 卷)，收入的词条也只有 37 万条。数十万计的音节两两组合可供选用，音译地名的所指、被指读音发生混淆的可能性还会存在吗？尽管汉朝人未必懂得数学中的排列组合法，但是人们在音译地名时，对音节掌控的最低极限的把握上，竟然能这样准确地限定在双音节这个界限上。靠碰运气吗？怎么就碰得这么巧？看来不能不说，这是符合汉语自身内在组合的能产性的。

据此，我们有理由说，汉代汉语音节与音节两相组合的惊人能产性，是形成汉代汉语音译地名双音节为主的内在根本原因。

第二章

魏晋南北朝时期

（220—589）

汉语在西域的官方通用语地位进一步巩固

魏晋南北朝是我国统一的多民族国家形成的重要时期。继匈奴和汉的长时间较量之后，以鲜卑、柔然为代表的北方草原文化和中原汉族农业文化的又一次碰撞，使全国呈现出社会的大分化、大动荡和多民族交融加速的局面。

这段时间，也是汉语由古汉语向中古汉语发展演变的重要时期。全国的大分化、大动荡，导致人口的大流动。人口的大流动，不仅促成了各民族的大规模、大面积接触，而且汉民和其他民族的大规模迁徙，造成了汉语前所未有的大分化，并在经受其他民族语言的影响过程中，在分化的同时渐渐整合，并最终促进诸多方言的相继形成。西域汉语也在经受全国范围大分化、大动荡之后，在与西域各语种的互相影响中，官方通用语地位得以进一步巩固。

第一节
魏晋南北朝全国政治局势

长达369年的魏晋南北朝，匈奴、鲜卑、羯、氐、羌等民族贵族政治势力，和中原汉民族封建王朝的激烈争夺，使中原大地发生了继春秋战国之后又一次大规模的社会大分化、大动荡，促进了中华民族的大融合。这时早已和内地息息相关的西域，受中原政局的影响，也出现了与中原相应的大分化、大动荡和民族大融合局面。

魏晋南北朝时期，全国，包括内地和西域，整个政治局势处于大分化、大动荡的状态。

这个时期大分化、大动荡局势的产生，缘于汉朝封建统治的走向没落，政治腐败，朝政混乱，宦官和外戚的争权夺利。与此同时，西北边疆的匈奴、鲜卑、羯、氐、羌等兄弟民族陆续内迁，逐渐和汉人杂居于一起。到了魏晋，今天山西北部、中部直至东南部以及陕西关中、甘肃陇西等地，都成了民汉杂居的地方。内迁杂居，使他们渐渐改变了原来的生产方式，并渐渐和汉文化融合，成长为中华民族中一支新生的政治势力，涉足政治舞台。后来的社会大分化、大动荡局面的出现，与他们的崛起也不无关系。

一、魏晋南北朝时期内地的政治局势

这个时期内地的大分化、大动荡，从发展变化总形势来看，可以分为两大史段。

1. 魏晋史段(220—420)

魏晋史段包括曹魏和东、西两晋时期。即曹魏与西晋的 97 年,和东晋、十六国 103 年这两个小的阶段。

东汉末年,宦官和外戚争权夺利,混乱的朝政等原因,发生了农民大起义。公元 220 年(汉献帝延康元年),联手镇压农民起义的豪强曹丕,立魏代汉,东汉就此宣告灭亡。

公元 249 年(魏齐王嘉平元年)司马氏立晋(西晋)而代魏、而后灭吴与蜀,实现了全国统一 。然而,不久西晋的统治(五十二年)便于公元 317 年(晋愍帝建业四年)被灭亡。

汉末至西晋灭亡的 97 年,全社会基本上是处于汉族权臣、豪强和大地主围绕着封建王朝的王权争夺而酿成的巨大社会动荡之中。

公元 317 年,摇摇欲坠的西晋王室逃亡江南,建立了新的政权——东晋。

东晋时期,在我国北方和巴蜀,先后存在过一些封建割据政权,其中有:汉(前赵)、成(成汉)、前凉、后赵(魏)、前燕、前秦、后燕、后秦、西秦、后凉、南凉、南燕、西凉、北凉、北燕、夏等国,历史上叫作“十六国”。

东晋十六国期间,北方入主中原的氐族人在长安建立了前秦。前秦首领苻坚于公元 383 年(东晋孝武帝太元八年)发兵约 90 万,欲灭东晋,结果淝水一战大败。公元 386 年(东晋孝武帝太元十一年),时在山西北部的鲜卑人拓跋珪乘机占领中原,重建鲜卑政权,国号北魏。十六国百余年的混乱局面至此基本结束。

公元 420 年(晋恭帝元熙二年),东晋强臣先后谋权篡位。结果刘裕自立,自称为“宋”。东晋王朝宣告灭亡。

从总体上看,整个曹魏西晋这一时段,中原政局呈现大分化、大动荡之势。东晋十六国时期分化、动荡达到极致。动乱的后期,斗争已经由前期单纯的汉族权臣、豪强围绕王权之争,转化为各族贵族之间的权力争夺。

2. 南北朝史段(420—589)

西晋灭亡前夕,鲜卑人拓跋珪于公元 386 年(东晋孝武帝太元十一年),乘前秦淝水之战惨败,建立了北魏。北魏建立后不久,东晋灭亡。南方相继出现了宋(公元420年立)、齐、梁、陈(公元589年亡)四个汉族封建王朝。于是,内地出现了大致以长江为界的南北长期对峙,形成了史称的“南北朝”。

北魏早期,面对复杂尖锐的内部、外部矛盾,统治者多次用兵西域,和柔然、高车抗衡。公元495年(南齐明帝建武二年),(北魏孝文帝太和十九年)魏孝文帝迁都洛阳,并锐意对本民族进行政治改革,改革确实取得了显著成效。然而北魏后期,鲜卑人内部先后出现了东魏、西魏、北齐、北周等国的分裂和权力更迭。总之,这个时期,整个北方在貌似统一的总形势下,维持着鲜卑贵族权力争夺的分治对立。

南北朝时期的南方,先后相继建立的宋、齐、梁、陈四国,仅仅维持了169年时间。四个朝代接踵兴替,每个朝代都只有几十年寿命。因为地理位置的关系和其他各种原因,南朝与西域的过往十分有限。

如果说魏晋时期中原呈现社会大分化、大动荡局面的话,那么,南北朝时期的169年,中原大致上是在分化、动荡之后,逐渐走向民族大融合。其间,氐族人举族无声地融入了汉人之中。鲜卑族民族上层,态度坚决、要求明确地与汉民族相融合,正反映了民族发展走向融合的主流趋势。

二、魏晋南北朝时期西域的政治局势

魏晋南北朝时期的西域,整体形势也分两个阶段。

1. 魏晋史段的西域

魏晋时期的西域各地,由于与内地早已往来密切而息息相关,所以这时政治形势也因受内地影响而基本相同。内地的社会大分化、大动荡,民族间的交流融合,无不对西域产生直接的或间接的影响。就西域内部看,外来的鲜卑、柔然、高车、哌哒,为争夺对西域的控制权,相互角逐了一个多世纪。当时西域的政治局势,大致可分两种情况。

其一,自东汉末开始,直至魏晋时期,中原的社会动荡,使中央王朝对西域的统辖力度大大削弱。原西域几十个城郭行国,经过相互兼并而形成了焉耆、龟兹、鄯善、于阗、疏勒、乌孙、车师等七国。它们虽然各自为政,不过又纷纷臣服中原王朝。它们不仅与地处中原的汉族封建王朝曹魏和西晋有着密切关系，就是与东晋时氐族主政的前秦、继前秦之后鲜卑人建立的北魏,以及地处西北的或汉,或兄弟民族贵族执政的地方政权(前凉、后凉、北凉、西凉等),也都有紧密的往来。然而西域地方政权的相对松散,又为鲜卑、柔然、高车、哌哒等诸多民族乘虚而入进行政治争夺,提供了有利条件。

其二,因为汉末西域的兼并战争等原因,原来分散居住在焉耆、龟兹、疏勒等地的汉民,纷纷向汉代汉民人口较多、距内地较近的高昌一带聚集,形成了以高昌为中心的汉民相对较为集中的状态。于是,高昌便被曹魏、西晋和前凉、前秦、西凉、北凉等视为类似内地,直接派官员至高昌任地方官,并且都在此地建立与中原相同的郡、县制行政机构。显然,曹魏、西晋时期的高昌,是迥别于西域其他七国,直接隶属中原王朝或西北地方政权的、相对独特的行政区域。它与中原政权以及同内地关系极为密切的西北地方政权,关系相对也比较紧密。从而决定着这里的社会分化、动荡,人口流动,社会发展,也与内地大致相同。

2. 南北朝史段的西域

南北朝时期,从整体上看,西域也处于大分化、大动荡后渐渐呈现民族大融合状态。只是比内地相对步履稍慢一些。仔细审视起来,仍分两种情况。

其一,西域的焉耆、龟兹、鄯善、疏勒、于阗、乌孙、车师等国,情况大体一致。它们都与内地的北魏、东魏、西魏、北周、北齐和南朝的萧梁等王朝,保持着较密切的关系。但是,它们又无不深受来自在中原建立北魏政权的鲜卑、进入西域长期与鲜卑抗衡的柔然、在吐鲁番建立高昌王国的高车这三方面势力的影响。

原居东北的东胡鲜卑与柔然(役属鲜卑的一部)先后从东北向南发展。在鲜卑势力进入华北北部立足之后,柔然被迫向西域发展。386 年建立北魏的鲜卑,跃居于中原王朝正统地位之后,柔然当然就成了鲜卑向西域发展的绊脚石。于是这两大政治势力在西域展开了角逐。最终,柔然于 521 年(北魏孝明帝正光二年)败于高车而降于北魏。

公元 546 年(梁武帝大同十二年)蒙古高原新崛起的突厥,征服了游牧于准噶尔盆地一带的铁勒。后来,突厥首领土门自立为汗,建立了突厥汗国。成为继匈奴之后我国北方游牧部落建立的又一强大汗国。

其二，高昌因为历史的原因，形成了汉人相对较为集中的特殊情况，以致使这里不同于西域其他各地的政治局面，得以延续到南北朝时期。当然，高昌同西域焉耆、龟兹、乌孙、车师等国一样，也在这时不同程度地受到鲜卑、柔然、高车等政治势力之间一百多年的政治角逐之直接影响。

这时西域在各种势力相争的情势下，高昌曾出现过被柔然扶植起来的北凉残余、被柔然扶立取代北凉的汉人阚氏政权，后来高车相继建立起的高车王国，以及高车连续多次扶立的汉人执政高昌的地方政权。不过，这时几乎所有的高昌王都又接受中原王朝的册封，与中原王朝保持着密切的关系。一直延续到隋末唐初的高昌鞠氏王朝，还完全效法中原，实行中原的军政官制，呈现出与焉耆、龟兹、于阗、鄯善等七国明显不同的汉民为主体、民汉杂居的社会状态，以及如同内地一样的政治形态。

第二节 魏晋南北朝时期人口的向西流动

魏晋南北朝时期的人口流动，几乎可以说，人口成分之复杂、持续时间之久、规模之大、数量之多，是我国历史上继春秋战国之后又一次大的流动高潮。全国大范围的大分化、大动荡政局，使西域在不同历史时段出现或中原王朝所属，或不同民族割据的复杂情况。这些地方政权虽然统治时间都不很久，但是都把领有和管理西域视为己任，分别在西域做出了应有的努力。这些行动都对人口的向西流动，产生着一定的影响。

必须强调指出，我们将这时向西流动的人口，改称“内地人口”，原因在于，这时我国出现了大面积的多民族人民杂处一起的状况。大面积多民族人口的长期杂处，使得各种语言长期共处而相互影响、相互渗透。各族人民之间普遍出现双语现象，进而一些人放弃自己的母语、改说另一种语言的情况也十分普遍。因此我们不能轻率地断定，社会流动的人口肯定是哪个民族的人，只能笼统称说是“内地人口”。至于他们所操的语种问题，留在下一节再做分析探讨。

一、官方所致的人口流动

同前朝大致一样，由官方意志而引发的人口流动方式，居于首要。因为这个时期，各个政权的历史都不很长，所以只能做如下简要的交代。

派员建政　魏晋南北朝时期各国在西域的建政和管理，唯曹魏和西晋情况与众不同。

公元220年夺取汉朝政权的曹丕，公元265年西晋代曹魏的司马氏，他们都是通过政变接手政权，所以均承汉制。魏晋朝廷管理西域，使西域社会安定基本如初，无非下个公文，对原有的地方官员做一次重新任命、予以认可。因此大规模派员重建机构就不大可能，由此引起的人口流动都很有限。曹魏时在西域设有二十道，授权西域长史和戊己校尉管辖。至于西域其他各国，曹丕则遣使者“抚劳之”，并对各国国王进行册封，颁发印信，管辖“略如汉氏故事”。另外，曹魏还开始在西域设伊吾县。这是我国中央政府首次在西域设置与内地相同的地方行政建制。西晋代魏，晋也先后派西域戊己校尉进驻高昌，西域长史进驻楼兰，对西域行使统治。西域的疏勒、于阗等各国，相继向晋朝贡，晋还对他们分别予以册封。

别具一格的是西北地方政权前凉。

公元301年（西晋惠帝永宁元年），晋之凉州刺史张轨，利用中原战乱之机而割据河西，建立了前凉地方割据的汉人政权。张氏兵威并举，使“西域并降”。前凉先后任命李柏为西域长史，张颀、张植为西域校尉，索孚为伊吾都尉。此后前凉的统治者都基本如此承旧制、用老人。建政、管理都不大涉及内地人口的西流。

公元324年（东晋明帝太宁二年）张骏执政。这时前凉控制的范围“南逾河湟，东至秦陇，西包葱岭，北暨居延”。张骏在汉人集中的高昌设置高昌郡，郡下设有高昌、田地、横截、高宁等县。县下又设乡、里。这是封建王朝第一次在西域实行等同于中原的郡、县、乡、里完整行政建制体系的行政管理。另外，张骏在西域其他各地，保留前朝西域官员，而自己又称臣于中原政府（前赵），受前赵封凉王之号，使西域在名义上仍统一于中原。两年后，张骏又将高昌、敦煌、晋昌三郡和西域都护营、戊己校尉营、玉门大护军三营合并而成为沙州，统管西域屯田和各国事务。张氏前凉的地方割据，对西域社会人口结构稳固等产生了极大影响。

公元400年（东晋安帝隆安四年、北魏道武帝天兴三年），前东晋敦煌太守李嵩，建立西凉政权，割据河西，也把西域高昌当作发展重点，并在高昌地区建立了与内地相同的郡、县、乡、里行政管理系统。西凉虽然寿命很短，但社会影响与前凉颇为相似。

几个西北地方民族割据政权又是另一种情况。

属于这一类型的是前秦苻坚的氐氏政权、西凉吕光氐氏政权、北凉沮渠蒙逊匈奴政权等西北地方割据政权。它们虽属少数民族政权，但是都很重视汉人官员的任命使用。例如，苻坚任命杨幹为高昌太守，拜梁熙为持节西郎将、凉州刺史、领护西羌校尉，经营西域。就是苻坚派往出征西域的骁骑将军吕光父子，虽是氐族人，也因久在中原已经汉化。公元 397 年(东晋安帝隆安元年)(北魏道武帝皇始二年)，匈奴人沮渠蒙逊建立的北凉，也深受汉化影响。他也在高昌推行汉晋以来的一套政治制度，有效地进行管理。

军事行动 魏晋南北朝时期，直接同西域之间有军事行动的主要是前秦和北魏。

早在公元 327 年(东晋成帝咸和二年)前凉的戊己校尉赵贞不服张骏，拥兵割据高昌。张骏发兵高昌，捉办赵贞，大获全胜。公元 335 年(东晋成帝咸康元年)，张骏派遣军队渡流沙征服鄯善、龟兹，迫使焉耆、于阗、车师前部等国恢复朝贡。公元 345 年(东晋穆帝永和元年)，张骏又伐焉耆，直入尉犁。这些战事，只发生在河西地方割据政府与西域之间，而且规模看来都不会很大。

最值得注意的是前秦的军事行动。公元 376 年 (东晋孝武帝太元元年)，已经统一中原而建都长安的氐人政权前秦，派兵河西消灭了前凉汉人政权。382 年，(东晋孝武帝太元七年)前秦答应车师、鄯善等国“乞依汉制、复设都护”的请求，命吕光为持节都护，统兵 70 000，铁骑 5 000，出征西域。结果，吕光击败了龟兹、狯胡军等。西域各国纷纷归顺前秦，中原政权恢复了对西域的统治。

此外，对西域有直接军事行动的北魏，主要是在南北朝时期到西域同柔然争雄。

公元 445 年(北魏太武帝太平真君六年)，北魏太武帝命周公万度归发凉州兵西征鄯善，并决定在鄯善设军镇，派员直接实施管理。448 年(太平真君九年)，北魏太武帝命万度归领轻骑五千，征讨焉耆。之后，北魏又在焉耆、龟兹等地大败柔然，于焉耆设置军镇，以朝臣交趾公韩拔为西戎都尉、鄯善王，统带官兵，镇守鄯善。鄯善、焉耆两军镇都是军政合一的机构。这两军镇的设置，标志着中原军政制度已推行到了西域腹地。

纵观整个魏晋南北朝时期，涉及西域的军事行动规模知其人数者，唯有前秦苻坚派吕光出击西域，人数 70 000 及骑兵 5 000，人口数字最为引人注目。

屯垦生产　这个时期，战争频仍，社会动乱，正常的社会生产往往难以得到维持。这时参与西域角逐者，大都立足凉州，执政时间较为短暂。因此，与其说是统治者志在组织屯垦，不如说是对常规农业生产不足的一种扶持和补救。屯垦的战略意义的体现远不如前朝。

1. 魏晋、十六国时期的屯田

魏晋时期，西域承汉制开展屯田。只是因为各种具体原因，屯田的规模，特别是布点密度、各点的人数等方面，远不如前朝。而且，这时西域的屯田事业，因为西域不再设都护，所以仅向西域派出西域长史和戊己校尉，直接负责组织屯田。长史直辖楼兰的屯田，戊己校尉主管高昌的屯田。（关于设长史否，曾有争论。）规模明显小了许多。

考古证明，公元 220 年（魏文帝黄初元年）曹魏在楼兰设置屯垦区，屯卒 25 人左右，种地 400—500 亩，人均 20 亩。（赵予征：《丝绸之路屯垦研究》59 页，新疆人民出版社，2009 年。）西晋时高昌是屯田的中心。屯田的士卒常数当不下 500 人。屯田 1 万亩上下。据此魏晋屯田规模可见一斑。魏晋在西域屯田，除楼兰、高昌、尼雅三处之外，还可能有伊吾、海头、且末等地。

十六国时期，在西域屯田的主要是前秦和西北的几个地方政权前凉、西凉等，特别是前凉。当时，河西人口大增，流民有的迁至高昌。327 年（东晋成帝咸和二年），前凉张骏掌控高昌。张骏很注意发展生产，甚至“亲耕籍田”。高昌向为戊己校尉驻地，屯田一直未停。考古发现：前凉时西晋在楼兰的驻军，至公元 330 年尚在此屯田。

前秦以下各国，虽事屯垦，但都仓促草率。后凉吕光，西凉李嵩，匈奴贵族沮渠蒙逊的北凉政权，寿命都很有限。他们的屯垦，规模不大，对社会经济和人口增进的影响实在难说。

2. 南北朝时期北魏的（西域）屯田

公元 386 年北魏建立。已经得中原而望西域的鲜卑，与柔然在西域交战几十年，军需补给是肯定需要的,但是难能稳定地在西域开展屯垦。445年(北魏太武帝太平真君六年),北魏太武帝派兵击败柔然残余势力支持下的鄯善、焉耆,设置军镇,而后组织驻军开展屯垦也是可能的。

纵观整个魏晋南北朝时期西域的屯田,我们能够看到的,主要是西北地方割据政权匆匆在某地安置相应屯垦官员,或管理相关事务官员的线索。关于屯田的人数、垦田的规模,几乎都不得而知。屯田对招致内地人口西流的影响,实在难说。

二、民间人口的流动

这一历史时期,因为社会的大动荡,战争和灾荒等客观原因,造成民间人口流动的规模,则大大超过以前。以前的百姓自发迁徙,大凡是因为灾荒或者不堪忍受压迫剥削而外逃寻觅活路。魏晋南北朝时期,民间的人口流动,除了上述原因,因政府意志所迫而致的流动,也比比皆是。这是前所少有的。

政府驱使下的民间人口流动 魏晋南北朝时期,因为政治、经济、军事的各种原因,汉族政权、少数民族政权,都有大批驱使各族百姓远距离迁徙的事件发生。例如,曹操和孙权交战,“为防止孙权的攻略,曹操还使江滨郡县民户内移,结果庐江、九江、广陵民十万余户惊走,皆东渡入吴”。(翦伯赞:《中国史纲要》235页,人民出版社,1996年。)北魏道武帝“把山东六州的汉族民吏和徒河(鲜卑慕容部)、高丽、‘杂夷’三十六万口,迁到平城附近”,“还迁徙百工技巧十万余口”。(翦伯赞:《中国史纲要》255页,人民出版社,1996年。)

诸如此类,十万、数十万规模的强迫迁徙,数不胜数。其中能见到的迁往西域者就有:

“后赵的东宫卫士十万多人谪戍凉州”(途中万人造反向东打去)。(翦伯赞:《中国史纲要》250页,人民出版社,1996年。)这些人原为“东宫卫士”,一经“谪戍”,即使不属罪犯,也与庶民相差无几。所以我们姑且将其与“民间人口”同等看待。

苻坚占领河西走廊以后,“把汉江人2万余户,中州人7 000多户,和河西以东的数千户,西迁敦煌屯田。因敦煌人满,一部分人西迁到高昌屯田”。(赵予征:《丝绸之路屯垦研究》64 页,新疆人民出版社,2009 年。)

北凉沮渠氏政权灭亡时,其王弟沮渠无讳把敦煌带来的万余户汉族人安置在高昌屯田。(出处同上)

民间自发的人口流动 民间自发流动的人口,历来难见确切数目。但是相关的文字,也还有线索可寻。

三国以降,中原屡为战场。中原百姓在内迁贵族所建政权的统治下,失去了土地而又赋税沉重。西晋末年,连年战乱,许多地方发生饥荒,大批农民被迫出外求食。不堪忍受的饥民,纷纷向外逃亡。在鲜卑人穆容俊等统治期间,中原地区的流民一批一批地涌入鲜卑人居住区辽西地区,出现了“流人之多旧土十倍有余”的局面。更有书上说,“由于生产破坏和天灾而引起的饥荒,驱使数以百万计的农民漂流异乡,随处觅食。”(翦伯赞:《中国史纲要》246 页,人民出版社,1996 年。)

难民多数逃向东北、东南及长江中下游一带,其次,是逃向大西北。当时,“天下丧乱,秦雍之民死十八九,唯灵州安定”,且“武威以西,地广民稀”,因此“中州避难来者日月相继。甚至向凉州地区更远的地方逃亡”。(出处同上)

西晋后期,张轨出任凉州刺史时,在匈奴贵族刘曜攻破洛阳、长安以后,曾与其长子张寔积极安排逃来凉州的难民,还引来了一大批中原汉族世家地主到凉州定居。关于这一条,几乎各家历史著作均有提及,其信度无可怀疑。

大量移民到了凉州,使凉州一下变成了汉民在河西的集中地。有专家说,这些汉民在凉州的集中,促使了这里的经济迅速发展,因此,使这里成了西北的一个新的文化、经济“开发区”。这里人口一多,出现与比邻地区的人口密度差异,无疑就会出现由稠密处向相对稀疏的地方流动。于是,从凉州向西边的高昌流动,则是势所必然。

商业贸易驱动的人口流动 汉代内地与西域之间的商贸,主要是官商。而魏晋南北朝时,内地与西域之间的商贸情况,则大有不同。这时西域的农业、手工业均有所发展,西域成了中原与中亚、欧洲的商路要冲。于是,除了官商之外,大量的民营商业也发展起来。这也是此时人口向西流动、迁徙的重要原因之一。

这时,西域商业的发达,还有两个直接原因。

一是新商路的开辟。除了汉代丝绸之路的南道和北道之外,这时又有曹魏以后所开通的出玉门关经罗布泊北边的商道，以及五世纪起开通的西宁经柴达木盆地到鄯善、且末的道路。新道路的开通,交通更为便利,商业活动自然直接受益。

二是凉州这一新的经济、文化"开发区"的发展,成了中原与西域重要的商贸中转枢纽。特别是自张氏前凉始,凉州成了西北的政治、经济、文化重镇。所以,西域商人和更远处的外商,成千上万来此。后来,仅粟特商人住在北凉首都姑臧(今武威)的就有上千。西域商人到北魏首都洛阳的更多。仅在北魏政府专辟的街区"慕义里"居住的就多达万家。由西东来商人踊跃的势头,又不难想见内地西去的商人流动规模。

这时的商业又分"贡市"与"互市"两种。商人又有行商和坐商之分。内地商人在西凉一带乃至高昌一带,坐地经商者应当十分踊跃。内地通往西域的道路的通畅,加上汉文化、经济十分发达的凉州作为向西进行商贸的埠头,因此而致的人口流动,便可想而知。

佛教文化交流带来的人口流动　这一历史时期,西域佛教发展迅猛,信仰热潮东渐。于是,内地成千上万僧人西来取经,使得古丝绸之路僧迹络绎。据史书记载,当惠生和宋云到了且末捍摩城南大寺时,看到寺中悬挂写有汉字的彩幡上万条,其中北魏时的就有 5 000 条,足见西行汉僧人数之多。僧人的西行如织,带动和助长百姓的西向流动之势,也是一种必然。这对汉语在西域的通行乃至发展,肯定会产生助势作用。

第三节
魏晋南北朝西域说汉语人口的状况

魏晋南北朝的社会大分化、大动荡，造成的各族人民深度杂居和相濡以沫的交融，也大大改变了他们的社会交际语言环境。汉族人从中原大批量地向南方流动，促成了后来南方诸多汉语方言区(例如客家方言、湘方言、赣方言等)方言的形成。汉族人在中原范围内近距离的频繁相互流动，又造成北方各省之间大范围内的汉语出现诸多内部分化，形成了既有较多共性而又有细微差异的次方言和更低一层次的土话。

汉族人的向西流动，则直接影响到了西域说汉语人口的增加，增强了汉语在西域的通行势头。曾经和汉族在中原杂处几百年的匈奴、鲜卑、氐等民族，在和汉民杂处中，渐渐学习掌握了汉语。双语现象的普遍出现并持久存在，使他们中间的一些人后来进入西域，以其所操的受到民族语言影响的汉语，增强了西域汉语的通行势头，也或多或少地影响了西域汉语发展的分化和整合。

一、魏晋南北朝西域的说汉语人口群体

魏晋南北朝，全国范围的人口大流动，不仅对汉语的发展产生了重大影响，而且对兄弟民族语言同样产生了极大影响。民族语言所受的影响，所产生的结果，与汉语所受影响和所产生的结

果截然不同。汉语在此则因受各方言以及兄弟民族语言影响，渐渐形成了具有一定特点的西域汉语。而匈奴、鲜卑、氐族等兄弟民族的语言受到影响所发生的改变，首先表现在他们的大多数人都成了民、汉双语兼通者。所以，西域（至少在高昌一带）以汉民占据多数的说汉语人口群体中，相当一部分是已经汉化了的匈奴人、鲜卑人、氐族人等兄弟民族群众。于是，操西域汉语的汉人和民汉兼通的双语者，构成了西域的说汉语人口群体。

魏晋南北朝时期西域的汉民人口　魏晋南北朝时期，有关西域汉民人口的确凿历史记载，主要是《北史·西域传》"（高昌）国有八城，皆有华人"这一条史料。其他史书也多引此说。这条史料看似简略，然而确实值得认真咀嚼。它对这一时期说汉语人口的分布和数量的分析认识，极具参考价值。

1. 汉朝西域遗留下来的汉民是基础

汉朝江山的动摇，始于农民起义的冲击。汉之彻底灭亡，终于借镇压农民起义而挟天子以令诸侯的权臣。几十年的动荡，直至三国鼎立，早就弄得民不聊生。中原百姓纷纷外逃，甚至逃到"武威以西，地广民稀"的大西北。所以，汉朝灭亡，原在西域的汉之子民，这时大量倒流回内地的可能性很小。因为曹魏代汉的宫廷政变而轻易得手，所以汉朝灭亡，汉在西域的子民，汉在西域的驻军、屯垦士卒，甚至各级官吏及其家属，几乎是在不知不觉中改变了归属。在这期间，分散各地的汉民，也许是出于民族心理或风俗习惯，抑或是其他原因，自发地向一起聚拢。于是，出现了汉魏遗黎聚拢到高昌一带的状况。

我们曾经做过十分保守的测算，汉朝西域曾经有过十多万汉人。按照我们对汉朝灭亡之后的社会状况、人口流动状况的分析，即使有些汉民已经逐渐融入当地其他民族，这时留在西域的汉民，聚拢到高昌东西三百里、南北五百里的偌大空间，少说也还有七八万之多。这些汉民，自然是魏晋南北朝时期西域说汉语人口的基础。

2. 魏晋南北朝时期新迁来众多汉人

上节所述魏晋南北朝各个时段中原政府或西北地方割据政府，派员到西域来建政施政、执行军事任务、屯垦生产，是人口西来可以想见的一部分。汉族贵族在西域执政的政权就有曹魏、西晋、前凉、西凉等。其人员直接从内地或从河西汉人集中的凉州一带派出，是其权力所及。兄弟民族贵族执政的前秦、北凉、北魏，他们建立政权时，也曾大量利用汉人资源，将汉人派往西域这一点也不奇怪。

在官方意志驱动下大量迁徙到西域的，汉民百姓往往是官家首选。民众自发迁来西域的，又多是占据全国人口绝对多数的、为生活所迫而离乡背井迁徙他乡谋生的汉民百姓。而且，民众自发流动，又是这个时期人口规模流动的主流部分。

这些被公派前来的，或是被迫强行迁徙而来的人中，也许有不少就是先行到达河西凉州一带，而后又陆续西行，进入高昌地区以及西域纵深地域的新来的汉人。

魏晋南北朝西域其他民族的说汉语人口 魏晋南北朝来到西域的兄弟民族说汉语人口，主要是匈奴、氐族、鲜卑三个民族。他们经过从汉末到南北朝的几百年时间，和汉民杂处一起，相当一部分已经汉化。他们中的许多人都水平不等地懂得了汉语，大多数成了民汉兼通的双语者，成了西域说汉语人口中的一部分。

我们权且以匈奴人为例略加分析。

东汉早期，匈奴分化成南、北两部。南匈奴归顺汉朝。汉朝政府将他们安排到汉朝北部边疆今鄂尔多斯一带，和汉民杂居。东汉末年，他们又一次从鄂尔多斯向今山西北部、中部等地迁徙。这次他们和汉民的杂居更为深入。从东汉早期到东汉末，匈奴和汉民相处了长达一百六七十年。从东汉末他们进入汉民区更为纵深的地方，接着又经历魏晋、十六国时期的大动荡，到公元304年(西晋惠帝永安元年)匈奴左贤王刘渊起兵建立后汉时，他们和汉民一起生活已经长达二百六七十年，人可繁衍十数代。为了生活和交际的需要，他们自觉不自觉地学习汉语，相当一些人渐渐开始改说汉语，变成民汉语言兼通者，甚至放弃了母语。他们的民族意识已经比较淡薄，甚至早就和汉人通婚，不同程度地被汉化。

就依河西建立北凉的沮渠氏匈奴为例，和汉民相处也已很久。公元397年(东晋安帝隆安元年)他们在河西建立北凉，公元439年(北魏太武帝太延五年)，北凉被北魏灭亡。其臣民于442年(北魏太武帝太平真君三年)由敦煌经鄯善举国西迁到了高昌。他们仅在西北的汉民中间闯来闯去，就又是六七十年。加上来河西之前的二百多年，累计长达三四百年。长时间同汉人生活在一起,相濡以沫,这时他们中仍有不会说汉语者,几乎不可能。

鲜卑人情况与匈奴有所不同。因为公元494年(北魏孝文帝太和十八年),北魏孝文帝时采取的改革措施,给全鲜卑人的迅速汉化带来了深刻影响。他们比匈奴人的汉化程度应该更强。

这时,鲜卑人各部离开自己的家乡,已经三百多年。他们在与汉民长时间杂处中,多数人早就不同程度地学习掌握了汉语这应当毫无疑问。正因为这一点,在孝文帝实施改革的诸多项内容中间,就语言使用所做的硬性规定看,如果没有鲜卑人已经普遍具有的汉语基础,此项改革是万难推行的。

魏孝文帝的改革措施要求:以汉服代替鲜卑服,朝廷上禁用鲜卑语,规定迁居洛阳的鲜卑人以洛阳为籍贯,等等。其中最核心的要算"朝廷上禁用鲜卑语"。这是一条带有明确导向性的语言政策。禁说鲜卑语,意味着说汉语是鲜卑人如今的唯一选择。由此可知,南北朝中期,鲜卑、高车等联手在西域击败柔然时,是北魏此次改革之后近二十多年的事。这时活动在天山南北战场上的鲜卑人,绝大多数会说汉语、至少是双语者,应当毫无疑问。

其他民族的会说汉语,与匈奴、氐族情况没有多大差异。他们来到西域,成为说汉语人口的组成部分,应该无可怀疑。

二、魏晋南北朝西域说汉语人口的数量

魏晋南北朝时期,前来西域的各项说汉语人口,有确切数字的不多。因此,对这个时期西域说汉语人口的数量,我们也只能做保守的推测,以供参考。

我们曾经推测,汉朝在西域官方的和民间的汉人,有10万上下。相比而言,魏晋南北朝时期西域说汉语的人口,比汉朝当会多出许多。

本章第二节里我们曾经提到,魏晋南北朝时期,仅据有案可稽被官方强行迁徙到高昌的人数,就有以下两宗。

一宗是：前秦的苻坚把汉江人 2 万余户，中州人 7 000 多户，和河西以东的数千户，西迁敦煌屯田。其中一部分改迁到了高昌。

一宗是：北凉王之弟沮渠无讳，把从敦煌带来的万余户汉族人安置在高昌。

第一宗：公元 376（东晋孝武帝太元元年）苻坚灭前凉时，距汉朝灭亡已有 156 年。苻坚一次强行迁入敦煌的来自内地之人口多达 3 万多户。因敦煌人满而将其中一部分改迁高昌。试想，如果改迁高昌者，哪怕只有三分之一（1 万户），权且按每户 5 口（《晋书·地理志》按每户 6.75 人计）估算，这一次就迁入高昌 5 万余口。

第二宗：事隔 74 年之后，北凉王之弟沮渠无讳，把从敦煌带来的万余户汉民安置在高昌。如果也按每户平均 5 口计算，又是 5 万多人落户于高昌。

仅此两项，移入高昌汉民人口合计就在 10 万上下。如果这时只把汉朝遗留汉民人口迁入高昌者算作 8 万或 7 万，那么，魏晋南北朝时期，高昌说汉语人口应该在十七八万上下！

魏晋南北朝时期其他几项人口西流的情况，诸如，吕光统兵 7 万、铁骑 5 000 出征西域，后来留在河西建立后梁，派他儿子出任高昌，带去那里的人马，总该也有三两万。

后赵的东宫卫士 10 万多人被谪戍凉州。途中万人向东逃亡。最终到达凉州多少人，分派到高昌多少，一概不明。因无具体数字，此处均未予计入。

另外，还有一点可以作为参考，帮助了解西域说汉语人口的增长势头。

魏晋南北朝时，河西走廊的凉州，已发展成为西北举世瞩目的汉文化、经济的“新开发区”，成了西北地方政权的政治、经济、文化中心。于是，这里就变成了说汉语人口向西域流动的人口直接来源，成了说汉语人口从内地到西域前进道路上的“二级跳板”。

河西走廊这一桥头堡的形成，魏晋时期已成规模。据史书记载，东汉时期河西人口：

张掖 26 040 人，武威 34 226 人，酒泉（缺），敦煌 29 170 人。合计 89 436 人。

到了晋朝（《晋书·地理志》载、西晋太康年间）河西人口：

张掖 3 700 户，武威 5 900 户，酒泉 4 400 户，敦煌 6 300 户。

相关文字说，每户平均 6.75 人。合计起来，河西四郡共有 20 300 户，128 475 口。

太康是西晋初期。其后河西的中原西流人口又有大量增加，此地人口数量的增势，也就可想而知。

十六国时期，西晋的凉州刺史张轨所建立的前凉政权，在匈奴贵族刘曜攻破洛阳、长安之后，大量难民西逃的时候，张家父子在凉州积极接纳、安置逃来凉州的难民，别置郡县，兴建学校。一系列措施又吸引了一大批中原汉族世家地主前来凉州定居。这样，便使凉州形成了规模空前的汉民人口聚居区。其人口自然又会大大超过上述西晋时的 128 475 人。河西这一带地方，聚集这么多汉民，无时不存在着继续向西流动的可能。这些汉民以此处为跳板向西流动，对于西域人口意味着什么，则是不言而喻的事。

这样，魏晋南北朝时期，仅高昌一带的汉语人口，应当就有：

汉魏时期汉民遗黎 7 万多，有案可稽的迁入高昌人数 10 万多，以及吕光父子带来高昌的两三万，

仅此几项，魏晋南北朝西域说汉语人口，至少也在 20 万上下。

如果把几百年中，其他方面前后无数次大小规模、可以想见得到但无确凿人口数字的移民情况，诸如，大大小小的军事行动，滞留当地的军人、夫役，不同原因迁徙而来的平民等，哪怕作个粗略估计，说其总数可达三万五万，应当还是可信的。与上述 20 万合计一起，足有 25 万上下。这样，高昌和其周边地方，全西域合计说汉语人口的实际数量，很可能还远远超过这个数字。

三、魏晋南北朝西域说汉语人口的分布

魏晋南北朝时期，西域的政治形势，对西域整个社会人口产生着决定性的影响。它既促成了西域各民族的大融合，也造就了西域各族人口分布的大格局。当时西域说汉语人口的分布，大致可以从以下两个方面观察。

以高昌为中心的说汉语人口高度集中区　魏晋南北朝西域的说汉语人口，主要分布在今天山南麓的吐鲁番盆地及其东南部地区。具体有以下两个部分。

1. 以高昌为中心的吐鲁番盆地汉民聚居区

自西汉在高昌安排驻军，有了高昌壁之后，又在此置西域长史、戊己校尉，高昌地位日显。东汉中后期，汉廷在西域的管理力度渐衰。西域一些偏远地方分散的汉民，渐向距内地较近的高昌靠拢，致使后来魏晋时高昌说汉语人口数量不断攀升，最终形成了说汉语人口高度集中、地位重要的特殊片区。

魏晋以后，高昌一直都因为人口众多而受到重视。公元220年曹丕立魏代汉，将派往西域屯垦戍边的西域戊己校尉张恭安置在高昌。到了西晋，西晋也置戊己校尉驻此。与汉时相比，这时高昌的汉民分布已由原来的高昌、交河等几个点，逐渐扩大到八城之多。近些年来新疆在吐鲁番的考古，上述“八城”之名得到明证，至少在阚氏高昌时期（南北朝时期），这里的八城为：高昌、高宁、田地、横截、白苏、威神、柳婆、喙进。后来，《北史》里又有高昌“隋时，城有十八。其都城周围一千八百四十步”之说。可见高昌的前后发展变化，明显表现为辖区范围的再扩大。吐鲁番盆地里说汉语人口的分布，已经由高昌、交河等几个点，扩大成了若干个点，又由多点扩大成面的发展趋势。人口数量和人口分布面积这两个变量之间互为因果的关系，在此处的发展过程中表现得十分清楚。

当地地方政权的统治者，给予它更高的地位，人口更向这里云集，于是其人口分布面积自然也就越来越广。前凉张氏在河西的59年治理，使凉州一跃而成为大西北的汉文化、经济中心。高昌地位也因设高昌郡而大为提升。前凉之所以在高昌第一次实行等同于中原的郡、县、乡、里行政管理制度，至少说明高昌一带确有实行等同于中原行政建制的社会基础——说汉语的人口数量可观。后来前凉又将高昌、敦煌、晋昌三郡和西域都护营、戊己校尉营、玉门大都护军三营合并为沙州。合并的理由可能很多，说汉语人口众多，与敦煌、晋昌相当，应是一条重要理由。

公元350年进入西域建立前秦的氐族人苻坚，和后来继前秦建立后凉的氐族人吕光、西凉王李暠，直至北凉匈奴的沮渠蒙逊，他们中不管是汉族，还是兄弟民族，都视汉民及说汉语人口众多的高昌为重镇，而派员驻此管理西域，并都在此建立与内地相同的郡、县、乡、里行政管理系统。显然都与高昌拥有大量汉民和其他说汉语人口这一社会现实分不开。

上述这些施政举措的实施,可以证明高昌这时已经成为这里的政治、经济中心。核心的地位,使之与周边地方联系紧密,从而形成了一个通行汉语的社会整体。

2. 东部从鄯善到于阗的南北狭长地带

与吐鲁番盆地毗邻的罗布泊以及再向南一些接近今天民丰、于阗一带,那时汉人分布较密,也不能忽略。考古发现,魏晋时期在楼兰、尼雅一带屯垦地留下的木简,前凉张氏派往西域的长史李柏的亲笔纸质尺牍等,都是说汉语人口在此生存的证据。还有大量的考古出土简牍,证明这里汉字的通行与高昌基本相同。这自然也说明说汉语人口在此的存在。

还有一点不可忽视:旧有的丝绸之路南线,和魏晋时期新辟的西宁往西的商道,也在于阗一带通过。因为商业贸易的往来,这里从内地而来的汉民人口云集,也是势所必然。于是,从阳关、玉门关西出,由北边的鄯善向南,直到楼兰、于阗一带的东南部狭长地带,也是说汉语人口较为集中的地方。只是这里人口数量可能少于高昌一带。

与高昌相邻近的周边民汉杂居区 魏晋南北朝时西域的社会大动荡,促进了天山南北居民的大融合,并明显地表现出铁勒化趋势——即突厥化。有的专家认为这种铁勒化趋势,表现出下面两种情况:“一方面是,与铁勒民族血缘较亲近,或语言与风俗习惯基本相同的民族的相融合,例如柔然、悦般、哌哒基本上融合于铁勒族中。另一方面是,这个时期居于西域的非高车族人,如康居人、乌孙人、月氏人和汉人中的一部分,被逐渐同化于铁勒人之中。”(《新疆地方史》58 页,新疆大学出版社,1991 年。)

从这两种不同,我们似可看出,不同情况的发生,与当地居住的民族成分,以及地域是否处在西域的纵深,有一定关系。前一种情况,应当发生在比焉耆、鄯善、龟兹、于阗、车师等地距汉人区较远的地方,后一种情况则主要发生在与高昌相毗邻的地方。

而且,根据历史发展情况和政治背景看,后者区域一小部分汉人的被融合,发生比较晚。魏晋时期这里融合势头应该很不明显,南北朝时期可能才渐渐多起来。高昌及高昌周围的焉耆、鄯善、于阗、车师等地,虽也会有民族融合和同化的可能,但因中原王朝和西北地方政权常有军事政治行动在此,汉人和说汉语人口不断在此活动,所以这里汉人比别处被融合与同化的概率,应该相对较低。因此,这里呈现民汉聚居倒是自然之事。

许多历史事实证明了这一点。曹魏以后,西出玉门关经罗布泊北边的商道开通,五世纪起还开通了从西宁经柴达木盆地到鄯善、且末的新路,大大方便了内地与西域东部于阗、鄯善的往来。这里过往乃至滞留、定居的汉人,必不在少数。这些与中原地缘邻近的龟兹、于阗、鄯善、车师等国国王,魏晋时均接受中原王朝政府的册封。这种政治上的归属、亲善,当然是各族人民融洽相处的重要保证。汉人在此休养生息自然一如既往。前凉在高昌一带实行同中原完全相同的郡、县、乡、里行政制度,将高昌与敦煌合并为沙州,派员统管西域屯田等事务。这对高昌周边(龟兹、鄯善、于阗等)及更远一些的地方汉人的生存之良性影响,也是可想而知的。公元2007年在新疆库车考古发掘的大型魏晋汉人墓群,就是有力证据。那时,这里的汉人得以依然按自己民族习惯安葬故人,而且墓群很大。足见这些汉人自身的民族意识依然清醒,血胤不曾发生混乱,仍能完整保持民族丧葬习俗。因此,汉民族语言通行,也会保持相对稳定。

后来,前秦曾派员前往西域各国,宣扬苻坚之威德,命吕光为持节都督,西讨龟兹和狯胡军。北魏派董琬、高明等六人到鄯善、车师、焉耆等处活动,说服各国臣服北魏。甚至,公元445年(北魏太武帝太平真君六年),北魏出兵击败叛离的鄯善,并在鄯善设军镇,对鄯善的统治"比之郡县"。公元448年(北魏太武帝太平真君九年),北魏在焉耆也设军镇,并在此设王,使之地位得以提高。它们又与高昌比邻,于是焉耆、鄯善、车师、龟兹、于阗等地汉人活动及汉文化影响都相对较大。此地滞留说汉语人口虽与其他民族杂处一起,而相对保持汉语通行状态,则完全可能。

到了南北朝后期,西域各国虽然仍与中原有这样那样的联系,但与魏晋相比,关系相对松弛了许多。随着西域铁勒化的进程,高昌周边龟兹、焉耆、鄯善、于阗、车师等地的汉民在社会动荡中,出于安全考虑,纷纷向高昌迁徙,自在情理之中。而少数未及或因各种原因没有迁徙者,在受当地民族习俗影响渗透,后来渐被铁勒化,也就在所难免。而这里继续保持民汉杂居状态,也是可以想象的。

第四节 魏晋南北朝汉语在西域的通行和发展

魏晋南北朝的社会大分裂、大动荡,对全社会的影响重大而深远,对全社会各民族的语言影响,也是重大而深远的。双语现象的普遍产生以及民族间的融合,会使某些民族语言渐趋消亡,汉语也蒙受了较大的冲击。人口的大规模流动,使汉语在微观上产生很多内部细微分歧(变异)、使汉语在全社会大范围中形成多种方言(分化);大大增加了全国的说汉语人口,也扩大了汉语在全国的通行范围。

就西域而言,西北连续出现的地方政治割据,反而促成了河西走廊的汉文化、经济区的形成,增进了河西和西域东部说汉语人口的数量和密度,使西域说汉语人口大量增加,汉语通行区域更加扩大,汉语的通行地位得到了进一步巩固和发展。

一、西域出现了大面积汉语通行片区

语言的发展是随着社会的发展而发展的。社会的发展,表现在政治、经济、文化等诸多方面。语言的发展与社会的政治、经济、文化发展都有一定的关系。

魏晋时期,西域汉语的通行,出现了以高昌为中心的、空前规模的大面积通行片区。这一大面积汉语通行片区的出现,可以说是这时汉语通行呈现出的显著特点。

汉语在西域的通行之势发生如此大的变化，其具体原因至少有以下几点。

高昌具备吸纳更多人口的优越条件　汉时西域说汉语人口，主要聚集在乌垒、高昌、伊循三个大点上。随着社会的发展，高昌渐渐显现出比乌垒、伊循更具吸纳人口的优越条件。

从地理位置上看，内地人口的西流，出阳关、玉门关，向西延伸，首先所能够到达者，是高昌和伊循。乌垒因为路途比高昌远，而且从高昌向西进入乌垒，有乌肯山的阻隔，通行有一定困难。乌垒当然处于弱势。高昌、伊循虽然距阳关、玉门关路途差不多远，但因沙漠相隔，通往伊循相对比高昌略为困难。这应该是魏晋之后内地人口向西流动，人们首选高昌的原因之一。于是高昌人口数量得以攀升，便成为一种必然。

从自然条件看，高昌地处吐鲁番盆地的北部，地势平坦，土地肥沃。自汉朝开始，人们对这里就有"其地高敞，人庶昌盛"的赞誉。这里全年气候温和，天山富足的雪水提供了灌溉条件，使这里早在汉朝就成为发展屯垦事业，生产粮食、瓜果、蔬菜的最佳田园。适合农业经济发展的天然条件，使这里成为宜居之地。虽然伊循汉时也有过屯垦事业，但其规模与水平都无法与高昌相比。相形之下，高昌被人们看好，又是一种必然。

从政治史角度来看，高昌自汉代设立戊己校尉之后，相继出现的曹魏代汉、司马氏西晋代魏的朝代更迭，其社会地位提升、社会影响日增。后来高昌设郡，成为西域最为引人注目的地方。这也正是汉魏之后，历来滞留西域各地的汉民自发向这里聚集的原因之一。因此，这里的说汉语人口渐趋集中，形成境内八城，皆有汉民，均为汉魏遗黎的局面。

上述诸多条件，高昌均居优势，从而使这里说汉语人口增多，比其他地方要快，人口密度增大的速度也超过别处。正因为如此，魏晋之后，内地向西流动的人口，以及聚集在河西走廊的说汉语人口，为生活计，寻找生活空间，到西域拓荒居住，都把这里看作最佳选择。

天然的人口流动通道和源源不断的人口来源　内地通向此地的天然人口流动通道和源源不断的人口来源，又是高昌成为说汉语人口大片区的重要原因。这是历史开辟、遗留给西域发展的"阳关大道"。

自秦汉以来，以匈奴为代表的草原文化和中原的农耕文化之间发生碰撞，在无形中形成了以漠北游牧民族为一方、漠南广大汉民为一方，两种社会文化力量时相抗衡的政治局面。对峙双方的人口，均因进入对方区域相对受阻，而只能以东西走向进行横向流动。从而，双方之间出现了自东向西、绵延几千里长的无形对峙“鸿沟”。匈奴之后的鲜卑、柔然、高车、铁勒等相继崛起的民族，在和中原政治势力相抗衡时，大体上也以这一东西走向的无形“鸿沟”为分界。于是，南北双方之间，便形成了一个东起燕蓟，向西至大同，进而通过鄂尔多斯高地，又向西直至天山之南的天然通道。更具体地说，由北侧阴山、大漠和南侧祁连山，二者之间形成的东西长廊。这一东西方向明晰的人口流通大廊道，少有大山、大河的天然阻隔。这在全国的人口流动史上，是绝无仅有的。自秦汉至魏晋，内地人口大规模向西域流动，几乎都是经行这条大通道的。

这条通道的东端，是河南、陕西这些秦汉乃至后来魏晋南北朝中原王朝政权的腹地。这里是汉族的发祥地。汉民以此为中心，其文化向周边其他少数民族居住区的渗透、辐射，逐渐融合，使说汉语的人口数量不断增加，通行地域不断得以扩大。这里稠密的说汉语人口，正是西域说汉语人口源源不断增加的主要来源。

高昌社会地位的不断提升　魏晋南北朝时期，大西北地方割据政权的陆续出现，直接影响着西域的社会政治局势。西域的高昌，在这一大背景下，社会地位得以不断提升。政治地位的提升，使人口向此迁徙，更具吸引力，对人口的管理也更为得力。

魏晋两代，虽然为时两百年，但是魏晋的统治者，都先后继承汉制，派员管理西域。他们都把高昌视为西域的政治中心。十六国时期，中原社会动荡，战争频仍。中原王朝大都无力顾及西域。于是，大西北先后出现了前凉、后凉、西凉等地方割据政权，填补了这里的政治空白。因为这些地方割据政权的掌权者，大都是中原王朝派来西域地方任职的大员，他们一边自我拥立，一边又都尽可能不疏于同内地中央政权建立隶属关系。这些割据政权的当权者，多有汉人，也不乏少数民族。而这些少数民族贵族人物，大都是久已汉化、至少是能操双语者。它们颇通汉文化的基本素质，无不在政治上模仿中原。其政治机构设置的取向，几乎都是继承魏晋以来在西域实行的那一套。因此高昌一直处于地位不断提升的状态。

最典型的例子，当属前凉。公元 327 年(东晋成帝咸和二年)，张骏设置高昌郡，并首开先例在西域实行等同于中原的行政管理制度。高昌郡下又设高昌、田地、横截等县。事实上已使高昌成了西域的政治中心，也使之成为西域说汉语人口聚集的中心。

前凉之后的前秦，也十分重视高昌的发展。苻坚在西北取代河西前凉政权之后，首先任命杨幹为高昌太守，恢复中原氐人政权对西域的统治。关于前秦在这里的地方行政建制，考古出土文物给我们提供了有力的证据。公元 2006 年新疆在洋海考古发掘出土的文物中，就有前秦建元二十九年的汉民户籍残片——高昌郡高宁县都乡安邑里的户籍，十分清楚地说明维持了前凉时期所建的行政建制。行政建制依旧，保持这种行政建制对社会语言的影响，也就无须赘言。

继前秦之后的后凉、后来匈奴人沮渠逊蒙所建立的北凉，也都在高昌实行汉晋以来的一套行政制度，派遣任命高昌太守之类的官员。高昌作为西域的政治中心的地位不予动摇，这对高昌汉语通行片区形成的作用，可谓举足轻重。

特别是前凉的张骏曾将高昌、敦煌、晋昌合并为沙州，变成一个行政区划。这为高昌说汉语人口的增加，创造了极为有利的条件。因为历史上“这种行政区划制度对全国各地的政治、经济、文化都产生深远的影响”，“影响使得一府(或与府相当的州、郡)或一省(或与省相当的路、州)之内的语言、风俗等文化因素趋向一体化”。(周振鹤、游汝杰:《方言与中国文化》55 页，上海人民出版社，1988 年。)因此，到了南北朝晚期，高昌与河西的沙州、凉州相比，说汉语人口的数量很有可能已经接近。

据上分析，不难看出，魏晋南北朝时期高昌之所以形成空前规模的汉语通行片区，实与社会的发展有着密切的关系。

二、汉语在西域的官方通用语地位审视

我国自古以来，就是一个多民族国家。多民族并存的现实，决定了双语和多语现象的存在。汉朝时候，全国和西域的主体民族是汉族，汉语成了全社会、全西域的官方通用语。

魏晋南北朝时期，虽然全国范围社会大动荡、局面长时间处于分裂状态，政权不断在不同民族贵族中易手，但是，汉族人口在全国居于绝对多数，汉族一直居于主体民族地位的社会现实，使汉语一直保持着全国通用语的地位。

在此期间，西域则呈现内地所少有的大规模民族之间的深度杂处。这里除了本地区汉代原有的民族和部族，例如汉人、匈奴，本地的龟兹、焉耆等之外，新进入天山南北的，先后就有鲜卑、柔然、高车、氐族、突厥、哌哒、悦般等诸多民族。这诸多民族，各有自己的语言，甚至，在西域纵深处突厥语形成地区性的通行优势，从而构成了这个时期西域宏观上多种语言并行、更多的双语现象共存的复杂社会语言环境。这种局面既导致复杂双语现象的发生和发展，也如目生翳障影响人们对全西域官方通用语的认识。

这里，我们根据魏晋南北朝时期西域的总体政治局势，对西域的官方通用语，分三个阶段进行分析认识。

曹魏西晋两朝时期　曹魏西晋两朝，西域同汉时一样，直属内地中央王朝管辖。

公元 220 年，曹丕称帝，在悄然中接过了汉在西域的政权。次年他便派敦煌长史张恭为西域戊己校尉，驻守高昌；同时还派员担任西域长史，前往鄯善的海头城驻防。汉时西域的汉民，自然而然成为曹魏的子民。曹魏派往西域的官员，代表中央政府在此行使权力，汉语继汉朝在此作为官方通用语，自在情理之中。

公元 265 年，司马氏的西晋，以同样的方式，悄然取代了曹魏在西域的权力，并派员出任西域戊己校尉和西域长史，对西域行使有效统治。一直到公元 301 年，西晋旧臣所建立的前凉政权在西域自立割据。魏晋在西域统治的近百年，一直承袭了汉朝对西域的影响，使汉语像汉朝时候在西域一样，保持着官方通用语的地位。

西北的地方民族割据时期　公元 351 年，氐族人在长安建立的前秦，取代了河西张氏前凉政权，并以同样的方式，经营、管理西域。特别是，前秦应西域各国请求，依照汉制在彼置都护，主管西域军政事务，情同汉朝。而且，氐族人虽“语不与中国同”，但“多知中国语”。他们在中原的迅速汉化，崇尚汉语为通用语无疑。他们在河西汉民人口众多的凉州执政，以汉语为官方通用语，势在必行。归其所属的西域高昌地区当然也不例外。

公元 386 年，前秦在西凉充任西域校尉、都督玉门以西诸事务的重臣吕光，乘前秦淝水之战大败势渐式微之机，自立后凉。后凉在西域存在 17 年。这个仍由氐族人掌权的政权与前秦一样，处于凉州和高昌等汉民人口占据绝对多数的地方。早已汉化的吕氏父子所统治的后凉，也只可能和前秦政权一样，以汉语作为河西和高昌一带的官方通用语。

公元 397 年卢水匈奴部帅沮渠蒙逊建立了北凉。公元 400 年，继吕光之后汉人李嵩在敦煌建立西凉。421 年西凉被北凉所灭。北凉政权一直存在到南北朝时期的公元 439 年。匈奴人北凉和汉人李氏西凉期间，河西一带的汉民人口依然众多。继张氏前凉在这里实行等同于中原的郡、县、乡、里制度之后，西凉和北凉政权也都在此推行中原建制。李氏自然以汉语为官方通用语。早就汉化的匈奴沮渠氏，也以汉语为官方通用语。考古发现沮渠氏妻子的墓葬物品、沮渠氏的汉文墓碑及其他汉文材料，足以证明此点。

整个这一时期，西域的汉语通行，与大西北地方政治割据局势有着密切的关系。这些割据政权当权者的身世、政治背景，他们与中原王朝的关系，这里形成的凉州汉文化、经济中心的社会基础，及高昌一带的汉语通行片区，决定了这些地方割据政权的政治态度和语言政策。总之，汉语在西域的官方通用语地位，一直别无替代。

南北朝其余的大部分时期　公元 421 年，西凉灭亡时，内地十六国的分裂局面基本宣告结束。南北双方，以南方先后出现的宋、齐、梁、陈和北方鲜卑人建立的北魏(386 年建立)南北对峙，进入南北朝时期。

这个时期，新进入西域的民族，先后已有鲜卑、柔然、氐族、高车、铁勒和突厥，另外还有从西来的哌哒和悦般等。西域社会的语言，除了原有的汉语、匈奴语，以及本地的龟兹、于阗、疏勒等部族语言，又增添了鲜卑、柔然、铁勒、高车、突厥等多种语言。西域可谓语种繁多，多种语言并存相间杂处。在这样的复杂情况下，各种语言的相互广泛接触，首先表现为双语、多语现象的普遍存在。于是，这时汉语的通行地位，已不能仅凭汉朝和魏晋的印象简单地推论。

南北朝前期，高昌汉语通行片区之广，说汉语人口占绝大多数，前已论及。那时西域的鲜卑人、氐族人,因为在内地建立王朝过程中已经汉化,大都会说汉语。在西域留存时间不长且人口数量较少的氐族,仍然多操汉语,自不必多说。在此卷入社会争夺、长时间占据优势的当数鲜卑。自汉末进入西域到386年在内地建立北魏,鲜卑在西域同高车、悦般联手(于520年)大败柔然,长达200余年。其间,自北魏建立、魏孝文帝改革,至大败柔然,就有134年。鲜卑在中原的迅速汉化,举族放弃母语而改说汉语,汉语在鲜卑族人群体中的影响,以及他们所操语言在西域的社会影响,他们在西域继续保持以汉语为官方通用语的态度则都不难想象。

情况最为复杂的是南北朝后期。继北凉、西凉、西秦等西北地方割据政权灭亡之后,西域社会出现了鲜卑(中原之北魏)、高车、悦般、柔然等民族的政治角逐,动荡持续达169年。先是,柔然、高车都曾各自建立过自己的汗国政权。后来,他们又先后在高昌扶立、支持高昌地方政权的当权者。例如,高车人进入高昌杀高昌王阚首归(阚伯周之子)、扶立敦煌人张孟明为高昌王;高昌群众杀张孟明而拥立马儒为王;马儒被柔然人所杀而又扶立了金城麴嘉为王。公元520年(南梁武帝普通元年),柔然汗国内乱,伏跋可汗被杀。以柔然、鲜卑为代表的这一对立争夺,基本结束。此后,鞠氏高昌汉人政权,从公元531年一直维持到南北朝(在此时段维持90年)之后,经隋而唐,至公元640年,才灭亡于唐。该政权的存在,前后长达109年,足见这里汉人政权的根基牢固。可以肯定地说,虽然这时西域社会斗争分明受少数民族军事贵族势力所左右,而权力却一直在汉人中间更迭。这正说明汉民在高昌人数众多,社会地位仍然举足轻重。这几个少数民族政治势力的核心人物不亲自掌权,正反映出他们复杂而矛盾的心理——对汉民人数众多的地方,非汉人难以掌控这里政治局面的深层忧虑。高昌地区一直保持着汉语在此强劲通行的官方通用语地位。

三、魏晋南北朝时期汉语在西域的发展变化

语言是随着社会的发展变化而发展变化的。"社会是语言发展变化的基本条件"。"社会进步推动语言的发展","社会的分化和统一推动语言的发展","民族之间的接触

推动语言的发展”,(邢公畹:《语言学概论》203—205 页,语文出版社,1989 年。)这是语言学的基本原理。魏晋南北朝的社会大分化、大动荡,引发了我国许多民族的语言产生过重大发展变化。流通于西域的汉语也不例外。

语言的发展变化,包括语言结构的变化和结构要素的变化两个方面。因为我们今天无从知道魏晋南北朝时期西域汉语的语音、词汇、语法各方面的具体情况,无从下手探究它的结构和结构要素变化的具体情况,所以,这里只能从理论上进行大致的分析,了解该时期西域汉语的总体发展变化的梗概。

全国形势变化给西北带来的冲击波 大西北距离祖国腹地遥远,内地的社会分化、动荡虽然不直接殃及大西北,但是,社会动荡之冲击波,波及大西北则在所难免。西域地区在以下几方面发生了相应的变化。

1. 中央王朝的崩溃导致大西北连续出现多个地方割据政权

内地中央王朝的崩溃,从汉朝被曹魏取代,到曹魏被西晋取代,直到西晋的灭亡,仅几十年时间,全国宏观形势开始失控。接踵而来的是各种政治势力纷纷崛起,互相争夺,相继建立十几个地方割据的局部政权,持续近一个半世纪。它们的当权者,有汉人,也有少数民族人。这些地方割据政权的建立,不仅改变了西北在全国的政治地位,也对大西北社会的政治、经济、文化发展产生了一定影响。

2. 中原的社会大动荡促使人口大规模向西流动

中原的社会动荡给西北带来的又一冲击,是促使人口大规模向西流动。当时,中原的连年战争、自然灾害等原因,使得民不聊生,四散逃亡。外逃的人口,主要流向是东南和南方。后来南方相继形成的湘方言、赣方言、客家方言等汉语大方言,都是这时南逃的人口在那里繁衍而形成的。除此而外,外逃人口则是向东北和西北流动。当时,因为大规模战争未能波及西北,那里相对和平安定,所以,西北成了中原人口向此流动的又一较佳去处。尤其是氐族人在长安建立西秦之后,长安、汉中周边的汉民望族、大户纷纷向西逃亡。前凉的张氏政权,主动接纳、安置他们,史书都有较详细的记载。

3. 凉州因内地的动荡而形成西北的政治、经济、文化中心

中原社会的大动荡,促使凉州这一西北政治、经济、文化中心的形成。西北多数割

据政权，都建政于凉州。凉州的政治中心地位，又进一步招致了中原人口的向西流动，与迅速增加的人口俱来的汉文化，也被带到凉州一带。凉州政治地位的提升，汉文化的传播，又带动了这里经济的发展。这一政治、经济、文化中心的形成和较长时间的延续，使得每一个割据政权的统治集团，无不把高昌当作后花园来建设，无不对西域地区的进一步大面积开发予以高度关注。显而易见，来自中原的冲击波对西域重镇高昌政治、经济、文化的发展，也起了极其重要的作用。

来自中原的冲击波对西域汉语发展产生的影响　来自中原的冲击波，影响了大西北的社会发展，也进一步影响了其毗邻西域的社会发展。这对西域汉语的发展变化，则产生了更直接的影响。

1. 大西北地方割据促进了西域的社会进步

东晋十六国时期西北地方割据局面的出现，改变了西北的政治格局。凉州等地的割据政府，直接加强了对西域的管理，高昌一跃而成为各政权设在西域的一个郡，在这里完善了郡、县、乡、里行政建制，这对西域来说，不能不说是一大变革，一种社会进步。

高昌成为西域东部地区的政治中心，使整个高昌一带成为西北各政权的有效管辖范围内的一个有机组成部分，这比以前那种虽被领有、然而管辖松散，自然进步得多。这也在无形之中加强了社会各阶层、各方面的联系。密切的社会交往，新的社会生活内容，都会促使语言新词汇的产生，或内地传来的新词的广泛应用，使语言的社会功能得到更好的发挥。同时，语言的交际功能的良好发挥，又促使语言内部要素(语音、词汇、语法)的分化和逐渐整合。

2. 内地人口的批量向西流动，改变了西域汉语的通行环境

高昌的设郡建政，进一步提升了它对人口吸纳的引力，说汉语人口的增加，改变了高昌一带的汉语通行语言环境。

汉魏以降，原在西域的汉民遗黎，出于各种原因，逐渐向高昌聚集，形成了高昌一带汉语通行的坚实的社会基础。这些汉魏遗黎所操的汉语，经较长时间的整合，成为这里官方通行汉语的基础。而魏晋南北朝后继来到高昌一带的说汉语人口，相继带来了内地各处汉语形形色色的方言土语。这些新带来的汉语方言土语中的一些语音、词汇

甚至语法特有成分,必然与西域原有汉语之间有所差异,从而出现了语音、词汇甚至语法方面的分化。这是西域汉语通行环境复杂化的主要原因。

另外,这时从内地来的说汉语人口的民族成分,也很复杂。经过几百年与汉族相濡以沫而生活在一起的匈奴、鲜卑等几个民族,先后渐渐融入汉族。他们中间或不乏会说母语、兼通汉语的双语者。他们或带来其母语的某些影响,或带来所操的汉语方言的影响,从而又使西域汉语通行环境更为复杂。这也是不可忽视的。

魏晋南北朝时期西域汉语的发展变化 语言学理论指出:"语言的分化和统一是彼此相反的两个不同方向,两种相反的过程和结果。而且,语言的分化和统一,往往又是两相伴随、矛盾对立的运动过程,一个变异与稳定、不规范与规范的矛盾对立统一的运动过程"。(邢公畹:《语言学概论》221 页,语文出版社,1989 年。)魏晋南北朝时期,西域汉语的语言通行环境不断有所变化,带来汉语的不断分化,又导致汉语的不断整合而渐趋统一。

语言的变化主要发生在语音、词汇、语法三要素方面。其中,语音的变异最直观最复杂。因为语音一发即逝,古人又没有科学的记音手段,所以,我们今天没有西域魏晋南北朝时期的相关语音材料。音韵学家所进行的汉语古音研究,虽然无西域具体语言材料为例,但魏晋南北朝时,西域和中原的音系整体上应该大致接近,音韵研究所揭示的汉语语音演变规律,从大的方面看,应该也涵盖了西域汉语。

语言要素里,变化最敏感、最明显的要数词汇。同样因为我们没有直接来自西域的汉语材料,我们只好引用西域可能存在过的汉语语言材料为例,予以说明。

例如,古汉语词汇中,原来只有"兄",而没有"哥"。魏晋南北朝时,"哥"这个词,从鲜卑语进入到了汉语。(游汝杰:《中国文化语言引论》51 页,高等教育出版社,1993 年。)北魏孝文帝为改革鲜卑旧的姓氏,于是给汉语留下了八个新的姓氏:元(拓跋氏改为)、穆(丘穆陵氏改为)、陆(步六孤氏改为)、贺(贺赖氏改为)、刘(独孤氏改为)、楼(贺楼氏改为)、于(勿忸于氏改为)、尉(尉迟氏改为)等。(翦伯赞:《中国史纲要》268 页,人民出版社,1996 年。)魏孝文帝拓跋宏,自己也于 471 年改称元宏。元宏曾派索南王元祯为西域校尉。这个元祯肯定是鲜卑人。另外还留给汉语若干复姓:慕容、宇文、鲜于、夏侯、淳于，等等。这些用做姓氏的“专用名词”和称呼家庭成员关系的“哥”字，在中原传播进入汉语词汇系统，应该算是词汇发展变化的例子。这些词也会如元祯进入西域一样，无可避免地随着汉人传入西域。当然也应该算是西域汉语词汇发展的例证了。

由于内地和西域之间存在着一个天然的甬道，内地向西域流动的人口，不像流向南方各地那样偶发巨流式迁徙，而是以数量不等类脉冲之势西流，所以西域的说汉语人口状况，一直处于不断得到补充的态势。于是，西域的汉语不断被接连带来的内地方言土语所冲击而分化，一直呈不稳定状态。这样，西域汉语在汉魏时期相对较为统一的基础上，只可能出现一些细微的变化，而不发生明显的剧变。这是西域汉语发展变化的一个显著特点。

如上所述，分化与统一又是一个两相伴随的矛盾对立的运动过程。于是西域汉语在不断有所分化的同时，无时不在进行着整合的统一。从不发生剧烈改变的西域汉语，不可能与原貌迅速拉大差距。所以，西域汉语经分化、整合而趋向统一的大势，是这里汉语发展的又一显著特点。

这两个特点，使得西域汉语始终与中原汉语保持着较近的距离。魏晋南北朝如此，后来各朝各代也基本如此。这应该是距离内地几千里的新疆现代汉语方言不同于湖南湘方言、江西赣方言等方言，而归属于大北方方言区的最重要的原因。

至于上面曾经提及的语言社会功能的变化，实与语言的内部结构和结构要素无关。语言社会功能的变化，不是指其工具性而言（工具性并不会改变），而是指适用对象、适用范围的变化。某一语言本来是该民族内部的交际工具。当另一个民族与该民族相接触的过程中，交际的需要使得他们之间出现了双语现象。于是，这一语言的社会功能已经不再局限于这个民族本身的需要，而同时成了两个民族之间的桥梁。汉语在西域的落户，汉语成为其他民族和汉族相沟通的工具，就是汉语社会功能发展变化的一种体现。

第五节
魏晋南北朝西域汉文化的传播

已故美国语言学家柏默曾说过,“语言的历史和文化的历史是相辅而行的。”(转引自罗常培:《语言与文化》1页,语文出版社,1989年。)语言和文化是紧密相关的。而内容更为丰富的文化,则要靠语言文字传播。魏晋南北朝时期,汉语在西域的官方通用语地位,进一步得到巩固,汉字在西域的通行也越来越广泛。从而,汉文化在西域的传播,所造成的社会影响,也更为深远。这是一种必然的社会语言文化现象。

一、汉字在西域社会的影响更为深远

汉字是汉语的辅助交际工具。汉语的广泛通行,必然带来汉字使用的社会影响进一步扩大。汉字在社会上的普遍使用,既反映了汉语在社会上的通行现状,又有力地促进着汉文化(包括书写文化)的传播。

魏晋南北朝的天下大乱，虽然造成汉语语音系统颇多分化，但是汉字作为记录汉语的书写符号,它所独有的“贯通古今”的特点,决定了它基本不受语音变化的影响,记录汉语的功能,也不会发生改变。随着魏晋南北朝时期汉语官方通用语地位的巩固,汉字在西域社会的使用也更为普遍、更为广泛。

魏晋南北朝汉文文献出土简要回顾　考古研究告知我们,“出土魏晋简牍最多的地区,首推新疆”。“从清代末年开始,在新疆塔里木河流域,尼雅河下游古于阗遗址和古楼兰遗址等处”(吴鸿清编:《中国书法史图录简编》245页,中央电大出版社,1987年。)先后出土许多魏晋时期的简牍和纸质文书。这些文物,具体反映了从秦汉到魏晋历史信息与书法风格的变迁等。

因为新疆远在大陆内部,这里属于典型的大陆性气候,全年降雨量小,蒸发量大,土壤中涵蓄的水分很少,地下水离地面又深。所以,古来墓葬里的随葬品因缺乏水分而不易腐烂变质,于是许多纸质的简牍文书、纺织品、衣物得以保存下来,成为今天借以了解古代社会生活的珍贵文物。这是新疆和敦煌一样,发现大量出土汉文文献的主要原因。

新中国成立之后,特别是“文革”之后,新疆的考古事业有了飞跃发展。《吐鲁番出土文物》和《新获吐鲁番出土文献》等大型文物图籍书的出版,由此而引发新产生的吐鲁番学的研究逐日深入。大量新出土文物和研究成果,为我们提供了丰富的史料,也帮助我们了解一千多年前汉字文化对西域社会的深刻影响。

汉字的辅助交际工具作用得到很好发挥 通过观察研究西域出土的魏晋南北朝简牍文书等汉文文献,我们可以看到汉字在西域社会使用的以下情况。

1. 汉字在西域广大汉民社会的广泛使用

魏晋南北朝时期,随着社会的发展,汉字在社会上的使用,突出表现在汉字的使用范围更加扩大。汉字使用者的范围,由汉代之前的贵族官僚,向社会中下层扩大,因此用来反映的社会生活面也大大扩展了。

1997年新疆考古工作者清理洋海一号墓,将墓中发现的文卷,定名为《阚氏高昌永康九年、十年送使出入、出马条记文书》,反映的是官家的送往迎来情况及阚氏高昌的对外交往情况。往来的使者,有从南朝刘宋来的吴客,也有塔里木盆地西南山中的子合国使,以及焉耆国王。从所写内容来看,显然这是官府的文字档案之类的东西。

2006年10月在洋海出土一女尸纸鞋上析出的《诗经》《论语》写本残卷,还有前秦建元二十年户籍残片等。据考证,前者显然是中上层文化追求者的学习材料,后者是高昌郡高宁县都乡安邑里的户籍。后者,上面记录着五户人家的基本情况和田地、奴婢等财产情况。显然,这些都是比官府记写文档层次又低了一些的人所写。

从当地割据政权的“王”家,到地方官府,又到更低一等的社会基层政权公务人员,都在使用汉字。这说明汉字应用的社会层次显然得以扩大。

同时,汉字反映的社会生活面也更加广泛。从出土的各种文书上所写的内容看,可谓丰富而迥别。其中,有官员书信、公文文件、民间买卖契约、来往账本,以及儒家典籍等。

例如:斯坦因在尼雅发现的一枚木简记有:“晋守侍中,大都尉、奉晋大侯,亲晋鄯善、焉耆、龟兹、疏勒、于阗王写下诏书到奉。”据考证,这是西晋中央政府册封西域五国王时把抄写的诏书通知尼雅屯军等有关方面的文件。

又如,楼兰出土的一枚木简,上书“西域长史承移,今初除,月二十三日当上道,从上邽之天水”。据王国维先生考证,此简是新任长史承移给西域长史及部属的信件,信中告知对方,二十三日他从上邽出发到了天水。

洋海一号墓中还有一件命名为《阚氏高昌永康十二年闰月十四日张祖买奴卷》的文书,上面所记载的是,他从一位粟特人康阿醜那里购买一名年三十的胡奴的契约。同墓还有典籍写本残页:一面写《论语注》,另一面写《孝经注》,还有占卜书《易杂占》等。

汉字的普遍而广泛的使用,说明汉字作为汉语的辅助交际工具,发挥着越来越大的社会作用。这在行政管理、经济贸易、文化传播等各个方面,都起着不可或缺的作用。

2. 汉字文化在少数民族中的影响空前加深

通过出土的魏晋南北朝简牍文书等文物,我们又会惊奇地发现,那时兄弟民族使用汉字的情况也更加普遍。例如,专家通过对吐鲁番阿斯塔那 383 号墓出土的《北凉承平十六年(公元 485 年)武宣王沮渠蒙逊夫人彭氏随葬衣物疏》中文字内容的研究,可以得知,这位被柔然人在高昌扶立起来的北凉武宣王沮渠蒙逊,已与汉人通婚,不只有孟夫人,还有彭夫人。墓中所见文书上的汉字,当是他们家族或王府的上层人物所写。

须知,直到这个时期,西域的众多民族,仍然只有语言而没有文字(后期有了突厥语文)。而汉字这时又正处于重要的发展时期。在西域地区民族融合过程中,汉字作为全社会唯一能记录语言的工具,自然为兄弟民族(匈奴、鲜卑等)所瞩目。他们在和汉民杂居相处的几百年中,学习使用汉语,发挥其交际作用,这种努力一直没有放松过。而努力学习掌握使用汉字，同样成了他们的进一步追求。新疆考古的一些发掘品也有力地证明了这一点。

与沮渠氏墓葬中的汉字纸质文物的发现具有同样重要意义的是，新疆博物馆馆藏的北凉沮渠封戴的墓碑。碑面用隶书镌刻(竖写共五行)“大凉承平十三年岁□乙未四月□四日冠军将军凉都高昌太守都郎中□沮渠封戴府君之墓表立”(字间的方框，是照片中字迹难以识别者)。这是匈奴沮渠氏在高昌使用汉字的又一鲜明例证。

汉语言文字专家的研究表明，汉字里的大量异体字多出现于魏晋南北朝。“说文所无，后人继添之字”，出自北魏。“字多别构”的现象在“孝文之世，即已如此”。“盖文字之不同，人心之好异”，都始自北魏，而“改易字体”“颇行伪字”及“初造新字”等，大都出现在南北朝时期。(《汉字文字系统发生的重大变化》209 页，北京：《语言学论丛》，1981 年。)汉字发生这些变化，始于北魏，分明与鲜卑人汉化过程中学习运用汉字有关。如著名的北朝民歌《敕勒歌》：“敕勒川，阴山下，天似穹庐，笼盖四野。天苍苍，野茫茫，风吹草低见牛羊。”相传为北齐左丞相斛律金用他的母语鲜卑语演唱的一首敕勒民歌。后来这首民歌保存在汉魏六朝文学典籍里，因鲜卑人喜爱它，并用汉字记录下来，最终进入了汉文文学宝库之中。这正说明鲜卑人和匈奴人一样，都是受汉字文化影响至深的较大民族。

汉语言文字深受兄弟民族青睐而被接受、使用，是魏晋南北朝时期汉字文化传播方面一件意义重大的事情。

3. 汉字书写文化的影响逐日扩大

汉字文字系统，是世界上独一无二的。汉字的书写文化，也是世界上独具特点的。除了其文字构型上有丰富多姿的笔画系统、变化多端的结构系统之外，书写工具的丰富多样，也世所罕见。随着社会的发展，汉字在全社会的使用越来越广泛，对全社会文化事业发展的作用也越来越突出。

历史上曾经见到的汉字书写，从钟鼎、碑铭、墓志到竹木简进而到纸张。发展到用纸，卷面可大可小、携带方便，从而使其社会使用越来越普遍。

1997 年吐鲁番洋海墓地出土的汉文文献，专家们认为，应该是中国比较早的纸质文书。此前也有纸质文书发现,例如,在楼兰所发现的《李柏尺牍》。李柏是前凉张氏派往西域的长史。专家在楼兰遗址发现了他的三封书信。其书法朴素自然,与魏晋简牍墨迹的风格相一致,一向被书法家作为研究这时书法艺术的重要依据。考古发现的这一时期书写残卷之丰富,应该是这时最具特色的书写用品大变化的有力证据。魏晋南北朝纸质文书的大量出现,是汉字书写文化大发展的一个突出表现。

汉字字体的发展变化,是这一时期汉字文化的又一新发展。春秋战国时期,汉字书体从钟鼎发展变化为大篆。秦汉时期,汉字字体从大篆而小篆,又变化为汉隶。魏晋南北朝时期,汉字书体又有了明显的分工。魏碑明显保留汉隶的笔画风格,而且多用于碑刻。后来的碑铭之书写,渐向楷书发展变化,书体表现出更为便于书写使用的特点。而这时一般的简牍,则为了方便书写、而不求楷书的工整,慢慢变向真书行书。字体的演变轨迹,明显表现出向便于书写、便于应用的变化趋势。这也使书法艺术有了新的发展空间。因为书写便利、容易掌握,直接关系到书写者的普及程度。这一变化也使汉人除外的其他兄弟民族中兼通汉语的双语者,更有可能学习、使用。

汉字在西域汉文化高层面的传播作用　这个时期,西域考古发现的汉文文献里,有一项内容,特别值得我们重视。那就是《诗经》《论语》《孝经》等儒家典籍残页。联系史书上的有关记载,按照史学研究的初步结论,将其视为人们儒经学习的读物,则无可怀疑。由此进而推断,认为这时西域有了初始的学校教育,也都顺理成章。据此,我们把它视为更高层面的儒家文化在西域社会的传播,当不无道理。

二、汉文化在西域的影响更加深入

魏晋南北朝时期,随着汉语在西域的更大规模通行,汉字在西域更广泛、普遍的使用,汉文化的传播也愈加深入。在各民族文化相互影响、交流中,许多汉民族的民俗、节令,以及儒学理论、道家思想,也在西域传播开来,甚至深入影响到普通百姓的生活。

意识形态方面　汉文化中最具代表性的是意识形态方面所创的儒家学说。它作为一整套理论,诸如政治、伦理、教育、道德、修养等,影响着整个民族。特别是自汉朝罢黜百家、独尊儒术之后，儒学的传播越来越广。魏晋南北朝时儒学在西域的传播，已经非常广泛。考古发现的《论语》《孝经》《诗经》等抄本残卷数量惊人，就是最好的证明。专家研究告诉我们，这些儒家经书，都是被西域社会奉为经典学习的。不仅汉人将其奉为经典，兄弟民族也把它当作学习汉文化的教材。

宗教信仰也是意识形态范畴的一个重要部分。远在佛教传入我国之前，春秋战国时期李耳（老子）和庄周（庄子）的思想，就是道教创立的理论基础。尽管道教是在我国古代民间信仰和巫术、神仙方术的基础上，吸收了谶纬之学和黄老思想逐渐形成的，而且确有许多不科学的成分，但在古代社会里，它还确实得到许多人的崇信。

道教的神学创世论及炼形养生、心性修养等基本理论，还和我国古代的传统科技、文学、艺术及民俗文化等都有密切关系。据专家研究，道教传入西域，大约不晚于东晋时期。最早传入处，是高昌为中心的汉民人口较集中的地方。无疑也是借助汉语言文字工具，而在西域传播开来的。

考古专家曾对吐鲁番出土的北凉时期带有明显道教色彩的随葬品进行研究，如《建初十四年（公元 416 年）韩渠妻随葬衣物疏》中记有“左清（青）龙，右白虎”“前朱雀，后玄武”“急急如律令”等道教符箓常用之语。（厉声：《中国新疆历史与现状》78 页，新疆人民出版社，2010 年。）韩妻纸鞋还用青色涂染，上书“鹥”字。青色是道教之色。“鹥”字的字义“升”，与道教升玄飞天、羽化成仙的意思相合。这是在西域发现最早的道教传播的例证。

1960 年，新疆博物馆考古队在阿斯塔那的一座“高昌和平元年（公元 551 年）”墓葬中，发现道教符箓一件。符箓为黄纸朱书，上画一神，左手持刀，右手持叉；下端符咒之开头为“黄天帝神”，结尾为“急急如律令”。佩戴此符的是鞠氏高昌王朝的民部参军赵令达。这种授箓制度，是南北朝时期“北天师道”在高昌流行的反映。（新疆维吾尔自治区教委高校历史材料编写组编：《新疆地方史》69 页，新疆大学出版社，1991 年。）

考古还发现，西域百姓甚至遵照《易杂占》，进行占卜活动。在吐鲁番出土的文书中，还有当地群众供祀“风伯”“树石”“丁谷天”和“清山神”的记载。供祀人中，不仅有汉族，而且有兴胡、康姓、阿石兴等少数民族的名字。这说明这种中原民间祀奉习俗，在西

域已为部分兄弟民族所接受。(同上注)

佛教在西域的传播,这时已达到鼎盛时期。《新疆地方史》将其盛况概括为以下几点:一、信众极多。二、佛像雕技高超。三、佛事活动频繁。四、高僧辈出。这种盛况与佛教早于内地传入西域且流传久长关系很大。这时,内地僧侣纷纷西行取经,成千上万的中原僧人,络绎不绝来到西域,与西域佛界学习交流,无疑是一种相互促进。特别是曹魏时的名僧朱士行,西晋的竺法护、僧建,后秦的法显、智猛,刘宋的昙无竭,北魏的惠生和宋云等人,为弘扬佛教文化做出了贡献。

天干地支纪序文化　1986 年 10 月在吐鲁番阿斯塔那出土了一份鞠氏高昌历书(定名为《高昌延寿十一年历日残卷》)。这一历书残卷的发现和研究,对了解认识汉文化在西域的传播和影响,具有很高的价值。

历法本来是自然科学中天文学知识的应用品。但是,在中国,历法却独到地同中国的其他文化成分结合在了一起。最典型的是历法中所采用的干支纪年法。“十天干”和“十二地支”,本来是传统用于表示次序的符号。用天干和地支搭配进行组合,可以纪年、纪日,可以纪时辰、纪生肖,等等。这是典型的汉文化组成部分。

专家经过仔细研究,认定“高昌历法及其历术人才,直接源于北凉”。专家认为,当时(初唐,鞠氏高昌灭亡前 6 年)西域使用的鞠氏高昌历书中的“干支纪日”,和敦煌发现的敦煌历一样,同是源于中原的、我国传统的干支纪日系统。这种用天干地支组合纪日的方法,“朔日可以不同,但干支纪日始终不错”,“虽经改朝换代,制作历日者几易其人,但干支纪日与中原完全一样,连续无误。”(柳洪亮:《新出土吐鲁番文书及其研究》341 页,新疆人民出版社,1995 年。)

专家推断,鞠氏高昌历书的传入源于北凉。公元 439 年,北魏灭了河西的北凉,北凉匈奴沮渠氏的残余势力于公元 442 年经鄯善举国西迁至高昌,终于在 450 年灭车师前国而统有吐鲁番盆地,由柔然人扶持建立政权,并在此维持 18 年之久。“这次北凉文化及人才的大转移,历法自然是重要内容之一,从而奠定了高昌自行颁历的基础”。(柳洪亮:《新出土吐鲁番文书及其研究》342 页,新疆人民出版社,1995 年。)

高昌北凉所掌握的“干支纪日”制历理论及纪日系统,源自中原。不管西凉的制作历书的人才是汉人,还是匈奴人,抑或是其他哪个民族的人,这一套理论乃至纪日系统,若不是通过汉字这一媒介,是无法传入、掌握并付诸应用的。更不用说,历书本身就是借助文字排列、结构、书写而构成的。因此,鞠氏高昌历的发现,其意义是重大的。我们不仅可以通过当时西域广泛使用历书,看到西域汉文化的影响及传承;而且,亦可通过北凉鞠氏王国自己能够颁行历书,看到西域人掌握日月运行规律的天文学知识,以及掌握干支纪日的复杂而精确科学推算的高深科学水平。而这些文化知识和技能的传播,其媒体自然非汉字莫属。

民俗文化方面 鞠氏高昌历还涉及二十四节气问题。二十四节气,是我国人民独创的一种典型的民俗文化遗产,是我国古代传统的阴阳合历中阳历系统的组成部分。它起源更早。早在商、周时期,人们就用“土圭”观测日影的方法,测出一年中日影最长和最短的日子,以及昼夜一样长的日子,将其命名为夏至、冬至、春分、秋分。经过长期观察研究,人们根据太阳在黄道上运行的位置变化和所引起的地面气候变化次序,将一年分成二十四等份,每份为一个节气,并各予命名称呼之。二十四节气的研究确定,是人们长期对天文、气象、物候等观测、探索、总结所获的独创性科技成果。它在劳动人民的劳动、生活中广泛应用,具有很高、很重要的价值。这一套文化,早在汉初就已经完备。汉代的著作《淮南子·天文训》中就有记载。因为它所反映的基本上是中原黄河流域的一年四季变化,所以,与中原人民把握季节、气候,掌握农时、处理农事有着密切关系。

魏晋南北朝,这套文化知识,随着大批汉人进入西域,竟也迅速传入西域,为西域各族人民所接受和使用。这实在是一件意味深长的事情。西域虽然和中原距离遥远,但是在地球上所处经纬度相差并不太大。两地四季温差是有些差别,但是,一年四季的分别,并无太大出入。因此二十四节气被西域人民引进,用以指导生产、料理生活,其现实意义,实在重大而深远。今天乌鲁木齐人民口头上还保留“十九加一九,牛马满地走”(数九数到第十个九,就是春耕时节了)的农谚,和内地中原的农谚“九九杨落地,十九杏花开”(数九数到九九、十九,春天就到来了),何其相似。其中除了两地确有那么十天半月时间差之外,借助二十四节气,观察物候,掌握季节和把握农时的意识,一样鲜明而准确。这同样说明,西域汉民人口众多,汉语通行对民俗文化传播的影响。

三、西域社会出现了更值得关注的双语教学

一种语言与另一种语言共存,就会有双语现象产生。双语现象的产生,首先发生在口语的学习上。汉代西域双语的存在,已经让我们对双语现象有所了解。

魏晋南北朝时期,双语现象比汉时更为普遍。例如前面我们多次提到的匈奴、鲜卑等兄弟民族成为民汉兼通的双语者。这种双语现象的存在,对进一步学习接受汉文化、促进民族之间的文化交流,起了非常重要的推动作用。到了南北朝中后期,西域出现了一种发生在两种语言之间更高层面、非常值得语言学家和教育学家注意并予研究的双语教育现象。

从“双语教学”的提法说开来 敦煌学家柴剑虹先生曾参考《北史·西域传》的一条史料,与唐代敦煌的出土文物中汉、藏双文对照抄本之类有关资料联系起来,明确肯定指出:唐代西域双语教学已经非常普遍。柴先生把西域史上这一现象提到双语教学的高度来认识。这确实是一个重大发现。他的主要注目点是唐代的敦煌。这又使我们从中受到很大启发。特别是,唐代西域的腹地高昌情况如何。这是我们今天的新疆人首先会想到的。

史学家早就注意到,《北史》卷九十七《西域传》有这么一条记载:高昌“……于坐室画鲁哀公问政于孔子之像。……其风俗政令,与华夏略同。……文字亦同华夏,兼用胡书。有《诗经》《论语》《孝经》,置学官弟子,以相传授,虽习读之,而皆为胡语”。史学家普遍认为,这条史料反映了当时西域高昌的语言文字通行情况。(新疆维吾尔自治区教委高校历史材料编写组编:《新疆地方史》67页,新疆大学出版社,1991年。)柴先生对西域唐代双语教学的提法,参考的也是这一史料。

笔者得知柴先生的这一提法,是他在深圳的一次学术报告中顺便提及的。笔者并未见到他就这一问题的专门论述。因为对其所论知之不详,所以觉得自己有必要对自己感兴趣的地方做必要的深入思考。我个人认为,对柴先生这一结论的再思考,至少可

从这种教育现象出现的时间，和这种教学所属的性质的确定两个角度进行。如果这一现象可以肯定视为真正意义的双语教学的话，那么，西域双语教学的出现，当是西域文化史和西域教育史，乃至中国文化史和中国教育史上的一件大事情。

西域双语教育现象出现的时间 引起我们兴趣的是，西域腹地高昌以及这里双语教学产生的时间。既然已经有《北史》这一历史文献资料为据，那么我们也不妨根据《北史》入手，推断我们所希望得知的时间。于是，我们在核实《北史》所涵盖的历史年代之后，觉得双语教学现象产生的历史年代，大有提前的必要。因为唐人李延寿所写的《北史》所反映的历史，涵盖从北魏登国元年（公元 386 年）起，到隋义宁二年（公元 618 年）止，（即从鲜卑人拓跋珪建立北魏起，到隋恭帝时隋朝的彻底灭亡、唐朝建立）共 232 年时间。因此，笔者认为，假如上述那条史料所反映的就是真正意义的双语教学的话，那么，我们就有理由说，至少早在唐朝之前半个多世纪的南北朝时期，西域就已经有了所谓的双语教学。《北史·西域传》中明确所指是高昌地区，而鞠氏高昌建国于公元 531 年。这就是说，高昌至少已经在唐朝建国之前 87 年以前的某年，就有了所谓的双语教学现象。

关于双语教学的科学认定 让人为难的是，关于双语教学，传统教育学至今对其尚无明确定义。在这种情况下，我们要对所谓的双语教学性质予以确定，就当有一个较为令人信服的证明过程。

教学属于教育的实施途径。现在要确认南北朝这一教育现象算不算双语教学，我们有必要首先将它与当今的若干教育现象做一下类比，从中明确双语教学的基本概念。

我们先回头审视一下历史上的语言教学。自秦汉到南北朝早期，西域各民族都只有语言而没有文字。对于只有语言而没有文字的民族来说，他们的母语学习，乃至对其他语种的语言学习，都只能说是一般层面的、人们语言能力习得天赋的本能自然发挥，还都谈不上是语言“教学”。因为教学，自有教学的丰富内涵。

例如孔子运用我们祖先创制的汉字，把自己的学说，通过书面和先生面授的施教方式传教弟子，当然应称之为“教学”。孔子的言论集《论语》以及古诗集成《诗经》等，就成了汉语教学的必读教材。汉语言文字是教学过程中起码的施教工具。汉朝时，西域各国侍子在长安学说汉语。因为他们既不懂汉语，更不识汉字，所以刚开始学汉语，也只能算是一般层面的语言能力自然习得。当他们有了一定的汉语口语基础之后，才可能像汉人小孩接受启蒙教育一样，入学学习汉字、进而读书接受更多知识。因为当时西域各民族都没有文字，他们的汉语学习，是完全搁置母语，从头接受另一种语言的全新学习过程。所以，他们这种语言教学只能称得上接受了汉语教育，还谈不上双语教学。

然后，我们再假定一个学龄前儿童，跟着家人牙牙学语，同时又和邻家另一民族孩子学说民语。这种学说母语的同时学说民族语言的现象，属于双语现象，人们不会有什么异议。但这种语言学习，算不算双语教学，也仍然值得推敲。这种纯属利用孩子天生的语言习得能力，学习掌握另一种语言的简单口耳相传的过程，只能说是“语言习得”，只能算双语学习，还算不上双语教学。因为这个学习过程，至少既无教材，也无教学目标，学习方法也还不属于教学范畴。

又譬如，现实社会中，各大城市的幼儿园，已普遍开展英语或其他民族语言的学习。教育学界内外，许多人已都称其为双语教学。这也值得思考。固然这些幼儿在学习母语的同时，也在学习第二种语言，而且，这种语言学习，有老师的施教，要求高的幼儿园，还不同程度地让孩子们开始识字，接触两种文字符号。但是，从教育学的角度认真审视，这种既无教材，又无教学目标、随意性很强的行为，称其为双语教学，实在勉强。相比较而论，现行中小学里（哪怕条件很差的学校）所开的外语课，大学里各专业所开的外语课，都有教材，有教学目的和要求，既都列入教学计划，也都进行严格的成绩考核。这种语言学习，与前者有着本质的不同。笔者认为，这种语言教学，才是真正意义上的双语教学。

可见，真正意义上的双语教学，应该是在有一定的母语语言水平基础上，借助母语的文字和母语之外的另一种文字，接受只懂母语而难以得到的文化知识之高层面学习。基于这个基本认识，我们不妨进一步把双语教学的界定，至少归纳出以下几个条件。1. 教学对象：具备一定的母语语言文字基础的学童。2. 教学目标：学习掌握母语之外的另一种语言文字及相应的文化知识。3. 教学途径:通过教师的课堂教学,借助两种语言文字做媒体,学习掌握教学目标规定的新的语言文字等知识。

对《北史》史料中所说双语现象的确认 依照这几个界定条件,参照历史学家的研究,对《北史》史料中所说的教育现象属于双语教学,应该可予以确认。

史学家认为,这条史料至少明确告诉我们了这么几点:1. 官府立有学馆。2. 设有专职教员。3. 明确指定了教材。4. 使用着两种语言文字施教。(新疆维吾尔自治区教委高校历史材料编写组编:《新疆地方史》67 页,新疆大学出版社,1991 年。)

已完全具备上面我们所概括出的双语教学的界定条件。教学对象,是已经具有一定水平"胡语""胡书"的少数民族学童。教学目标,是学习掌握汉语言文字及儒家经典。教学途径,是通过学校课堂教学,借助两种语言文字做媒体,实现教学目标。然而,《新疆地方史》在引用这一史料时,避开了"兼用胡书",只对"皆为胡语"进行了解释:"显然是兄弟民族学习汉语。"(新疆维吾尔自治区教委高校历史材料编写组编:《新疆地方史》67 页,新疆大学出版社,1991 年。)翦伯赞先生主编的《中国史纲要》解读这一史料则说:"文字主要用汉文,也兼用'胡书',语言则为'胡语'。"(翦伯赞:《中国史纲要》,人民出版社,1996 年。)不过,遗憾的是对"兼用胡书""皆为胡语"也语焉不详。我们无从知道两书作者对教学过程的具体理解。

针对他们各自不同的表述,我们不能不思考两种不同施教之间的差别和将会出现什么样的教学效果。试想,如果按照《新疆地方史》的表述,教学过程只用胡语来读(不提胡书的兼用),那么,这与汉朝时候西域各国派往长安的学子学习条件有何区别,只靠口耳去学习汉语,怎么就能立马会用胡语来读汉字呢?如果按照翦伯赞先生的表述,教学过程则与前者有了明显的区别。区别就在于,受教育者在学习过程中得益于自己民族文字的帮助。因为文字是记录语言的符号,它有表音、表意的功能在教学中得到了发挥。如果把母语的文字运用到语言学习过程,借以帮助记忆所学汉字的读音和意义,那样学习的效果自然会不同寻常。从而,使语言学习的过程与只凭口耳的语言习得,就有了本质的区别。这应该正是前面已经证明的双语教学与一般语言习得之间不同之所在。

这一认识，我们还从20世纪早期罗常培先生的《唐五代方音》一书的写作中找到了佐证。罗先生的研究，主要是借助在敦煌等地发现的汉藏对音佛经残卷进行的。这些佛经写本残卷，原来是为吐蕃人学汉语，用藏语注出每个汉字的实际读音的汉藏对照写本。罗先生正是借助藏人用藏语给方块汉字的注音，考证出了那时西北当地汉语方言的声韵系统的。罗先生采用的“汉藏对音千字文残卷”“注音本《开蒙要训》”，都是最好的例证。柴剑虹先生也是从这些汉藏对音材料上受到启发，判定这是双语教学的。

据此，我们可以肯定地说，南北朝时的双语教学，是实实在在的；当然还是初级的、原始的。看来，通过这种教学，认识汉字乃是学习的首要任务。而后，在具有一定汉语水平的基础上，进一步由老师开讲，学生理解接受儒家经典里的思想观点，获取更多东西，则是双语教学下一步的任务。

西域双语教学现象出现的重大意义　诚如史学家所说，当时高昌的这种教育主要是为学习掌握汉语和汉字。罗常培先生对敦煌一带所发现的汉藏对音佛经残卷，称之为藏人学习汉语认识汉字的读本。二者所指的社会现象实质上是一回事。这种把语言的学习运用，从口语层面推向利用文字——书面语的更高层面，向母语交际功能达不到的另一语言文字文化圈里，吸取本民族所缺少的东西，这无疑是一种重大的文化进步。因此可以说，西域高昌双语教学给兄弟民族开启了向汉族学习的大门。这时西域的双语教学，正是通过儒学经典《论语》《孝经》《诗经》的学习来接受汉文化的。这对其本民族的文化进步，意义之重大显而易见。

回溯西域双语教学的出现，显然它发端于汉语的儒学教育。《北史》时期的西域，汉语是高昌社会通行的主要语种，汉文是当时社会流行的主要文字。高昌鞠氏王国的当权者是汉族。他们的“风俗政令”都与内地基本相同，甚至高昌王的坐室，还悬挂鲁哀公问政于孔子的画像，以示对儒学的尊崇。可见，他们置学官传教儒家经典《论语》《孝经》等，正是当权者崇尚汉文化、自视为汉文化传承者的思想意识反映。而汉语教学的开展，社会影响及于民族群众中的有识之士。他们希望在自己民族当中同样开展教育，给本民族引进他们所希望得到的东西。实在是一种可贵的文化追求。于是，借助当时从哪个部族(史书上尚未肯定这时使用的“胡书”是哪个“胡”的文字)新引进的文字帮助施教,高昌便有了双语教学。这样看来,魏晋南北朝高昌出现的双语教学,至少是新疆史上最早的双语教学。这在新疆文化史、新疆教育史,在中国文化史、中国教育史上,的确是一件具有划时代意义的大事情。

第三章

隋唐时期

（581—907）

汉语在西域的通行出现首次巅峰

隋唐史段，包括隋朝（581—618）的37年、唐朝(618—907)的289年，两朝共326年。这个时期，就像秦灭六国、结束春秋战国几百年混乱、实现短暂统一，而后由汉朝实行全国大一统一样，隋、唐两朝接连努力，终于在全国结束了魏晋南北朝数百年的分裂、混乱局势，实现了全国范围空前的统一。这是中华民族历史发展之必然。

这个大一统的政治形势，特别是唐朝的“贞观之治”与“开元盛世”，带来了封建经济新的繁荣和国力的强盛。它的政治、经济、文化，当时在全世界也是领先的。这个大一统政治局势，不仅促进了唐朝的内治和繁荣，而且也促进了唐朝沿丝绸之路向西域的新开拓与新发展，开创了西域前所未有的大好局面。西域的发展前景，又招致内地人口的大批西流，使西域得以开发的面积更大，进而使汉语在西域的通行，出现了前所未有的巅峰。

第一节
隋唐王朝与西域的政治新格局和人口西流

中原汉族地主阶级统治的隋、唐王朝，在取得全国统一的新形势下，继承前朝的传统，将统一西域、开发西域视为己任。西域各地各部族，在前朝各个时期与内地相统一的形势下，经济、文化等各个方面，都得到长足发展。新时代的到来，西域各地、各部族，向往统一成了图谋发展的严肃抉择，出现了新的政治格局。

一、中原隋唐王朝

隋朝　公元 581 年，北周的重臣杨坚建立了隋朝，定都长安。接着，公元 589 年(隋文帝开皇九年)，隋朝消灭了南方的陈朝，结束了魏晋南北朝以来的全国分裂局面，初步实现了全国的统一。虽然隋朝很快就对西域有所作为，但是，因为隋朝历史毕竟只有短暂的 37 年，而这期间社会语言通行，很难见到明显的变化。所以，本章对隋的有关情况，不再另立章节详述。

唐朝　公元 618 年李渊建立了唐朝。八年后，其儿子李世民继其王位。李世民经过政治改革、发展生产，及其后来者的继续努力，使全国加快坚定的步伐走向大一统。在唐王朝长达 289 年的统治时期，我国这个多元一体的多民族国家，又一次出现了空前的政治统一和经济繁荣，并随之带来了丝绸之路上新的繁荣和发展。

唐王朝在经营西域方面,经过几代的努力,把对西域的管辖、治理,推向了空前的新高峰。最盛时期,唐之疆域东至东海,西抵里海、咸海,北越贝加尔湖,南达南海,成为屹立于世界东方的大国。

唐朝对西域的管辖、治理,大致可分以下两个阶段。

第一阶段:从公元618年(唐高祖武德元年)开始,到755年(唐玄宗天宝十四载)安史之乱为止的137年,是上升阶段。这个时期,唐朝先后经历了高祖、太宗、高宗、中宗、睿宗、武则天、玄宗等几代的努力。这137年是唐朝治理西域的辉煌时期。

这一阶段唐朝对西域的治理,主要表现在对西域东、西突厥的征战,和在西域建设健全的军府制方面。唐朝削平东突厥汗国,极大地震撼了西域,使西域的伊吾、高昌、焉耆、于阗等各国先后遣使表示归附。随后,唐又用兵西突厥,设立了安西都护府、安西四镇。此后,唐于庭州设置北庭都护府(后升级为大都护府),与时已迁回龟兹的安西大都护府,分治天山南北。唐借此对西域实施管辖和治理,长达一个多世纪之久。

在健全军府制的同时,在行政管理体制上,唐也做了重大改革。早在西突厥尚未全歼的公元654年(唐高宗永徽五年),唐开始在西域少数民族聚居的地方和东部的伊州、西州、庭州,分别设立羁縻府州及等同于内地的州、县制。唐借助推行这两种并存的行政制度,对西域地方实行了有效的行政管理。

军府制和行政管理体制的完善,可谓唐朝在边疆管理、建设上的重大创举。

第二阶段:自公元755年(唐玄宗天宝十四载)安史之乱始,经790年(唐德宗贞元六年)吐蕃全部占领西域后的百多年,是唐对西域的管治走向衰微的时期。

安史之乱殃及全国,唐王朝元气大伤,昔日的强盛不再。这时,吐蕃政权也乘安史之乱进占西域。不料遭到唐朝的西域官员、留守军卒和地方武装的奋力抵抗。直至789年(唐德宗贞元五年),唐军仍坚守在安西、北庭以及葱岭以东各地,保全了西域免遭分割。直到次年,回鹘(即回纥)第三次出兵西域,才击败吐蕃,收复北庭、西州,解了龟兹之围。然而至此,西域事实上已经分别被吐蕃和回鹘控制。

公元790年之后,唐对西域的经营,出现了近半个世纪几无成就的局面。公元849年(唐宣宗大中三年),今宁夏同心一带的安乐及石门、六盘等地,沙州地区也爆发了张议潮领导的反对吐蕃占领的起义。吐蕃因为内讧等多方面原因，不久便逐渐退出西域。但是，直至唐王朝907年最后灭亡，唐王朝再没有能力直接在西域建功立业。

二、隋唐时期的西域

隋代与唐初期，西域曾有南北朝时兼并形成的突厥、高昌、焉耆、疏勒、于阗、龟兹等地方邦国政权。其中，突厥势力最为强大，几近汉朝北方之匈奴。后来，还有吐蕃和回鹘两大势力出现。如果从这诸多势力的来源划分，这时西域的政治势力，可分为本地邦国和外地流动政权两类。

本地邦国 因为西域的政治、经济、文化相对落后，所以本地邦国，虽有自己相对的势力范围，有自己的首领，但一般来说，则常常只能听命政治角逐与军事争斗中的强者。高昌、焉耆、疏勒、于阗均属此类。

其中，于阗的尉迟氏王国，后来自称“太宝于阗国”，受汉文化影响非常深，已经维持近千年之久。更突出的是高昌的麴氏王朝。这个在魏晋南北朝中后期的公元497年由金城（今兰州）榆中人麴嘉建立起的王朝，子孙相传数代，其“风俗、政令与华夏略同”。公元640年（唐太宗贞观十四年）鞠氏高昌被唐朝灭掉，前后共计存在143年。其境内人口，汉人居多。它是西域内部的一个特殊汉人世界。

外地流动来此的政治势力 外地先后来此的政治势力有突厥、吐蕃和回鹘。

1. 突厥

早在南北朝后期，阿尔泰山以南新崛起的突厥人，于公元552年（西魏废帝元年）在蒙古高原建立了突厥汗国。以后逐步走向鼎盛，并置汗庭于鄂尔浑河的郁督军山。其版图曾经“东自辽海以西，西至西海万里，南自沙漠以北，北至北海五六千里，皆属焉”。（《周书·异域传》）

公元567年（北周武帝天和二年）突厥汗统兵10万西征，征服西域诸国。这时汉民人口居多的高昌鞠氏王国，也不得不依附于突厥。

公元583年（隋文帝开皇三年），突厥内部分裂成为东、西两部。二者大致以金山为界。东突厥地处金山以东。西突厥位于金山以西。就其版图来看,西突厥为今新疆地域的主要占领者,成了当时西域乃至中亚一带的霸主。

东、西突厥之间曾先后发生过多次争斗,双方势力分别都有过消长。603年(隋仁寿三年),西突厥属下的铁勒等部则拥立薛延陀部首领为汗,建立了铁勒汗国。不久,铁勒又帮助西突厥得以发展,成为唐向西发展的最大障碍。公元630年(唐太宗贞观四年),唐派李靖等人统兵10余万,在铁勒的配合下,大破东突厥之后,西突厥也向唐朝示好,并听命受诏。

638年(唐太宗贞观十二年),西突厥内部商定,分成南北两部,各建牙帐称南庭、北庭。之后,南庭与唐继续保持友好,北庭却与唐反目。公元640—647年唐朝经过太宗、高宗的屡次用兵,先行平定南疆各邦国,最终于657年(唐高宗显庆二年)平定了西突厥曾已归顺唐的阿史那贺鲁的反叛,再次实现了西域的统一。

2. 吐蕃

与突厥相比,吐蕃是影响西域政治形势更强有力的外来政治势力之一。

吐蕃,又称图伯特,是藏族的祖先。他们主要分布在青藏高原。其族源是由甘、青南下的西羌之一支发羌和原土著融合而发展起来的。公元6世纪末,其首领郎日论赞始建国家。公元629年(唐太宗贞观三年),郎日论赞的儿子松赞干布即位。他统一了西藏,迁都拉萨,吐蕃这时与唐保持极为友好的关系,吐蕃自己也得到了迅速发展。

公元650年(唐高宗永徽元年),松赞干布去世,他年幼的孙子即位,大权旁落。左右政局的权臣完全违背了松赞干布的意愿,背叛前人与唐朝的友好相处的原则,于662年(唐高宗龙朔二年),勾结西域地方势力,进犯于阗地区。安史之乱爆发后,吐蕃又乘机占领了陇右、河西和安西四镇,隔绝了唐与西域的交通,进而发大兵试图扑灭唐在西域的守军。经过35年战斗,吐蕃人于公元790年(唐德宗贞元六年)几乎全部占领了西域,惟西州(治高昌,吐鲁番东南)仍为唐守,长达半个多世纪。直至公元849年(唐宣宗大中三年)吐蕃内乱,沙州张议潮率领民众起义,吐蕃势力才被迫退出西域。

3. 回鹘

回鹘汗国是中唐以后从西域之外迁徙而来在此建立的政权。它是一支自漠北高原迁来西域的强大政治势力。

回鹘是今天维吾尔族的先祖之一。回鹘(前称回纥)与华夏族在人种、文化上的密切联系,确有大量考古材料可以为证。(厉声:《中国新疆历史与现状》28 页,新疆人民出版社,2010 年。)公元 552 年(西魏废帝元钦元年)准噶尔盆地东部姓阿史那的突厥部,建立了突厥汗国之后,当时游牧于漠北草原的回纥和铁勒部都隶属于它。

公元 744 年(唐玄宗天宝三载),唐朝灭突厥汗国,同年,唐玄宗册封回纥首领骨力裴罗为怀仁可汗。于是,回纥遂成为漠北的霸主。回纥以其“据突厥故地”之威,建立了鄂尔浑回纥汗国,立牙帐于乌德犍山。自此,历代回纥可汗都向唐朝称臣,接受唐朝的册封,与唐保持着密切关系。

公元 788 年(唐德宗贞元四年),回纥可汗上表征得唐德宗的同意改称回鹘。

公元 839 年(唐文宗开成四年),因为天灾人祸等各方面的原因,回鹘汗国崩溃,民众被迫外迁。其中的一支前往甘肃河西。另一支,15 部回鹘沿着传统的草原道路到达北庭,部分又继续西行。866 年(唐懿宗咸通七年)驻于北庭附近的回鹘人,建立了回鹘汗国,后将牙帐从北庭迁到高昌。史称“西州回鹘”或“高昌回鹘”。其势力东达哈密,西至阿克苏,北到伊犁河,南距吐蕃(今敦煌、和田之间),成为横跨吐鲁番、塔里木、准噶尔三个盆地的政权,并一直延续到五代。

第二节 隋唐时期内地人口的向西流动

隋唐时期,中原同西域之间的人口流动规模之大、频率之高、数量之多是空前的。这时,内地说汉语人口的向西流动,与中央政府对西域的领有、治理有着密切关系。说汉语人口西流的方式、途径与前代大致相同。流动方式虽然主要仍是官方行为和民间行为两大类,而这时的流动规模和流动数量,则远远超过前朝。特别是民间的人口流动,尽管仍然少见于史籍记载,但是相关文史资料中,不乏侧面反映。只是其反映之粗略与不全面,依然如旧。而以官方行为为主的唐代人口西流的情况,与前朝相比,则具有明显特点。

一、军事行动

唐朝在整饬国家动乱局面方面的努力,突出表现在对西域的军事努力方面。唐朝前期和后期,先后分别对付的是西突厥和吐蕃。这些军事行动次数及规模均超过前朝,涉及的范围距离都是前朝无可相比。

最突出的军事行动是对付西突厥。先是,唐在公元630年(太宗贞观四年)消灭了东突厥之后,用兵于西突厥历经十余载。此后重大的军事行动又有,640年(唐太宗贞观十四年)派遣侯君集为交河道大总管,率唐军、突厥契苾之众数万(有说十余万)讨高昌，伐龟兹，终于使西域各国陆续归附唐朝。651年(唐高宗永徽二年)，唐高宗诏左武卫大将军梁建方为弓月军大总管，发府兵3万，合回纥5万骑，征讨西突厥。仅唐高宗时与西突厥的交兵，前后任命大总管三次，调动兵马先后不下数十万。最终赖苏定方统领唐军、回纥军之众，平定西突厥，于公元657年(唐高宗显庆二年)实现了对西域的完全控有。

最远距离的出征是750年(唐玄宗天宝九载)，高仙芝率安西四镇唐军，并调发西域羁縻府州兵马6万迎战大食的怛逻斯之役。

其次是对付吐蕃的军事行动。

公元663年(唐高宗龙朔二年)，吐蕃占据鄯善与且末。679年(高宗调露元年)前后，吐蕃完全占领了安西四镇。唐王朝不得不对吐蕃采取军事行动。公元692年(长寿元年)，武则天派王孝杰夺回安西四镇。公元722年(唐玄宗开元十年)，唐玄宗命北庭节度使张嵩，大败吐蕃。公元750年(玄宗天宝九载)，唐玄宗派高仙芝出击再度占领小勃律的吐蕃，使西域诸国重新归附唐朝。

在100多年对突厥和吐蕃的战争里，唐军从朝中派军队前往西域，动辄数万、十数万，或者更多。同前朝一样，进出西域的军队中，因为伤残、疾病甚至羸弱等原因，百年之中陆续落队滞留西域，成为那里的常住人口，肯定数目很大。军队运输粮草辎重的民夫和部队落队人员滞留西域的数量都会远远超过前朝。这是这个时期西流说汉语人口的主要成分。

二、屯垦戍边

唐朝积极效法汉朝，从内地调往西域大批人马，从事驻防屯垦，成了汉民西流的主要途径之一。

关于唐在西域开展屯垦，史书多有记载。“自贞观、开元后，边塞西举高昌、龟兹、焉耆、小勃律，北抵薛延陀谷地，缘边数十州戍重兵，营田及地租不足以供军”。(《新唐书·食货志》)《旧唐书·吐蕃传》还记载：“贞观中，李靖破吐谷浑，侯君集平高昌，阿史那社尔开西域,置四镇。”后又“岁调山东丁男为戍卒,缯帛为军资,又屯田以资糗粮,牧使以娩羊马,大军万人,小军千人,烽戍逻卒,万里相继。”屯垦规模越来越大。

《唐六典·河西道》中更有具体统计材料。唐在西域的屯点计有:安西都护府驻地龟兹 20 屯,疏勒 7 屯,焉耆 7 屯;北庭都护府驻地 20 屯,伊州 1 屯;西州 1 屯。合计 56 屯。(赵予征:《丝绸之路屯垦研究》85 页,新疆人民出版社,2009 年。)有关古籍称,一屯有田 50 顷,即一屯合 5 000 亩。这样,唐之西域屯田拥有耕地合计 28 万亩。

据《丝绸之路屯垦研究》引《唐六典》称,唐代在丝绸之路的北、中、南三条道上部署有如下一些垦点。

1. 北道:拥有伊州、庭州、轮台、清海、碎叶诸点。

2. 中道:拥有西州、焉耆、龟兹、乌垒、疏勒等点。

3. 南道:唯于阗一个屯点。(详见赵予征:《丝绸之路屯垦研究》85—96 页,新疆人民出版社,2009 年。)

各屯点中,除于阗无具体数字之外,焉耆、龟兹两地只有营田亩数,而无垦卒人数。如果我们按“人给十亩”的标准推算,这两地的屯田人数应为:焉耆 3 500 人,龟兹 1 万人。这样,上述北、中、南三道上的屯垦点,屯卒总人数合计应在 5 万上下。

仔细审视上面的数字,唐代西域的屯垦点总共 56 个,拥有耕地 28 万亩。按照那时“人给十亩”的标准推算,28 万亩土地只需要 2.8 万人负责耕作即可。而实际上,56 个屯垦点上却拥有 5 万人驻屯,亦即有 2.2 万人无田可耕。这 2.2 万人,我们估计,当是专司防务而不事耕作的驻军。

此外,军屯也常常伴以犯屯,即把从内地发配来的犯人编在唐军中,一起进行劳动生产。《新唐书》卷二载:贞观十六年正月,太宗遣使安抚西州,“募戍西州者,前犯流死亡匿,听自首以应募。辛未,徙天下死罪囚实西州”。但其数目不详。这些屯垦的军士,管理系统的各级官员、工作人员,与屯垦的营田者,共同构成屯垦系统,成为唐朝在西域的军事系统中主事生产的重要组成部分。其 5 万人口成为西域说汉语人口的主要部分之一。

三、防务系统的建设

唐朝在西域建设巩固的军事防务，形成严密的防务系统方面的努力，也是前朝所无法相比的。

设立两大都护府和安西四镇

1. 安西大都护府（龟兹）

公元640年（唐太宗贞观十四年），唐朝在设置西州、庭州之同时，便在西州设立了安西都护府。648年（唐太宗贞观二十二年）唐平龟兹，将安西都护府从西州迁往龟兹。658年将曾一度迁回西州的安西都护府升为大都护府，复迁至龟兹。

2. 安西四镇（于阗、疏勒、龟兹、焉耆）

唐太宗平定龟兹后，在于阗、疏勒、龟兹、焉耆设立有别于此四处都护府的纯粹军事机构的“四镇”（仍归安西都护府管辖）。“镇”是屯驻边防军队的基层单位。这四镇除驻戍兵之外，又有屯田牧场与戍兵相辅而行。四镇的设置，是唐中央对山南四地加强军事掌控的重要举措。

3. 北庭大都护府

随着唐在西域的管辖需要，唐中央改变了原先只重视山南而疏于山北的方略。在显庆年间始设金山都护府（治所庭州，隶属安西大都护府）。之后不久，公元702年（武周长安二年），武则天又设北庭都护府，取代金山都护府。711年（唐睿宗景云二年），北庭升格为大都护府，与安西大都护府平级。这样便大大加强了对天山以北的管辖。

设立都护府机构

都护府是唐在西域的最高军事、行政机关。大都护是朝廷的高品命官，掌管军事、行政全盘，总负其责。其主要责任：招抚安置归属唐朝的各部族，维护所管辖区的社会秩序，对付外来军事侵掠，考察所属官员治绩等。

都护府下的军事、行政两大系统，各设官员，各负其责。

另外还有“道”。道是不同于上述常设军事建制。它是唐军在西域用兵过程中总领各处兵马的“临时”建制。

总之,唐在西域的边防军事系统,组织严密,阵容庞大,遍及各处。它既包含国防驻军,又包含各级军事领导指挥机关,再附以各地羁縻府州处的督都府之地方武装。他们与上述数以万计的垦卒、戍卒,同属一个系统,但两者又相对不同。整个军事系统的官员,除羁縻府州的地方武装之外,基本上都由朝廷从内地派驻。其拥有人口数量为历代之最。

四、地方行政机构的建设

唐朝在西域的民政系统,则通过列置府州实施行政管理。其力度亦大大超过前朝,范围更大、级别更多、系统更完备,而且更能从西域地方的具体实际出发。

唐在西域都护府下的行政系统有两种。一种是在今新疆东部汉族民众较集中的地区,实行州、县制,另一种是在原西突厥和其他民族聚居地区,实行羁縻府州制。前者州县之户口赋税上于户部,施政应秉承京师之诏。而后者则否,其府之都督、州之刺史,实行世袭,施政亦多自主。

设立普通州县 唐在西域设有三州:西州(高昌)、伊州、庭州。这三州都是汉民人口相对集中的地方。

伊州,(今哈密)辖伊吾、纳职、怀柔三县。

庭州,(今吉木萨尔)辖金满、轮台、后庭、西海四县(曾问吾著作称“前庭”等五县)。

西州,(今吐鲁番)辖交河、柳中、蒲昌、天山四县。

各县下有乡、里、保三级基础机构,比前朝多出“保”一级。

各州设有刺史(总管全州),别驾、长史、司马、录事参军。县有县令,乡、里分设有耆老、里长。

上述州县官员的编制是在册的“命官”。各州、县的各级属下,可能还有为数不等的衙役人等,听任官长们支使,办理具体事情。

设立羁縻府州 唐朝从西域的具体情况出发,在原西突厥和其他民族聚居区,实行了有别于普通州县的羁縻府州制。即按各民族部落或地区大小,列置羁縻府、州、县,保留民族首领的政治地位,任命其本民族大小首领,担任府州的都护或都督、刺史、县令等官职。其官职实行终身制和世袭制。

这些羁縻府、州、县的都护、都督、刺史,也作为唐之朝廷命官,享受国家固定俸禄,肩负朝廷使命。唐廷并不向这些府、州、县征收赋税。它们只按规定向安西、北庭两大都护缴纳有限的财物,作为补充大都护府的行政开支和军饷给养而已。因为这里毕竟是唐之朝廷命官管辖,其状况则有别于前朝各地民族部落之王的自治,所以,汉人以经商等各种形式进入这些区域亦是自然的事。

五、和亲睦邻

和亲,始于汉朝,而盛于隋、唐。它将中原王朝皇室或宗室的女儿,出嫁至异域,使中原王朝的皇帝与周边诸国、地区的最高统治者,建立一种翁婿关系,以求与周边诸国、地区维系和睦、安宁。

隋、唐两朝的和亲,主要面对的有吐蕃、回纥、突厥、薛延陀等。这里主要列述隋、唐对西域回纥、突厥的和亲。

隋朝在短短几十年里,以宗女为公主与突厥和亲四起。(袁祖亮等:《丝绸之路人口研究》113 页,新疆人民出版社,2009 年。)唐朝和亲次数更多。仅从唐中叶的肃宗至敬宗年间算起,历经代宗、德宗、顺宗、宪宗、穆宗六帝的近 70 年中,先后嫁出宁国、咸安、太和公主三位,以及四位宗室大臣的女儿。(袁祖亮等:《丝绸之路人口研究》114 页,新疆人民出版社,2009 年。)

和亲也是规模最小的官方移民形式。虽然和亲带动的说汉语人口流动,规模不大,其影响却不可低估。他们只在新居地的小范围里说汉语,却能对那里的民族上层人士产生极其微妙的心理影响。唐朝有许多突厥、回鹘人在朝内做官,许多贵族子弟到长安读书,与和亲的影响亦不无关系。对促进汉语在那里通行,也会产生一种心理认同的微妙作用,乃至对促进民族之间的感情融和,发挥极其重要的作用。

六、民众流动

唐朝的民众向西迁徙,多数也是自发的、零散的流动。当然也有政府驱动的特殊情况。例如,737 年(唐玄宗开元二十五年)政府下令招长期戍守边疆的职业兵(唐时称“健儿”),其家属愿意同往者,各给田亩住宅。

民众无组织的自发流动,往往有着复杂的直接原因。

据《隋书·突厥传》载“隋末离乱,中国人归之者无数,遂大强盛,势陵中夏”。《旧唐书·突厥传》载“隋五原太守张长逊因乱以其所部五原城隶于突厥”。《新唐书·突厥传》载“隋大业之乱,始毕可汗咄吉世嗣立,华人多往依之”。《旧唐书·太宗本纪》:唐太宗贞观三年(629 年)“户部奏言中国人自塞外来归,及突厥前后内附,开四夷为州县者,男女一百二十余万口”。导致这样的大规模人口流动,直接原因显然是改朝换代时的社会动乱。史载,贞观初年,高昌王麴文泰对唐态度出尔反尔。唐太宗向其兴师问罪。罪责之一,便是“隋末中国大乱,华人投入东突厥者甚众,及东突厥亡,有西奔于高昌者,太宗令其放还,而文泰不从”。(曾问吾:《中国经营西域史》108 页,商务印书馆,1936 年。)据此推度,隋末唐初这种内地民众自发流入高昌的人口必当为数不小。否则,不会引起太宗高度重视。另外唐朝人民还有因“安史之乱”和唐末农民起义后,部分人口不堪战乱而移居西土者。

隋唐时期,还有一种民众被动的流动,即内地民众被异域野蛮地强行掳掠者。这在当时,也算一种规模较大的人口迁徙方式。有关书籍上说,“整个隋唐时期,到底有多少中原人被西域诸国所掳掠而去,已无法统计”,“保守的估计恐怕会在 20 万以上。因为贞观四年(公元 630 年),唐朝一次就从突厥统治者手中赎回了自隋末以来被俘、沦为奴隶的汉人 8 万人, 武则天时又被掠去 8 万—9 万人”。(袁祖亮等:《丝绸之路人口研究》1152 页,新疆人民出版社,2009 年。)

还有其他原因促使民众迁徙的,如突厥人携带其出塞者。《资治通鉴》唐德宗贞元三年的记载,因突厥可汗请婚,朝臣提议禁约“无得携中国人及商胡出塞”。专家分析,有其禁，自可想见必有违禁的确凿事实，而且为数不小。

此外，唐朝成功治理西域，为西域和中原的往来带来极大便利，大大促进了西域和内地的联系，从而商贸的往来、文化的交流都出现了空前的局面。商贸的发展、文化的交流，和前朝一样，都促进着内地人口的向西流动。文化交流中，佛教的传播最为突出。魏晋南北朝时期，佛教自西向东发展。唐朝时期，佛教传播转而出现从内地向西的大回流。于是，除了有如玄奘法师经由西域到西天取经之外，汉僧往西域传经、译经，西域许多大寺院的住持都是内地来的高僧。北庭、高昌、龟兹等地还都设立有汉文佛典的译场，译场里既有西域僧人，也有内地高僧。《大唐西域记》以及宋人王延德西使纪行，对当时西域佛教的兴旺、佛寺之多，僧人之众，汉僧的普遍活动，均有详细记载。这些都是内地汉人西流的具体佐证。

第三节 唐代西域说汉语的人口状况

唐在统辖西域过程中的接连不断用兵，作战部队和军需供应的夫役人等，动辄数万、十数万，导致内地人口，特别是汉民人口西流之势强劲。其情与前朝相比，有过之而无不及。同时，唐在西域的边防建设(军事机构的建设，边防驻军的安置)、唐在西域大范围建设州、县行政机构，也极大地助长了汉民人口的西流之势。这样便使西域说汉语人口数量快速提升，改变了西域说汉语人口群体的整体状况。

一、唐代西域说汉语人口的数量

隋唐的西域，说汉语的人口群体的构成，受魏晋南北朝的直接影响，以汉民为主，同时杂以鲜卑、匈奴、氐族人，甚至柔然、回鹘、突厥等民族中民、汉兼通的双语者，和已经汉化而改说汉语的民众。从他们的来源看，应当以魏晋南北朝时期遗留下来的大量人口为基础，同时加上隋唐时期、特别是唐朝这一史段的新增人口，总数可观。

唐代西域说汉语人口群体概况 唐代西域说汉语人口的基础，是来自魏晋南北朝西域说汉语人口的遗黎，总数恐怕不会低于 25 万。就隋末因社会动荡内地人口大量向突厥和高昌逃亡来看，西域高昌人口向内地倒流的可能性微乎其微。这样，即使以谨慎态度来推测,魏晋南北朝西域25万上下的说汉语人口,除了可能受到突厥化影响,相当一些人被融合同化之外(不排除别的变数),至少也还可能有15万上下生活在西域。这应该是我们借以了解唐代西域说汉语人口数量的基数。所以,这一节里,既有“汉民”一词的出现,也有“说汉语人口”一语的使用,两者不大容易分得清楚,只好权且如此。

除此,根据上一节内地人口向西流动的情况,影响决定唐代西域说汉语人口群体数量变化的原因有以下几个方面。

1. 新增说汉语人口。根据上一节唐代人口西流的线索,加以归纳分析,唐代新增人口应该有以下几个方面。

(1)驻军和屯垦人口

唐在西域的驻军,其使命不外驻守戍防、屯垦生产两项任务。有专家说,“从唐太宗到唐玄宗时期,西域平时驻军4.4万人”,“兵数多的时候达到10万人”。(赵予征:《丝绸之路屯垦研究》85页,新疆人民出版社,2009年。)同书另一处还说,“唐时西域驻军,平时4万余人,战时达10万以上”。

《新疆地方史》称,公元741年,安西节度使管戍兵2.4万人,分驻安西四镇;北庭节度使,统瀚海、天山、伊吾三军,三军共管戍兵2万人。两大节度使共有戍兵4.4万人。(新疆维吾尔自治区教委高校历史材料编写组编:《新疆地方史》79页,新疆大学出版社,1991年。)这个数字正好与前面所引“西域平时驻军4.4万人”“4万余”相符合。

驻军人数里相当一部分是专司屯垦者,两者无法绝对分清。本章第二节里,我们曾依《唐六典》所提供的“垦点五十六个”“耕地二十八万亩”“人给十亩”,推算出垦卒人数为2.8万的结果。而《唐六典》所提供的屯点垦卒人数,“合计应在五万上下”。于是,其中有了2.2万人的出入。我们判断,这2.2万人应当是专职驻戍防守的作战部队。此处的总数5万,比上述的4.4万,仅多出了几千而已。另外,武则天长寿元年(公元692年)时,朝廷曾派王孝杰从吐蕃手中光复安西四镇,驻重兵达3万人。据此可以想见,唐在西域的兵力,不同时期,确有较大的上下浮动。

看来,唐朝的西域驻军4.4万,似乎是个常数。参考上述提及的驻军最高数字(10

万)、最低数字(4.4 万)。我们认为,唐代西域的驻军和屯垦士卒人数,用数理统计学取其中数的办法,在最高数和最低数之间,得出的中数应为 7 万,较为可信。即使把最高数字(10 万)和最低数字(4 万)相加取其平均数,凑巧也在 7 万。

(2)地方行政辖区汉民人口

唐朝西域都护府之下的行政系统人口,保持相对独立的状态。史籍上说,西域普通州县的设立,是以汉民人口集中为先决条件。又据专家研究,唐之"普通府州之户口及赋税上于户部,而羁縻府州则否"。(曾问吾:《中国经营西域史》127 页,商务印书馆,1936 年。)"地方行政辖区"的人口,应即东部汉民聚居区的汉民人口。

唐在西域汉人集中区设了完全等同于内地的伊州、西州、庭州三大州。这三州汉民人口,史书中列举过这样一组数字:

伊州包括伊吾、纳职、怀柔三县,户 2 467,口 1.015 7 万人。

西州包括前庭、柳中、交河、蒲昌、天山五县,户 19 016,口 4.947 6 万人。

庭州包括金满、轮台、蒲类、西海四县,户 2 126,口 0.996 4 万人。

三州合计共有 6.959 7 万人。(曾问吾:《中国经营西域史》127—128 页,商务印书馆,1936 年。)

应予注意的是,这一组统计数字出于初唐。伊州,公元 630 年(唐太宗贞观四年)置州。西州,640 年(唐太宗贞观十四年)置州。庭州,648 年(唐太宗贞观二十二年)置州。初唐三州人口合计不到 7 万,这个数字与魏晋南北朝时期的高昌相比,实在让人难以置信。这恐怕是受户籍统计(疏漏)和(逃避)上报户部等环节的影响,而出现了较大数字失真。而且,此时还不是唐朝在西域的鼎盛时期。因此我们有理由认为,这里所列的三州汉民人口总数,远不能反映初唐和唐朝兴盛时期西域地方百姓中汉民人口的客观实际。实际汉民人口显然要多得多。

特别是庭州,最值得重新思考。庭州公元 648 年置州,下辖的金满、蒲类、轮台、西海四县,决非只有 0.996 4 万人。建州之初,唐朝中央不仅派军队进驻这里屯田,而且迁移西州的汉民来此耕种。三年之后的公元 651 年(唐高宗永徽二年),阿史那贺鲁公开背叛唐朝,屯垦中断七年,到 658 年贺鲁被平,庭州再度开始屯田。这时,庭州实际上已有很多汉户。这些“汉户皆龙朔(661 年至 663 年)以后,迁徙入屯”。“公元 663 年(唐高宗龙朔三年),唐廷任命裴行俭为金山副都护兼庭州刺史,率军收复庭州后,除组织军人屯田外,又从西州迁移大批汉族农民到庭州屯田,还从关内接受‘罪人’到庭州屯田。”(赵予征:《丝绸之路屯垦研究》88 页,新疆人民出版社,2009 年。)历经近半个世纪,到 702 年(武周长安二年),唐在庭州设立北庭大都护府时,这里已经发展成为天山北路的政治、军事和贸易中心。说汉语人口今非昔比。近 50 年,人可繁衍两三代。即使按照最初只有 9 000 多人估算,那么,这时,北庭至少也应有 3 万人。

公元 710 年(唐少帝唐隆元年),后突厥又起叛乱,危及庭州。714 年(唐玄宗开元二年),大都护郭虔瓘,在庭州打败后突厥,努力发展北庭,把庭州建设成了北疆最大的屯垦基地。718 年(唐玄宗开元六年),庭州已拥有戍兵 2 万,其中瀚海军 1.2 万人就驻屯庭州附近。这时,庭州的驻军高达 2 万,是唐初百姓人数的两倍。庭州地位的改变,必然给此地百姓人口数量带来很大变化。如果我们以 0.996 4 万人作为公元 640 年设立庭州的基础,那么,到 750 年(安史之乱前五年),在长达 110 年的时间里,人可繁衍四代或五代。尽管其间曾经有过几次战乱,可能导致人口流失,如果我们把社会因素、自然因素、人的增殖率和死亡率等因素都忽略不计,按每对夫妇只生两个子女的最保守增速、每户均已三世同堂来估计,盛唐时候的北庭,汉民人口不管怎么说,加上原有底数,至少也有唐初的四倍多,应当不低于 4 万。

可以证明这一推断的,还可以用北庭军民抗击吐蕃的事实进行反证。中唐时吐蕃乘唐朝内乱之机,占领河西走廊,扼住西域和唐朝联系的通道,而后发兵企图扑灭唐朝在西域的军队。其间,驻西域唐军进行了长时间顽强抵抗。北庭节度使李元忠堪称各镇坚持斗争的代表。北庭坚持斗争时间最久,长达 35 年。其间,北庭拥有军队数量(仅次于安西的驻军)仅约 2 万人。如果北庭周边没有几万汉民百姓人口,得不到人力、粮食、物资的强有力支持,是不可能坚持抗战数十年的。

同理,如果我们以上述最保守的增速,以这种不计其他因素的简单、机械的方式来做最粗略的推测,伊州、西州都以初唐人口为基础,那么,110 年里三个州都将自然增长三倍,这三地汉民人口总数,纯增加人口应在 21 万口还要多。加上初唐建州时三地本已不很确切的近 7 万人口基数，盛唐时，三地人口总数应在 28 万上下。

(3)民众自发流动人口

唐代民众自发流动人口同样难以估算。因为这时的民众流动人口迁移规模、数量都很惊人。如前所述，隋末社会动荡带来的人口外流，一直波及唐。唐代又因各种原因，大量人口向突厥、西域的高昌等地流动。然而要弄清这时整个西流的人口总数，确切数据又十分欠缺。于是，我们在不能忽视它的前提下，仅就已有的线索，做粗略的推测，以窥其大概。

前面所引《丝绸之路人口研究》一书中的两个数字，当可以作为了解西域这种人口外流情况的参照。整个隋唐时期"被西域各国掠去"的中原人，"保守的估计恐怕会在 20 万以上。因为公元 630 年(唐太宗贞观四年)，唐朝一次就从突厥统治者手中赎回了自隋末以来被俘、沦为奴隶的汉人 8 万人，武则天时又被掠去 8 万—9 万人"。如果说贞观时期，唐太宗赎回的 8 万人，可能是从偏东的东突厥人手中赎回的话，那么应该还有 12 万滞留于东西突厥。而武则天时东突厥已经灭亡，被掠的 8 万—9 万人，则只可能是到了西突厥。这些人大凡是在今新疆境内。这两宗人口数字，一个是未赎回(仍然滞留的 12 万)，一个是新掠去的。两者合计，应仍有 20 万说汉语人口滞留西域，这个数目何等惊人。

因为我们对类似这样的进进出出情况，不知还有无其他的变数，所以，对于唐代被掠往西域而滞留的汉民，往低处估，应该不会少于 15 万吧。

唐代西域说汉语人口总数的粗略估算　尽管当时西域人口数量的情况十分复杂，数据有限，然而，可以得到相关资料的条理尚比较清楚。下面仅就当时西域说汉语人口群体的有关情况，做简要的推断。

唐代西域高峰期说汉语人口，至少应包括以下几个部分。

1. 魏晋南北朝西域的汉民人口，保守地说，遗留进入唐朝的尚有 15 万。对照唐初伊州、西州、庭州三地初置州时，总人口尚近 7 万，加上散居西域各地，特别是散落在东西突厥境内(参照唐朝多次从东西突厥赎回汉民人口数字)的汉民人口，15 万这个数字应该可信。

2. 唐朝在西域的驻军常数在 4.4 万上下，最高时可达 10 万。我们根据前述情况，权将驻军的戍防和屯垦人口，估为 7 万左右。

3. 伊州、庭州、西州三个普通府州，集中居住的汉民百姓人口，依据这三州唐初置州时的人口数量，按照经过一百多年的增殖三倍计算(底数已计入遗黎)，即有 21 万之多。

4. 自发流动前来而散居西域各地突厥人聚居的羁縻府州域内的汉民人数，保守的估计有 20 万之多。仅据未被唐朝政府赎回的，和武则天时又被掠入西突厥的 8 万—9 万相加，再考虑其他可变的因素估算，少说尚有 15 万滞留西域。

其他方面的情况，我们尚未予以考虑，仅此四项已经达到 58 万。如果各方面情况都全部考虑进去，唐朝西域汉民人口的实际情况，无论如何都不会低于 60 万。

二、唐代西域说汉语人口的分布

根据隋唐两朝，特别是唐朝中央在西域的管辖治理活动范围，以及百姓活动的空间分析，唐代西域说汉语人口的分布，大致分布于以下三个区域。

以西州为代表的东部地区　西域东部以西州为代表的三个普通州县之所在说汉语人口分布居于突出地位。

诚如上一章所述，历来西流高昌一带的说汉语人口逐渐增加，形成了以高昌一带十八城连属成片的、说汉语人口相对高度集中的汉语通行片区。有唐以来，强劲的人口西流势头，使以高昌为中心的汉语通行片区，逐渐向天山南北扩展，形成了囊括从伊州北至庭州、横跨天山南北的东部更大汉语通行区域。正因为这三州唐初拥有近 7 万的汉民百姓，所以朝廷在此设立了普通府、州。而后又经过一百余年唐在西域的开拓发展，这里说汉语人口合计达到 28 万以上，自然成了东疆说汉语人口最密集的地方。

其次，还有东部罗布淖尔的屯城镇、新城镇、石城镇和且末的播仙镇片区。

西域东部罗布淖尔地区新设的屯城镇、新城镇、石城镇以及且末故地的播仙镇，对于西域来讲，是作为屯驻边防军队的基层单位而存在的。这些“镇”在军事上当属安西都护府。而这片土地,在行政上则属西域东边的沙州管辖。因此,这几个镇,军民分属两个系统的特殊地区。这里的人口归属,是个特殊情况。

这里之所以在军事上属于安西都护府、而行政上归属沙州,除了地缘上临近沙州、历史上曾有高昌以东大片土地隶属沙州的事实之外,很大程度上与该地区汉民较集中有着必然的关系。这里处于玉门关、阳关关隘西口之外,处于甘肃、青海向西进入西域的交通要冲。人口西流进入西域十分方便。所以,这里除了驻军和行政机构之外,必有不少汉民百姓居住。因民事管理的需要,有了设置沙州下属行政机构的建制。然而,行政上虽然归沙州管理,但是,他们确实生活在西域的范围内。因此,我们在观察说汉语人口分布时,自然不能忽略这里的人口。至于这里究竟有多少说汉语人口,我们虽不得而知,但这里与西州地域,共同合成了西域东部说汉语人口高度集中区,则是十分明显的历史事实。

安西都护府属下的安西四镇地区　“安西四镇”是个典型的特殊地区。这四个地区,都在安西都护府直属之下。除了四个镇点上有驻军和屯垦人口分布之外,周边更大地域是设立焉耆、龟兹等羁縻府州的地区。总的来看,这里是军政两重建制的典型的民汉杂居区。

正因为这里设立安西四镇节度使,驻扎官兵和设有屯垦点,所以,这四镇便与该地其他羁縻府州地区又有明显不同。此处尽管不设汉民集中的普通州县,但却因其军事上的重要地位、设有边防驻军、军屯以及相应的军事机构等,同样招致许多汉民来此。这些汉民就生活在这种节度使和羁縻府州两不管的自由空间里,也由此还吸引民屯和民商等人口在此云集。最终形成了十分明显的少数民族区内民汉杂居、汉民密度不小的状况。

最能证明汉民相对集中于安西四镇的是,与北庭军民坚持抵抗吐蕃的情况一样,这里也有坚守镇所抵抗吐蕃的惊人历史事实。玄宗时安西四镇驻军总数高峰期,每镇平均只有 6 000 人。763 年(唐代宗广德元年),吐蕃占领陇右,切断西域与内地的联系。唐在西域的节度使官员等,在地远势孤的困难境遇里坚持与吐蕃战斗。如北庭节度使李元忠、安西四镇留守郭昕(郭子仪之侄)、伊州刺史袁光庭,以及疏勒王裴冷冷、镇守使鲁阳、龟兹王白环、焉耆王龙如林等人，各自领导当地军民坚持与吐蕃进行斗争长达几十年之久。直至782年(唐德宗建中二年)六月，郭昕与李元忠(北庭节度使)二人遣使间道回纥奉表入朝，朝廷方知各镇还在坚持战斗。他们在远离中原、同中原断绝联系，完全得不到唐廷的兵力和物资援助的情况下，坚持斗争。试想，如果仅凭各镇的几千人马，而无坚实的民众基础(当然是汉民和其他各族群众)，没有包括大量的汉民百姓在内的民众给予粮草、兵力补给，是无论如何也坚持不了二十年之久的。由此，我们完全有理由说，安西四镇是仅次于西州、伊州、庭州的又一类型分布，有较多汉民的民汉杂居地区。

其他羁縻府州地区 除上述汉民最集中的普通府州和安西四镇及其周边的羁縻府州之外，西域的其他羁縻府州区的大片土地上，也都有汉民生存。

历来民众的居住，总不可能以纯粹某一民族集中住于一地，而多是相间杂居的。前述唐代两类地区之外的大多数羁縻府、州，虽为当地少数民族居住区，但“各州均有甚多汉人杂居”，不同程度分布有汉民人口。这里或驻扎有不定量的唐朝政府部队，或有少量的行政人员，同时也就难免不同程度地分布着一些零散的汉民。这种羁縻府、州的百姓“户口及赋税不上于户部”，于是这就给一些自发西流的汉民，创造了躲开户部赋税的自由空间。换言之，很可能有一些内地西流人口，就隐匿在这种“天高皇帝远”的“杂居”天地里。前述“整个隋唐时期”“被西域各国掠去”的中原人，“保守的估计恐怕会在20万以上”；武则天时期被掠往西突厥的8万—9万汉民，都可能分布在这些羁縻府州地区。除此而外，流动经营的汉民商人，甚至被迫为人做奴隶的汉人，恐怕也到处都有。因此，这里也会形成大小不等的说汉语人口群体。

据此可以说，唐代西域说汉语人口的分布，比此前任一朝代都要广。除了今天的新疆之外，中亚以及更远的地方，那时都有汉民居住。

第四节 唐代西域汉语通行、汉文化传播盛况(上)

唐代,西域说汉语人口总数之多、分布范围之广是空前的,说汉语人口在一些地方(如高昌一带)集中的局面,累计时间长达五百余年。从而使唐代西域汉语通行之势,出现了前所未有的高峰。

一、官方通用语在西域的通行达到新的巅峰

唐朝作为大一统的国家,汉语居于全国官方通用语地位,自不必说。汉语在西域的通行和影响也达到了新的巅峰,可以从汉语在西域的通行之客观状况和汉语本身在西域发展的程度两个方面入手进行分析。

西域形成了范围空前的汉语大通行区 唐代,由于中央政权的民族政策、开发边疆的一系列举措,取得了较好的社会效果,对西域的治理开发,成绩十分显著。无论是在西域更大面积的汉民集中的地方,实行等同于内地的州、县制度,还是同时在民、汉杂居,少数民族相对较为集中的区域,实行羁縻府州制度,都体现了中央官方对地方的主导权威。汉语作为中央政府在西域实施领导的语言交际工具——全社会官方通用语,得到各方面的高度重视和认同。

唐代,西域说汉语人口的分布空间,也发生了巨大变化。由汉代的沿丝绸之路的线状串珠分布,发展到魏晋南北朝以高昌为中

心的片区分布状态，进而又扩大到地跨天山南北、地缘连接伊州、庭州、西州，人口空前的、相对集中的更大片区，汉语的通行达到了新的巅峰。

盛唐时期，伊、庭、西三州民众说汉语人口，根据我们上面的推断应在28万以上。加上政府驻军、屯垦等方面的人口。仅此三州范围及安西四镇等，实有说汉语人口可能接近三四十万。从说汉语人口的数量看，这又是前所未有的高峰。

当然，这里也有其他语种存在，特别是突厥汗国近百年的统治，柔然势力也曾经发展到吐鲁番一带。唐代后期，回鹘人来到高昌，建立西州回鹘汗国，回鹘语也成了这里的重要语种之一。但是，高昌一带鞠氏王国的孑遗，仍以汉民为主，汉语在此仍居官方通用语的地位。晚唐吐蕃占领陇右，随之将吐蕃语带进西域。吐蕃语在此使用，固然也是一种社会存在。但是，即使在这时，因为有相当数量的汉民存在，汉语仍在此使用，并且占据重要地位。高昌考古发现的汉藏经文抄本，专家据以研究判定，这是当地双语教学的证据。这正说明这里在使用藏语、回鹘语的同时，学习汉语风气之盛，汉语的通行优势仍未动摇。

唐代西域汉语方言当已形成　汉语在西域的通行发展，至唐代已经累计800年。其自身也已经发展到独具一定的地方特点、形成西域汉语地方方言的程度。这也是汉语在西域走上巅峰的实证。

1. 对唐代西域汉语方言的理论推测

方言学告诉我们：一地的方言，大凡都是某种语言在远离其原通行地，在新的地方，经过较长时间的逐渐发展变化，使该语言的语音、词汇、语法等要素，产生了许多不同于原通行地语言的特点，从而渐渐形成了新的地域变体。这种地域变体，就是方言。

方言学还明确指出，方言是个复杂的概念。不管一地的话与其原通行地的话之间差异有多大(语言学里并没有一个确切的数量差异指标)，只要有些明显的差异(一般主要是语音上)，足以让人们感知到它确实有别于前者，这种土话、地方话，就算广义上的方言。

语言的社会交际工具功能，是其社会属性。它与其他物理声音一样，具有一发即逝的特点。这是语言的自然属性。因此，要研究语言、认识一种语言，没有该语言的语音记录材料，就无从下手。汉字虽然是记录汉语的书写符号，但是，因为汉字是表意文字，不能有效地表示其读音，所以历来我们的前人要想认识古代汉语，通过语音感知它的面貌，实属一件难事。这就是因为没有相应的汉语语音材料的缘故。

但是，唐代却意外地保留了令语言学家惊喜并高度关注的汉藏对音的丰富材料，国内外的学者为之付出了艰辛劳动，并取得了极有价值的研究成果。

大约是公元763年(唐代宗宝应二年)至公元851年(唐宣宗大中五年)之间，势力扩展到河西走廊，进而占领西域北庭、西州的吐蕃人，与生活在那里的汉人杂居在一起。吐蕃人为了学习汉语，将汉文的有关学习材料，用藏语的注音符号注出该汉字的汉语读音，作为学习汉语的读本。这些汉藏对音材料的垂世，为后世语言学家提供了极有价值的唐代汉语语音研究材料。我国当代著名语言学家罗常培先生据以研究而写出的《唐五代西北方音》一书，为我们提供了据以推断唐代西域汉语方言业已形成的有力佐证。

1933年，罗常培先生依据“汉藏对音千字文”残卷、“汉藏对音大乘中宗见解”残卷、“藏文译音金刚经”残卷、“唐蕃会盟碑”拓本，另外还参考“(注音本)《开蒙要训》”，“拿这几种汉藏对音材料同《切韵》比较去推测它们的渊源，然后用六种现代西北方音比较来探究它们的流变”，即“上溯《切韵》以穷其源”，以其“后代音比较以竟其流”。(罗常培：《唐五代西北方音序》，中央研究院历史语言研究所，1933年。)经过对比研究和音理分析，罗先生发现了“唐五代西北方音很有些前人所没发现的特点”，例如，声母方面，轻重唇音有分化的倾向，舌上音混入正齿音，全浊声母开始清化；韵母方面，宕、梗两摄韵尾的消变；入声韵尾的变化，等等。从而，判断它是独具特点的一种方言。罗先生尽管没有用今天敦煌方言的语音材料予以对比，但态度非常严谨地只称其为“唐五代西北方音”，而不直说是“敦煌方音”，但是唐代沙州这一带有了方言看来是毋庸置疑的。

从这个意义上理解，唐代西域与敦煌紧相毗邻的西州高昌，具备与敦煌一样的形成方言特点的条件，应该也已经有了不同于内地汉语的西域汉语方言形成。

2. 西域高昌汉语和敦煌汉语发展的比对

罗常培先生的研究成果，为我们开启了将高昌和敦煌汉语的有关情况进行比对，推断唐时高昌已经有了汉语方言的思路。通过以下几个方面形成方言的重要条件进行逻辑类比，我们认为，有理由说《唐五代西北方音》是唐代西州高昌已有汉语方音的最好佐证。

(1)高昌与敦煌具有基本相同的方言形成之社会基础

自汉朝在河西走廊辟设敦煌、酒泉、武威、张掖四郡不久，汉朝中央政府便设了西域都护，开始在高昌一带实施屯田。自是，高昌成了汉在西域北路的重镇之一。敦煌和高昌几乎是在同时，定居的汉民人口日益集中而渐成规模。相比之下，那时敦煌的汉人进入，只是比高昌稍早了几年，汉民人口数量要比高昌稍多一些。从此开始，它们都具备了形成汉语方言的社会基础。

魏晋初期，高昌汉民遗黎聚集。接着，高昌一带说汉语人口迅速增加，汉语通行环境，渐渐由点而到面渐渐扩大。因为汉民人口比重显著，屡被内地或西北地方割据政府重视，并在此设郡，建立与内地等同的州、县行政机构，实施如同敦煌以及内地一样的行政管理。这一时期，内地因为天下大乱，人口流动频繁，高昌在西域的特殊地位，使得所聚集的说汉语人口，同敦煌一带一样，更为集中，通行片区更为扩大。特别是前凉、前秦时期及南北朝后期，鞠氏高昌国的存在，保证了汉语在高昌的通行强势。这时高昌语言环境的复杂，包括鲜卑、氐族、匈奴等各族说汉语的双语者带给汉语的复杂影响，也与敦煌相类似。汉语虽然也大受民族语言影响，但仍是这里的通行语言。这两地的社会政治、经济地位，同样得到中央或地方割据政权的重视。经过了几百年相类似的社会发展过程，到唐朝中期，两地汉民人口同样依然居多，汉语渐趋整合，当是势所必然。因此，汉语在这两地的存在和继续发展变化，自然也不会有什么大的区别。

(2)高昌与敦煌具有基本相同的人口来源

一种方言的形成，大凡都要有说某种地方话的人口做基础。敦煌自汉朝始，就成为河西重镇。这里聚集数以万计的说汉语人口。位于河西四镇最西端的敦煌，作为河西走廊通往西域的桥头堡，人口从阳关、玉门关西出，进入西域首先就可到达西域东部门户高昌。因此，高昌的说汉语人口，与敦煌的说汉语人口之间，一直有着直接的紧密关系。特别是魏晋南北朝，河西四镇经前凉张氏父子的努力，使这里发展成为举世瞩目的汉文化"新开发区"之后,说汉语人口剧增。于是,敦煌与高昌之间人口数量的势差,造成说汉语人口从敦煌向高昌流动。更不用说,两地说汉语人口,几乎完全是从内地或从凉州来的人口同源现实。魏晋南北朝时,前秦的苻坚,一次就把从内地迁来的 3 万余户人口,大部分留在敦煌,将另一部分安置到了高昌。一些批量移入人口的来源,两地也完全相同。

史书记载,东汉时期,敦煌有汉民 29 130 口。高昌屯垦汉民人口数字,仅有 2 000 口。魏晋南北朝时,敦煌有汉民 6 300 户,史书曾以每户平均 6.75 口推算,敦煌汉民人数可达 42 525 人。这时,高昌没有确切人口数字。此后不久的隋朝,高昌人数达 37 700 口。两地相差仅几千人。到了初唐,高昌仅地方政府管辖载于户部的人口就有 49 476 人。两地人口数量实在并不悬殊。

两处毗邻,来往通畅,人口数量接近。加上两地汉语通行时间不差上下。即使历来不断有内地或他处迁来说汉语的人口,但他们陆续到来,与当地原有老住户相比,总是少数。因而在所操汉语语音上,只能渐渐向当地的汉语靠拢,趋向统一,最终形成同样的方言土语。这样,敦煌地方话和高昌地方话就不会有太大的差异,或者说两者之间会在具有某些差异的同时具有较多共性。

(3)高昌与敦煌还有形成方言的基本相同的社会文化背景

文化语言学家早就注意到,汉语方言的形成,跟该地域的行政归属有着紧密的关系。"旧府州所辖境内的方言内部有很大的一致性",原因就在这里。因此,"历史行政地理还可以作为拟测古代汉语方言区划的重要线索"。(游汝杰:《中国文化语言学引论》7 页,高等教育出版社,1989 年。)

用这一观点审视敦煌和高昌的行政设置,不难发现两地之间方言上的关联。

魏晋南北朝时期,前凉在吐鲁番地区设置高昌郡,与敦煌全无二致。公元 329 年,张骏索性把高昌、敦煌、晋昌三郡和西域都护营、戊己校尉营、玉门大都军三营合并而成为沙州,统管西域屯田和各国事务。这一举措,使得高昌同敦煌等地成为行政上的一个整体,从而使得它们之间社会、经济、文化等各方面联系更为紧密,发展需求更趋一致。在这个大的社会政治圈子里,人民的相互往来更为自由、频繁,也推进了语言的密切交流与渗透整合。

唐代高昌，仍归西域大都护管辖，但是也和敦煌一样，成为西域实行等同于内地的州县制、直属唐朝中央的行政区域。高昌东南部的罗布淖尔一带的屯城镇、新城镇、石城镇和且末的播仙镇片区，在军事上、行政上更隶属敦煌、西州的双重领导。两地的语言之间，仍然保持着密切的联系，形同一体。高昌周围的汉语与敦煌的汉语之间，保持了更多的共性。高昌形成汉语方言，也应该不成问题。

二、以儒学为核心的汉语文教育在西域的空前发展

语言文字是一个民族文化的重要组成部分。一个民族的语言在社会上的通行，一般地说，是民族文化一般意义上的传播。如果该民族有了文字，使用文字实施语文教育，那就说明该语言的通行，迈向了书面语这个更高层面。这是该民族文化走向更为发达、更加成熟的一大进步。

教育，是一个民族文化中与语言文字有着紧密关系的又一重要组成部分。汉文化的语文教学，早在春秋战国时期已经产生、并很快有所发展。汉语自汉代在西域的通行，继汉字从汉朝到魏晋南北朝在西域持续通行，达到了相当高水平的时候，汉语在西域的语文教育事业，也就应运而生了。汉语文教育在西域的产生，确切时间我们不敢肯定。但是，至少可以追溯到魏晋南北朝中期张氏前凉时期是有根据的。早在魏晋南北朝时期，西域已经有了双语教学。上一章已经说及。那时西域的双语教学，就是在汉语文教育的影响下产生的。

唐代汉语文教育的大发展，有其具体的社会背景，和具体的文化氛围影响。除了汉语言文化本身发展的必然影响之外，唐朝的社会政治、科举取士制度，也是极为重要的原因。唐代西域说汉语人口的空前增加，更是汉文化教育在西域发展的直接原因。

唐在西域置郡设官，开屯列戍，实施有效的社会管理，加上遣谪的犯人，懋迁之商贾以及云游布道的僧侣，汉人流寓西域，实繁有徒。人口一多，有文化追求愿望者自然不乏其人。于是，汉语文教育也就随之在此开展开来。《新唐书·封常清传》中说，“封常

清蒲州猗氏人也。外祖父犯罪流安西效力，守胡城南门。颇读书，每坐常清于城门楼上，教其读书，多少历览”。有学者据此推断，“流人子弟尚读书，则官吏子弟之读书者，必更多无疑也”。(曾问吾:《中国经营西域史》178 页，商务印书馆，1935 年。)这一分析判断，有力地证实了西域广大说汉语人口的存在，说汉语人口大面积分布在横跨天山南北的西州、伊州、庭州等同于内地政府建制的土地上，数量达到几十万之多，这正是唐代西域汉文化教育得以迅速发展的重要社会基础。另外，考古发现出土的大量儒家经典、纸质书写的文书，证明当时西域社会纸质书写技艺的普遍、纸笔书写工具的普及。这无疑都是汉文化教育得以开展的重要的文化氛围因素。

因此，唐代西域汉语文教育事业的开展，很快便呈现出了以下的突出特点。

(一)西域的汉语文教育是政府领导下的广泛社会文化事业

史书曾这样概括介绍唐朝的汉语文教育。“根据史书记载和出土文物，在高昌鞠氏王朝政权内设有博士、侍读、儒林参军等职官，掌握郡县学校教育，向学生传授《毛诗》《论语》《孝经》等儒家经典以及算历、绘画、音乐知识”。(新疆维吾尔自治区教委高校历史材料编写组编:《新疆地方史》89 页，新疆大学出版社，1991 年。)据此可以推知,如果说，西域汉语文教育自魏晋南北朝的鞠氏王朝起已有初步发展，那么，唐朝汉语文教学已发展到了更大范围和提供到更高水平是有道理的。上述唐朝西域都护府管辖的地方行政系统建制，史载“州之职能部门”“有经学、医学博士各一人，执教生徒、医治疾病”。(新疆维吾尔自治区教委高校历史材料编写组编:《新疆地方史》81 页，新疆大学出版社，1991 年。)这正说明，当时管理学校教育已经成为政府职能部门的社会职能之一。

考古还证明，唐代的私学也在官方关注范围之中。1967 年吐鲁番出土的蜚声海内外的卜天寿手抄本郑注《论语》117 行之后，有题记一行“景龙四年三月一日私学生卜天寿(抄)”。

抄件中间另一处又有题署云，“西州高昌县宁昌乡淳风里义学生卜天寿年十二”字样。其卷背后则有“景龙四年崇贤管(馆)义学生”字样。“义学”，就是“私学”，馆塾的一种。专家考证，西州开办私学，是应开元二十六年(公元 738 年)朝廷所下诏书“每乡之内，各里置一学”而开办的。显然，地方上都把办学当作有益于社会的“义”举而积极办理。可见,汉语文教育在当时是政府领导下的广泛社会文化事业。

(二)西域的汉语文教育已有相对明确的教学规范

西域的汉语文教育,既然已属官方意志指导下的行为,那么具有明确教学规范,则十分自然。按照一般的理解,“规范”,首先是指教本的规定。考古所得,让我们看到用于教学的丰富读物,许多和千年之后所用大致相仿。例如,《千字文》和《开蒙要训》,当是低年级学生启蒙时的读物。《论语》《孝经》《毛诗》等,是较高年级学生的课本。这种读物年级有别的状况,和清末、民国初年极为相似。唐朝甚至读物的版本也有规定。有关专家根据《唐会要》载,“开元十年六月,上注《孝经》颁行天下及国子学。天宝二年,上重注颁天下”,推断小学生手抄的课本,都应当是这种“御注本”。《论语》《诗经》等,在儒家经典中占据显赫地位,后世也都把它们当作教材。吐鲁番出土唐代这几部书的次数特别多,据以判定这些读物是当时的规范教材,则不无道理。

其次,对学生的培养目标、训练要求,也都较为明确。这也堪称是规范。特别是语文的读写能力培养,看来是居于首位的要求。因为当时尚无印刷读物,所以手抄课本便成了解决读物的手段。同时,抄书又成了学生练习写字的基本能力训练和阅读过程断句的训练。吐鲁番阿斯塔那 363 号墓所出土的小学生卜天寿抄写的《论语》残卷,与交河故城出土的唐写本《孝经》,就是当时学生进行断句训练的实物标本。许多残卷上还有抄写者的落款,例如罗常培先生所用的《开蒙要训》(斯坦因所得本)尾注“大中五年辛未二月二十三日学生宋问献诵,安文德写”。

另外,从抄件中还可看出当时对学生读诗、写诗的要求,也较为明确。卜天寿手写本中就有他抄写或自作的打油诗。敦煌莫高窟藏经洞出土的众多学士郎抄本,自作或互传的诗歌习作也甚多。就连已失传的晚唐诗人韦庄的《秦妇吟》,也在这里发现若干手抄本,且都是学生笔迹。这一唐代第一长篇叙事诗,全长 1 644 个字,看来都有可能是学生习字、读诗、写诗的留存。敦煌、吐鲁番两地教育现象的遥相呼应,更进一步证明唐代西域教育发展的大面积繁荣。

与此相关的,人们还注意到,西域出土的文物中,还有《切韵》《玉篇》《尔雅》《尔雅音义》一类专门的语言类抄本。这些可供查阅古汉语字、词、音、义的工具书大量被发现,说明那时这类书籍的使用非常普遍。这也可以看出教学中对读诗、写诗等语言应用能力的培养,对字、词这些基础知识传授的高度重视。

考古出土的唐代文献残卷非常丰富,尤其是儒家经典及史籍等辅助类读物种类繁多,也是教学规范的旁证。例如,库车附近新获《汉书》(张良传)片断等唐代写本,《史记》(仲尼弟子列传)《急就篇》《古诗习字》《礼记》《尚书》《春秋经传集解》《春秋左传正义》、《太公家教》等,都当是传统教学用书和教学辅助阅读用书。这更说明当时西域汉语文教育事业的发展程度。更说明以儒家思想为中心的汉文化,已经成为教育内容的核心。这不仅扩大了汉文化在西域说汉语人口中的影响,而且也必然影响到兄弟民族,起到文化交流、文化认同的作用。

三、唐代西域地名的汉文化分析

地名,作为语言词汇库中的一种特殊专用名词,它是一个地理实体或行政区域的语言文字代号,用以称说这些地理实体或行政区域,表示这些实际对象称呼的具体所指。唐朝汉语在西域的通行,也在汉语词汇库中留下了成百上千的地名。这些西域地名,和汉文化有着密切的关联,吸引着我们不得不对它予以关注。

因为唐时留下的西域地名颇多,限于条件难能悉数枚举,这里仅就手边的普通历史书籍中所能见到的西域地名,随机抽样录出一些,稍作分析,希冀窥得其中汉文化的影响。

唐代西域地名直观印象的分类 翻阅相关书籍文献,据对其中西域地名的直观印象,至少可以归出以下几类。

1. 国名(含部族名)

唐朝在西域的开拓中,接触到诸多部族和国家。有的部族本身已经成为类似汉朝时的城郭行国。有的则在有唐之后,通过向唐朝贡,获得唐朝的册封,从而与唐建立了宗主、隶属关系。当然不排除与唐并无直接联系的国家、部族的名称出现在典籍中。它们主要有:

高昌、焉耆、龟兹、疏勒、于阗、伊吾、突厥、铁勒、大食；

康国、女国、史国、米国、曹国、何国、漕国、穆国、火国、西曹、东安、宁远；

波斯国、精绝国、钹汗国、悒怛国、篏赤建国、吐火罗国、怛逻私城；

大勃律、小勃律、乌那曷、跋禄迦、朱俱波、那色波、石那汗，等等。

2. 督护府下的州、县地名，羁縻府、州地名

(1)州、县地名

唐朝在西域东部汉民人口居多的地方，实行了等同于内地的地方行政建制。有如下州名、县名，另外包括前朝保留下来的郡名等。

伊州(下辖 3 县)：伊吾、纳职、柔远县，

西州(下辖 4 县)：柳中、交河、蒲昌、天山县，

庭州(下辖 4 县)：金满、轮台、后庭、西海县。

除了三州之外，曾有隋朝时的伊吾郡、且末郡、鄯善郡等地名。

(2)羁縻府、州地名

唐朝在西域突厥和其他民族聚居的地方，实行不同于汉民聚居地区的羁縻府、州行政建制。其府、州之下，也有县级建制。但是，这些府、州治下的县级地名，难以见到，尚无法录出。羁縻府、州地名如下。

安西大督护府，领有焉耆都督府，龟兹都督府(下领 9 州)，疏勒都督府(下领 15 州)，毗沙都督府(初领 5 州，后析成 10 州)。各都督府下所领的州，也未见具体地名。

天山以北的北庭大督护府下，领有昆陵督护府和蒙池督护府。

昆陵督护府下领：匐延、盐泊、双河、鹰娑、鹿州、洁山(此 6 个都督府所在)以及阴山州、大漠州、玄池州、金附州、轮台州、金满州、凭洛州、沙陀州、咽面州、盐禄州、哥舒州、孤舒州、西盐州、东盐州、叱勒州、迦色州、答烂州等 17 个州。

这些州治所在，照我们理解，它们和当时的西州、伊州一样，当为地名。去掉其后的“州”字，仍当是地名(音译的或汉语命名的)。

另外，还有蒙池督护府下领 6 处都督府：阿悉结阙部、哥舒阙部、阿悉结尼孰部等。它们也只有部族名称，没有府、州所在地点名称。

3. 军事系统所在地名

唐在西域设置的军事系统庞大，级别较多。其中，道，设置不固定，战时方有，故无定点。军则有 10 个。因为军的人数成千上万，安置驻扎当难集中一处。故只见军名，难知军之具体驻地地点。故此处不把天山军、保大军、静海军等当作地名登录。

军之下，设有守捉、城、镇，还有更小的烽、戍。它们的具体驻地可信。例如：

守捉之所在：赤亭守捉、叶河守捉、兰城守捉、东林守捉、西林守捉、黑水守捉等。

城之所在：弓月城、碎叶城、沙钵城、小石城、交河城、七屯城、俱毗罗城等。

镇之所在：皮山镇、屯城镇、石城镇、新城镇、坎城镇、播仙镇等。

镇之下还有更小的军事单位烽和戍。它们虽然为数很多，但因级别太低保留下的名称很少。如栗楼烽、碎卜戍，等等。

另外，与军事有密切关系的相应设施"驿馆"的所在，也有地名冠之。例如：新城馆、龙泉馆、吕光馆、羯饭馆、葭芦馆、谒者馆等。

这些军事系统中，除军之外，其余守捉、城、镇、烽、戍、馆等级别相对低一些的单位，虽是军事单位，而其驻扎所在，相对都集中于一地。因此，驻扎地就会是一个具体的地名。如设于东疆罗布淖尔地区的屯城镇、西城镇、石城镇以及且末的播仙镇，就是最明显的例子。它们既是西域督护府下的军事单位，又是沙州下属的行政单位。它们中间大多数，去掉"城"字、"镇"字这个表示军事建制的语素之外，所剩的（双音节和双音节以上者）部分，往往也是地名（含部族名称做地名者）。例如：守捉是比军低一级的军事单位，守捉的名称，就会是一个地名。赤亭守捉的所在赤亭，经地名专家考证，就是今天善鄯的七克台。

4. 其他地名

除了上述明显类别之外，还有一些山川、关隘、河湖等地名和一些不在西域范围而相关的地名。我们姑且把它们归成一类。例如：交河、潮河、楚河、热海、里海、千泉，松州、岷州、奉州、严州、沙州，酸枣、礌石、草堆、银山、柳山、石舍，等等。

唐代西域地名的语言学分析　上述分类，实际上是对这些地名的一个初步梳理，以利于对它们做进一步观察和分析。通过观察，我们至少可以得到以下两方面认识。

1. 横向的静态认识

这是将上述地名横向地进行静态的观察，从而得出对它们的共时认识。经过观察，我们发现，这些西域汉语地名的构成，有音译和用汉语语素相组合两大部分。

(1)音译地名

音译地名明显的有双音节、多音节之分。其中，双音节仍占优势。例如：

双音节的：焉耆、疏勒、于阗、毗沙、伊吾、蒲类、訇延、苏毗等。

多音节的：哥舒阙、乌那曷、朱俱波、吐火罗，阿悉结阙、拔塞干礅沙等。

音译地名以双音节居多，正与汉代西域地名分析所得认识相符。而且，这些双音节地名中，许多就是汉朝以来保留下来的。多音节的、特别是三音节以上的，几乎都是这时刚刚翻译进入汉语词汇库的音译外来新词。

(2)汉语语素相组合的地名

这一大类，按照语言学的惯例，当然统称汉语词汇。其中包括完全由汉语语素组合而成的合成词，和外来音译词加上汉语语素进行再组合的新词。这类情况，唐代与汉代也无二样。例如：

汉语语素组合成的地名：高昌、北庭、天山、轮台、潮河、里海、大漠、酸枣等。

音译加汉语语素再组合地名：康国、米国、曹国、何国、穆国，焉耆国、突厥国、波斯国、大勃律国、小勃律国，迦瑟州、沙陀州、哥系州，怛逻私城、素叶水城等。

经研究，唐代西域汉语地名，仍以双音节占多数。音译加汉语语素再组合的地名里，双音节形式者，数量仍占相对多数。汉语直接命名的地名，均是双音节则更不用说。

2. 纵向的动态认识

这是将上述的地名纵向进行观察，对这些地名的由来、发展变化做动态的比较。从而得出对它们的历时共性的认识。

唐代西域丝绸之路上出现了一些双音节城郭行国地名。它们被称为“国”，其主要原因大多是，它们与唐友好，归附唐朝划入羁縻府、州；唐朝因而将其首领册封为王。于是其名称则由唐朝政府，就其部族名称，加上汉语构词语素“国”“州”，经过汉语构词法的再造发展而来。例如：

康国，汉时康居，后有分化，称国前又名萨木犍。自康至西曹皆姓昭武。唐置康居都督府。因其屡抗大食，万岁通天元年唐册封笃娑钵提为康国王。

石国，汉时大宛北部。又称柘支、柘析、赭时。助讨吐火罗有功，并曾请讨大食。唐在此置大宛都督府。开元二十八年，唐册封莫贺咄吐屯为顺义王。

米国，又名弥末，弥秣贺。康国王乌勒伽（嗣其父位），开元十九年，请册封其子默啜为王。唐在此地置南谧州。

史国，又称佉沙、羯霜那。嗣其父延屯助讨吐火仙，开元二十六年册封忽钵为史国王。唐在此地置佉沙州。

安国，又称布豁、捕喝。曾请令突骑施助安攻大食。唐在此地置安息州。天宝四载册封屈底波为归义王。

曹国，康国王乌勒伽请册其子咄揭。开元十九年唐册封咄揭为曹国王。

它们称国之前，都有两个或两个以上音节的名称。因有功于唐或与唐关系友好，而被唐朝册封为王。故从其旧名之首取出一个音节译出的汉字，而后加上汉语语素“国”，构成唐政府赋予的新名称。

此外，还有一些双音节国名，构成形式与上相同，且大都有多音节的旧有部族名称。但其他细节不详。例如：

何国，旧名称霜你迦、贵霜匿。女国，该国历代以女性为王而得名。还有穆国、漕国、火国等。他们的国名，都明显带有唐朝政府按照汉语命名方式，为他们命名的迹象。因此，有理由说这些国名，都是汉语名称。它们名称的再造，都是按汉语造词的方式，决不超出两个音节。从而表现出这些名称发展的终端极限——双音节。

值得注意的是，唐在西域汉民集中居住区所设的州名，其由来也与这些国名一样，最终只保留两个音节。

西州，唐定州名之初曾有”西昌州”之称。而后，取其第一个字，附上行政建制“州”，正式称西州。结果，省略了一个音节，构成双音节地名。

庭州，西突厥与唐友好时，内部和平协商，划分成南北两部分分管。南边的一部分称南庭。北边一部分称北庭。后来西突厥反叛唐朝。唐收复北庭之后，在此设北庭都护府,然后将原北庭所辖土地划分设立昆陵、蒙池两都护府。而设立地方行政建制时,则从原北庭、南庭的名字中提出“庭”字,辅以“州”字,从而有了庭州。

伊州,则是从以前曾有过的伊吾郡、伊吾县旧称中,提出一个“伊”字,而后加上个“州”字,成为伊州。

这三处地名与上述康国、米国国名的构成并无二致。

通过这种纵向动态观察,不难发现,多音节地名,要进入汉语词汇中,必有相应的发展变化。而这个发展变化的终端极限,就是双音节。

唐代西域地名的汉文化分析　唐代西域地名,除了直观可见具有双音节特征、认定它们是用汉语命名者之外,从字面上也可看出以下两点汉文化的迹象来。

1. 汉语命名的方法和由头

汉民对人、对地方命名,一向讲究方法和由头。特别是由头,亦即命名的根据、缘由。例如,某姑娘生于秋季,父母可能把她叫秋菊、秋红、秋香等。地名的命名,前面已经有所接触。高昌,因“其地高敞,人庶昌盛”而得名。金山,因其地盛产黄金而得名。而且,以双音节形式为绝对多数。这种讲究方法和由头,就属于汉语命名文化。

唐代西域地名中,以汉语命名方式命名的,多与唐在西域的外事关系、建政举措等有直接关系。例如,前述康国、史国、火国等国的名字,均从该国原来的音译名称中取出一字,作为区别于他国的代码,而后加上汉语构词语素“国”而成。又如,唐在西域汉人居住集中的几个地方设州,就从该地原有的名称中取出一字,而后加上“州”字而成。它们大凡都有直接或间接的原因作为由头,而创造出新名称来。唐代西域还有许多地名值得分析,限于篇幅,不再一一剖析解释。总之,地名的命名,都有汉文化的色彩隐在其中。

2. 地名之所指、被指有所变化

地名与人名,有相同之处,都有所指、被指的分别。以人名来说,名字,用以表示所指;叫这个名字的这个人,是被名称所指的具体对象,就是被指。所指和被指,是一对一的关系。

一般地名,大多和人名一样,也是一对一的关系。但是,在我国文化中,地名的所指、被指，随着时代的发展，社会政治、文化等方面的影响，会使地名的被指发生某些变化，从而使地名的所指、被指关系错综复杂化。其中，有相当一部分的地名，其所指和被指并非一对一的关系，可能一个地名，既指一个地理实体，又指一个行政区域。甚至关系比这还要复杂。

这种复杂错综的情况，汉朝已出现苗头。唐代此种倾向更为明显。例如，汉时的高昌，和魏晋南北朝时的高昌，只是所辖的面积大小有别，前者小后者大。这倒不太费解。焉耆，则既可以指称地理实体，又可以指称一个城郭行国。而唐代的西州，其所指和被指，已不是单一的了。这时，这个州的被指，既表示这里的"州"一级行政权力建制，又可表示西州所辖的地理区域。又比如，焉耆，这时，既可表示焉耆这一地方，又表示焉耆这个部族，还可以表示焉耆这个羁縻府州，甚至表示"四镇"中的一个镇。至少说，唐时相当一部分地名，是地理实体和行政区域的两种代号，所指往往二者集于一身。于是地名的所指、被指关系错综复杂化，成了普遍现象。从词义的角度说，某一地名这个专有名词的词义，有了多个义项。这是我国地名文化的特点之一。

第五节
唐代西域汉语通行、汉文化传播盛况(下)

四、唐代汉文化在西域的多方面影响

唐朝在全国范围取得空前统一,汉语在西域的通行达到新的高峰,给西域带来的政治、经济、文化影响,广泛而深远。这对整个中华民族多元一体文化的形成发展,起了极其重要的作用。

唐代汉文化在西域传播总况　唐代汉文化在西域的传播,内容是多方面的,其影响广泛而深远。汉文化以儒学为核心,兼有道教、佛教等宗教文化,以及文学、艺术、哲学、科技(包括新发明的雕版印刷)等,都以空前的规模、在更大范围传播。尤其是来自朝廷的政治导向作用,产生了前所未有的影响。

例如,以儒学为核心的学校教育,朝廷自上而下发布命令、政府安排学校教育的官员,甚至皇上亲注教材,对全社会起了强有力的导向作用,前已专门谈及。又如,对于宗教的传播,唐朝政府曾经有过道先、儒次、佛后的规定。这种官方的导向,一时也产生过不小的社会影响。

唐代汉文化在西域的多方面传播　唐代汉文化在西域的传播,主要表现在几个方面。

1. 宗教的传播

唐代西域宗教的传播,以道教、佛教为最盛。

道教是中国的传统宗教,产生于东汉顺帝年间,传入西域的时间大约不晚于东晋时期。因为唐朝皇室以老子(李耳)为其远祖,故格外尊崇道教,将其置于首位。道教在西域的传播,典型标志是在唐皇室的导向影响下的道观建设。在新疆出土文书中,西州最早有纪年的道观,是武周天授二年(691 年)的□阳观。此后,还有总玄观、龙兴观、安昌观、紫极官、唐昌观、周楼观等。唐玄宗李隆基崇道最为积极。玄宗开元十九年(731 年),西州功曹府曾以政府名义,下令天山县修缮安昌观。开元二十九年(741 年),玄宗诏命诸州,置玄元皇帝庙一所,后改名为紫极观。玄宗天宝八载(749 年),中央政府派修功德使监督各地道观的斋醮活动,西州、伊州、庭州都在监督之列。又据唐僖宗光启元年(885 年)《沙州伊州地志》残卷记载,伊州伊吾县有详䗀观和大罗观,纳职县有详䗀观,柔远县有天上观。公元 762 年(肃宗应宝元年),面临吐蕃入侵的伊、西、北庭节度使,不得不要求寺观放良,以扩大税收人口和兵员来源。这些也都证实伊州、北庭道观的大量存在。

1949 年后从吐鲁番唐代墓葬里出土的道教符箓、道教残经卷,以及大批死者的衣物疏中所用的道教语言,也都证明唐代道教在西域的广为流行。

唐代佛教在西域的传播,受汉文化的影响尤为显著。

佛教大约于公元前 1 世纪传入我国西域,东汉永平年间传入我国内地。佛教在我国流传的数百年间,至唐,已具中国个性,人们称其为汉传佛教。这时佛教在我国的发展,已由魏晋南北朝时自西而东渐,变成由东转而向西的回传势头。

唐代西域的龟兹、焉耆、疏勒、于阗、高昌,都是佛教中心。其中高昌佛教文化受汉文化的影响最为明显。佛教传入高昌,至迟可以追溯到西晋。佛教在高昌的发展,有几度兴盛值得回眸。公元 442 年(北魏太平真君三年),笃信佛教的北凉流亡政权从凉州来到高昌,高昌佛教传播出现第一个兴盛时期。这时,出现了一些高僧,也传译了不少佛经。501 年(北魏宣武帝景明二年),榆中麹氏(汉人)建立高昌王国,高昌佛教的传播,出现又一个兴盛时期。这时,不仅传译佛经更多,建立寺院更广,而且,佛教还逐渐深入庶民阶层,向世俗社会发展。

唐代,佛教在西域的发展,达到前所未有的高峰,突出表现在李唐朝廷权力对宗教的影响。“中央政府力图将各地佛教纳入共同轨道。唐在西域设僧官‘四镇都统’,总辖龟兹、疏勒、于阗、焉耆(或碎叶,今哈萨克斯坦托克玛克)四镇的佛教事务”。武则天天授元年(690年),她下令两京诸州,各建一所大云寺,于是,龟兹、疏勒、碎叶等地都建了大云寺。中宗神龙元年(705年),李显下令天下诸州,各置一所中兴寺(旋改名为龙兴寺)。于是,龟兹、于阗、西州、庭州等地也建起了龙兴寺。另外,还有于阗的护国寺、龟兹的金砂寺、大宝寺、□严寺、□圣寺、梵□□寺等等。(厉声:《中国新疆历史与现状》77页,新疆人民出版社,2009年。)这些先后建立的寺院,汉僧住持者,为数不少。今天可考的,例如,龟兹大云寺寺主秀行、上座明辉,都是长安高僧。龟兹龙兴寺寺主法海是生长于龟兹的汉僧。于阗龙兴寺住持高僧,是河北冀州人。还要特别提及的是,唐代在龟兹开凿了大量“汉风”洞窟。其艺术成就及影响,下面将做具体介绍。

唐代西域佛教盛传的又一不同于以往者,在于此时所传汉传佛教,系自内地回传。这时高昌、龟兹、焉耆等地的汉传佛教,大都由内地传来。诸如,高昌的佛典大多译自北朝大乘经典,僧官略同内地寺院的三纲制度;内地流行禅法,高昌便也禅法流行;中原兴盛净土信仰,高昌净土信仰也兴盛起来。这既反映出高昌汉传佛教的特色,也折射出汉文化在此的影响。同时由于汉文佛经在各地的传入,高昌等地的许多僧人不少用汉语诵经。高昌、于阗等地还设立了汉文佛典译场。译场中的高僧,就有不少内地僧人。

唐代西域佛教的兴盛,不仅表现在以上这些方面,而且信众极多,佛事活动之频繁与宏大规模,与内地相比,并不逊色。

2. 绘画艺术

绘画,是依靠线条、色彩、技法等手段,进行艺术形象表现的一种文化。作为一种文化,西域的绘画同中原文化一经接触,必有相互渗透和影响。唐时西域绘画,吸收了内地的艺术创作经验和艺术技巧,特别是吸收了以姿态生动、线条简练、衣纹动感性强为特征的“犍陀罗艺术”手法,逐步形成了自己的艺术风格。它创作出了大量反映佛教内容、山水花鸟、社会风俗等各种题材的壁画及纸、绢、布画精品。吐鲁番发掘出的唐墓中的几幅彩色生活绢画,人物形象栩栩如生。所画侍女,体态丰满,衣着华丽,是道地的唐人风貌,体现出了唐代以女性丰腴为美的审美观。

这里所说的西域绘画艺术,主要指关涉佛教内容的绘画。与绘画同在西域有所影响的文学艺术，下面将另立题目专门交代。唐代西域关涉佛教内容的绘画，最负盛名的是龟兹石窟中的佛教壁画。龟兹石窟包括克孜尔、库木吐拉、森木塞姆和克孜尔尕哈等千佛洞。这些石窟多在今天库车、拜城一带。其中在题材内容、布局构图、人物造型、装饰纹样、绘画技法诸方面具有鲜明中原地区汉族佛教艺术风格，或受到中原佛教艺术强烈影响的洞窟，应该与汉语在西域通行、汉文化的广泛传播关系更为密切。尤其是带有汉文题记的绘画作品，更是它受汉文化影响的明证。另外，如库木吐拉第 79 窟，据研究，当是回鹘人统治时期所开凿，洞中所绘供养人像上方，有汉、回鹘、龟兹三种文字合璧书写的榜题。说明唐时龟兹的驻军、汉僧乃至众多汉人移民，与洞窟的开凿有着紧密关系，也说明了当时汉文化与其他民族文化艺术的密切交融。

3. 雕版印刷

雕版印刷的发明，肇于隋时，行于唐世，扩于五代，精于宋人，是我国活字印刷术产生之前最早发明的印刷技术，是我国古代影响了世界文明进程的重大发明。

雕版印刷虽属科学技术领域，但是它的产生和运用，都和文化的发展有着紧密关系。换言之，它是文化发展的产物，又是文化发展的必需。研究表明，隋唐文化为印刷技术的发明创造了条件。特别是，唐代出现了中国历史上文化、科技的鼎盛时期。在国家统一，政治开明，文化繁荣的社会氛围中，人们对印刷品产生了强烈的需求。而促使对印刷品需求的直接原因，一个是由于佛教的盛行，人们对佛经的需要，一个是科举制度的推行，人们对儒经的需求。于是雕版印刷应运而生了。在敦煌莫高窟藏经洞发现的第一部雕版印刷的《金刚经》残卷，尾署“咸通九年(即公元 868 年)”字样。这是目前世界上发现印有确凿时间的、年代较早的印刷品。

审视雕版印刷术的发明，对照唐代西域，特别是吐鲁番高昌一带，其社会氛围与内地绝无二样。西州、伊州、庭州对唐朝实行科举取士的社会反响如何，我们不得而知。但是，西域佛教的盛传，通过上面的介绍，我们已经了然在胸。敦煌既然已经有了雕版印刷的《金刚经》，那么，与敦煌近在咫尺的高昌等地，出于对佛经的需求，引进雕版印刷技术，自然也在情理之中。1949 年以后在吐鲁番发现的大量雕版印刷品，其精美程度不亚于中原。雕版印刷技术在西域的广泛使用，无疑对西域文化的发展，起了积极作用。

综上,各种文化的传播,体现出以下几个共同的特点:(1)唐朝政府的官方态度对文化艺术的导向作用。道教的受宠,佛教的兴盛繁荣,无不与朝廷的态度、指令有着直接的关系。(2)各种文化之间的相互影响、渗透。例如佛教与道教,西域的道教发展趋势虽弱于佛教,两者之间仍出现了相融的迹象。高昌出土的6世纪中叶至7世纪30年代衣物疏中,道教用语和佛教用语同存互见,既有道家所谓的“五道大神”“急急如律令”,又有佛教的“持佛五戒”“专修十善”,足以见出二者的兼容互补。(3)各民族在这些文化现象方面的相互影响。例如,佛经的翻译,既有民族高僧,也有汉人高僧,他们甚至住在一起。同一寺里,民汉僧人相混,共同事佛。壁画作品中,民族特色和汉族风格互见,更是比比皆是。这些正反映出唐代各民族文化相融的积极迹象。

五、西域沃土上绽开的唐诗奇葩

作为文学体裁之一的诗歌创作,属于语言文字艺术,与文化的发展、传播密不可分。汉语诗歌的发展,在汉字出现之前,早就有了口头流传的诗作。我国先秦时期流传的民歌,许多后来被收集到了最早的诗歌总集《诗经》里。自汉朝张骞通西域之后,汉语诗歌中开始出现了如汉武帝的《西极天马歌》和《汉郊祀歌·天马》等极少数有关西域的诗作。而诗的作者,并没有到过西域,没有西域生活的经历。

魏晋南北朝时,《诗经》等作品开始在西域传播,并开始用于学校教学。这说明汉语言文学的影响,此时已经及于西域。

西域汉语诗歌产生的文化氛围　真正的西域汉诗,产生于唐代。因为一直到了唐代,西域才真正具备了汉诗产生的文化氛围。所谓文化氛围,既是社会人文环境的一种表现,又是文化进一步发展的社会基础和土壤。魏晋南北朝汉文化在西域的传播,为唐代汉文化在西域的进一步发展,创造了渐趋成熟的条件。

在北庭、高昌(即西州)、伊州这个连绵一起的庞大汉语通行片区里,自汉始称为儒家经典的《论语》《诗经》等经书,从魏晋南北朝开始便在社会上广为流传,在学校被作为教材使用。考古还发现,唐代这些经书,在西域社会的出现更为普遍。诚如柴剑虹先生所说,在西域的学校教育中,“诗歌教学不仅是文学教学、语言文字教学,而且还是思想教育的重要手段”。(柴剑虹:《边地上的国学》,光明日报,1999 年 1 月 19 日。)同时,作为写诗押韵使用的韵书《切韵》,也在学校广为学生使用。专家研究认为,这进一步说明当时学生读诗和学习写诗,是学校非常重要的教学活动之一。

自初唐开始,诗歌创作逐渐发展迈向一个新的巅峰。这时,不仅内地作家辈出,诗歌风格异彩纷呈,而且随着唐朝对西域的进一步开发,出现了前所未有的繁荣局面。唐诗中最早反映西域内容的,当属虞世南的《出塞》:“雪晴天山道,冰塞交河城,雾锋黯无色,霜旗冻不翻。”诗中所写景色,让人耳目一新。而虞世南并没有到过西域。后来唐诗中出现的边塞诗派诗人王昌龄等人的诗,也都是反映在青海同吐谷浑战斗的生活。真正产生于西域大地、反映西域生活的边塞诗人,应属唐代“边塞诗派”代表人物的著名诗人岑参。“北风卷地白草折,胡天八月即飞雪。忽如一夜春风来,千树万树梨花开”“轮台九月风夜吼,一川碎石大如斗,随风满地石乱走”等许多名句,可谓脍炙人口,千古流传。这些成就极高的西域诗作的出现,不仅是因为这里有了浓郁的汉文化氛围,也由于作家有了真正的西域边塞生活。

唐代边塞诗是西域社会生活的写照 社会现实生活是文学取之不尽、用之不竭的源泉。如果作家没有丰富的生活作基础,即使他主观上具有再好的文学天赋,客观上具备再好的文化氛围,文学作品也决不会凭空冒将出来。“时势造英雄”。唐代西域同内地一样丰富的社会生活,终于孕育出了反映西域生活的伟大诗人。

反映西域汉文化这一发展态势的突出代表,是“初唐四杰”之一的骆宾王和盛唐时期边塞诗派的伟大作家岑参。据学者研究,骆宾王于公元 679 年至 681 年(调露元年至开耀元年)在西域生活了三年。公元 679 年,已近不惑之年的骆宾王作为幕僚,跟随时任吏部侍郎的裴行俭到了西域,开始了他的边塞军旅生活。而这前所未有的边塞军旅生活,使其一生的诗歌创作,发生了重大变化。在从军战斗于西域的岁月里,骆宾王为军旅生活所感染和激励。一路走来,他写下了不少反映这段经历和生活的诗篇。如翻越天山到达山北草原时写下的《晚度天山有怀京邑》,进军碎叶的途中所写的《军中行路难》，留守碎叶的日子里所写下的《久戍边城有怀京邑》等。这些诗作，因其亲临边塞，经历、目睹了征战的壮烈，军旅生活的艰苦，激发出的异乎寻常的思想感受和情怀。

至于岑参，堪称唐代边塞诗歌创作成就最大、影响最深的代表人物。他曾两度从军，充任安西节度使府掌书记和安西、北庭节度使判官。他两度出塞到西域，“马上立功”的理想和实际感受天山南北绮丽风光的生活阅历，使其爆发出前所未有的诗情，创作了《轮台歌·奉送封大夫出师西征》《走马川行奉送出师西征》《白雪歌送武判官归京》等诸多名篇，成为中国诗歌史上的佳作。岑参以其前所未有的西域生活为内容和让人耳目一新的险劲雄奇艺术风格，确立了他在中华诗坛的地位。

以岑参为代表的诗人与众不同，就在于他们深入西域，亲身经历了其他作家所未曾经历的边塞军旅生活，以汉文诗歌的形式表现了在那里所获的生活体验和感受。他们的边塞诗作，是汉语在当地通行、汉文化在西域传播所绽开的灿烂奇葩，也是具有更高社会意义的联结祖国内地与西陲边疆的坚固纽带。

六、唐代西域双语教学的繁荣及影响

同唐代西域汉语教学一样，双语在口语上的通行，上升到书面语的双语教育，是语言的社会功能在更高层面上的运用。这是社会文化的一大发展和进步。考古的大量发现，证明唐代西域也有了较发达的双语教学。敦煌学专家柴剑虹先生根据敦煌藏经洞的发现和吐鲁番出土的大量文物，首先得出了这一认识。

应当说，唐代西域双语教学的发展，是各民族人民发自内心追求知识的文化需求的反映。汉语教学的普遍开展，汉文化的传播，激励了兄弟民族人民追求知识的欲望，是双语教学得以大开展的直接原因。

史学家注意到：经考查“西域人之能读汉文经典，或以文章名传中国史册者亦不乏其人，都足以证明汉语文教育不第行于西域之汉人，而且推及于西域之土著”。《唐书》有“哥舒翰，突骑施首领哥舒部之裔也。……世居西域，……翰好读《左氏春秋传》及《汉书》”的记载。（曾问吾：《中国经营西域史》178 页，商务印书馆，1939 年。）诸如哥舒翰辈这样发自内心地热爱汉文化,又深受汉语教学影响的情况,正是双语教学开展的社会基础和思想基础,也足见汉文化教育在西域世居民众中已经产生的深刻社会影响。

唐代西域的双语教学显示出如下特点。

办学形式多样 历史学家注意到,“唐朝既无种族上之歧视, 故胡人之入居中原者,亦可接受汉人教育,新唐书载‘三卫番下日愿入学者,听附国子学、太学及律馆习业蕃王及可汗子孙愿入学者,附国子学读书’”。(刘义棠:《维吾尔研究》414 页,台北:正中书局,1975 年。)西域必因中原唐王朝之如此态度,故而也大办地方民族教育。

据学者研究,西域双语教学的办学形式很多。有官学,显然政府对办民族学堂与汉族学堂一样重视,同样支持;有私学,如同办汉学一样,政府鼓励民办,调动兄弟民族民间的办学积极性;甚至还有佛寺办学。考古发现的文物证明,高昌不仅有回鹘人佛寺经学双语教育,还有藏族人的佛寺经学双语教育。罗常培先生借以研究西北方音的多种汉藏对音材料,应该就是沙州藏人双语教学的用书。

以学习汉字为主要内容 考古发现的回鹘文读物,大都是汉人童蒙读物注上胡语或胡汉双语、多语对照的写本。考古发现的这些材料,大都被外国人掠走、收藏在欧美国家的图书馆里。这里所列书目,是据《吐鲁番文书总目欧美收藏卷》摘出的。例如:

回鹘文音注汉文难字

回鹘语千字文

回鹘语汉语千字文

汉、回鹘文杂写

千字文及回鹘文粟特语——回鹘语词汇对照表

回鹘文粟特语——回鹘语词汇对照表

回鹘语佛教诗歌

汉、梵、回鹘语《长阿含经》词汇对照

回鹘语《五更转》译本

回鹘语荀居士抄《金刚经灵验记》

回鹘语《大慈恩寺三藏法师传》卷十

回鹘语《五台山赞》

特别引人注目的是,其中绝大部分是有关字词方面的书籍。这说明当时的双语教学,是把认识汉语字、词,当作主要任务的。认识汉字是学习汉文化、习诵佛经的基础。读物中《回鹘文音注汉文难字》《汉、回鹘文杂写》和几种"词汇对照表"就是最明显的例子。

双语教学给西域人带来的福祉　回鹘和西域其他各民族人民，在学习汉文化中，发展起本民族的双语教学,大幅度提高了本民族的文化水平,使之在国家、民族事业中,得以更好地展示出本民族的风采,并为我国多民族文化的融会做出积极贡献。这是双语教学给各民族人民带来的福祉。

唐朝政府在民族政策上的正确措施,使汉族与突厥、回鹘等各族人民休戚与共,民族关系相当融洽。双语教学又使西域很多人有了较高的汉语水平、文化水平,使之能够到朝廷供职的人不断涌现。有一个材料很能说明这个问题。

据学者从《新唐书》《旧唐书》《唐会要》《资治通鉴》《新唐文卷》等典籍文献中统计,唐代有许多西域兄弟民族人士在朝为官。(刘义棠:《维吾尔研究》414—416 页,台北:正中书局,1975 年。)例如:

助唐开国的西突厥人史大奈,曾任右武卫大将军检校丰州都督封宝国公

玄宗时抗御吐蕃有功封陇右、河西节度使的突骑施人哥舒翰

肃宗时平定安史之乱有功、受封天下兵马副元帅、朔方节度使的仆骨人仆固怀恩

宣宗时封为检校尚书左仆射王绍鼎(回鹘阿布思部族)

武宗时封为归义军使左监门卫上将军的回鹘人温没斯李思忠(回鹘人中受唐王室赐姓并封官职的还有:阿历支李思贞、习勿啜李思义、乌罗斯李思礼、爱邪勿李弘顺等四人)。

这些人分别来自西域各个部族。其中:西突厥 1 人,突厥 10 人,回鹘(阿布思)8 人,回鹘 5 人,浑部 4 人,仆骨 3 人,突骑施 3 人,契苾 2 人,阿铁 2 人。

他们先后供职于唐朝不同的时间。按"立功时代"计:唐高祖时 1 人,太宗时 3 人,太宗—高宗时 1 人,唐高宗时 4 人,高宗—玄宗时 1 人,唐玄宗时 4 人,宪宗—文宗时 1

人，唐肃宗时1人，玄宗—代宗时1人，肃宗—代宗时3人，肃宗—德宗时1人，唐代宗时1人，宪宗—敬宗时1人，宪宗时2人，宪宗—文宗时1人，唐文宗时1人，唐武宗时6人，武宗—宣宗时1人，唐宣宗时1人，唐僖宗时1人，武宗—懿宗时1人，僖宗—昭宗时1人，懿宗—僖宗时1人。

诚如刘义棠先生所说，这还没有穷尽。“据新唐书宰相世系表，98族369人中，其为外族者有17姓32人，蕃将之多，则更不可胜纪。”从贞观时期起，突厥“首领拜将军、中郎将，布列朝廷，五品以上百余人，殆与朝士相半。”（刘义棠：《维吾尔研究》414页，台北：正中书局，1975年。）

至于这些人是不是都在西域接受双语教育，肯定未必。但是，单就汉语水平而论，没有一定汉语水平，连正常交际都很困难，恐怕就很难胜任朝中重要岗位层次很高的工作。很大可能是，这种受过双语教育、学了汉语的人，可以到外部世界自由闯荡的积极社会影响，激励了各民族人民群众，使他们认识到学习汉文化的重要性，进而促进了西域民族双语教学的飞跃发展。从这个意义讲，西域的双语教学，对西域各族人民走向全国、参与国家政治生活，实在是有着重大的社会意义。

七、唐代西域语言科学的学术研究

语言文字是文化传播的载体。语言文字的发展演变，也属文化范畴。对语言的发展演变予以揭示、认识，就是语言科学研究。前人在汉语言文字的传播中，通过对汉语言文字的研究，使其走向规范，也是汉语言文字得以健康通行的实证。唐代汉语在西域的通行达到新的高峰，从而也带动了语言科学的研究，对语言文化在西域的传播，起了积极的促进作用。

汉语在西域的学术研究 汉语的语言科学研究，至少可以追溯到汉朝。前述新疆考古发现的《史籀篇》《急就篇》《尔雅》《说文解字》等都是汉代的字书、训诂书等。许慎的《说文解字》堪称是汉代汉文字研究的代表作。魏晋南北朝后期至隋朝，陆法言的《切韵》也是划时代的研究成果。它们不仅分别在汉语词汇、文字、音韵方面做出了开创性的贡献，而且对后世汉语言文字的科研，起了很好的先导作用，对汉语文的教学也起了极大的帮助作用。

唐代西域的汉语研究，虽然起步较晚，成果相对了了，但是却不能等闲视之。如疏勒僧人裴慧琳曾著《一切经音义》一书，一直受到学界的关注。关于裴慧琳，有人说他是大兴善寺法师，有人说他是唐京师西明寺僧人。但他原籍疏勒则无可争议。一个西域僧人，通中印两国文字声韵之学，“内精密教，入于总持之门；外究墨流，研乎文字之粹”，利用汉语古籍及其语文知识，花 20 余年时间，完成 100 卷的鸿篇巨著，对汉文佛经及其他佛经著作进行诠释，实为一大贡献。（王聿华:《中国传统语言学要籍》177 页，书目文献出版社，1992 年。）

如此的精心研究，其实是对早先龟兹的精通梵、汉的大翻译家鸠摩罗什的译经事业的继承与发展，再与敦煌发现的王仁煦《刊谬补缺切韵》联系起来（不管王仁煦是何处人氏），不仅说明唐代西域汉语通行极盛，同时，也证明西域一些非汉族学者对汉语的研究也有了相当的关注和相当的研究水平。更值得注意的是，这些“小学”研究的著作，从社会应用角度看，它们作为工具书，供人们学习文化所用，有很大的使用价值。从社会语言学的角度看，它们的出现，在客观上对西域汉语的语言规范化，也有重要意义。

回鹘语言科学研究的可喜苗头　唐代，回鹘语与汉语同时通行于西域。汉语文的教学，启发了兄弟民族的双语教学。双语教学，又带动了民族语言文字的科学研究。从本节前述的出土书目中可以看到，当时双语教学用书，已经不再局限于此前将汉文抄本注以“胡语”作为读本。丰富的用书，明显地形成为几个不同类型。

第一类：回鹘语千字文；
回鹘语汉语千字文。

第二类：回鹘文音注汉文难字；
汉、回鹘文杂写；
千字文及回鹘文粟特语——回鹘语词汇对照表；
回鹘文粟特语——回鹘语词汇对照表；

汉、梵、回鹘语《长阿含经》词汇对照。

第三类：回鹘语佛教诗歌；

回鹘语《五更转》译本；

回鹘语荀居士抄《金刚经灵验记》；

回鹘语《大慈恩寺三藏法师传》卷十；

回鹘语《五台山赞》。

第一类，显然是汉语读物的回鹘语抄本。《回鹘语汉语千字文》看来是双语对照抄本。应该都是教科书。

第二类，完全是双语（个别的是三种语言）的字、词对照的工具性用书。

第三类，是单一语种的读物。其中，《回鹘语佛教诗歌》较为特殊一点，因未见原本，不敢对它轻率发表看法。其余四种，从其他语种“翻译”成回鹘语本子的可能性最大。《回鹘语〈五更转〉译本》肯定是“翻译”本，尤其引人注目。

经过这样简单分类，我们似可得出这样的认识：

1. 第一类、第三类，显然是“翻译”本的抄本。至于这种译文什么样子，因都流失国外，我们未曾见过，自然不敢妄加评论。我们在这里，给“翻译”本打上引号，是对这时的翻译水平持慎重态度。以今天的观点看，翻译必以具备相当高双语水平的人，并以相当高文化水平为基础，正确理解原作，达到融会贯通的程度，方能很好完成翻译工程。也许唐代这种“翻译”，比魏晋南北朝时期那种在汉文抄本上，用胡音注出汉字读音的做法，有了本质性的区别。但是，尚不敢断言是否等同于今天所指的真正意义上的那种翻译。

2. 第二类，绝大部分的抄本，是将两种语言对照研究，归类编纂而成的。我们认为，这和明代的《高昌杂字》差不多。《高昌杂字》是明代朝廷编纂的一部汉文、回鹘文对照的分类词汇集。无疑，没有长时间的积累、整理，没有面对杂乱无章的语言材料，付出艰苦的劳动，进行起码的研究，难以形成这种较为全面、可供人们查检使用的工具书。这里列出的唐代双语对照研究的著作不止一个。可见能从事这种难度较大劳动的学问人为数不少。我们似乎可以说，唐代西域地方民族的语言对比研究，已经蔚然成风。

因此，我们可以说，这种对比研究，是一个可喜的苗头。因为教育的需要，回鹘人在母语同其他语言、甚至是多种语言的对比认识上，下了很大功夫，进行了一些对比研究，所以才会出现“词汇对照表”这样工程量很大、有一定水平的工具书。这在当时应该算是很了不起的科研成果。

还有更可喜的是，这些读物里竟有《五更转》《五台山赞》等“翻译”本脱颖而出。这无疑又是回鹘人在发展双语教育过程中的一大进步。同时说明回鹘人民的在文化事业上肯于学习、勇于创造的勤奋精神。

第四章

辽、宋时期

（907—1279）

汉语在西域特殊社会环境中通行不衰

这一史段按传统历史观，称之为宋代，包括五代(907—960)和宋(北宋969—1126、南宋1127—1279)两个阶段。我们在这里称其为辽、宋、夏、金阶段(以下简称辽宋时期)。

公元907年唐朝灭亡之后，中原相继出现了后梁、后唐、后晋、后汉、后周短暂的五朝更迭，中原周边也先后出现了吴、楚、南唐等十个小国。这一史段，史称“五代十国”，简称“五代”。这些小国各在一隅，存在时间短暂，与西域多无实质性直接往来，而且，这一时期前后不过53年，在语言的通行上显现不出明显的影响和变化。中原汉族地主阶级统治的宋朝中央政权，和周边的兄弟民族政治势力，形成了以宋为中心的多元政治格局。虽然多种政治势力各据一方，相互对峙，但是在矛盾对立的斗争中，其文化、经济等方面都得到了相应发展，为后来的全国统一创造了有利条件。

第一节
中原的宋朝与北方割据势力的对峙

五代十国的53年混乱，促成了宋朝的出现。汉族统治集团政权宋朝的建立，营造了中原相当范围的统一局面。而还在宋朝尚未建立之前，中原政治局面尚处于一片混乱之时，东北地区出现了契丹族建立的契丹国。宋朝建立之后，北方相继又有西夏和金的诞生，甚至后来漠北的蒙古也接踵崛起。于是形成了以宋为中心的各地民族政权多元对峙的局面。而这种特殊的多元矛盾、对立，不仅对内地各政权范围内文化、经济发展带来了积极影响，对西域各地方政权范围内的文化、经济发展，也产生了直接的或间接的积极影响。

一、辽朝(907—947—1125)

五代十国时期的公元907年(北宋建国前53年)，我国北方辽河流域的契丹族(耶律氏)崛起，916年(辽太祖神册元年)耶律阿保机改元称帝，很快建立了契丹国。

不久，契丹开始对其南边的后晋、后汉进行扩张。并于946年(后晋出帝开运三年)岁末攻陷了后晋的京都开封。公元947年，契丹皇帝耶律德光在开封又一次举行了登基仪式，改契丹国号为辽。后来，时局变化，辽的势力又退回北方，与960年建立的北宋，形成了南北对峙局面。

公元982年(北宋太宗太平兴国七年),新即位的辽圣宗,及其母亲萧太后当政期间,是辽最兴盛的时期。其辖地东至于海,西至金山、额尔齐斯河,北抵贝加尔湖、外兴安岭,南与北宋、西夏、西州回鹘为邻,幅员万里,成为宋朝北方最具威胁的政权。

起初,辽同宋朝的矛盾,集中在燕云十六州的所属上。交战中宋朝连吃败仗,只好退守河北。辽则借机挥兵南下,不料遭遇宋朝寇准等人领导的抵抗。辽国损兵折将,士气大挫。结果,双方于1004年(宋真宗景德元年)签订了“澶渊之盟”和约。由于宋真宗早已无心收回燕云十六州,于是,军事上稍占上风的宋朝,不但不再用兵,反倒每年给辽以岁银作为条件,以谋求双方相安无事。

自此,辽与宋的良好关系,保持长达近一个世纪。辽以每年所获岁银为资金,使之政治、经济、文化等各方面都得到了发展。公元1009年(宋真宗大中祥符二年)、1037年(宋仁宗景祐四年)萧太后和辽圣宗先后相继去世,辽兴宗、辽道宗相继即大位。自道宗后期,辽境内乱四起,辽的国力开始逐渐走向衰弱。

1101年(宋徽宗建中靖国元年),辽天祚帝即位。他“荒于游畋,不恤政事”。他的荒淫和对其内部其他部族的压迫和掠夺,引起了其境内人民普遍的反抗斗争。1114年(宋徽宗政和四年),新崛起的女真各部“潜附”于完颜部酋长阿骨打的麾下,举兵对辽展开武装反抗。辽国几次反击,都被女真击败。

1115年(宋徽宗政和五年),阿骨打称帝建元,正式建立了金国。1125年(宋徽宗宣和七年),辽天祚帝在逃往党项的途中被女真人俘获。辽国彻底灭亡(次年北宋也被灭亡)。辽国前后共维持218年之久。

二、宋朝(960—1126—1279)

公元960年,后周的重臣赵匡胤,夺取了后周政权,自己做了皇帝。国号为宋。

宋王朝的建立,结束了唐末以来的藩镇割据、全国混乱局面,实现了以中原为中心的一定范围新的统一。接着赵宋王朝为了收回被辽占去的燕云十六州,向辽发起了进攻。结果出师不利,大败而归。从此北方这个比宋朝年长53岁的辽国,成了宋朝北方的劲敌。双方经过几次交兵以后，宋朝渐感力不从心。后来宋真宗以每年给辽纳岁银为条件，以此换取和平。如是与辽相持了一个世纪之久。

就在宋朝建立不久，唐末曾受唐朝册封的党项人在今宁夏一带发展起来，并因宋太宗曾图谋消灭他们而与之结下了怨仇，双方长时间处于矛盾对立状态。1032 年（宋仁宗明道元年，辽兴宗重熙元年），党项人首领李元昊在灵州称帝，国号西夏。从此西夏成了宋朝西北仅次于辽国的又一劲敌。

北宋末年，东北新崛起的女真人所建立的金国，因不堪忍受辽的压迫而起兵反抗。宋主动与女真联手，企图借助女真的力量共同灭辽。不料灭辽之后，金非但不予兑现当初联手时的承诺，而且乘胜南侵，包围了宋朝的京城。这时，河北、河南、山东等地百姓已自发组织起来抵抗金的入侵和掠夺，朝廷主战派的力量也有所振奋和行动，准备与金相抗衡。但是，投降派最终还是左右了宋之朝政。公元 1126 年（宋钦宗靖康元年），金很快攻破北宋京城汴梁，掠走徽、钦二帝。北宋从此宣告灭亡。北宋王室共存在了 166 年。

公元 1127 年，赵宋王室仓皇南逃临安，重建王廷，是为南宋。这时衰弱的南宋王朝，苟且偷安，偏安江左，不思北返。虽然朝里曾出现了诸如岳飞、韩世忠、辛弃疾等主战的将领，但是南宋王朝政治腐败，贪婪的军政权臣，只顾巧取豪夺，听任金朝占领中原。到公元 1279 年（南宋孝宗淳熙六年），北方新崛起的蒙古贵族势力，在相继消灭了西夏和金朝之后，灭亡了南宋。南宋王室共存在 152 年。

北宋、南宋的中原封建王朝，一共长达 318 年。

三、西夏(1032—1227)

唐末，因帮助唐朝政府对付农民起义有功的党项人拓跋思恭，受到唐的赐姓和夏国公封号。从此党项人据有了河套以南的五州之地，直至宋初，一无改变。

公元 982 年（宋太宗太平兴国七年），党项人归附于宋，宋太宗赐其姓“赵”。后来因为宋太宗曾暗中图谋消灭党项，结果计划败露，反让党项的新首领李继迁从此结下怨仇，并与辽国结盟共同对抗宋朝。宋从 992 年（宋太宗淳化三年）起，对党项实行经济封锁,双方如此对峙多年。后来党项新领袖李德明为计划西征,主动与宋修好。于是,1006年(宋真宗景德三年),宋又册封李德明为西平王。

党项人真正立国,是公元1032年(宋仁宗明道元年)李元昊嗣夏王位。李元昊,胸有大志,一即位便向西用兵,接连攻占甘肃的瓜州、沙州、肃州等地,控制了河西走廊,使其势力范围"东尽黄河,西界玉门、南接萧关(今宁夏固原)、北控大漠、地方万余里"。1038年(宋仁宗宝元三年),李元昊正式摆脱宋的控制,自己称帝,国名大夏。从此西夏成了北宋西北方向的劲敌,与北方的辽国形成犄角之势,给宋造成极大威压。从1040年(宋仁宗康定元年)起,李元昊每年都对宋发动进攻,而且连连得胜。后来他暗中盘算,虽然自己打了胜仗,但与宋的经济封锁相比,深感自己得不偿失。遂于1046年(宋仁宗庆历六年)又与宋朝言和,结束了连续六七年的战争。为此,宋又封元昊为夏国公,并每年给西夏相当数量的经济资助。此后,宋夏双方重开贸易,恢复民间往来,维持了长达一个半世纪的和好。西夏也在这期间治理、发展自己的经济文化事业,使之各方面有了长足的前进。

1139年(南宋高宗绍兴九年)夏仁宗即位,后传桓宗、襄宗、神宗、献宗等五主。1227年(南宋理宗宝庆三年)西夏末主即位一年,就被蒙古成吉思汗灭亡。

从李元昊即位算起,西夏与南北宋共存195年。

四、金朝(1115—1234)

公元1114年(宋徽宗政和四年,辽天祚帝天庆四年),处于辽国的剥削压迫之下的女真人,不堪忍受,揭竿反抗。完颜阿骨打被各部拥为领袖。此年冬,他大败辽军。公元1115年完颜阿骨打在东北称帝,国号为金。公元1125年(辽天祚帝保大五年),建国仅仅十年的金,便灭掉了辽。然而,很快金又从抗辽的民族自卫战争,迅速转向了对外掠夺的战争之中。从此,金取代辽而成了北宋的北方劲敌。次年,1126年(北宋钦宗元年),金攻占宋朝京城开封,北宋王朝宣告灭亡。

北宋的灭亡,引起中原百姓的抗金自卫斗争。1134年(南宋高宗绍兴四年)之前,金朝政府在中原的统治一直不能稳定。1135 年，金熙宗已经占据了淮水以北的大片土地。这时，颇通汉学、喜爱汉文化的金熙宗，在建政立制等方面做了许多努力。宋金之间基本上处于对峙的局面，金在中原的统治也渐趋稳定。

正当金熙宗准备将其首都从远在黑龙江阿城内迁的时候，完颜亮杀死金熙宗，夺权即皇帝位，并于 1153 年（南宋高宗绍兴二十三年）迁都燕京。此后的 75 年里，金和南宋政治上基本维持对峙状态。女真贵族阶级在中原和华北，大肆掠夺土地，逐渐成为当地的新兴封建地主阶级。

正在这时，北方新崛起的蒙古人在统一了蒙古各部之后，于 1211 年（南宋英宗嘉定四年）开始向金发动了进攻。1213 年，破金九十余部。1214 年新即位二年的金宣宗感到来自蒙古的威胁日甚，便将首都南迁开封。第二年，燕京为蒙古军占领。金政府迁都开封，苟延残喘十余年，蒙古军于 1227 年（南宋建立）消灭了西夏之后，分兵两路向金发动进攻。1234 年（南宋理宗绍定六年）金朝也被蒙古灭亡。金朝存在了 119 年。

北宋与辽共存 165 年。宋与西夏的共存，包括北宋 96 年（不含 1032 年李元昊称西夏之前的 72 年）和南宋 100 年，共计 196 年。南北宋与金共存 120 年（包括与北宋共存 12 年，南宋共存 108 年）。

五、新崛起的蒙古

公元 1206 年（南宋宁宗开禧二年），南宋建立 79 年的时候，铁木真结束了蒙古长期的分裂局面，建立了蒙古国。铁木真被推为大汗，称“‘成吉思’汗”。

在蒙古人连续西征取得胜利之后的公元 1211 年（金卫绍王大安三年，南宋宁宗嘉定四年），成吉思汗的后人开始向金发动进攻，夺得金之九十余部，攻下金之中都燕京。1234 年（南宋理宗端平元年）蒙古人彻底灭掉金国，而后，移兵对南宋展开了全面军事攻势。直到 1276 年（南宋端宗景炎元年），他们终于在消灭了南宋各地的力量之后，攻陷南宋京城临安。又三年后，南宋流亡势力在广东宣告灭亡。蒙古在相继消灭西夏（1227 年）、金朝（1234 年）之后，灭亡了中原汉族封建王朝大宋（1279 年），为统一全国扫清了道路。

第二节
辽、宋时期西域的地方政治割据

唐朝灭亡之前,吐蕃和回鹘已经分别进入西域,进行了很长时间的角逐。不久,吐蕃退出西域,西州回鹘、喀拉汗等相继填补了这里的政治真空。

辽、宋时期,西域作为汉唐以来中华民族大家庭的一部分,与内地各族人民在政治、经济、文化上的关系,已经密不可分。虽然此时西域和中原宋王朝被坐落其间的西夏民族地方政权隔开,但是,西域和通往中原宋王朝途中兄弟民族地方政权辖区内的人民,当然也包括汉民,仍保持着频繁的直接往来。西域境内盛唐时代生活的众多汉民,虽然处于远离本民族发祥地的状况,但是,因为各民族的相濡以沫、和睦共处,特别是与回鹘和契丹、党项等各族人民的和平共处,使汉民能以不低于唐朝那样兴旺的势头,在西域安宁生活、繁衍生息,汉语在兄弟民族执政的特殊社会环境中,也一直通行不衰。

纵观此时西域的政治局势,大致可分为两个阶段。前一阶段是西州回鹘和喀拉汗及于阗王国并存时期,后一阶段是西辽时期。这两个阶段,共约340年。其起止时间,大致与唐末至宋初、南宋两个史段相对应(起始时间和终结时间,都有明显的错口)。

一、西州回鹘和喀拉汗及于阗王国的对峙

西州回鹘和喀拉汗王朝的统治者,都是西迁的回纥(维吾尔

族的先民)贵族。两个地方政权建立的时间,虽有先后,但大致接近。它们大约始于唐,盛于北宋,最终亡于南宋初的西辽。另外,两者虽然同出一源,但版图及所处方位不同,而且两者境内宗教信仰也不相同。有人形容这两个同出一源的民族政权“势如水火”,主要就是针对宗教信仰而言的。

西州回鹘王国(亦称高昌回鹘)(866—1137)　还是在晚唐的公元 840 年(唐文宗开成五年),位于唐朝北方的鄂尔浑回纥汗国,因天灾人祸和黠戛斯人的入侵而灭亡。其部众之一支——十五部回纥部众十余万(不足二十万),在其首领庞特勤的率领下,西迁而进入天山以北。当时,吐蕃已乘安史之乱控制了北庭。后来,回纥人中的一部分在庞特勤率领下继续西行,进入了葱岭以西。

公元 866 年(唐懿宗咸通七年),羁留北庭一带的回纥之一部分,在其大酋仆固俊率领下,攻占北庭和吐鲁番,接着进兵焉耆。而后仆固俊自即汗位,设帐于北庭,后来又迁牙帐至高昌。这就是以高昌为中心的西州回鹘政权。那时西州回鹘政权的统治范围,东起哈密,北至伊犁河,西至阿克苏冰达板,南接当时吐蕃控制的于阗,横跨准噶尔、吐鲁番、塔里木三盆地,占据着今新疆的大部分地区。

西州回鹘政权从唐延续进入五代。公元 947 年(五代后汉高祖天福十二年),契丹在北方崛起而后建立辽朝,其势力西至阿尔泰山,今新疆北部、东部、中部大部分均在辽的势力范围之内。自此,西州回鹘王国基本上成了辽的附庸。在这期间,回鹘和辽不仅有贸易关系,而且前后向辽进贡达 24 次之多。与此同时,回鹘又与中原王朝保持良好关系。公元 951 年(后周太祖广顺元年),西州回鹘曾遣都督向后周朝谒进贡,并保持贸易往来。

公元 960 年,宋朝建立之后,由于回鹘的先民回纥,曾与中原唐王朝有过亲密关系等历史原因,西州回鹘与宋也关系良好。962 年(宋太祖建隆三年)始,西州回鹘多次遣都督到宋进贡方物、玻璃器,高僧献佛牙。后来在宋和辽的两相抗衡中,西州回鹘于两难之中被迫采取政治平衡、双向敷衍态度。但较多时候则倾向于辽。

公元 1032 年(北宋仁宗明道元年,西夏景宗元年),西夏赵元昊占领甘肃的瓜州、沙州、肃州,控制河西走廊之后,西州回鹘则又受制于西夏。因为西夏的相隔,西域几乎少有同宋朝直接往来的机会。

1130年(南宋高宗建炎四年),西走的大辽贵族耶律大石,在西域建立了西辽政权。其后,他又于1137年(南宋高宗绍兴七年)东征高昌。回鹘王自此不再称汗,而改称“亦都护”。西州回鹘从此变成了西辽的附属。这时它的管辖范围,北兼别失八里,南接西夏之肃州,东至兀敦甲石哈(新疆哈密东),西临西蕃。“亦都护”驻于高昌的哈喇和卓。

公元1209年(南宋宁宗嘉定二年),西州回鹘在不堪忍受西辽的压迫下,又归附了西征的蒙古大汗成吉思汗。

自西州回鹘立国,至1137年(南宋高宗绍兴七年)归附西辽,共历大约270年。

喀拉汗王朝(?—1137) 喀拉汗王朝,是以晚唐西迁进入中亚草原七河地区的回鹘之另一支为主体而建立的政权。公元840年(唐文宗开成五年)回纥汗国灭亡后,西迁至北庭的另一支回纥部众,由自称可汗的庞特勤率领,从北庭一带出发,越过准噶尔盆地,进入葱岭以西、中亚草原。到了9世纪下半叶,大约在公元866年(唐懿宗咸通七年)之后,这支西迁的回纥人在葛逻禄汗国的基础上,在原唐朝的北庭和安西都护府的羁縻府州地区,即今我国新疆北部和南部以及吉尔吉斯斯坦、塔吉克斯坦、哈萨克斯坦东南部和乌兹别克斯坦东半部,建立了地方民族政权。这就是喀拉汗王朝。

喀拉汗王朝建立,庞特勤自称可汗,建牙于巴拉沙衮附近的喀喇斡耳朵。其疆域曾经西起卡拉库姆沙漠,东至罗布泊,北到巴尔喀什湖,南尽阿姆河。起初喀拉汗王朝曾把汗国分成东西两部分,进行分治。汗王的长子为大可汗,是王国的最高首领,驻巴拉沙衮(今我国境外)。次子为东部汗国首脑,称副可汗,先驻怛逻斯,后改驻今南疆喀什噶尔。东喀拉汗主要辖有今新疆的疏勒、莎车,后又控制和田、于阗等地。

喀拉汗王朝是我国维吾尔族先民在历史上建立的第二个王朝。其境内的民族,主要由回鹘、哈萨克、乌兹别克等说突厥语各族和伊朗语各族组成。喀拉汗王朝的统治者,自称“桃花石汗”,戴着“东方与中国之王”或“东方与中国之苏丹”的封号,自认为是中国的国王。西亚国家和哈里发也承认喀拉汗王朝是中国的王朝。他们与中国领土上的其他几个王朝——辽、宋、高昌等都保持着密切来往。宋朝尽管与喀拉汗王朝直接接触不便,但使臣仍有往来,并保持有贸易关系。

公元 893 年(唐昭宗景福二年),东喀拉汗政治中心怛逻斯被萨曼王朝攻破,东部汗国的统治者奥吉尔恰克,被迫将其驻地迁往喀什噶尔。奥古尔恰克死后,其侄子萨图克继称东汗,并在公元 944 年(五代后晋出帝开运元年),领导其属下与未接受伊斯兰教的西部大汗在巴拉沙衮进行激战,最终统一了整个喀拉汗王朝,并定都于喀什噶尔。1041 年(北宋仁宗庆历元年),喀拉汗王朝在阿姆河的统治者,脱离东部大汗而独立,自称“桃花石”汗。从此,统一的喀拉汗王国又分为东、西两个汗国。

公元 1089 年(北宋哲宗元祐四年),塞尔柱王朝攻占了喀拉汗西部重镇布哈拉。自是,汗国西部在政治上依附于塞尔柱王朝,汗国东部成为喀拉汗王朝的主体。

公元 1128 年(南宋高宗建炎二年),西辽耶律大石在喀什噶尔城下击败东部喀拉汗王朝末代可汗,领有了喀什噶尔一带,东喀拉汗成为西辽的附庸。1137 年(南宋高宗绍兴七年),原喀拉汗西部疆域也归西辽领有。喀拉汗王朝东西两部分都成为西辽的附庸。

公元 1205 年(南宋宁宗开禧元年),东喀拉汗的最后统治者玉素甫·本·穆罕默德死于喀什噶尔。这时,作为喀拉汗宗主的西辽王朝,也已经衰落。过去曾经臣属于西辽的花剌子模,乘机与西辽争夺。后来西辽灭亡。1212 年(南宋宁宗嘉定五年)河中地区变成了花剌子模的直属领地,西部喀拉汗王朝,至此也宣告彻底灭亡。

于阗李圣天王国(? —1001)　于阗作为西域本地邦国,其王族尉迟氏前后统治该地区已有千年之久。他们一直使用中原王朝年号,着汉式服装,戴汉式皇冠,住汉式宫殿。魏晋南北朝、隋唐时期,于阗臣服中原王朝。公元 872 年(唐懿宗咸通十三年),于阗王给沙州节度使张议潮之侄张淮深的信件中,就称自己是“大于阗汉天子”。公元 938 年(后晋高祖天福三年),于阗王李圣天(在本族称“尉迟娑缚婆”)派使者马继荣向后晋进贡玉石,并接受后晋册封他为“太宝于阗国王”的称号。后来他还曾派使者到宋朝进贡。987 年(北宋太宗雍熙四年),因为辽的势力深入西域,于阗和高昌都称臣于辽朝,辽还在其地设于阗国王府。

早在公元 840 年回鹘西迁时,有一支回鹘来到了于阗新复州,并在此居住下来。于阗原来信奉佛教。而其邻国喀拉汗王朝已信奉伊斯兰教。喀拉汗为逼迫于阗改信伊斯兰教,与于阗发生了战争。双方交战多年,最后喀拉汗于1001年(宋真宗咸平四年)战胜了于阗,于阗遂成了喀拉汗的一部分,并改信了伊斯兰教。

公元1134年(南宋高宗绍兴四年),西辽耶律大石派军西征,同时派肖斡里剌为兵马都元帅,率7万骑兵东征。东征军首先进攻喀拉汗王朝的首都喀什噶尔,喀拉汗不战而降。接着西辽军攻占于阗,而后又回师占领高昌回鹘。至此,西辽全部占有西域。从西域多国并立,到西辽占领西域,前后共270多年。

二、西辽王朝(1124—1211)

西辽王朝是西域继西州回鹘和喀拉汗王朝之后建立起来的契丹贵族执政的地域王朝。

公元1123年(北宋徽宗宣和五年),北方新崛起的金(女真人)攻下辽朝的南京(燕京)。契丹贵族耶律大石与辽帝就国事政见不和,且看到王朝大势已去,遂率铁骑200出走向西。次年辽遂被金灭亡。又次年,北宋也被金灭亡。

西走的耶律大石,曾经在可敦城召集十八部王开会,陈述自己的复国主张,受到各方响应,从而募得精兵万余。之后又几经努力,力量迅速壮大。1128年(南宋高宗建炎二年),他率部取道伊犁河谷,长驱塔里木盆地西缘,在东喀拉汗都城喀什噶尔击败喀拉汗王师,接着占领叶尔羌、于阗等地。1130年(南宋高宗建炎四年),他又乘喀拉汗王朝北部内乱而进驻巴拉沙衮城,取代喀拉汗北部总督,统治了锡尔河流域广大地区,初步建立了西辽王朝的实体。1132年(南宋高宗绍兴二年),大石在河中地区的起尔曼称帝登基,史称该政权为西辽。1134年(南宋高宗绍兴四年),他又返回巴拉沙衮城,并正式建都于此。

在西域建立帝业之后,耶律大石并未放弃其复兴辽朝的夙愿。但终因难度太大,耶律大石不得不放弃复国计划而专心经营西域。公元1137年(南宋高宗绍兴七年),西辽军队东征高昌,攻下别失八里。从此,西州回鹘王不再称汗,而改称西辽附属的“亦都护”。1141年(南宋高宗绍兴十一年),西辽帮助葛逻禄人反对占领西喀拉汗的塞尔柱汗国，结果，击败塞尔柱人，大石进驻撒马尔罕，西喀拉汗尽归西辽。此前，西辽还派兵进攻花剌子模，使之成为西辽的属国。

至此，西辽成为控制整个中亚最强大的封建国家。它的疆域，北到巴尔喀什湖以北的巴哈台山，西达咸海，东到今新疆中部，东南抵和田，统有花剌子模，领有高昌、别失八里，西南界阿姆河。

西辽自耶律大石始，帝位下传更迭共五次（传妻、传子等）。公元 1178 年（南宋孝宗淳熙五年）传至大石之孙直鲁古，其统治又维持了 4 年。1211 年（南宋宁宗嘉定四年），成吉思汗所灭的乃蛮部太阳罕之子屈出律西逃，夺取了直鲁古的王位。西辽宣告灭亡。公元 1218 年（南宋宁宗嘉定十一年），成吉思汗命部下哲别追击屈出律。屈出律在逃往帕米尔途中被擒杀，自此西域各地遂归蒙古帝国统治。

西辽自 1124 年南宋偏安江左前三年（北宋徽宗宣和六年）形成实体，至 1211 年（南宋宁宗嘉定十年）灭亡，共维持 87 年。

必须说明，上述这两个史段的起始和终结之具体时间，毕竟与历史上所说的“五代与宋朝”不完全相符。因为这种地方政权的割据，与中原王朝及全国政局确有紧密的关系，所以，我们对这个时期西域地方政治形势的认识，姑且粗略处置，完全放入到“辽、宋时期”这一大社会背景中来认识。

第三节
辽、宋时期西域的说汉语人口状况

与汉唐相比，因为特殊历史原因，辽、宋时期，西域和中原之间，被地方少数民族政权相隔，而且空间距离遥远，中原和西域之间的人口相互流动，受到一定的制约。这时西域境内汉民的比例也难有新的提升。

西州回鹘和喀拉汗王朝，都是在唐朝尚未灭亡之前，就在西域建国的。他们各自所在的范围，大致与唐朝西域行政区划相对应。因此，要了解这时西域说汉语人口的情况，首先只能从唐朝西域说汉语人口的数量和分布入手，而后，再以唐代之后该地区的社会状况作参照，推测汉民在此继续繁衍的情况。循此，对这时汉语在西域通行的情况，当可有所了解。

一、西州回鹘和喀拉汗时期的说汉语人口

西州回鹘和喀拉汗王朝，都是回纥人在唐朝中后期建立起来的局部地方政权。史学家推断，当初回纥汗国最兴盛的时候，“汗国境内也不足 50 万人”。(厉声:《中国新疆历史与现状》32 页，新疆人民出版社，2010 年。)及至汗国遭到天灾人祸最终崩溃，其人口总数大减。待到南迁(甘州)和西迁的回鹘离开北部草原，向北庭迁徙时，人数已经不多。专家估计，“西迁的十五部人口在 20 万以下”(出处同上)。而这十来万人中，一部分留在北庭、后转移

至高昌，另一部分则跟随庞特勤，迁往葱岭以西。这两部分回鹘人，看来最多都不会超过10万。

西州回鹘境内说汉语人口管窥 西州回鹘王朝，坐落在唐朝西域开拓发展最繁荣的高昌地区。这里唐代军政机构的建设、驻军屯垦的规模、平民百姓的高度集中，在西域最为突出。当这不足10万回鹘人进入西州高昌时，唐朝在此经营已久。仅高昌一地，说汉语人口已达28万之多，说汉语人口在此占据绝对多数。这样，观察这时西州回鹘王国域内的说汉语人口，当首先注意此处唐朝的说汉语人口遗黎。

1. 西州回鹘说汉语人口之唐朝遗黎总况

依据社会语言学的观点，一个社会政治形态改变了，但是这个社会原来所拥有的人口，并不会因此而不复存在。唐朝在西域尚未灭亡的时候，高昌回鹘(866年)已经建立了地方政权。那时，回鹘与唐关系良好。它的建立，自然不会因为政治原因殃及这里的说汉语人口。于是，唐朝灭亡之后，高昌一带的说汉语人口，完全成了西州回鹘王朝的子民。这就是说，西州回鹘域内28万上下汉民人口接近回鹘人总数的三倍。另外，周边与突厥人杂居的地方，也仍有为数不少的汉民存在。

尽管晚唐吐蕃人占领了西域的高昌、北庭等大片土地，战争可能造成一定数量的人口伤亡。但是，在那冷兵器时代，战争中的直接毙命概率当不会很高。再从吐蕃占领西域的政治目的看，主要还是为扩大势力范围，拥有所占地盘上的人口。出于某种政治恩怨而屠戮人口的可能性不大。从吐蕃人占领敦煌和北庭之后，大量利用汉藏佛经对音文字材料学习汉语的情况看，也可推知，吐蕃人占领高昌西州，那里的回鹘人、汉民人口大幅度减少的可能性应该不大。这里大量的唐代遗黎，就是辽宋时期西州回鹘说汉语人口的坚实基础。

2. 西州回鹘境内说汉语人口线索审视

进入辽、宋时期，可供窥见西域说汉语人口情况的，较为直观、确凿的资料，唯有宋初奉旨出使西域的王延德所写《西州使程记》。

982年(宋太宗太平兴国六年)，王延德奉命出使西域。次年，他先后到达西州回鹘的伊州、高昌和北庭。这时，距离西州回鹘866年的建国，已经116年，距唐朝灭亡已经

75年。虽然王延德所记关于人口的文字有限,但是,仔细解读,不难发现这时西州回鹘境内,汉民的延嗣生存如常,而且为数众多。

据王延德所见,伊州(今哈密)"州将陈氏,其先自唐开元二年领州,凡数十世,唐时诏敕尚在"。(杨建新:《古西行记选注》159页,宁夏人民出版社,1998年。)寥寥几句,即告知我们,该城的统治者由当地的汉人陈氏家族世袭,又留给我们推知此地百姓中汉人居多的广阔想象空间。

西州回鹘王朝为回鹘贵族上层掌权,然而伊州城主却仍为陈氏。值得注意的是这"凡数十世"几字。试想,陈氏始领伊州是唐开元二年(714年)的事,至此时已经268年。为什么唐朝已亡,唐代命官陈氏后裔在此仍有如此显赫的社会地位呢?有关专家认为,当时,"差异很大的众多部族和城邦杂处于一个政权之下,而统治民族回鹘人在总人数上又占少数",所以,"一些绿洲和部族有很强的自主性"(厉声:《中国新疆历史与现状》39页,新疆人民出版社,2010年。)。据此,我们不难想象,回鹘统治者既与汉民相处良好,借助汉民中的这种极具影响力的望族贤达,帮助其治理地方,无疑这是政治上的明智之举。而要借助陈氏的名望来主牧伊州,城中百姓必然是汉民居多,否则用此汉官便无多大现实意义。而且该领州职务,竟是"世袭""唐时诏敕尚在"。足见历经二百多年,回鹘人对"唐时诏敕"仍持默认,不予动摇,汉民望族的社会影响如此,汉民人口众多也是必然。远距高昌的伊州汉民人口众多如此,高昌周围的县份,亦当继续保持汉民众多的态势。

王延德在高昌还看到大量唐时文物得到很好收藏。他记述,"佛寺五十余区,皆唐朝所赐额,寺中有《大藏经》《唐韵》《玉篇》《经音》等。居民春月多群聚遨乐于其间"。(杨建新:《古西行记选注》160页,宁夏人民出版社,1998年。)佛寺中除保存收藏有《大藏经》之外,汉唐以来形成的汉学之"小学"经典"唐韵、玉篇、经音"等韵书、字书,与佛经一样,得到收藏,高度重视。他还写道,"有敕书楼,藏太宗、明皇御札诏敕,缄锁甚严"(出处同上),俨然不可侵犯。这些文物的收藏,除了说明其文化价值很高,必然受到社会重视之外,更重要的是,一定要有懂得它的价值、确实热爱它的人来实施保护。因此,从这一侧面可以看出,这里应该有数量相当多的汉民群众存在,而且其中不乏具有较高文化层次的人。

这时距唐朝灭亡仅仅75年,唐朝遗黎自然大量存在。这些汉民还十分清楚,他们的先人祖祖辈辈是唐之子民。在他们心目中,皇上是天子,是天下之主。皇上御札、朝廷所赐,都是神圣之至的。这种汉唐以来在汉民中形成的典型忠君爱国思想,深深铭刻在众多汉民百姓头脑中,成为这些文物得以完好保存的根本原因。“小学”经典的妥善保存,同样与汉民人口众多有关。因为这些“小学”经典是被学子们当作识字、读经的工具书使用的。由此推测,这里既有颇懂此类书籍价值、并予精心保存的人存在,又足以证明:一定还有比这些文化精英数量更多的普通汉民群众生活在这里。王延德所记,就是宋朝初年西州回鹘域内说汉语人口大量存在的确凿证据。

喀拉汗境内说汉语人口情况推测　喀拉汗是西域的一个跨地域少数民族地方政权。其版图中的今新疆部分,大致含有喀什、莎车、阿图什、阿克苏以及和田一带。这些地方因比高昌距内地政治中心相对偏远得多,历来汉民相对难以到达此地。因此,我们只能依据这里的政治历史情况用社会语言学观点,对这里说汉语人口进行大致的推测。

纵观整个辽、宋时期的历史,影响喀拉汗域内说汉语人口情况巨变的重要历史事件,是960年的推广伊斯兰教事件。据此,我们以公元960年为界,大致分做前后两个阶段,对其进行观察分析。

第一阶段,960年之前。

远在喀拉汗未建国之前的公元755年(唐玄宗天宝十四载),吐蕃人占领安西四镇。至790年(唐德宗贞元六年),吐蕃人占领西域,前后历时35年。这意味着,安西四镇以及汉人相对集中的北庭、西州各地唐军、汉民以及西域各族人民抗击吐蕃的斗争基本告停。尤其是远在西域南部、西南孤立无援的于阗、疏勒二镇,经过30多年浴血奋战,原来仅有的唐军和汉民,损失惨重。

公元848年(唐宣宗大中二年),河西沙州发生张议潮领导的反抗吐蕃起义,沉重打击了吐蕃势力。866年(唐懿宗咸通七年)吐蕃渐渐退出西域。大概也就是在这种情况下,喀拉汗建立起了跨地区的地方政权。

史载喀拉汗域内居民主要有葛逻禄、突骑施、祥磨、处月、回鹘、粟特等。其中，祥磨、处月这样少有所闻的民族居然见于记载，然而，却不见汉民。不难想象，从 755 年唐玄宗天宝十四载吐蕃占领安西四镇，到吐蕃最后退出西域直至喀拉汗建国，前后长达 100 多年。其间，这里战乱反复，与内地一直处于隔绝状态。即使还有唐季汉族军民散落于疏勒、于阗一带，经过抗击吐蕃的战争，以及喀拉汗建立政权前后与萨曼王朝的争斗，这些为数有限的唐季汉族军民，大概已经所剩无几。其后，又经五代十国的 53 年，汉民在这里存在的可能性已经很难想象。

第二阶段，960 年之后。

公元 960 年，喀拉汗发生了其历史上具有转折意义的重大事件——大力推行伊斯兰教。

早在公元 944 年，喀拉汗王萨图克在位时，接受了伊斯兰教，并使这种宗教信仰成为其政治活动的基石。955 年后，其子木萨继承其事业，更大力推行伊斯兰教，并将其定为国教。960 年，木萨强制其域内的 20 万帐突厥人信奉了伊斯兰教。977 年(宋太宗太平兴国二年)，木萨又开始了征服南部佛教中心于阗的宗教战争。1001 年(北宋真宗咸平四年)攻占于阗，并随之在于阗地区民众中强制推行伊斯兰教。此前，于阗王族长期以来一直信奉佛教。据此推测，这里唐五代至宋初，汉民至少多于疏勒。强制推行伊斯兰教后，于阗域内人民不分“国”和“族”，必须唯王命是听。据此可以推知，这时，喀什噶尔(疏勒)和于阗即使曾经还有些汉民，从此基本上已被融合、同化。

公元 1128 年(南宋高宗建炎二年)喀什被西辽攻克，1137 年(南宋高宗绍兴七年)喀拉汗彻底灭亡，前后长达 130 余年。由于西辽的宗教政策宽松，对伊斯兰教的推行采取听任的态度。所以，这里伊斯兰化的结果，使得整个原喀拉汗域内还有汉民的可能性，已经变得微乎其微。

二、西辽的说汉语人口状况

西辽政权存在时间虽然不足百年，但是这时西域的说汉语人口则不能轻视。西辽社会存在着数量可观、来自不同时期、不同地方的说汉语人口。西辽之前，西州回鹘境内的说汉语人口，耶律大石创业过程中从各方面招募来的汉民、契丹、女真等民众中的说汉语人口，以及西辽建国之后从西夏等地迁徙来的说汉语人口，共同构成了西辽域内汉语通行的特殊语言环境。

西辽的说汉语人口线索　西辽自公元 1130 年（南宋高宗建炎四年）建立政治实体，至 1211 年(南宋宁宗嘉定四年)被乃蛮首领屈出律夺取权力，长达 81 年时间，又 7 年后被蒙古政权所灭。当初，耶律大石四处纠合人力打江山，曾有多少汉人军队，又从何处引进多少汉民人口，史书均少有线索。我们能够知道西辽境内说汉语人口的，首先还是高昌。西辽征服了西州回鹘。前回鹘王国的说汉语人口，继续在西域休养生息，延嗣接代，成为西辽子民。说汉语人口(包括契丹人、会双语的回鹘人)当仍保持为数很多的状况。

除此而外，反映西辽说汉语人口的线索，还有以下几则。

1219 年(南宋宁宗嘉定十二年)，成吉思汗率军西征花剌子模，耶律楚材奉命扈从，著有《西游录》。书中说，"又西濒大河有斑城者颇富盛，又西有传城者亦壮丽。城中多漆器，皆长安题识"。(杨建新:《古西行记选注》181 页，宁夏人民出版社，1996 年。)他的记写至少可以理解为，城中多有汉人拥有"长安"题识的漆器，或是有汉族商人到此贩卖长安题识的漆器(当然，不排除从内地贩来长安题识漆器的其他民族之商人)。

而最有分量的证据，莫过于下面一例。被成吉思汗召至军中为之讲道的丘处机之弟子李志常随行所写《长春真人西游记》，为我们提供了借以窥得西辽说汉语人口的确凿线索。李志常在书中说，他们(指丘处机师徒)在鳖思马城(即北庭别失八里)曾受到当地民众欢迎。主人所"列侏儒伎乐，皆中州人"。"侍坐者，僧、道、儒，因问俗，乃曰:此大唐时北庭端府，景龙三年(709 年，距此时 510 年——笔者注)，杨公何(即杨袭古)为大都护，有德政，诸夷心服，惠及后人，于今赖之"。(杨建新:《古西行记选注》202 页，宁夏人民出版社，1996 年。)显然，这里云集许多唐代所遗汉民。主人为唐时北庭端府之后，"侏儒伎乐"，皆中州之人。僧、道、儒等都是当初在此广施德政的杨都护政绩惠及的民众后裔。

同书还记曰:又西行(撒马尔罕)所见“大率回纥人,田园不能自主,须附汉人及契丹、河西等。其官长以诸色人为之,汉人工匠杂处”。(杨建新:《古西行记选注》205 页,宁夏人民出版社,1996 年。)寥寥数语,可以看到民、汉杂居的状况;汉人务农、做工匠者颇多,“其官长以诸色人为之”。李志常他们路过俭俭州时,见到“汉匠千百人居之,织绫罗锦绮”。(杨建新:《古西行记选注》224 页,宁夏人民出版社,1996 年。)这里,一个居民点,就有汉人千百口!

李志常所记系西辽被灭两年后之事。由此回溯,即可知道西辽域内汉民人口众多,确是事实。加上其他民族(如契丹等)中的说双语者,再对照西州回鹘王国时西域广有汉民的历史事实,可以肯定,西辽时期,西域说汉语人口众多,确凿无疑。

至于西辽说汉语的确切人口数字,我们只能参考相关资料,再进行一些推算。

许多史学著作都注意到,穆斯林史学家伊本·阿西木在记述公元 1114 年(北宋徽宗政和四年)西辽与塞尔柱王朝在卡特万草原的会战时说,“他”(菊儿汗)耶律大石“拥有突厥军、汉军、契丹军几十万”。阿西木这样排列军中族别成分之序,当会有他的道理。试想,如果要让西辽的大臣们自己排列,他们也许会不论民族成分比例大小,而将嫡系契丹排列在第一位。历史事实又告诉我们,大石的本源在辽东。随其西来的七州十八部王募集军队仅有 1 万。即使后来征兵,因为远离契丹人的故乡,要想征得许多契丹人,显然比征得突厥人和汉人难度大得多。因此,西辽军队中契丹军相对居于少数毫不奇怪。弄清这一点,阿西木的记述,是依军中民族成分比重大小为序的可能性就得以成立。于是,总数几十万的西辽大军中,汉军所占比例居次,应当没有问题。

另外,能以证明西辽汉民人口众多的一个重要依据是,西辽所实行的语言文字政策。关于这一点下文还要提及。

西辽说汉语人口来源 西辽时西域能有这么多汉民和说汉语人口,笔者认为,原因至少有以下三个方面。

1. 唐季西域遗黎的繁衍生息

如前所述,唐亡之后,羁留西域的汉魏汉民遗黎和唐时西来的汉民之后代,在西州与回鹘平安相处、相濡以沫 70 多年。内地的五代更迭造成的社会不安定,远远不会波及于此。此地汉民的繁衍势头只可能有增而无减。70 年，人可繁衍三代。前一章曾经估计盛唐时候西域四个普通府州汉民人口将近 28 万。如果唐末这里人口有所下降，哪怕只剩 15 万，抑或是 10 万，这时 70 年的相对和平，人口总数说不定又翻上一番或者更多一些。如果仅按翻上一番推测，那么西州汉民人口这时至少也应在 20 万以上。这与上文回鹘王国时的汉民人口推测已大致相符。

2. 西辽十分重视吸纳汉族人口资源

耶律大石的先人在治理辽国时，就非常重视利用汉族人口资源。他们把在连年征战中俘获的大批汉人，全都押回安置在其境内，以发展农业生产。于是，其境内便呈大面积民、汉杂居状况。阿保机还很重用知识分子。他把从燕蓟地区俘虏的汉族知识分子，如康默记、韩延徽、韩知古等人，用来为辽朝制订典章制度，就连其京城也是康默记等人主持建成的。据《辽史·百官志》载，辽统治者采取“蕃汉分治”的策略，“以国制治契丹，以汉制待汉人。国制简朴，汉制则沿名之风固存也”。大力起用汉人为官，帮助实施统治。

西辽先后吸收原辽国域内以及内地许多汉人知识分子，到西辽为之效力。例如，耶律楚材《湛然居士文集》卷七《赠辽西李郡王笔》一诗告诉我们，耶律楚材是用汉文写诗与曾事西辽末代宰相，且爵封郡王的李世昌相酬唱的。诗中的李郡王名世昌，是两代居官西辽的汉人。其祖父曾为耶律大石的宰相。西辽各级官府中不乏汉人，军队里各级将校，也不会例外。至于军中汉民普通兵丁为数自然也就更多，成为其部队中的基本成分。

3. 西夏境内的汉人西流

西辽在西域建国，形成了相对安定的社会生活环境。而占据河西的西夏，就和西辽成为紧邻。西夏境内，尤以宁夏、甘肃以及陕北等地的百姓，为生活计而向西迁徙成为可能。魏晋南北朝以来，直至隋唐，河西走廊凉州一带的汉文化区域内的汉民，更会有所行动。这方面的动作，辽、宋时期虽不见于文献，但据历代人口流动的原因和流向推断，这时的人口西流是合乎生活逻辑，是符合历来人口流动之规律的。

特别是西夏，其境内的汉民，当是西辽的汉民人口的重要来源。崇尚汉文化的西夏李元昊，因受汉人政治、经济、文化影响，曾大量吸收汉族知识分子，仿照唐、宋的封建制度，建起党项贵族和汉族地主阶级联合执政的封建政权。其境内的居民主要是汉人和党项人，还有少量的吐蕃人、回鹘人、塔塔人等。李元昊建立官制时，凡属左右侍从之类，都从党项人中选用。凡是仿宋官制而设的中书、枢密、宰相、御史大夫以下，都用汉人。汉人颇得李元昊的重用。党项平民和汉民杂居为时已久，也都程度不同地接受了汉文化，总之，西夏汉人众多与汉文化的普及，是西辽说汉语人口得到补充的主要来源。

西辽说汉语人口的分布　西辽汉民人口的分布，应该大大超出原西州回鹘王国的范围。

在西州回鹘王国之外，其东、其西，原来就有零散汉民人口。到了西辽，因为耶律大石重视汉民人口资源的利用，契丹人所到之处必有大量汉人。西辽对于其域内臣服的邦国采取的羁縻政策，大致上可分三种情况，这种划分，和这里的人口比有关系。从这个角度就可看出一些汉民分布的迹象来。

其一，就是派官员常驻于彼，进行监督。属于这类区域的，有高昌回鹘、葛逻禄部、撒马尔罕等。西辽之所以在这几处实行同样的政策，说明它们之间必有共同之处。撒马尔罕、葛逻禄很可能均因距西辽政治中心较近，这里相应集中汉民、契丹人较多，所以在此实行与汉民较多的高昌回鹘同样的直接管理的政策。其二，派代表前去征收赋税。这里也许是汉民、契丹、突厥乃至其他民族杂居之处。另外，诸如原喀拉汗的喀什噶尔、于阗等地，则很大可能就由当地首领代为征税。这是第三种情况。

据此，我们认为西辽的国都巴拉沙衮周围、高昌、撒马尔罕、葛逻禄均有较多汉民。诚如《长春真人西游记》所说，“农者亦决渠灌田。土人惟以瓶取水，载而归。及见中原汲器，喜曰：‘桃花石诸事皆巧。’桃花石谓汉人也”。(杨建新:《古西行记选注》203 页，宁夏人民出版社，1996 年。)这是他们在阿里马城之所见。其后，刘郁在其所写的《西使记》中，反映 1260 年(南宋理宗景定元年)常德受蒙哥之命西使的所见，也有相关记载，“复西北行，与别失八里南以相直，近百里，多汉民”，“出关至阿力麻里城，市井皆流水交贯。有诸果，惟葡萄、石榴最佳。回纥与汉杂居，其俗渐染，类似中国”。(杨建新:《古西行记选注》238 页，宁夏人民出版社，1996 年。)常德所见，使前者所记得到了极好的印证。有关学者注意到，国外的信息称：直到公元十世纪，在穆斯林作家的地理概念中，还把中亚突厥语部落居住的地域划入汉文化圈内。这至少说明，西辽时中亚这一带确有许多汉人和契丹人所构成的汉文化圈的存在。

可见，西辽时从别失八里到阿力麻里再向西直到撒马尔罕（其他史书亦有撒马尔罕多有汉民的文字），均多有汉人与回纥、契丹杂居。

天山山南的焉耆、库车一带，距高昌较近，原属西州回鹘。据当时这里尚未伊斯兰化来推测，此处当仍有汉民与回鹘人杂居在一起，也是合乎情理的。

第四节 辽、宋时期汉语在西域特殊环境中通行不衰

如前所说，辽、宋时期，中原王朝与北方、西北等地的少数民族政权辽、西夏和金长期对峙。西域则在唐季的统一繁荣之后，也又一次出现了地方民族政权割据对峙的政治局面。这种状况进一步促进了大中华之多民族国家、多元一体文化格局形成的行程。同时，西域多民族的聚居的特征更加鲜明，从而，使汉语在这一特殊社会环境中的通行，呈现出一些新的特点。

一、辽、宋时期西域汉语通行、汉文化传播的社会人文背景

继汉、魏晋南北朝全国社会的统一、分化之后，隋唐的统一和相继而来的辽、宋、夏、金的社会分化，形成了中国新的政治局面。而社会这种统一、分化交替发展的背景，又为全国大范围多元文化的发展，带来了新的契机，也为汉语、汉文化在全国各族深入传播，创设了新的社会背景。

辽、宋时期，特殊的社会政治局面，使西域和内地出现了不同于前朝的、一定程度的相隔离之势。西域汉语、汉文化顿失以前那种与中原直接相通之便，以至于让不少人对西辽以汉语作为官方通用语、汉文化在那里的巨大影响等现象，产生疑惑。对此，如不从全国大范围宏观上探究其原因，厘清源流，则很难最终释惑。

辽、宋时期内地的宏观政治局势　继唐朝灭亡，中原与周边出现了短暂的五代十国之后，我国出现了辽、宋、夏、金既对立共存，又趋和平共处的局面。特别是辽、宋、西夏政权，不是接踵交替，而呈并立共存、和平共处、认同相伴的稳定发展进程。这种特殊的政治局势，创造了特殊的社会人文背景，使汉语、汉文化在全国大范围的传播，产生了异于前朝的特殊效果。

其间，特别是辽、西夏和宋之间的关系，最为值得关注。金和宋也有同样的关系，但因金的兴起稍后，金所受的汉文化影响等，尚未在社会上大范围产生客观影响，便被北方新崛起的“大蒙古国”所灭亡。所以，这里对金不再多用笔墨。

公元 946 年(后晋出帝开运三年)，即唐朝灭亡 39 年之后，东北崛起的契丹国攻陷后晋京都开封。其君主耶律德光并于次年在此又一次举行了登基仪式，正式改国号为“大辽”，改元大同。

14 年之后的公元 960 年，刚刚建立不久的宋朝，就为夺回被辽占领着的燕云十六州，与辽进行了长达半个世纪的战争。公元 1004 年(宋真宗景德元年)，交战双方同意议和。并共同签订了“澶渊之盟”。结果，军情稍占上风的宋，却以向辽年纳岁银为条件，换取双方休战的和平。传统史学家认为，宋向辽的年纳岁银，简直是丧权辱国。后来更多学者认为，双方的休战，为两国创造了和平发展的双赢机遇。辽以岁获纳银作为发展资金，快速发展了本国的经济。而经济相对发达的宋朝，给辽的岁纳银两，犹如九牛一毛，无伤大局。于是，和平安定，也给宋朝的经济、文化发展，换来了安定良好的发展环境。因此，今天学者大多认为，这一历史条约的签订，是一件辽、宋双赢的大好事。

宋朝的经济、文化发展，史学家早就有所肯定。从辽的角度看，大辽主张和宋交好的萧太后及其儿子辽圣宗，通过与宋媾和，为辽开创了一个经济、文化飞速发展的大好局面。这一局面，一直持续到萧太后(1009 年去世)和辽圣宗(1031 年去世)后的兴宗、道宗时期，长达近一个世纪。这是辽 179 年发展史中最辉煌的时间。

契丹从其 907 年崛起建立契丹国，到 946 年建立大辽，直至 1125 年(宋徽宗宣和七年)灭亡，共走过了 218 年历程。结果，契丹人竟从落后的渔猎、游牧的原始生产形态，迈入亦农亦猎的新的经济方式。文化方面，契丹人也从原先只有语言的落后状态，很快发展到有了本民族文字,并在学习汉语的基础上,掌握双语,进而接受了以孔孟儒学为核心的汉文化,可谓"跨越式"发展。其发展速度,在一定程度上,超过了同一历史时期西域的西州回鹘和喀拉汗王朝。必须强调指出的是,除了最初 50 年同宋的战争和最后 20 余年的苟延残喘,大辽政权大部分时间是在与宋的和平共处中度过的。

同样,西夏和宋的关系,也值得大书一笔。

比契丹人参与全国社会政治角逐稍早的党项人,曾经因功受唐赐姓、并得到河套之南的五州封地,从而有了自己的地盘。至宋,党项人又被赐以"赵"姓。公元 1038 年(宋仁宗宝元元年),党项人领袖李元昊西征扩地之后,自立为帝。从 1040 年起,李元昊连续数年对宋发起战争。后来,李元昊发觉,虽然自己连打胜仗,但是,与宋的经济封锁相比,自己实在得不偿失。于是,李元昊遂于 1046 年(宋仁宗庆历六年)与宋言和。因此,元昊被封为夏国公,并每年可获数量可观的经济资助。西夏与宋之间这种和平稳定,一直维持到南宋高宗中期。西夏也得到了迅速发展。

在这相对和平的 100 多年里,西夏创造文字,进行建政、实行科举、发展生产,开展教育,全社会政治、经济、文化等各方面都得到了长足的进展。

总之,特定的社会背景下,几个民族由对峙转向和平共处,各方都免受战乱之灾。辽、西夏都得以学习吸纳宋朝先进经验和文化,而致力于自身的发展。其结果是带动了全国大范围的经济、文化水平提高。

汉语成为各国之间文化沟通的桥梁 政治局势的相对和谐,促成了各国的积极图谋发展。而在寻求发展之路的时候,辽、夏、金几乎都心悦诚服地以宋为学习榜样,吸收宋的治国安邦理念,仿照宋的国家机器建设,引进宋的科举取士制度等。而这一系列的行动,首先要借助语言上的沟通。于是,汉语成了各国之间文化相互交往的桥梁。特别需要一提的是,各国境内早就已经广泛存在着民、汉杂居的社会现象,汉语早已通行的现实,更为各国的汉文化传播与民族文化的交流互鉴创造了良好的条件。

语言文字之社会交际作用的不可或缺,人们都直观地有所感悟。由此而致各族人民心理上都爆发出努力改善这种交际,以图发展的欲望。于是,汉语、汉字对契丹、党项、女真的影响,诱发了他们创制本民族文字的动机,并很快创造出了自己的文字。

在契丹建国不久的公元920年(辽太祖神册五年),阿保机命其弟弟参照汉字创制了契丹大字(有3 000余字)。后来又受回鹘语文启示,对契丹大字加以改造,而成约500个表音符号的契丹小字。这种字虽然是一种拼音文字,但形体上则是利用汉字笔画、形体实施构形的。而且字体有正楷、行草、篆书之分。行书的款式如汉字自上而下竖写,自右而左换行。辽宁考古发现,契丹文的使用也和汉文一样,用于墓志、碑刻、哀册,钱币、印章、铜模、符牌等许多方面。然而,契丹文却因各种原因而只局限于契丹民族内部通行。

西夏李元昊正式称帝之前一年(公元1037年),他命大臣野利仁荣等人创制西夏文。创制三年始成,计5 000余字。西夏语言属汉藏语系,文字也完全模仿汉字。所以,其文字特点,与汉字十分相像。例如:字的形体方正,笔画亦有点、横、竖、撇、捺、拐、拐钩等,单纯字很少,多为合体。其字的造成,包括会意、音意、对称、互换、反切、长音六种合成体。六种之中又以会意合成、音意合成占多数(约80%)。字体也有楷书、行书、草书、篆书之分。当时,西夏境内西夏文与汉文同时流行。迄今保存下来的西夏文书籍和文物,有《音同》《文海》《掌中珠》,以及西夏文译的汉文典籍、佛经等。

公元1115年(宋徽宗政和五年),女真人在东北崛起,1126年灭辽而建国。早在1119年(金太祖天辅三年)金太祖使完颜希尹依仿汉字楷书,因契丹字制度创制出最早的女真文"大字"。1138年(金熙宗天眷元年),又颁女真"小字"。

契丹文、西夏文、金文的产生,标志着这三个民族文化方面的巨大进步。其文化上的这种进步,深受汉文化的影响,是显而易见的。

然而,当他们有了自己的文字之后,新的客观实践,又使他们产生了本民族文字的辅助交际功能赶不上社会发展需要的新感悟。于是,在语文交际之中,他们又进行了使用汉字、摒弃本族文字,取此舍彼的毅然选择。因为,契丹、党项的文字,毕竟比汉字的产生晚了两千年。字数偏少,词汇贫乏,语法不够严密。这种民族语文的相对落后,均难以满足宋朝影响下本民族社会经济、文化发展水平快速攀升的客观需要。于是,他们在自觉不自觉中,都把汉语、汉字置于高于本民族语文的显赫位置。例如,辽朝的贵族、上层统治者,大多成了精通汉语的双语者。萧太后和辽圣宗更不例外。宋朝的范仲淹、王安石、苏东坡等大文人都出使过辽国。辽的大臣们在迎宾时,竟然都能用汉语与宋使吟诗唱和。契丹人对汉语的高度重视,他们的汉语水平,由此可见一斑。

西夏亦然。西夏文的发达完善程度,大大超过契丹文。因为西夏与宋的特殊政治、经济、文化关系,西夏在传播孔孟儒学、积极引进科举取士制度等方面,也居领先地位。他们所特设的"番学院"与"汉学院"并重,足见西夏重视汉语、重视汉文化,重视人才培养的程度,比契丹有过之而无不及。

总之,契丹文、西夏文、金文的创制,无疑是汉字文化直接影响下的产物。这也是民族文化提升的一种表现,反映出他们文化发展的择优需求和希冀文化发展的择优取向。于是,比他们的民族语文更为发达的汉语文,成了几个民族共同的语言文字,成为大范围社会交际和文化沟通的桥梁。这也是汉文化在西域得以更好传播的重要原因。

辽、宋时期汉文化概念的巨大变化 辽、宋时期,全社会相对稳定,使辽、西夏、金在学习接受宋朝汉文化的过程中,各自都得到发展,形成了各国均以汉文化为主体而又各有民族特点的多元文化。如前所述,各国都创制了符合本民族语言实际需要的文字,但同时,各国又无不更重视汉语文的使用。各国都有建立自己国家的雄心,但又无不吸纳宋的治国理念、模仿宋的国家机器建制,以及相应的各种典章制度。考古发现,辽和西夏文字的各种使用方式,连建筑艺术、雕塑艺术等方面的手法、风格等,都酷似当时的汉文化。然而,他们又各具某些民族特色。发展的结果,以至于有的方面的某些东西,实难说清哪是汉文化固有的,哪是民族文化所固有的。

金人更是长时间大面积生活在汉民固有的土地上(河北、河南等),其文化受汉文化的影响更深。金朝为争取汉族知识分子帮他们治理天下,恢复了宋朝考试汉学的科举取士制度。在科考诗赋时,金朝废弃宋朝时所用的《礼部韵略》,而改用新的诗韵"平水韵",后来,元、明、清几朝都还相继沿用。直至今日,"平水韵"还被一些格律诗爱好者写诗所遵循。

这一系列复杂文化现象证明,在这个历史时期,尽管全国处于多个政权割据的局面,但是各族人民文化上的天然联系和现时的相互频繁接触,以及其间所形成的以汉文化为中心的多元并存状况,已经使大中华民族汉文化的内涵和外延,继魏晋南北朝匈奴、鲜卑等民族文化的融入之后又一次发生了明显的变化。亦即因为契丹、党项、女真等民族文化成分的融入，汉文化的内涵更加丰富，外延更加扩大。这一汉文化内涵、外延的巨大变化，从而使中华各民族文化之间有了更多共性。这些共性又使它们之间互相更具包容性，最终，使全国大范围形成了一个新的特殊社会人文背景。这一新的特殊社会人文背景，正是此后汉语言文化在西域得以更大范围传播、汉文化影响在西域进一步深入的根本原因。

综上所述，这样一个思想认识的脉络，应当已经清楚：辽、宋时期以中原为中心的内地社会，外观上所能见到的是几个政权割据，但是，内在的相互之间却存在着一种向心的凝聚力量；各民族都有了自己的语言文字，汉语在不约而同中成了各民族之间的共同语。由此而带动的各民族文化的交融，促进了各民族间文化的多元一体进程；使汉文化的外延和内涵也更加扩大。这是这个时期全社会文化发展的大趋势。脱离开这个社会化大背景，汉语、汉文化在西域的传播，就会难以理解。

二、辽、宋时期汉语在西域特殊社会背景下通行不衰

语言是人类社会最重要的交际工具。某一民族的语言，是这一民语内部成员之间相互交流思想的交际工具。几个民族共处一起，这几个民族之间必然会出现双语或多语现象。语言的社会交际功能，就不再局限于某一个民族内部。这种跨民族的双语、多语现象，则是一种社会必然产物。它一直是社会语言学所关注的重要课题。

西域，因为历史上一直是个多民族聚居区，所以双语和多语现象，一直普遍存在。与前朝相比，辽、宋时期的西域，语言使用情况比以前出现更多不同。尤其是，因为各种复杂的原因，这时中原王朝没能直接对西域进行经营、治理，于是，这里呈现出多个少数民族地方政权接连割据的政治局面。所以，这几个割据政权辖域内的语言通行，也呈现出比较复杂的状况。因此，要了解此时这里汉语的通行状况、汉文化传播的情况，就必须立足于更高的基点，对全社会的语言通行，进行全面的客观分析。

本章第二节里，我们在了解这一时期西域的社会政治局面时，曾将这里的情况分

为两个历史阶段进行认识。这里我们仍按这样的划分,着手对汉语的通行进行分析、研究。

西州回鹘和喀拉汗时期汉语的通行 西州回鹘王国和喀拉汗王朝两个政权的割据,一南一北,大体分别坐落在唐朝的羁縻府州、普通州县两种不同的行政建制区域。虽然它们建国的时间都是在回鹘西迁来到西域之后不久的866年,但由于两者域内的社会人口结构有着明显的不同,两处社会语言通行的状况也就大相径庭。

1. 西州回鹘的汉语通行优势

西州回鹘王国建立在以高昌为中心的汉民聚居区。这里唐朝中期已经聚集数量可观的说汉语人口。除汉语通行外,周边还有突厥、铁勒、焉耆、龟兹等各民族、部族的语言在使用。

回鹘于公元866年(唐懿宗咸通七年),建立了西州高昌回鹘王国。回鹘西迁离开原居时,总人数"不超过二十万"。在西域经再分手,一部分前往中亚之后,留在高昌一带的,最多也超不过十万。他们与这里的说汉语人口相比,自然居于少数。诚如有的专家所说,高昌回鹘面积辽阔,人口稀少,差异很大的众多部族和城邦杂处一个政权之下,而统治民族回鹘人在总人数中,又占少数。自然,高昌一带汉民仍占多数。前述宋初王延德到西域来,见到伊州城主仍是陈氏汉民世袭,就很能说明这一问题。

西州回鹘王国建立后不久,辽便于907年在我国东北建立了契丹国。契丹后来改称大辽,其疆域西至阿勒泰山,南与西州回鹘为邻。后来西夏立国,李元昊西征河西扩地之后,西夏之西,也与西州回鹘为邻。于是,西州回鹘王国先后成为大辽和西夏的附庸。辽和西夏域内均呈民、汉杂居状态。汉语在那里与契丹语、西夏语并行。这时,史籍已不见人口西流西州的记载,特别是中原汉民直接西来,基本已无可能。但是,与西州毗邻的大辽西部的汉民,以及西夏辖地河西走廊的汉民,自发向西流动,当仍在所难免。汉语在西州回鹘境内、西夏西部乃至后来西辽西部的普遍存在,也就不难想象。

这时,在西州回鹘王国范围内,回鹘语因属掌权者的缘故,也许会居于当地官方通用语地位。但是,汉语则因汉人人口众多,在社会交际中仍然最具通行优势。再加上回鹘与唐历来关系融洽。安史之乱时,回鹘派兵前往唐朝帮助平叛。吐蕃入侵西域,回鹘又与西域留守唐军和人民一起对吐蕃作战。亲密交往中,回鹘人民中必有不少程度不同的民、汉双语兼通者,汉民中也绝不排除通晓回鹘语的人口。考古发现,这时许多回鹘文佛经残片上,文字中间常常夹有汉字出现。研究还证明,许多回鹘经文,是从汉传佛教汉文本翻译而来。

据此可知,西州回鹘王国境内,汉语和回鹘语,当是这个时期通行的主要语种。回鹘语居于官方通用语地位。但汉语则是社会通行中最具通行优势的语言。

2. 喀拉汗汉语通行趋弱

喀拉汗王朝,坐落在西域西南较为偏远的纵深处。这里过去曾经有过许多民族和部族。西迁来此的回鹘人在此定居,与当地的土著杂居一起,成为当地人口的主体之一。唐朝时期曾在山南设立安西四镇。这里的疏勒、于阗,曾有相当数量的唐军和说汉语百姓。这都是历史事实。同时,设在天山以南及葱岭东西的羁縻府州各地,也有一些零散的说汉语人口。汉语曾经在此通行,毫无疑问。

但是,唐朝中后期吐蕃入侵的战乱,之后喀拉汗境内强行推行伊斯兰教,说汉语人口锐减。由此可知,喀拉汗境内语言的通行,回鹘民族语言居于主要地位。至于汉民尚能在此生存而未被融合,继续使用汉语的概率,已很难想象。

3. 于阗李圣天王国汉语的通行与喀拉汗趋同

关于于阗李圣天王国,其国内历来就有本部族的语言和汉语通行。后来,当喀拉汗发展强盛之后,征服了于阗,并强行推行伊斯兰教,致使这里本来为数并不很多的汉民、说汉语人口,与其他民族一起被融合。这里汉语不再通行,与喀拉汗域内基本趋同。

西辽时期汉语无疑是官方通用语　前已述及,西辽域内,生活着汉、契丹、回鹘、塔吉克、哈萨克、葛逻禄等众多民族和部族,通行着多种语言。语言环境相当复杂。但是,因为西辽的民族政策相当宽松,所以,各民族语言都得以照常使用。

西辽政府官方,则同时使用着契丹语和汉语两种语言。这样两种并行的官方通用语的孰主孰次,长时间一直说法不一。《新疆地方史》中说,“在西辽的宫廷与官府,都通用契丹文和汉文”。(新疆维吾尔自治区教委高校历史材料编写组编:《新疆地方史》123页,新疆大学出版社,1991年。)另一处则又说,“使用的语言、文字不是限于一种,官方的行政公文是汉文"。(新疆维吾尔自治区教委高校历史材料编写组编:《新疆地方史》125 页,新疆大学出版社,1991 年。)。这两处的表述,肯定使用双语是明确的。但是,哪一种语言为主,却含混不定。《中国新疆历史与现状》则这样表述:"西辽王朝在西域主要使用汉语文和契丹语文。"(厉声:《中国新疆历史与现状》64 页, 新疆人民出版社,2010 年。)使用双语的说法与前者同,但是两种语言的先后顺序、主次地位,与前者明显有别。新疆一位学者在其《安史之乱后的西域——西辽帝国》一文中,引用一位叫作巴尔托尔德的学者之观点, 认为西辽官方语言文字,"看来是汉语"。此人态度似乎明朗,然而用了"看来"一词,又显出了几分狐疑。同时,这位作者又引我国知名学者陈垣先生的话,"西辽五主,凡八十八年,皆有年号,可知其在西域曾行使汉文"。(其文见新疆网)陈先生也只说"曾使用",十分谨慎地留有余地。很明显,大家的意见在哪种语言为主上,似有不同。

西辽的执政者是契丹,域内有很多汉民,两种语言的同时使用,都有一定道理。然而,对于二者地位的主与次,历史学家们在谁都拿不出西辽语言文字政策的文献,又拿不出两个民族人口确切数量的情况下,为此而态度严谨、不肯断言,完全可以理解。不过,照我们的理解,语言的通行,作为一种社会现象,是直观的。通过对社会语言通行现象进行观察分析,应当可以看出点眉目来。

通常史书上对西辽社会的语文通行状况的描述,要点如下:

1. 整个西辽五位君王均采用汉文尊号、年号、庙号(例如,耶律大石死后庙号为"德宗",其子耶律夷列在位曾改元"绍兴",死后庙号为"仁宗")。

2. 宫廷与官府,都通用契丹文和汉文,其钱币上印有汉文年号(例如,"康国通宝""感天通宝""天禧通宝"等)。

3. 使用的语言、文字不是限于一种,官方的行政公文是汉文。其所铸钱币也用汉字年号。契丹文保留通用。(新疆维吾尔自治区教委高校历史材料编写组编:《新疆地方史》123—125 页,新疆人民出版社,1991 年。)

尽管前后表述有所重复、有所区别,我们仍然可以看出:1.特别严肃、庄重之处,如君王年号、庙号,必用汉文。2.行政公文和钱币,这些使用遍于社会各方直至民间者,必用汉文。3.只有在宫廷、官府这些权力机关里和有契丹掌权者的地方，通用契丹文和汉文。所谓“契丹文保留通用”，看来只局限于这些契丹人所出现的场合。这样看，汉语文的通行居于第一位，当是比较明显的社会现实。

为了帮助肯定这一判断，这里用得着赘述本节第一小节的观点。——因为契丹和宋之间关系的政治原因，大辽内部虽然有本民族的语言乃至文字的存在，但是，事实上汉语已经成了辽、西夏、金之间的“民族共同语”，汉字亦然。耶律大石在西域建国之后，极力保持大辽已经接受的中原汉文化优良传统。他除了典章制度作些必要的变通之外，各方面一仍先朝，把官府、贵族崇尚汉语文，以“汉语文为尊”的传统，照搬西域。于是，契丹语文便只有在契丹人内部使用，汉语文便居于全社会所通用的首要地位。

最为有趣的是，契丹人使用汉语在欧亚大陆的影响，给今人留下了汉语在西域通行占据主要地位最值得玩味、极有价值的信息。“契丹”一词，变成了中亚各族用来称呼“中国”的名词。后来，这个名称又由中亚传到了俄罗斯和整个欧洲。今天俄语中的Китай和英语中的Cathay，都是契丹一词的对音。在俄语中，Китай用来指称中国，而后，又以这为词根，创造出Китаиский，指称中国人，又以Китаиский和язик(语言)组合用来指称中国话、汉语。看来那时境外人完全不清楚西辽说汉语的人中，有汉人、契丹人之别，于是才会笼统地把当时说(汉语)这种话的人口群体所住的这块土地，以“契丹”称写，最终成了中国的名称；当初西辽所说的语言，也因此用来指称今天的“中国话”或“汉语”。而今天俄语里作为一个民族的名称，契丹则是Кидане(复数)，与当初在西域建立西辽的人口群体Китай所指完全不同。可见，当时中亚人以及后来的俄国人，完全不知道Кидане和在西域建立西辽说汉语的Китай之间的源流关系。上述几个词形成之文化信息，正说明当时契丹人使用汉语以及所传播的汉文化所产生的巨大社会影响。

第五节 辽、宋时期汉文化在西域的传播

辽、宋时期的西域，回鹘和西辽社会的汉语通行，特别是西辽以官方通用语对汉语的高度重视，使汉语在中亚地区产生了重大社会影响。随着汉语的通行，汉文化的影响也遍及于西域各国，以致影响到中亚、西亚以及欧洲，堪称继汉唐之后汉文化传播的又一个高峰，从而在文化传播史上写下了光辉的一页。

一、契丹人在西域传播汉文化的卓越贡献

在辽、宋时期的300余年里，契丹人所建的西辽的存在实在短暂。然而，不到百年的历史，西辽却在中外人民中产生了巨大而深刻的影响，以致赢得了史学界公认的“继汉唐之后汉文化传播的又一个高峰”。这在全国历史上是罕见的，在西域史上也是罕见的。之所以出现这样的奇迹，正与前述“全国特殊社会背景”下，契丹人所受汉文化深刻影响有着直接关系。

契丹和西辽政权及其文化的再认识 西辽的开创者耶律大石，是辽太祖耶律阿保机的第八代孙。史称他“通辽、汉字，善骑射”。他自幼接受严格的文武训练，汉语、汉文化水平也非常高。辽朝末年，他看到辽朝日趋衰弱，江山岌岌可危，而天祚皇帝又荒淫无道、不听劝谏。于是，大石这位契丹才俊愤然西出，立志复国，重建辽朝的事业。几经努力，大石终于在西域建立了西辽政治实体。

因为他自视江山是辽朝的延续,所以自称为“辽”。只是后来修史书的人,将耶律大石建于西域的契丹政权,称之为“西辽”。

大石不仅在思想深处,牢记他是契丹的后人,而且在建国、施政各方面,都以辽朝正统继承者自居,顽强保持祖先的传统,把先人吸收来的先进文化拿来推行到自己的国家之中。甚至包括广用汉人在军队、政府里担任重要职务的做法(如宰相李世昌等),西辽也都沿袭下来。契丹辽朝,虽然只有200余年历史,却以跨越式的速度,走过了其他民族要花很长时间才能走完的几个历史发展阶段。西辽快速进入了封建社会初期。大石的先人已经在与宋的密切往来中,迅速吸收以儒家思想为代表的汉文化,从典章制度到语言文字、社会习俗直至生产技术等各方面,滋养自己、改造自己。仅用了100年时间,萧太后和她儿子辽圣宗,就使本民族来了个脱胎换骨的变化。

据此,西辽时的契丹人虽然还是契丹人,但是,契丹文化已不是原来的契丹文化。它在吸收汉文化、丰富了本民族文化之后,已经使本民族跻身于中华民族之林。这时,契丹族虽未放弃自己的母语,完全融入汉族之内,但是,契丹的民族文化已经和汉文化融为一体,成为中华文化密不可分的组成部分。

基于这种情况,当今许多学者一致认为:在论及历史上汉文化的影响时,不仅要看到汉族人民在传播这种文化中所起的作用,而且还要看到深受汉文化影响或已融入汉民的周邻各族人民所起的作用,后者有时影响更大、贡献更大。

西辽时期的汉文化影响　西辽立国的历史虽然不长,但是,带给西域的汉文化影响,乃至在中亚的影响,重大而至深,在以下几方面表现尤为突出。

1. 语言文字政策“以汉文为尊”

一个民族的语言文字,是该民族文化的重要标识。西辽虽然保留使用本民族的语言文字,但是,其社会通行地位,却明显次于汉语文。从某种意义讲,汉语文成了西辽在外部世界交际中的“金招牌”。

当初辽朝境内曾有许多民族。主要有“耕稼以食,城郭以居”的汉人和“渔猎以食,车马为家”的契丹人。面对这种人口群体的具体实际,辽朝政府准许境内的汉民都使用汉语,契丹语只在契丹人内部通行。

这里需要强调指出，语言是第一位的，文字是第二位的。两者密切相关，但又不是一回事。据此，我们再回过头，审视契丹人对待自己本民族语言文字和汉语言文字的不同态度，就会悟出个中缘由，看到他们的认识颇有科学道理。

从汉语发展到产生文字系统的时候起，到契丹人崛起建立契丹国，至少已有2 500多年。汉字发展了两千多年以后的公元920年(辽神册五年)才有了耶律突吕不等创作的契丹大字。有关专家研究，契丹所造出的字数，约有3 000个。而汉字这时已有2.6万多个(据宋初《大宋重修广韵》)。汉语的发展水平，和汉人社会政治、经济、文化的高度发展，契丹人不得不大为惊叹。当他们意识到自己相对贫乏的语言文字，与外部世界交流的需要大不适应的时候，便举族欣然改变态度，把比自己母语和文字发达、丰富、实用的汉语言文字拿来，用于本国政治、经济等各种重要场合，而契丹语文则退居于本族内部日常生活范围之中，此实属明智之举。贵族上层人物纷纷率先学习、运用汉语文，萧太后和辽圣宗就是突出代表。"以汉文为尊"成了时尚，影响着契丹全社会。这就是汉语文在大辽的国度里，居于官方通用首位的根本原因。

耶律大石建立了西辽，他在考虑语言文字使用的问题时，头脑清醒地把握住了这一点。

他十分清楚他的前辈之所为的社会效果——契丹上层统治者都通晓汉文，并以汉文为尊。

于是，西辽同辽朝一样，契丹文和契丹语，只在契丹人一般日常生活层面、小范围内使用，而在更高层面里，能满足高层次社会交际需要的，唯汉语文莫属。

可以说，正是在这一点上，西辽耶律大石，不但非常理解他的先人此举，并努力实施之，甚至在程度上比前人有过之而无不及。诚如有的学者所评价："西辽虽然是契丹族建立的王朝，但是汉化程度极深。在西域大力推行汉文化，汉语文得到广泛传播。"(厉声:《中国新疆历史与现状》66页，新疆人民出版社，2010年。)在语言文字政策上，大石断然决定在西辽实行以汉语言文字为主的双语政策，明确以汉语文为主、契丹语文次之，正是他超越其先人的具体体现。

2. 各方面政策的制定均以儒家思想为指导

为了适应国内不同生产方式和生活方式的实际，辽朝在耶律德光统治时期，便制订了一种“蕃汉分治”的制度，即前引“以国制治契丹，以汉制待汉人”。其具体办法是：统治契丹族和其他游牧民族的，一律用契丹贵族，办事处设在皇帝牙帐之北，称为北面官，凡属于“宫、帐、部族、属国”和“兵机、武诠、群牧”范围内的事务，都由他们负责；统治汉人和渤海人的，杂用汉族地主和契丹贵族，办事处设在皇帝牙帐之南，称为南面官；凡属于“汉人州县、租赋、军马之事”和“文诠、丁赋之政”，都由他们负责。这种管理模式，不禁让人想起唐朝在西域的普通州县制和羁縻府州制。辽朝很有模仿唐制的味道。

西辽的耶律大石，在他前人的基础上又有发挥。他在西域实行的羁縻政策，大致分为三种情况：一是派官吏常驻进行监督，二是派代表去征收赋税，三是由当地首领代为征税。唐朝政策制定的理论基础是儒家的“仁政”思想。将辽、西辽和唐三者之间进行一下对比，不难看出其间先后的一脉相承关系。

与此相关的西辽对人民“轻徭薄赋”，对属国属部“柔远怀来”“羁縻”“安抚”，对宗教信仰“循俗”“宽容”等政策，也无处不显现出儒家“仁政”思想的闪光。特别是宗教政策的“循俗”“宽容”，对域内的广大穆斯林信众，尊重其宗教信仰，使得民族关系融洽，处理得十分得体。这正是儒家“仁爱”思想的具体体现。

3. 政治、军事权力的掌控

政治、军事权力的掌控，是执政者睿智的一种表现。西辽耶律大石在这方面，比他的先人显得更为成熟。他学习宋朝的经验，运用得十分得体。

政治上，他废弃前人的分封制，不再给建国有功的大臣给封地，实行中央集权制，以免得到分封的军政大臣实力膨胀后的尾大不掉、不服上命，甚至威胁皇室。于是，军事上则如赵匡胤“杯酒释兵权”一样，在得到江山之后，把大将们的兵权收回皇帝亲控。对照中国历史，这些做法从哪里来，即就可一目了然。此不赘言。

4. 建筑艺术上的汉文化影响

李志常在《长春真人西游记》中，对在西辽之所见，曾经有这样一段记写：“东西有故城，基址若新，街衢巷陌可辨，制作类中州，岁月无碑刻可考。或云契丹所建。既而地中得古瓦，上有契丹字，盖辽亡士马不降者，西行所建城邑也。又言西南至寻思干城，万里外回纥国最佳处，契丹都焉。历七帝。”（杨建新：《古西行记选注》197 页，宁夏人民出版社,1996年。)李志常师徒来到这里时,距西辽灭亡整整十年。西辽时的建筑虽已坍塌,建筑的断壁颓垣"基址若新",以致仍能看出"街衢巷陌"的概貌,看出其屋宇建筑的形制"制作类中州"。

须知,建筑是科学技术和文化艺术的综合体现。其中固然有许多科学技术含量,但同时,无处不表现出文化艺术的风格、特点。李志常当是从风格、特点这方面,看出了汉文化影响的眉目、判断其"制作类中州"的。这条史料,似乎一直不大被人们注意。国外的考古成就,则印证了这一条史料的价值。

新疆网刊布的题为《安史之乱后的西域——西辽帝国时代》一文,援引吉尔吉斯斯坦科学院历史研究所编写的《吉尔吉斯地区史》(外文版本)一书,披露了他们的考古发现。书中指出:西辽在建筑和造型艺术方面,受汉文化的影响尤其明显。书中还说:"除巴拉沙衮外,在斯莱坚卡镇附近,在列别季诺夫卡镇地区,在亚历山大古城,也发现了哈喇契丹居民点的遗址。他们在建筑装饰方面,总的说来广泛地表现出汉艺术和汉文化的影响。"

书中对建筑艺术方面汉文化的影响做了仔细的描写。"在这里发现了瓦当。在瓦当上有图案,看来中央坐着的是佛,四周是菩萨"。建筑里有"炕式的取暖系统"。就是说,从建筑的用料到建筑技术、工艺,都能看到汉文化的影响。特别是佛像泥塑等更清楚地反映出汉文化的特色来。书中说,"哈喇契丹修建的庙宇,用汉人风格的绘画作为装饰,有富丽堂皇的塑像"。巴拉沙衮发现的佛像,其身躯比人略高,还有"站在金台座上的佛像,在其身后的石板上是光轮和菩萨"。发现的佛像,有石质的佛像断块,有保存完好的泥塑断块,有"带有衣服皱褶的躯干,在艺术处理上很有特色的头发"等等。研究人员认为,这些"都表明这些塑像不仅源于汉艺术的原型,而且也源于印度古典艺术的优秀模型"。(伏龙芝:《吉尔吉斯地区史》第三卷,141—142页,1956年。)他们的结论明确强调指出,西辽人的建筑文化艺术风格特点,源于汉文化艺术。毋庸置疑,这些建筑上的汉文化艺术影响,是由汉人和契丹人传播到了西辽。

5. 生活习俗方面

生活习俗是一个民族的文化中最具民族特点的部分。学者们普遍注意到,大石家族成员的生活习俗,许多方面明显保持汉人的习俗。例如,大石非宋丝绸衣服不穿。大石的妹妹出嫁时,一定要按汉族姑娘出阁时的样子梳妆打扮。从这些细小之处,也可以看出他们所受汉人习俗的影响之深。

二、有唐以来西域回鹘语中的汉语借词

语言与语言接触或杂处的过程中,它们之间往往会产生相互影响和渗透。其中,语言的借用,尤其是词的借用,最为常见。社会语言学称其为“借词”。

回鹘语中的汉语借词 唐代以来的回鹘语中,出现了许多汉语借词。刘义棠先生在他的《维吾尔研究》中列举了许多例证,给我们提供了可贵的资料。他从鄂尔浑河发现的鄂尔浑碑文、新疆出土的回鹘文经典、喀拉汗时期的文学名著《福乐智慧》、高昌译语以及其他资料中(非同一个时期的,即不局限于唐代),摘录出许多回鹘借词。(刘义棠:《维吾尔研究》421—426页,台北:正中书局,1975年。)

因为原材料大多是卢尼体突厥文、粟特文和汉文合璧,非突厥语、粟特语学者,难以识读这些文字,所以,刘先生用国际音标为回鹘文改注了读音,为读者提供了识别方便。这里我们将他所列举的借词重新分类,摘举如下:

1. 政治、经济类:将军 都督 达官 道理 公主 老爷 罪 王 唐总兵

2. 宗教、文化类:布施 法师 大乘 菩萨 弟子 三藏 有罪 尘 寺

3. 地名、称谓类:大汉 高昌 阿爹(亦称父亲、祖父、祖辈、祖先)爹爹

4. 日常用品类:

(家居用品)桌子 板凳 钥匙 板 尺 钱 伞 锁 布桶

(文化用品)历日 元宝 珍珠 样子 箜篌 笔 墨

(植物食品)菊花 辣子 茶 茶叶 馒头、包子 花 谷

5. 动作行为类:听听、听 冻结、冻 通译 通 放心 帮 慢 催

6. 其他:木匠 驿马 裁缝 闷 龙 肃 真 盏 万 斤 里

对于借词的认识,一般可以从其语音形式和所含的词义进行分析。尤其是从历史

发展的角度审视、研究其语音与词义的发展变化，是社会语言学的重要任务之一。

因为刘先生所辑借词，不是出于同一时代的东西，而语音又是随着社会发展而发展变化的，所以，对他所注的读音，我们在不明每个词所出时代的情况下，无法判定其读音的正确与否。加上印刷环节上因为技术问题，难免出现舛错疏漏等（我们已经觉察出其中难以置信的注音）原因，所以，我们没有把刘义棠先生的国际音标注音原样注出。例如，我们注意到，这些借词里，古入声字的塞音尾，只有[-k]、[-t]，而没有[-p]。当然，这也许正是语音变化的结果。而唐音里，这三种入声塞音尾一个也不少。在《中原音韵》（元代卷）里，入声韵完全消失，入声的塞音尾当然也就不复存在（南方一些方言中却依然保留）。如果根据这些弄不清确切时代的字音，希望得到社会语言学所期望的入声韵尾的发展变化规律来，实是难事。词义问题也一样，仅以这些孤立的词，对其发展变化进行研究，将无从下手。而且，这些研究，不是本书必予关注之所在，所以暂且搁置不提。

回鹘语汉语借词的来由例释　文化语言学认为，“研究不同语言（或方言）词的借用，有助于了解这两种语言（或方言）背后的文化交流的历史内容”。（游汝杰：《中国文化语言学引论》49 页，高等教育出版社，1993 年。）借词既然是关乎历史文化的一种语言现象，那么，借以了解唐代以来汉和回鹘两个民族之间的文化交流，这才是我们应当关注的。

为什么一种语言要从另一种语言里借词，这是社会语言学和文化语言学都很关注的问题。语言借词的发生，主要原因是由于表达外来新概念的需要。当一种语言自己没有现成的词来表达一个新事物、新概念的时候，便会从另一种语言中吸收其现成的词来使用。这种现象古今中外都十分普遍。这是民族和民族之间社会接触中的一种必然现象。因此，借词既是一种文化现象，也是一种社会现象。诚如前面所说，研究不同语言之间的借词，“有助于了解这两种语言背后的文化交流的历史问题”。换言之，即通过了解这两个民族的文化交流的历史，才会明白发生借词的根本原因。

唐朝是中华民族历史上的一个辉煌史段。唐朝政府对域内的兄弟民族，政策相对宽松。特别是和回纥（回鹘）的关系尤为密切。回顾汉族和回鹘的交流历史，上面所列的借词出现的历史时段，至少自回纥汗国建国之前开始，截至西辽灭亡，前后历经将近600年。其间，经过全民族名称从回纥改为回鹘，直至汗国衰亡，回鹘人分别向外迁徙他方。其中相当一部分西走，进入西域，最后在西域分别建立西州回鹘王国和喀拉汗王国。他们由原来的游牧经济发展变化为农业经济，生活方式也随之发生了根本性的改变。这些变化虽然是发生在回鹘内部，但是它的发生无不与唐、宋时期中国全社会历史以有着密切关系。尤其是因为回纥和汉族、和中央政府，一直保持着密切的良好关系。

远在公元629年(唐太宗贞观三年)，曾经和北魏、突厥抗衡多年的回纥人的先人(丁零、铁勒、袁纥)，在斗争中经过不断联合，形成以“十姓回纥”为核心的政权，首次遣使向唐朝进贡。从此开始，双方建立了政治、经济联系。经过百多年的发展壮大，回纥于744年(唐玄宗天宝三载)在鄂尔浑河上游的乌德犍山今蒙古杭爱山东支设牙帐，建立回纥汗国。汗国疆域大致东起兴安岭，西至阿尔泰山，北接贝加尔湖，南与唐朝为邻。回纥从建国到汗国灭亡，共24位首领，其中9人接受唐朝授予的瀚海都督官职，12位被封为可汗。回纥与唐朝的友好关系，还表现在回纥有乱，唐朝扶正；唐朝有难，回纥助兵。从肃宗年间起，经代、德、顺、宪、穆六朝，唐先后嫁三位公主和四位大臣宗室女，与回纥汗和亲，也是回纥汗国与唐朝的亲密友好、融洽和睦关系的具体表现。

政治上的关系密切，带动了经济文化的更为密切的接触，人民社会生活上的接触自然也在密切发展。

回纥人单纯的游牧，对解决全民的衣食，天然存在不足。汉民的农业经济虽然不愁温饱，但是农耕需要的畜力，特别是王朝政府军队所需战马，却无处补给。两者之间天然存在着经济互补的关系。于是，回鹘从和唐在经济上的绢马贸易关系中，意识到双方的互补与相互依存，从而一直与唐、与汉民保持良好关系。据记载，“回纥每年向唐提供10万马匹，每匹马值40匹绢”。向唐换取大量绢帛衣被，解决民需，甚至转手往西贸易，获取更多好处。“从唐玄宗至文宗的110年左右，唐曾以绢600万匹、金银10万两，偿还马值”。(新疆维吾尔自治区教委高校历史材料编写组编:《新疆地方史》100页，新疆大学出版社，1991年。)人民的频繁接触、密切往来，经济文化的交流，语言在相互交际中，便产生了渗透和借用。

例如,为了密切回纥汗国与唐王朝的政治关系,唐朝在回纥以南,突厥以北开辟一条道路,叫“参天可汗道”(亦称“参天至尊道”),在大道沿途设置邮驿所 68 处,每处设有专人管理,备有马匹、酒食,以供过往来使。(新疆维吾尔自治区教委高校历史材料编写组编:《新疆地方史》97 页,新疆大学出版社,1991 年。)于是,驿、驿马、通译这一类从来没有过的新鲜词儿,便出现在了回鹘人的语言里。

又如,回鹘人历来从事游牧,不事耕织。生产方式决定着其生活方式。逐水草而游牧,家居就非常简陋,除了所居的帐篷和极简陋的炊具外,没有桌椅、床铺之类的家具。直至接触汉人生活,方知桌子、板凳、锁和钥匙,能给生活带来许多方便。这些词汇也出现在生活中。

回鹘人最早曾信奉萨满教,继而改信摩尼教。据研究,佛教似曾早于摩尼教之先传入回纥,因未普及,以致他们先接受了摩尼教。后来,和汉民接触频繁,特别是唐代佛教在中原盛行,抑或渐受影响,而接受了佛教。于是,有了法师、菩萨、大乘、弟子之类的词语。

回鹘人依靠原始游牧,自食畜肉、畜乳,卧被其皮。后来对外有了物资交换,而且大多是以物易物。他们的马、羊之群,每群个数成百上千。交易时,数个而不论斤,自然没有度量衡单位概念。直至后来接触汉文化,始有斤、尺、里等量度单位的词语。

回鹘人原来没有文字,后来先后引进了卢尼文、粟特文。没有文字,当然无须什么书写工具之类的文化用品。在和汉人接触中,汉文化的文字书写用品的发达和考究,笔、墨的广泛使用之影响,使他们也有了这些文具的称说。

其他诸如:将军、都督、老爷、公主,茶叶、辣子、馒头、包子,珍珠、元宝,木匠、裁缝,等等,都不是原始游牧生活所能有的词语。这些词的音译形式,完全都是单音节、双音节,而且双音节形式已占多数。从它们的构词成分、构词方法,一看便知它们来自汉语。回鹘人借用这些原本自个儿没有、而确实有用的词语,理由自明。

无须赘言,从这些回鹘语的汉语借词,无处不见汉文化对回鹘社会生活产生的影响,无处不显示出回鹘民族和汉族的亲密关系。

需要说明,鄂尔浑碑是回纥王国时的碑文,《福乐智慧》是喀拉汗时的文学名著。二者不是同一时代的东西。刘义棠先生所说的“高昌译语”,也不知囊括的都是哪个朝代的词语。所以,我们只能大概这样从唐代这一重要历史背景着眼,进行上述简单的例释。很可能大多数词就是从唐代开始借用,一直延续到宋朝,抑或到更晚的时候。而哪些词是更晚的时候才借用的,我们尚不能一一说得清楚。因此对唐之后回鹘人进入西域,并渐渐从游牧生活发展到农业生活,其间的词语借用,我们不敢凭主观臆猜信作解释。这正是我们把“回鹘语的汉语借词”这一小节,不放到唐朝一章,而移置于本章的主要原因。

三、汉文化影响在西域回鹘人中的进一步加深

文化的传播,主要依靠语言文字做媒介。传播的效应,无非两种:一种是文化随同其载体语言,伴随操该语言的人,到达异地落地生根,直接传播应用;另一种是文化通过语言传播到另一语种的通行域内,在操另种语言的人们中间,经过发酵、消化、吸收,而后在此地发扬光大,传播开来。

唐朝末年,回鹘尚未西迁之前,在和唐的密切交往中,已深受汉文化的影响。回鹘西迁高昌,这里早已是汉人聚居区,汉语在此通行已久。回鹘建立西州回鹘王国之后,便和汉民杂居一起,两个民族的语言接触,比未到西域之前更为密切。语言作为媒介,在两族人民之间传播文化的效应,直接和间接兼备。因此,辽、宋时期回鹘人中的汉文化影响,更为普遍和深入。当然,必须强调指出,语言的沟通,是双方的行为。其间的文化影响,像语言交流一样,也是互动的。汉文化不断影响着回鹘人民,回鹘文化也在不停地影响着汉民。这是此时各民族文化多元一体局面的一个突出特点。我们在这里,则侧重谈汉文化对回鹘的影响。

佛教的深入传播　唐代,佛教在西域高昌的传播,或来自印度,或来自内地,包括大乘、小乘不同派别,影响广泛。辽、宋时期佛教在回鹘人中间影响更为深入,突出表现在以下几个方面。回鹘王改信佛教并对佛教加以扶持,使佛教在回鹘王国占据了统治地位;佛教的重要经典都被译成回鹘文;佛教寺院大量建立,而且规模宏大。高昌王室

在招待来宾时,往往要请佛教僧侣参加,并邀请来宾到寺院观光。民间还把佛事活动同民俗节日、弹唱娱乐活动结合在一起,使之带上宗教色彩,可谓盛况空前。

这一时期佛经翻译的成就非常突出。佛教经典主要从汉文、龟兹-焉耆文翻译成回鹘文。由汉文译成回鹘文的主要是大乘佛经,例如《金光明最胜王经》《华严经》《妙法莲华经》《佛说天地八阳神咒经》等。唐玄奘的传记《大慈恩寺三藏法师传》,就是别失八里(北庭)僧人从汉文译成回鹘文的。考古发现,这时的手抄回鹘文佛经残片上,常常夹有汉字,反映出经文的译源可能就是汉文佛经,或者(译源是其他语种)译员本人同时也兼懂汉语言文字。这是汉语言文字在此颇有影响的一种表现。

这时,高昌、交河、北庭、库车都是著名的佛教中心,都建有大量寺院。宋初王延德出使西域时,在高昌见到"佛寺五十余区,皆唐朝所赐额","唐时诏敕尚在"。他所见到的,应当还有许多回鹘人新建的寺院。20世纪70年代末考古工作者在吉木萨发掘的回鹘时期佛寺,就是鲜明例证。这里有必要再次说及龟兹石窟。龟兹石窟大多开凿于10世纪或11世纪之前。这意味着其中不少与回鹘人的辛勤劳动有关。专家研究认为,9世纪上半叶吐蕃控制时期以及后来回鹘统治时期,石窟开凿工程尚在进行。研究认为,79窟就是回鹘人开凿的。窟中的供养像上方有汉、回鹘、龟兹三种文字合璧书写的榜题。这足以说明佛教在回鹘人中传播的深入,同时说明汉文化对其的深刻影响。

龟兹石窟在反映西域佛教思想及其发展的内容之同时，也有反映当时社会生产、生活的内容,一直为学者们所关注。人们注意到,克孜尔175窟中有二人挥动坎土曼刨地,一人赶着二牛抬杠犁耕地的画面。这种二牛抬杠犁,与中原早就有了的二牛抬杠犁形制十分相似。

汉民俗方面的影响　这一时期来自汉文化的影响,涉及面很广。这里只就某些方面的情况择要介绍。

宋初王延德受命出使西域，在西域所见"寺中有《大藏经》《唐韵》《玉篇》《经音》等",和考古发现的唐朝丰富汉文经书、小学抄卷一样,证明这些汉文化读物,随着此前汉人的到来,传入西域,在此得到广泛传播与应用。

与这些汉文读物同样被西域人民接受使用的,还有唐开元历。王延德记写道,当时当地还“用开元七年历(即‘七曜历’),以三月九日为寒食,余二社冬至亦然”。(杨建新:《古西行记选注》160 页,宁夏人民出版社,1996 年。)这是当地有关民俗文化方面的信息。透过民俗文化在当地生活中的影响,不难看出此前汉民人口之多、左右民俗主流的力量。

王延德关于高昌仍沿用开元七年历的记写,也已从今天考古所见到的西州回鹘历史残卷得到了证明。高昌考古所发现的这种历法残卷中,有粟特文、突厥文、汉文。这说明当时这里杂处着众多的民族、部族,通行着多种文字,多民族都在使用这一从中原传播来的历法。这种历法,始创于古巴比伦,唐开元七年在中国广泛传播、使用。那时高昌已成西域的汉文化中心,这种历法在高昌被广泛使用,自然是汉语言传播的功劳。唐亡几十年之后,经五代至宋,西州仍在沿用这种汉文历法。这既说明能够使用这种汉文历法的汉民百姓必然大量存在,同时也证明这一由汉语传播来的文化舶来品“七曜历”,在兄弟民族中的影响也很深刻。

另外,有关专家“根据各种突厥文献,知悉突回族人在未接触中国之前,无固定之历法,除四季外,殆无他种计时之术。自与中国文化接触后,遂以十二生肖纪年,如羊年、猪年等,V.Thomsen 亦曾作此论断”。(刘义棠编著:《维吾尔研究》425 页,台北:正中书局,1975 年。)这一判断正好和王延德所见互为佐证,更有力地证明汉文化在兄弟民族中的影响之深。

王延德还注意到当地百姓“以三月九日为寒食,余二社冬至亦然”。寒食和冬至,是汉节令文化的两大民俗节日,它们分别含有汉文化史中的特有内涵。

寒食节是由一历史典故而产生、来源已久的民俗节日。相传春秋时,晋文公重耳的重臣介子推,曾割肉救主,辅佐重耳复国。复国之后,重耳欲封其官,介子推却隐居绵山拒而不出。重耳三面烧山,意欲逼他出来。大火三日熄灭之后,人们发现介子推母子抱柳树焚身而亡。从此重耳将这一日定为介子推的忌日,命令每年该日禁火、进寒食。后来发展演变为清明节前一日(一说清明前两日)为寒食节,进行祭奠活动。于是清明渐渐取代了寒食。

冬至是源自帝尧时的一个重要节令。帝尧时,根据日象,将春分、夏至、秋分、冬至作为一年四季的划分。冬至和岁首并重,是一年中的重要节日。每年12月22日或21日为冬至。视太阳位置达黄经270°时开始。

它们各自有一定的历史来由,同时又隐含有特定的文化意义。此外,这些节令还是中原黄河流域反映一年四季自然变化并据以安排农时的重要节令。

此时高昌农业已有所发展,而且务农者大多数是汉民。他们既依民俗在寒食、清明进行祭奠活动,又沿用源自中原的二十四节令,依之安排农时。由此可见,汉文化的节令文化及相关民俗在西域的保持和沿用,影响之深刻。回鹘人这时也大多由游牧转而从事农业生产,他们借以参照安排农时,进行生产劳动也是合乎情理的。

汉文字文化的影响 汉文在西域传播已久。这时关于汉文字文化在西域也有更多更深入的影响。印刷术的传播,就是最典型的例证。

印刷术是中国的四大发明之一。唐代雕版印刷技术发明之后不久,宋代毕昇的活字印刷就问世了。这是人类有了文字之后,关于文字使用技术的重大突破。这一技术一经成熟,便在世界各地有文字使用的国家不胫而走。考古工作者从敦煌发现了大量木刻回鹘文活字,人们据以判断,此时这种先进的印刷技术在吐鲁番盆地已经广为采用。(新疆维吾尔自治区教委高校历史材料编写组编:《新疆地方史》108页,新疆大学出版社,1991年。)学者指出:“回鹘文书籍中之页数照例用汉文,书名亦用汉文印于诸页之侧。……验之吐鲁番所得各种古雕版书,罔论其为汉文、梵文,抑系回鹘文,页数率刊以汉文,可见固为中国工人所刊。是以雕版印刷术实来自中国也”。(刘义棠编著:《维吾尔研究》428页,台北:正中书局,1975年。)

再比如,关于文字的书写方式。有关专家留心到这样的事实:八世纪末至九世纪初,回鹘使用卢尼体突厥文,后来有了粟特体回鹘文,十世纪接受伊斯兰教后改用阿拉伯字母。有学者认为,粟特体古畏吾尔文即后来塔塔统阿推荐给成吉思汗的文字。这种文字古时候曾经有过竖写的形式。1938年在吉尔吉斯、哈萨克斯坦及怛逻斯城进行考古发掘,曾经获得(突厥)钱币,以中国形制铸成,上有竖写的回鹘文。有关学者认为钱币形制和文字竖写,均为受汉文化的影响,而致文字文化上出现这种模仿。后来在吐鲁番考古也有同样钱币发现。专家们认定这都是古回鹘文竖写的实证,都是受汉文化影响的结果。(刘义棠编著:《维吾尔研究》542 页,台北:正中书局,1975 年。)新近学者研究也证明,"回鹘文起源于粟特文,……后来受到汉文化的影响,把从右到左横写改为从上到下竖写。(阿利娅·艾尼瓦尔:《鄂尔浑回鹘汗国及其回鹘文字》《西北民族大学学报》2007 年第 5 期。)

汉语在西域的通行,作为媒体,把汉文化带到西域传播开来。这是一种表现形式。汉文化在汉民中间广为传播的同时,扩散进入其他民族,诸如回鹘民族等,经过在他们中间的发酵、消化、吸收,这正是此时汉文化在西州回鹘传播的一个明显特点。

四、中华民族意识在各民族中滋长

我国是个多民族国家。众多民族在长时间共同生活中,虽然民族上层之间时有矛盾出现,争斗不断,但是各民族人民的共同生活、相濡以沫,因为经济、文化各方面的密切联系,更加深了相互之间的信赖和依存情感。一个超越狭隘民族意识的、多元一体的中华大民族观念,在各族人民之间萌生并逐日向前发展。辽、宋时期,尽管全国宏观上并不存在一个大一统的王朝政权统治全国,但是,西域各国却已经明显表现出与中原密不可分的、中华大民族观念之萌芽来。

各民族政要所表现出的中华大民族观念　远在魏晋南北朝时期,一些少数民族中就崭露出超越狭隘民族意识的苗头。西晋时期,匈奴族的刘渊,曾经有过令人震惊的表现。他的祖上曾是匈奴最贵的一姓。他们家世代为官。他从小随汉族儒生学习经史。西晋时他作为匈奴的侍子驻在洛阳,同洛阳官僚有很多往来。公元 290 年(晋惠帝永熙元年)晋封刘渊为建威将军匈奴五部大都督。在和汉族长时间的相处中,观念上发生了巨大变化的刘渊,自称是两汉皇室之后。后来在各民族上层军事势力纷纷割据建立政权的风潮中,刘渊建立了后汉。这时,他一边自称单于,同时又自称汉王,声称自己是继承刘汉。他希望得到汉族和其他民族的更多赞同和拥护。可以说,他的观念已经超越匈奴一族的狭隘民族利益圈子。

辽、宋朝时期,宋朝作为中原汉族封建王朝,没能像汉唐那样领有全国、统治全国,于是出现了不同于十六国时期的、大范围的多处政治割据局面。其中,从外观上看,虽然西域几处也各自为政,但是内在上与中原之间却都深深隐含着感情的呼应。

1. 西州回鹘王国

还是在唐朝末年,西州回鹘在高昌建政伊始,就派达干迷怀玉入唐朝献贡,可汗对唐称舅,自称为甥。这种甥舅相称,的确意味深长。它既是唐时与回鹘和亲的历史关系的真实写照,也是民族间政治上希冀亲善的一种具体反映。宋朝初年,高昌国王阿尔斯兰汗遣都督迈逊来贡方物,汗王自称"外甥狮子王"。又一次印证了他们正视历史而发自内心的珍惜亲情关系的期望。甥舅相称,亲如一家,是鲜活的例证。回鹘和辽也一直存在密切的过往。回鹘王派人向辽进贡方物,甚至回商常住辽朝进行贸易活动。这些都常见于史册记载。

2. 于阗李圣天王朝

于阗的李圣天王朝,与中原王朝之间的关系更为密切。王族尉迟氏在于阗执政近千年,历经汉、唐几代,深受汉文化的影响,一直学习汉制,使用中原王朝式的年号,着汉式服装,戴汉式皇冠,住汉式宫殿。公元938年(后晋高祖天福三年),于阗王李圣天派使者马继荣向后晋进贡玉石,并接受后晋册封其为"太宝于阗国王"的称号。967年(北宋太祖乾德五年),于阗在与强制推行伊斯兰教的政治势力进行交战暂居优势的时候,尉迟苏拉还向沙州曹元忠写信,报告于阗的胜利,并遣使上书北宋。987年(北宋太宗雍熙四年),辽朝的势力进入西域,于阗又称臣于辽朝,辽也在于阗设于阗国王府。其间,尽管内地王朝已经几次改朝换代,于阗同样不二于中原王朝。

3. 喀拉汗王朝

在高昌、于阗与中原王朝相交好的同时,与高昌回鹘和于阗李圣天相对峙的喀拉汗王朝,也与中原王朝保持着亲密关系。公元1009年(宋真宗大中祥符二年)喀拉汗王遣回鹘罗斯温等以方物来贡,并希望宋朝能"遣使安抚远俗"。1081年(宋神宗元丰四年)其王"命阿辛上表"宋神宗,称神宗为"东方日出处大世界田地主汉家阿舅大官家"。与高昌回鹘一样,尽管中原王朝已经改朝换代,但是仍然称之为"汉家阿舅"。同时,喀拉汗王朝统治者自己,则又常在自己的名字上冠以"桃花石汗"的头衔。本来"桃花石"

是北魏皇族姓氏“拓跋”的译音，其含意泛指“中国”。喀拉汗王朝的统治者则在名字上冠以“桃花石汗”，认为自己是“中国君主”。喀拉汗可汗伊布拉音所铸造的钱币上，也直接称自己是“东方和中国的苏丹”。其立场不自外于中国，一目了然。我们注意到，连《突厥语词典》中的解释，也持这种态度。词典解释“桃花石”是“摩秦”的名称。喀拉汗王朝的地方被称为“下秦”。该词典的作者马赫穆德·喀什噶里，自称是秦人，即中国人。从王庭到民间，官民一致，不二于中国。这在各族之中，是旗帜最鲜明的一家。

这一系列的言行，不仅表示出对中原王朝的由衷尊重，表明两者之间的关系亲密，而且言辞颇有高度地自称是“中国人”，并请求中原政府像前朝那样“遣使安抚远俗”。态度恳切地希望中原王朝的直接管理，正反映了实现统一的思想意识。这种本来就是一家的表述，堪称是他们全民族的立场和感情的庄严声明。

4. 西辽及辽、金、西夏

这种亲如一家的表现，不仅出自西域的几个地方政权，西辽的统治者和宋朝北方的其他各个地方政权的头脑人物，也都不同方式地流露出这种感情。如把他们与西域各国联系在一起，更能看出他们这种态度的时代共性。

西辽耶律大石家族，最为与众不同，他们的表现体现在无言的行动中。西辽在治国、政策等方面的与中原神似，前面已经专门提到。仅从一些生活细节看，就足以耐人寻味。穆斯林史籍说，耶律大石除中国丝绸外，不穿别的。西辽末代公主混忽出嫁时，还坚持“按照汉女的习惯”梳妆。其态度恳切，感情倾向何等鲜明！

远在宋朝北方的辽、金、西夏，都不约而同地模仿宋朝，实行科举取士制度，尊孔重教，用儒家学说指导治国。最有代表性的是，急切仿照汉字，创制了本民族的文字，显示自己民族的文化进步和文明程度。辽国的契丹大字，就是按照汉字的造字思路，创制的一种表意文字，形体与汉字十分相像。契丹小字虽是拼音文字，但还是利用汉字笔画形体创制出来的。西辽国内，在首肯西域通行汉字的同时，还使用这种契丹文。西夏文更与汉字接近。它用点、横、竖、撇、捺、拐、拐钩等笔画组字，80%的字是合成字。合成方法主要有会意合成、音意合成等。字体还有楷、行、草、篆之不同。几国之间这种仿照汉字创制本民族文字，追求文化文明的举措，也是向往文明的心理趋向的共同反映。

各种迹象的综合分析 上述各家的言行，孤立地看，固然也是一种感情表露，但是把它们联系到一起，就会发现个中隐含着一种高度的热忱和强大的凝聚力量。尤其是，地处北方和西域地理位置不同、历史发展进程不同，甚至正处政治冲突的地方政权之间，却在同中原的感情和关系上，有着如此惊人的一致，视中原文化为本民族的学习楷模，这实在是值得深思的。将诸多迹象联系起来，回溯我中华各民族的历史，再参照这时中原和各地民族割据政权之间的政治、经济、文化现状，不管是当时北方地方政权，还是远在西域的地方政权，尽管他们之间统治者存在着某些利害关系，甚至发生军事冲突，或者与中原王朝之间存在不同程度的对峙与冲突，但是实际上内在里无不和中原王朝存在着这样或那样的政治情感呼应，有着无法割舍的密切文化联系，以及经济上相互依存的关系。简言之，中原对它们都有一种向心的吸引力，而它们则与中原之间存在着一种趋向的聚合力。

总之，通过语言文字的联结、交流、互鉴，感情上的相互认同和政治、经济、文化上的相互依存，促进各族政治、经济和文化的共同发展，促使着大民族感情的凝聚，这正是中华民族统一整体必然形成的核心力量。

第五章 元朝时期

（1206—1368）

汉语的通行处于无可替代的地位

元朝是中华民族多元一体格局形成过程中最具个性的时代。蒙古贵族统治者，既摆脱不了以汉文化为代表的华夏文化在祖国大地的深刻影响，又顽强地按照自己建立在游牧经济基础上的价值观、政治观，用最典型的暴力方式，掠夺土地、人口和财富，建立自己理想中的帝国，表现出自己民族文化的特点。

蒙古人大规模地向外征战，促使了东西方之间的大规模人口流动。人口的大规模流动，促使了东西方经济、商贸的往来，也带动了各民族语言、文化的交流和民族相互融合。特殊的社会构成了特殊的语言环境。而统治全中国的蒙古人，生活在人数占据绝对多数的汉民中间，语言交际的客观实际，要求蒙古人必须学习汉语。这一社会现实，对汉语在全国和在西域的通行产生着决定性的作用。于是，汉语在西域特殊社会环境中，处于一种前所未有的官方通用语中虽居非主要地位，却得以广泛通行的特殊状态。因此，元代这一特定时期，汉语在西域的通行，一直处于无以替代的地位。

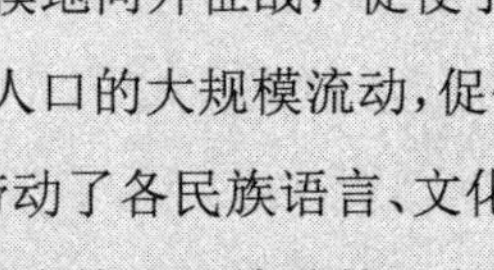

第一节 元代全国的政治形势

元朝之所以震惊中外，主要在于成吉思汗和他的后人多次大规模向外征战，以及忽必烈的"大元"朝廷同当时割据西域的宗藩之间的分裂与反分裂战争。元朝前后历经162年，它的前一阶段主要是成吉思汗和其后继者的创业阶段，后一阶段是忽必烈改元和其后继者统治的史称"元朝"的阶段。

因为前后两个阶段同是成吉思汗一个族系建立的霸业，前后有着明显的权力继承关系和政策联系，又因为后来忽必烈同中华民族传统的封建王朝一样，在中原大地建立了封建王朝，所以，虽然他们前后的称谓"大蒙古国""大元"有所不同，而实际上仍是蒙古贵族一脉相承，因而我们在此将其视为中华民族文化的同一个史段来看待。

一、元代的两个发展阶段

"大蒙古国"阶段（1206—1279） 这一阶段从成吉思汗建立大蒙古国起，到他的孙子忽必烈得到汗位，长达74年。

这个阶段是蒙古贵族崛起、聚集力量，跻身中国政坛，图谋逐鹿中原的阶段。其间包括成吉思汗在蒙古高原的建国和后来的分封四子，以及成吉思汗之后其子孙窝阔台、贵由、蒙哥等人继承汗位的执政阶段。

公元1206年(金章宗泰和六年、南宋宁宗开禧二年),北方新崛起的蒙古各部首领铁木真在蒙古高原建国称帝。国号“大蒙古国”,铁木真被尊称为“成吉思汗”。大蒙古国建国之后,为了获得更大版图和掠得更多人口,成吉思汗向外发起了一连串的侵略扩张战争。成吉思汗相继亲自西征统一西域,亲自率师西征中亚,进攻花剌子模国,大获全胜而返回蒙古高原。

1225年(南宋理宗宝庆元年),成吉思汗把他已经占领的地方分封给他的四个儿子:长子术赤分得钦察草原,次子察合台分得伊犁河流域、河中地区及焉耆以西的整片地区,三子窝阔台分得塔城、阿勒泰地区和蒙古高原西部,幼子托雷则根据蒙古“幼子守灶”习俗,继承成吉思汗原有的地盘——蒙古高原本部。其中,察合台占有了今新疆塔里木以西的大部分地区,窝阔台占有今新疆天山以北的大部分地区。

1227年(南宋理宗宝庆三年),成吉思汗在西夏灭亡之前因病去世。1229年(南宋理宗绍定二年),成吉思汗第三子窝阔台、窝阔台第三子贵由相继登大位。贵由死后,大权于1251年(南宋理宗淳祐十一年)落到成吉思汗的幼子托雷的长子蒙哥手里。蒙哥在位前后近十年。1260年(南宋理宗景定元年),蒙哥在四川战死,大汗之位最终落到了忽必烈手里。

“大元”阶段(1279—1368) 这阶段是蒙古贵族统一全国、建立元朝统治大业、跻身中原封建王朝正统地位,直至走向衰亡的时代。其间包括忽必烈定国号为元及其与割据西域的察合台、窝阔台宗藩分裂势力相抗衡的阶段,以及元朝渐渐走向没落的阶段。

大蒙古国大汗忽必烈经过十年酝酿,于1271年(南宋度宗咸淳七年,元世祖忽必烈至元八年),采用“汉法”改元“元朝”,定都大都,将政治中心由漠北转移到中原汉地。1279年(元世祖至元十六年)忽必烈灭了南宋,结束了五代十国以来长期分裂割据的局面,实现了中国境内空前规模的统一。元朝历时98年。

这时元朝的疆域“北逾阴山,西极流沙,东尽辽河,南越海表”。就西域而言,钦察汗、察合台、窝阔台、伊儿汗都是元朝的宗藩,自然都属元之版图。西州高昌回鹘,因其亦都护主动归附成吉思汗,被收为义子,且允准高昌继设亦都护。所以,这里也是元朝中央的直属地盘。

但实际上，除了伊儿汗忠于元朝中央政府，钦察汗因为距离中原遥远，元朝中央确实鞭长莫及（实际上已经独立）之外，占据西域今新疆西部和西北部主要地域的察合台汗国和窝阔台汗国，因不服忽必烈自称全蒙大汗而联手谋反。他们于 1269 年（元世祖至元六年）宣布独立，与忽必烈进行了持续几十年之久的抗衡。以致到了后来，元朝大汗只能统治蒙古本土和原金、宋、西夏之境以及畏吾儿、大理、吐蕃诸地区。

西域两大宗藩同元朝中央长时间的分庭抗礼是一场分裂、反分裂斗争。其间，元朝中央对西域的设置军政机构、任命官员、派驻军队、驻戍屯垦、设置驿站，无不紧紧围绕着这场反分裂斗争而进行。

经过 44 年的残酷争战，到 1303 年（元成宗大德七年），发起抵制忽必烈的主谋——窝阔台汗王海都死后二年，察合台汗王笃哇主动向元朝请和并臣服。虽然这一事件最终以窝阔台封地尽归察合台所有而结束，但此后的 50 余年里，察合台内部又陷入了对立和分裂，其境内的混乱一直持续到 1509 年（明武宗正德四年）。

总之，成吉思汗的“大蒙古国”，堪称空前庞大的世界帝国。忽必烈建立元朝之后，蒙古政权走向鼎盛。1294 年忽必烈死去。1368 年，元朝被明朝所取代。

二、元帝国及其对立势力

成吉思汗的“大蒙古国”建立的时候，中国政治舞台上出现了盘踞中原的女真人之金朝、偏安南方的赵宋王朝，以及占据西北的党项人之西夏三家割据对峙的局面。待到忽必烈夺得全蒙大汗汗位之后，矛盾于剪除上述三家之后自然发生转化，蒙古人的地方宗藩和元朝中央的对抗成了元朝政府面对的主要社会矛盾。

中原的金朝、南宋和西夏　公元 1206 年，成吉思汗建立大蒙古国，自称大汗时，正是南宋宁宗开禧二年、西夏襄宗应天元年、金朝章宗泰和六年，这三个政权的兴盛时期都已过去，而这时蒙古贵族势力的发展正处于上升势头。

1211 年（金卫绍王大安五年），成吉思汗曾对金发起过进攻。1213 年（金宣宗贞祐元年)，蒙古又军分三路，破金96部。1214年，蒙古军围金中都，金宣宗遣使求和，并将都城迁往开封。此后黄河以北的大片土地便落入蒙古人手中。蒙古人也就此暂停了对金的进攻，转而向外远征。

当成吉思汗连续于1218年(金宣宗兴定元年)征服西辽，1219年到1223年连续远征花剌子模、中亚、伊朗、钦察草原、俄罗斯，又于1224年、1225年(西夏献宗乾定二、三年)连续对西夏发起攻伐。这时的西夏虽与金朝订有联合抗蒙的条约，但在战略战术上逊于蒙古，终于弹尽粮绝，城破而覆亡。

夏亡之后，金朝成为蒙古人正面的大敌。当1227年(金哀宗正大四年)窝阔台率军分南北两路向开封进攻时，金朝政府已无力抵抗。1233年，金哀宗放弃开封出逃至蔡州，1234年，蔡州沦陷，哀宗自缢，金朝灭亡。

1260年(南宋理宗景定元年)，蒙哥战死。1267年冬(南宋度宗咸淳三年)，忽必烈在与其兄的汗位争夺中最终夺得汗位。忽必烈开始发动对南宋的战争。这时，南宋朝廷权臣当道，皇帝昏庸。蒙古军队水陆并进，攻陷临安。1279年(元世祖至元十四年)，小皇帝逃往广东新会。最后，陆秀夫背着八岁的少帝赵昺投海而死。宋朝彻底灭亡。

西域地方割据的蒙古宗藩 成吉思汗去世以后，分封在天山以北塔城、阿勒泰一带的三子窝阔台被公推为大蒙古汗国大汗的合法继承人。1259年(南宋理宗开庆元年)大汗位置落到成吉思汗四子托雷的儿子忽必烈手里。从此，大蒙古汗王和地方之间的矛盾更加被激化。

就在元朝建立之前夜——1269年(蒙古世祖至元六年)，窝阔台的孙子海都以忽必烈即大位不合法为由，发起了反对忽必烈的斗争。海都在中亚召集西北蒙古诸王大会，宣告窝阔台汗国、察合台汗国、钦察汗国摆脱蒙古大汗而独立。

1271年(蒙古世祖至元八年)，忽必烈改元称为元朝。窝阔台汗的孙子海都和笃哇两相勾结，公开与忽必烈展开对西域的争夺。自此，这场窝、察联手与元政府的对抗长达30余年，一直拖到忽必烈死后的元成宗年间。

1303年(元成宗大德七年)，察合台王笃哇主动向元朝政府请和，臣服元朝。元成宗乘机出动大军在伊犁河地区，打败带头对抗元朝中央的窝阔台系，并以窝阔台汗之封地尽归察合台了事。1306 年(元成宗大德十年)底,笃哇病死,王位在其两个儿子之间展开了争夺,最终夺得大权的也先不花又向元朝中央发动了持续 10 年的新的战争。

1314 年(元仁宗延祐元年),曾经割据一方的笃哇之第三子怯伯复位。因其将首府由阿力麻里(今霍城)迁往撒马尔罕,遭到一些贵族反对,从而,察合台内部再次出现内部的分裂割据,形成了东西分治的局面。1321 年(元英宗至治元年)和 1330 年(元文宗至顺元年),怯伯和也先不花相继死去,察合台内部更加混乱,这种局面持续近 20 年。

1348 年(元惠宗至正八年),秃黑鲁帖木儿被弄权者谎称为也先不花之子,在阿克苏被拥立为东察合台汗。他向河中地区用兵,使整个察合台又暂时得到了统一。20 年后(1368 年),元朝灭亡(元惠宗改称顺帝,逃往漠北)。东察合台境内仍然处于大乱状态,混乱一直持续到明朝。

元朝灭亡之后,西察合台和伊儿汗国分别于 1370 年和 1388 年(即明太祖洪武二十一年)被中亚兴起的帖木儿帝国灭亡。钦察汗国,后称金帐汗国,后又分裂为喀山汗国、克什米尔汗国、阿斯特拉汗国、西伯利亚汗国和大帐汗国,唯东察合台(都城在喀什哈尔)后来接受明朝的册封,归入明朝。

第二节
元代内地人口向西域的流动

元代,因为成吉思汗的对外征战,忽必烈对西域宗藩反叛行为的制裁,大规模的军事行动和派员统治地方、派驻军队屯垦戍守,促成内地蒙古人、汉人、南人(实际上也是汉人)、女真人等族群人口不断向西域流动。这两个时期,内地人口的西来,表现为两种不同的情况:一种是进出过往形式,一种是定向流动形式。从时段上来分,又可分为两个阶段:一个是元朝建立之前,一个是元朝建立之后。下面从两个时段角度对内地人口向西域流动分别进行观察。

一、元朝建立之前

元朝建立之前,成吉思汗及其后人窝阔台等人率领军队向外出征,这时人口的流动主要表现为在西域的过往形式。

进出过往西域的人口　成吉思汗建立大蒙古国之后,他所发动的对外征战和所率领的部队几乎都要从内地出发路过西域,返回的时候又经过西域回到内地。例如:

1218年(南宋宁宗嘉定十一年),成吉思汗派大将者别,率军2万征西辽,胜利班师,返回蒙古。次年,成吉思汗亲率包括蒙古人、汉人、契丹人、畏兀儿人、女真人的大军20万,进攻花剌子模,横扫中亚地区,直进东欧斡罗斯,经过几年饱掠,于1225年

(南宋理宗宝庆元年)春回到蒙古高原。

1227年(南宋理宗宝庆三年)夏成吉思汗死后，他的继承者们又多次向外用兵。1235年(南宋理宗端平二年)窝阔台派术赤之子拔都挂帅,发起兵力多达12万(一说15万)人的"长子出征",这是史称的第二次西征。

1253年(南宋理宗宝祐元年),蒙哥大汗派其三弟旭烈兀统军(一说40万军)西征中亚、西南亚,建立伊儿汗国,旭烈兀被立为这一个宗藩国的汗王。

这些对中亚、东欧的远征,带动了大规模的人口西流,同时也从西方带回了众多人口。因为蒙古大军只是从西域路过,人口大多被带回了蒙古本土,或者漠南蒙古人所占领的汉地。所以,所带动的人口西流中部分汉民、女真人有可能滞留西域。

定向流入西域的人口　在元朝建立之前发生的人口定向流入西域,是宗藩的分封及相应的人口向宗藩的领地迁徙产生的流动。

1225年(南宋理宗宝庆元年),成吉思汗将所得土地分封给他的四个儿子。四人在各自所得领地的附近还划得了一份戍地,也因此分得了数量可观的人口。关于各宗藩所得人口数量,《元朝秘史》的记载如下:

长子术赤	分民数9 000户	分军数4 000人
次子察合台	分民数8 000户	分军数4 000人
三子窝阔台	分民数5 000户	分军数4 000人
幼子托雷	分民数5 000户	分军数共101 000人

(幼子托雷继承成吉思汗,自领左右翼军及中军)

这其中,向西流动迁徙的主要是与成吉思汗长子、次子、三子所分得民户和军队相关的人口等。只有次子和三子封地在西域。据史家分析,成吉思汗分给诸子的西域领地原本不是蒙古人的活动地域,蒙古诸王各自为了巩固自己在新领地的统治,提升那里的生产能力,迁徙和吸纳其他地方的百姓到自己的领地上,其中包括数量可观的汉族农民和奴隶,这是他们向外拓展领土和掠夺人口之本来欲望的又一种表现形式。由此而引发的人口流动,其规模和数量估计均当十分可观。

二、元朝建立之后

元朝建立之后，西域诸藩和王朝中央之间的矛盾成了主要矛盾。这时，人口的流动则主要围绕二者之间的军事抗衡，从而促成了中原大量人口的向西定向流动。

与西域宗藩反叛势力的交战 大汗之位落到忽必烈手中，遭到窝阔台系、察合台系的联合反对，并引发了忽必烈与之对垒的战争。为此，忽必烈派皇子北平王那木罕以重兵驻守阿力麻里，命万户綦公直驻守别失八里，并兼辖天山南路畏兀儿、哈喇火者及哈密力等处屯戍军事。元朝中央调兵遣将接连不断，例如，1281年（元世祖至元十八年），由于海都进犯斡端，元军进行保卫，双方调集重兵，展开了“斡端之役”。有专家估计，此次，元朝政府投入兵力起码在5万上上。1306年(元成宗大德十年)底，察合台汗笃哇病死。其王位在笃哇的几个儿子之间几经争夺，最终夺得大权的也先不花又向元朝发动了持续十年的新的战争。

这场西域宗藩与元朝中央的对抗长达30余年，一直拖到忽必烈死后的元成宗年间，占去元朝历史的将近一半的时间。因为战争而驱动的人口流动规模很大。

派遣军政官员实施管理 蒙古统治者掠得土地之后，立即派员实施管理，行动非常果断。例如：成吉思汗统一了西域之后，便于1223年(蒙古太祖十八年)给西域诸城置达鲁花赤监治之。1251年(南宋理宗淳祐十一年)，蒙哥在西域设置别失八里行省，执掌西域军政事务。

特别是忽必烈确立为大汗之后，为了巩固自己的宗主地位，频繁派遣军政官员到西域实施管理。例如：以讷怀、塔剌海、麻速忽等充任别失八里等处行尚书省事，暗都剌兀尊、阿合马也的沙佐之，管理天山南北。其间，多次派员往阿力麻里、别失八里、高昌(火州)等地。

自1275年(元世祖至元十二年)起，忽必烈往阿力麻里派驻使丞相安童辅佐皇太子那木罕出镇阿力麻里，行中书省枢密院事(似清朝之总督)，1282年，置阿力麻里元帅府，统领天山北路军政事务。

1283年、1286年，忽必烈分别在别失八里、哈喇火者、兀丹（和田）设立宣慰司，统辖天山南北军政事务等。

1295年（元成宗元贞元年），忽必烈的继承者元成宗铁穆耳设立西域卫亲军都指挥司，任命迷而的斤为指挥使，管理军政事务。1299年（元成宗大德三年），元成宗又在北庭和曲先设立两个都元帅府，分别统率天山南北的军队。

派驻军队防戍屯垦 更为引人注目的是，忽必烈在探明西域藩王的反叛意图之后，为了维护其宗主地位屡派军队驻守西域的同时，听取汉人谏官的意见，为保证驻军的粮秣供应，派遣军队和民众大规模开展屯垦，这是元朝政府经营西域的又一重大举措。

与其他朝代相比，元朝派遣驻戍屯垦的历史相对短得多，主要集中在忽必烈及元成宗之后的40多年时间里。其军事和屯垦的结合尤其紧密，而且规模和数量也相当可观。据《元史·世祖记》载，1282—1288年间，元朝政府曾命令在亦里黑、别失八里、腾竭儿、哈喇火者、哈密力、曲先、可失哈儿、斡端等诸多地方驻防，并进行大规模屯田。

屯点的驻军多是能征战又能生产的部队，特别是汉军、新附军。元代关于屯垦的最早记载当是在别失八里、哈密力。1279年（元世祖至元十六年），忽必烈命察合台曾孙阿只吉建牙别失八里，节制在西域的元军，“兼辖哈喇火者及哈密力等处屯田事务”。

上述各屯点中，驻屯频繁、人数众多的主要是别失八里、哈密力、曲先、可失哈儿、斡端等处，这些地方不仅是军事必争之点，也是驻守和生产的最佳地点。

例如，别失八里作为北疆重镇，在抵御海都叛军进攻中成了重要的军事要地。因此元朝政府在此驻戍大军，进行屯田的记载在《元史》中先后有十几则之多。此处前后安置军屯屯田七年之久。该点以诸王阿只吉坐镇，辅国上将军都元帅万户綦公直驻统，驻军人数估计在万人以上（可以确知的汉兵、新附军至少有2 400人）。专家按驻防和屯垦人数各半计，专事耕作者当有5 000人。

又如，曲先，即今库车，这里历来是丝绸之路上的军事重镇。为了防止海都反叛军的进犯，元朝政府也派驻了重兵，并行屯垦。自1282年（元世祖至元十九年）十一月到1297年（成宗大德元年）七月，元政府“分元帅綦公直军戍曲先”，又先后派员立曲先、他林都元帅和驻戍此地。专家根据此处因设有元帅府、“万户府”推测，驻军至少在5 000

人以上。

其他诸如丝路名城、南疆军事重镇可失哈儿。1288年(元世祖至元二十五年)十一月,元政府"以忽萨马丁为管理甘肃、陕西等处屯田等户达鲁花赤,督斡端、可失哈儿工匠千五十户屯田"。元代在南疆重要军事基地和阗(今和田)设有军政机构和重兵、驿站,并在此大兴屯田。1279年(元世祖至元十六年)八月,一次就"发探马赤军一万人,及夔府招讨张万之新附军,俾四川西道宣慰使也罕的斤将之,戍斡端"。(见《元史·兵志》)同年,刘恩入朝,改副都元帅,帅蒙古、汉军万人,征斡端……师次甘州,奉诏留屯田。(见《元史·刘恩传》)

《丝绸之路屯垦研究》对西域各屯垦点上的情况做了统计,军屯人数约2.7万人,民屯人数2 750人。(赵予征:《丝绸之路屯垦研究》139页,新疆人民出版社,2009年。)

设置驿站 为了加强西北地区与中原地区的联系,满足军政方面的需要,元朝中央政府在河西走廊通往西域古丝绸之路的南北两线,设置了许多新的驿站。

北线以别失八里和彰八里(今昌吉市)为枢纽,建立自太和岭(今山西雁门以北)至别失八里30处新站,后又立别失八里驿传。同年,又置畏兀儿驿六所。

南线通过塔里木盆地南缘,东至沙州,与河西走廊的驿站相接,设置了13个水站和一些驿站。各站自然要配备相应的人力守候和服务,但驻守人员具体数目不详。

这些定向流动的人数不少,少有返还的记载,因此而滞留此地的可能性很大。

三、元代人口西流与前朝的不同

元代人口的西流,除了上述时段上的不同和流动的方式不同之外,最显著的不同在于这时的人口西流以蒙古人为主导,以汉民为主体,带动其他民族成员,蒙古人西征如此,前往西域封地的两宗藩的西迁亦如此,元朝因抗衡西域两宗藩的军事行动和屯垦等,也是如此。这个特点决定了整个元代人口流动的民族成分,决定了西域全社会的人口的人文背景,这对元代西域说汉语的人口的情况研究具有重要的参考价值。

第三节
元代西域说汉语人口的状况

蒙古人大规模、远距离西征固然造成过国内外大量人口伤亡，但更大的社会影响则是促成了东西方之间人口的大规模流动。因为大规模人口流动，影响了包括西域的全中国社会人口群体的组合状况。所以，社会人口群体的复杂变化，导致形成特定的社会人文背景，进而决定了元朝政权语言政策的特殊性，影响了汉语在西域乃至全国的通行。

一、元代西域说汉语人口的数量

依据西域社会人文背景及下面对说汉语人口群体的构成的基本分析，元代西域说汉语人口应当大大超过西辽时期。

元时期西域说汉语人口群体的结构　元代西域的说汉语人口群体，由以下几种结构成分组合而成。

1.西域固有的西辽子民

辽、宋时期的西域，特别是西州，受西辽民族政策和语言文字政策的影响，汉民在唐季基础上休养生息，人口应是有增无减。到西辽后期，全西域汉民、说汉语人口（包括契丹人等）据粗略估计应该接近于唐朝，有数十万之多。

道教大师丘处机之弟子李志常，曾随同其师父应召到西域行宫面见成吉思汗，他在途中所写的《长春真人西游记》记载了他们西行之所见，以及至阿力马里见到“农者亦决渠灌田，土人惟以瓶取水，载而归。及见中原汲器，喜曰：‘桃花石诸事皆巧。’桃花石谓汉人也”。从这里可以看到，元代初期汉人的生产技术在那里影响之深，亦可说明当地汉人人口之多。

在蒙古人击败西辽的过程中，双方并未经过激烈的厮杀，天山南北各城不战而下，百姓望风归附，因此，汉民与其他说汉语人口亦当像正常年景一样，维持正常增殖态势。这些人口，自然是几十年后元朝阶段西域察合台、窝阔台地盘上说汉语人口的基础。

还有一例，可从另一方面证明当时西域汉民人数众多的事实。公元1238—1239年，即窝阔台掌权的时候，在离不花剌城不远的塔拉必村，发生了一起原住居民（一个叫马合木的鞋匠唆起的）与蒙古人等外来居民之间的矛盾冲突。蒙古统治者调集大军进行了两次镇压，才将事件平息。最后，蒙古统治者把对被征服区治理有方的牙老瓦赤调来，担任“主管汉民公事”的长官。从这件事情的发生和事后的处理，不难看出，其他各民族（主要是蒙古）人口的到来，难免与当地的原住居民之间发生矛盾冲突。然而，蒙古统治者事后却设一个“主管汉民公事”的官，把当地的汉民当作“主管”的对象。这事足见那里早在蒙古人来到之前，至少是在西辽时期，就有数量可观的汉民。而且，汉民在当地人口中所占的比例一定较大。（转引自袁祖亮等：《丝绸之路人口研究》166页，新疆人民出版社，2009年。）

2. 后继来到西域的大量汉民

蒙古人征服西辽之后，汉民来到西域的情况如下。

（1）被征用充当兵丁、劳役的汉民人口

诚如历史上许多少数民族贵族在成就其霸业中无不重视汉民人力资源的使用一样，蒙古人的征战也是如此。那时，蒙古是全民皆兵。专家据有关资料推算，蒙古人从15岁到70岁，男人全部编入军队，也超不过20万人，而要靠这20万人征战四方，人力不足是显而易见的。蒙古人西征被征用充当兵丁、劳役而来西域的汉民当是元代西域新增说汉语人口群体中的主要力量。

元朝社会上那些所谓的“军驱”，常被征去直接编入作战部队，汉人当是首当其冲。

1218年(南宋宁宗嘉定十一年),成吉思汗亲征花剌子模,“组成一支包括蒙古人、汉人、畏兀儿人、契丹人等在内,拥有骑兵、炮石、火器、战船以及攻城器械、桥梁架设等先进而复杂的军事工程技术的20万人的大军”。(袁祖亮等:《丝绸之路人口研究》155页,新疆人民出版社,2009年。)这20万大军中被征作战的汉人,饲养马匹、服役于军中劳务,必定数以万计,甚至更多。又如,旭烈兀西征时,曾以乃蛮部人怯不花统领2万为先锋,又有汉族名将郭侃(郭子仪之后)参与斯役。有汉将,则必有为数更多的汉兵。

1235年(南宋理宗端平二年),以拔都为首的长子出征,集术赤位下、察合台位下、窝阔台位下、托雷位下四长子,共计大军50万,(曾问吾:《中国经营西域史》216页,商务印书馆,1936年。)袁祖亮先生《丝绸之路人口研究》称12万,(袁祖亮等:《丝绸之路人口研究》157页,新疆人民出版社,2009年。)赵予征先生《丝绸之路屯垦研究》称15万,(赵予征:《丝绸之路屯垦研究》110页,新疆人民出版社,2009年。)前往平定钦察等地。这里所说50万、12万、15万人马,数量出入巨大,一些学者对此提出质疑,不无道理。笔者认为,这个数字的悬殊出入也许就在蒙古人之外的成分如何计算。号称50万,即使12万、15万,这绝对都不是指纯粹的蒙古人,其中远远超出蒙古人力极限的部分,肯定是来自蒙古人之外的其他民族,而人口众多可供驱使者,汉人必然首当其冲。

这些蒙古军事行动所携汉民兵丁、劳役等,因为他们的地位低下,需要时就留用,不需要时则可能被遗弃。因此,蒙古出征总数往往数万、十数万、数十万,其中汉人和其他说汉语人口,哪怕以三分之一或者四分之一滞留西域来推算,这样给西域带来的新增说汉语人口当数以万计。屡次合计,该是个巨大的数字。

刘郁所著的《西使记》记载了1260年(南宋理宗景定元年)出使西域时的所见。这本书记录了西辽被成吉思汗灭亡42年后作者出使西域时汉民的有关情况。文中记载道:“复西北行,与别失八里南以相直。近五百里,多汉民。”(自今天伊犁北)“南行二十里,有关,曰铁木儿忏察,守关者皆汉民。”“出关至阿力麻里城……回纥与汉民杂居,其俗渐染,类似中国。”“又南行有赤木儿城,居民多并、汾人。”(杨建新:《古西行记选注》238页,宁夏人民出版社,1987年。)

刘郁的行程是一条线,所见自然狭窄有限,记述字数虽然不多,但已可以清楚地看到，西辽灭亡 40 余年之后，别失八里绵延 500 里，直至伊犁河谷，到处都有汉民，从城乡居民到关隘戍卒，成分形形色色。其数量多到在“回纥与汉民杂居”中，“其俗渐染”，以至于“类似中国”，足见汉民人多，生活习俗影响巨大。

根据刘郁所说，“赤木儿城，居民多并、汾人”，更值得认真分析思考。刘郁之所以能肯定赤木儿城居民为并、汾州人，不管是从说话口音直观辨识而知，还是从他们口中直接得知其原籍，总之，这些人离开其原籍都为时不久。一般地说，移民至于某地，口音保持不变，大凡只在一两代人之中，第三代则多非原籍口音。第三代长大成人，其先人离开原籍总要在 50 年上下。蒙古人西征灭亡西辽(1218 年)至刘郁出使，已历时 42 年。如果当初是被蒙古军挟来西域者，当时为 20 多岁的壮丁，此时已该年过花甲，其第三代人应当接近而立之年，此时第一代尚存，自然当清楚知道自己的原籍。由此推断，这些并、汾州人，很大可能就是在 1211 年成吉思汗攻金时从所占山西地域中挟来的汉民。这些人当然是说汉语人口群体中新移入西域的部分。

由此可见，大蒙古国时期，汉民人口数量在北疆至少仅次于回纥人，占据主体民族之一的地位。

(2)沦为奴隶的汉民人口

成吉思汗向外扩张的主要目的除了扩大版图、掠夺财富，就是掠夺人口。有关史书上说，在蒙古扩张战争中，大量外族人被掠到蒙古地区，成为诸王和各级那颜的奴隶(统称“驱口”)或属民。蒙古统治区，奴隶普遍存在，而且类型颇多。属于诸王、贵族、将领、官员等人家所拥有数量不等的家奴和被用于其他方面的奴隶“驱口”。这两种奴隶，到处都有，数量颇大，而且社会地位更为低下。在家奴中，“回回人居其三，汉人居其七”。可见，居于这种社会地位的汉民数量实在不少，西域自然也不例外。从察合台汗、窝阔台汗到他的各级下属，斡端、别失八里、高昌元中央直辖区的各级官员，该有多少奴隶，奴隶中七成是汉民，其总数量又该有多少！

(3)新编的汉军、新附军

忽必烈当权之前，蒙古军队由蒙古侍卫亲军和“探马赤军”组成。忽必烈执政时，由于对察合台、窝阔台割据势力作战的军事需要，大力进行军队扩编，而蒙古本土能提供的兵源毕竟有限，于是军队系统的内部民族成分有了很大改变。军队中除了朝廷宿卫军、原来的怯薛和探马赤军多为蒙古人之外，新建的侍卫亲军二十多万人中，汉人就占三分之二。（白寿彝：《中国通史，〈八卷〉元》959 页，上海人民出版社，1997 年。）忽必烈在位的 36 年和其后元成宗时期，为对付西域藩王，派往别失八里等地大量汉军、新附军（全是南人）。他们有的可能执行作战任务，有的则主要到别失八里以及哈密等地执行军屯任务。而且，因为蒙古人不善农事，所以执行屯田任务的军队自然完全是汉民。此外，其他军种中，汉人也占据绝大多数。这些人一旦来到西域，调回内地的可能性则很小，这些汉民渐成西域的主体民族，他们自然是西域说汉语人口的主体部分。

3. 说双语的蒙古人和其他民族的人民

（1）蒙古人中的说汉语者

1271 年（元世祖至正八年），蒙古上层统治者（忽必烈）将其政治中心由漠北本部移到漠南汉人区。元朝政府为了镇压各族人民的反抗，在全国遍驻军队，组建各地各级政府，派遣官员对地方实施统治管理，于是大批蒙古人深入汉人区与汉民杂居。出于社会交际的客观需要，大量蒙古人未经多久已不同程度地成了蒙、汉兼通的双语者。后来当与西域宗藩的战争出现反复，忽必烈不断从内地往西域调兵时，这时的蒙古军人大都已在汉人区生活了很久，当属民、汉双语兼通者，调遣西域的官员也是如此，大量的官员就是从内地某处调到西域的，前文曾经提及的牙老瓦赤调往花剌子模做地方官就是典型例证。这些操双语者，自然都成了西域的说汉语人口。

（2）女真人、契丹人、党项人的说汉语者

按照蒙古统治者的民族歧视政策，被列为三等人的是汉人。而这里所说的汉人，其中包括原来金朝统治下的汉人和契丹人、女真人，其中的女真人、契丹人和汉人一样，都少有人身尊严，能和汉人一样幸存下来就算不错了。他们放弃母语而说汉语，并不奇怪。

成吉思汗出征西辽之前，就已经向金朝发动过几次进攻，例如第二次就破金朝 96 部。照蒙古人的惯例，每次胜利，必定视人口为财富而大肆掳掠。所以成吉思汗的西征西辽，以及后来的西征花剌子模，军中必有大量从漠南汉人区掠来的曾在华北北部金朝所占的土地上生活的汉人、契丹人、女真人和西夏党项人。这些长期在汉人区生活的契丹人、女真人大都已经是汉语通,抑或是民、汉语兼通的双语者。前述1219年,成吉思汗征花剌子模时,亲率包括蒙古人、汉人、契丹人、畏兀儿人、女真人的大军20万人,军中人口成分绝大多数当属此类。这些人从征返回中国,未必都回漠北蒙古高原。因为每次带回来的数以千计、数以万计的俘获者都带回蒙古高原,那里生活空间的可容量就是一个大问题。如果把这些民族成分复杂的军队从境外带回来,要悉数带回漠北,则根本不大可能。于是,随便找地方安置,包括驱散于西域,都是有可能的。这样,会说汉语的蒙古人和被驱使的女真人、契丹人、西夏人都成了西域说汉语人口群体中的一部分。

梳理元代西域说汉语人口的线索,我们可以十分清楚地看到,元代西域的说汉语人口群体里,除了前朝(西辽)固有的大量说汉语人口之外,本朝被征用到西域的汉民兵丁、劳役,在军事行动过程中因故滞留西域的说汉语人口、沦为奴隶的说汉语人口,扩编的汉军、新附军驻戍、屯垦西域者,以及其他民族中的民汉双语者,共同构成了元代西域庞大的说汉语人口群体。

元代西域说汉语人口数量的粗略估计 如前所述,元朝的建立,改朝换代的政治剧变并没有致使西域社会人口的大规模减少。而且在新情况下,说汉语人口还陆续增加,驻军、屯垦、过往人口的滞留,有时数千计、万计,甚至数十万计的过往西域,对西域的影响不断扩大。将这两个并不太具体的数量相加,说汉语人口的总量超过前朝已无可怀疑。

遗憾的是,除了前述西辽遗黎这个“数十万”的数字可供参考(这也是粗略估计的)之外,其余的人口数字大都已经模糊。这个人口数中的民族成分、说汉语人数比例等,也都不能明确肯定。所以,无法得知这时西域说汉语人口的确切数字。如果做个粗略的猜测,这个时期,全西域说汉语人口比西辽时期多出十万、二十万都很有可能。因此,我们似可这样做出一个粗略估计,元朝西域说汉语人口总数,超过西辽则大有可能,甚至有可能超过唐朝。

二、元代西域说汉语人口的分布

元代整个历史时期历时只有一百多年，政治形势一直处于动荡状态，人口一直处于不停流动状态，所以，西域说汉语人口的分布情况比较复杂。于是，我们只好分别从时间和地域两个角度进行粗略的动态观察。

大蒙古国时期，蒙古人的西征，出蒙古高原向西，大队人马过往西域，因此，天山以北人口状况受其影响较大。元朝建立之后，天山以南既是元朝建政的重点，又是同窝阔台、察合台交战的地方，因此天山以南人口状况受影响也较大。前者在时间上比后者要短一些。

1. 早期的天山以北

元代西域说汉语人口的基础，首推西辽时期的说汉语人口遗黎。如上一章所说，他们主要分布在西辽东起高昌回鹘王国，西到今伊犁，再往西到巴拉沙衮、撒马尔罕等地沿天山南北麓地带，以及唐代一些羁縻府州的地方。

从 1206 年成吉思汗即位开始的大蒙古国时期，蒙古人有过多次向西的大规模军事行动。这时，西域天山以南社会保持相对稳定。西域说汉语人口受影响的地方主要分布于蒙古军队路过西域的地域，如北疆阿勒泰、额尔齐斯河流域、今塔城、额敏(耶律大石曾经的立足处、后窝阔台的驻地)及天山北麓别失八里、伊犁河流域等地。这时期成吉思汗西征的部队中常常挟有大量的汉人和其他民族诸如女真人、契丹人等会说汉语的人口。但是，由于他们大都仅从此地路过，少有长时间停留，所以，因某些原因而滞留此地的说汉语人口自当有限。也就是说，这时汉人数量变动的幅度不会太大。

后来，史籍中相关的人口流动资料也很有限，表述也不很具体。例如 1251 年(宪宗蒙哥元年，南宋理宗淳祐十一年)，蒙哥命大将不怜吉歹率领 10 万军队开赴阿勒泰山，进攻畏兀儿与海押立，命不花率军 2 万人进驻谦谦州。军队人数不少，但是其民族成分仍旧不详。从蒙哥下此命令的动机看，似有防范窝阔台的意思。据此看来，蒙古军人当占多数，但仍不乏汉人和从汉地掠来的契丹人、女真人。

成吉思汗分封四子对西域人口的分布产生了显著影响。其中，长子术赤的封地远在今天我国境外，四子托雷的封地在蒙古高原，他们二者所得人口都不影响西域，对西域人口状况有所影响的，只有窝阔台和察合台。

成吉思汗之次子察合台和三子窝阔台的封地分别在今伊犁和额敏。他们所得人口直接影响着西域社会的人口结构。按照当时的分配，察合台和窝阔台分别得到民户8 000户和5 000户。两人都得到4 000人的军队。这与蒙古贵族受封千户、受封万户的赏赐相比，作为大汗的儿子，受封户数只有几千，岂非怪事。其实不然，成吉思汗所明令分配的看来只是蒙古人的老家底，即蒙古百姓和蒙古人军队，除了这几千户纯蒙古百姓之外，还有其封地范围里相当数量的其他民族人口。这样，他们的人口拥有数量才与他们远远高于其他大臣的身份相称。分给窝阔台、察合台的这些蒙古百姓都从漠北迁出，大凡只会说蒙古语。军队中也许有一些在汉人区活动过，有会说汉语的可能。其最显著的影响则是，蒙古人从此成了西域的主体民族之一。

对汉语通行有所影响的是，蒙古人的征战，把掠夺人口像掠夺财产看得同等重要。他们掠得的人口押回漠北就成了各级官员和军士们的私人财产。而私人财产，按蒙古的规矩，上级不予过问。四子得到分封时，他们已经在几次出征金朝和西夏的过程中掠得多少汉民，分得多少奴隶，我们无从得知。当察合台、窝阔台前往西域领地时，这些奴隶同主子的牛、羊等财产一起被带到西域则不言而喻。数千户蒙古人和4 000军人共带来多少奴隶就是一个多得弄不清的数字，而奴隶中七成是汉人。

另外，如前文所引，察合台、窝阔台为了巩固自己所封领地，发展自己领域里的生产，作为劳动力，从其他地方裹挟来许多其他民族人口也是很明显的事。这样，在察合台、窝阔台进入其西域领地时，就不仅仅是几千户蒙民和几千说蒙语的军人，同时也带来了数量可观的会说汉语的人口，是更值得注意的人口数量。

2. 元朝建立之后的天山以南

忽必烈掌权之后，天山以南区域说汉语人口呈快速增长的态势。

元朝中央和西域宗藩之间的分裂、反分裂战争持续了几十年。元朝中央政府为了战争的需要，在西域诸多屯点安排屯垦、派驻军队。这些肩负驻戍任务的军队由蒙古人、探马赤军的色目人、汉人、南人组成。在忽必烈扩军之后，汉人军队和新附军在全军中所占比例大增,这是其一;蒙古人不善事农,大量屯垦军士由汉人充任,这是其二。就这两条看来,此时调来西域的军人大部分都当会说汉语。而这时军队里的色目人和在汉人区征战过的蒙古人大都不同程度地掌握了汉语,也是不争的事实,这自然都是西域说汉语人口的新增成分,他们几乎遍布塔里木盆地周围的绿洲。

其中有确切人数记载的屯垦别失八里周围的汉人就有:至元十七年,“刘恩所将屯肃州汉兵千人,入别失八里”;至元三十三年,元政府“遣兵千人戍畏兀儿境”,十月,有“遣侍卫新附军千人”,十一月,“遣蒙古千户曲出等新附军四百人,屯垦别失八里”。这还只是明确了民族身份的一小部分。

忽必烈灭宋之前,海都和笃哇就不断有抗元的军事行动。元灭宋之后,忽必烈腾出手来不断向西域增兵,而海都、笃哇也决心顽强抗争,双方发生了 1281—1282 年的“斡端之役”。这次战役规模很大,双方投入兵力各以数万计:叛军开始出动 1 万人,后又增至 3 万人,直至 4 万人;元军出动兵力见于文字记载的就有 2.3 万人之多。史家分析,实际上,元军兵力必定超过 5 万人,否则不可能打败海都的 4 万叛军。(赵予征:《丝绸之路屯垦研究》125 页,新疆人民出版社,2009 年。)其中,明确汉人身份的军队就有刘恩的汉军 1 万,以及夔府招讨张万之新附军若干。蒙古军和探马赤军都是从内地省份调来的,其中会说汉语的定当不少,这对当时和田一地的语言环境之影响何其大也。

单从当时元朝中央在西域设立军政机构、安置驻军屯垦来看,别失八里、高昌、和田都是说汉语人口云集的地方。高昌自唐至宋(西辽西州)拥有数量巨大的汉民人口,一直未见人口骤减。不过,元朝中央与察、窝叛军的战争殃及高昌百姓,肯定难以幸免,高昌城的陨落,可能就是在这时。数十万计的汉民死于战火,或者逃亡他乡,我们则难知其详,几百年的老户逃回内地几乎不大可能,四散流落西域各地,也许是他们唯一的出路。

忽必烈死后,对西域诸藩的反分裂战争也并没有结束,战争一直持续到元朝末年,只不过后来的战争规模比以前稍小,时有中断,而且西域的察合台内部矛盾更显尖锐一些。这样,元朝中央也不像以前那样全力以赴。

至于这时元朝政府在西域的驻军情况,一直到后来全国反元的农民起义风起云涌，元朝政府是否从西域抽调军队回内地镇压农民起义，我们则不大清楚。

综上分析，我们可以清楚地看到，元代西域说汉语人口的分布，有如下三个特点。(1)分布面积很广。北从阿尔泰山下的谦谦州到昆仑山下的于阗，从东疆的哈密到葱岭以西的花剌子模甚至更远的地方，无不有说汉语人口存在。(2)说汉语人口呈更大面积与其他兄弟民族杂居的状况。这种势头当是继西辽之后的更大范围杂居的发展。(3)沿天山南北麓的别失八里、高昌、阿力麻里一带，因元朝在此建政等原因，仍然相对保留有汉民较为集中的态势，而且这种相对较为集中的范围比过去明显有所扩大。

第四节
元代汉语在西域的通行

元朝时期，蒙古上层统治者独特的政治观、价值观决定着它的诸多政策的制定。他们在全国实行人分四等的民族歧视政策，影响和决定了他们的语言文字政策。元朝特殊政治环境的特殊语言文字政策影响和决定了汉语在全国范围以及在西域特定社会环境中顽强通行的状况。

一、汉语在西域无可替代地仍居官方通用语地位

如果说，西辽时期因为政府将汉语定为官方通用语的语言文字政策使得汉语在西域居于最重要的通行地位的话，那么，元朝时期则恰恰相反，汉语在全国乃至在西域受到政府的语言文字政策的压抑，却仍然居于社会最重要的通行地位，这是非常值得社会语言学家们予以关注和深入思考分析研究的。

元朝民族歧视下的语言文字政策　忽必烈建立元朝之后，曾明确规定人分四等的民族歧视政策。蒙古人、色目人、汉人（包括原金朝统治区内的汉民、女真人、契丹人）、南人（南宋统治下的汉人等）依次拉开社会地位档次。

与之相关的语言文字的使用也有明显区别。官方规定，全国通用语言文字有三种：蒙古语文、汉语文、波斯语文。蒙古语为“国语”，朝廷议事必用蒙古语。公文则用两种文字：即蒙古文和公牍

文。波斯语文是专门为满足色目人的交际需求而考虑的。所谓公牍文，是从蒙古语原文机械地翻译成汉语的硬体译文，即按蒙古语的词法和句法翻译、用汉字作记录符号的一种特殊书面形式。

元朝的语言文字政策虽曰三种语文同为官方通行语文，但是地位分明有所不同。蒙古语是"国语"，非蒙古语不能登朝廷殿堂，而比朝廷殿堂使用范围更大的社会空间里，蒙古语还是不是到处都有"国语"的地位呢？汉文虽可用于公文，然而，所记写的却是按蒙古语的词法、语法，硬译成"洋泾浜"式的蹩脚文字，并称其为所谓的"公牍文"。例如：

至大四年(1311年)，宣慰院准奏……哈喇火拙根底葡萄酒，这几天交站搬运有。为军情勾当的上头立下的站有，交站运呵不中，交骆驼每搬运。又，火拙根底西番地面做官的每，民户每献到葡萄酒，交自己气力的他每识者，休教铺马里来。

（引自《永乐大典·成宪纲要·驿站》）

显然，这是一种很不正常的有碍语言纯洁、健康、通行的现象。

纵观元朝的语言政策，无非极力抬高蒙古语文的社会地位，而将使用人口占全国绝大多数的汉语，以及发展了几千年十分成熟且完美的汉字置于极不恰当的地位。这种仅凭统治者政治需要和主观意志来制定语言政策的做法缺乏科学依据，必然在社会实践中碰壁。

与政策制定者预期目的相悖的客观效果 元朝统治者所制定的语言文字政策，确实难以行通，主要原因当有以下几个方面。

1. 语言的社会功能不以人的意志为转移

语言是一种特殊的社会现象。它作为人类社会最重要的交际工具，不受年龄、性别、经济状况、政治信仰、文化程度、社会地位限制。语言的这种社会功能，是一个民族得以凝聚而存在于社会的主要力量之一。从全局上看，这一凝聚力的存在是不以任何人的主观意志为转移的，也是客观力量所难以动摇的。

语言的社会通行实践证明,官方通用语地位的确定首先取决于全社会说某种语言的人口数量、通行范围以及该语言的发达程度。蒙古贵族军事集团在军事上征服了华夏大地,但是他们无法从文化上征服汉族这个巨大的社会群体。汉语作为汉民族的文化核心之一,每个汉民百姓须臾离不开这一社会交际工具。因此,汉语在全国范围的通行,不以他人意志为转移地仍然保持其通行强势。

这是蒙古统治者所始料不及的问题。他们无视中国大地广大地区说汉语的众多人口这一客观现实,企图以政治权力把"蒙古语是'国语'"的主观意志强加给全国人民,包括蒙古人民。然而,其结果适得其反。语言作为交际工具的社会属性使得汉语在全国的通行优势不但仍处于无可替代的地位,而且大多数蒙古人也因交际的需要,必须学习接受汉语言文字。

2. 来自蒙古上层人士的抵牾

蒙古人没有走上逐鹿中原的征途之前, 其上层人士已在不自觉中多有学习汉语者。连成吉思汗自己也在未称大汗之前,因为受制于金,而不得不学习汉语,以便同金朝统治集团交际,从而使自己成了有一定汉语文程度的蒙、汉双语兼通者,甚至有了一定的汉文阅读能力。(见拙文《成吉思汗阅读文种别议》,《卫拉特研究》2006 年第 2 期。)语言的社会交际功能要求使然,并非政治力量所能左右。

元代,大量蒙古人从漠北来到漠南汉民区。那时"大蒙古国"尚未制定出相关的语言文字政策,蒙古上层人士就自觉不自觉地开始了汉语学习。早在窝阔台五年,政府就在燕京设立了学校,选送蒙古子弟学习汉人语言文字。(白寿彝:《中国通史·元》279 页,上海人民出版社,1997 年。)忽必烈初登大位时,曾视"汉人无补于国",主张"杀人夷城,毁农为牧",后经汉臣劝导方止。后来,忽必烈自己"改汉制,用汉法",也学习汉语,运用汉学以治理天下。数目众多的蒙古人到汉人区为官,交际需要迫使他们不得不学习汉语,否则他们则无异于聋子、哑巴。至于那些普通的蒙古人民群众,因为各种原因而到内地与汉民杂居在一起,为了生活交际需要而自发学习汉语,更是毫不奇怪的事。可见,政治上高人一等的普通蒙古人,也不管"国语"与否,而自觉不自觉地学习汉语,以满足社会交际的客观需要。无疑,来自蒙古上层人士对限制汉语社会通行的抵牾完全是语言的社会功能使然。

3. 主观想当然的文字政策违背科学规律

蒙古统治者把蒙古文和蒙古语绑到一起，奉为官方通用的崇高地位，这并不难理解。但把汉字称其为“公牍文”，严重损坏了它记录语言的功能，这是违背语言科学规律的。

前述所谓“洋泾浜”，是我国社会语言学中的一个专业术语。它本来指上世纪初上海中下层人民中出现的不合英语句法、词法的口头蹩脚英语。后来，学者把上海、广州、香港、澳门等地出现的同类现象，统称“洋泾浜”。20 世纪三四十年代以后，学者把这种“洋泾浜”现象解释为西方资本主义入侵我国所造成的殖民后果（已故陈原先生就持这种看法）。这样硬与政治挂钩，未免有点牵强。其实，“洋泾浜”不过是两种语言接触中出现的一种不合语言科学、有碍语言健康的病态社会现象罢了。

文字是记录语言的书写符号系统。语言和与它相匹配的文字之间有着密切的依附关系：文字依附于语言。一种语言与同它相依附的文字之间的关系，不是人们随意就可“拉郎配”的。蒙古语属于阿尔泰语系。阿尔泰语系的语言、句法和词法同汉藏语系有诸多明显的差别。例如，动词和它所带宾语的语序不同。汉语说“有意见”，他们说“意见有”。上面引文中的“为军情勾当的上头立下的站有”，意思是说“（这里）有上头为军情需要（“事”或“事由”）而设立的（转运）站”。“公牍文”虽然是使用汉字记写的，但是，因为诸如动宾的语序不同以及其他许多语法不同的原因，结果用汉字记录下来的蒙古语内容就必然难以理解，甚至完全无法理解。这种人为地强拿某种文字去记录与之不相匹配的另一种语言，是违背语言科学规律的。正因为这种“公牍文”不能准确地记录要表达的内容，蒙古人、汉人读起来都很困难，丧失了其记录语言的实际意义，所以蒙汉人民都不欢迎它，它也就自然失去了生命力。

无独有偶，元朝统治者在忽必烈未建立元朝之前，曾经特命国师八思巴仿效藏文体式，创制了一套新的拼音文字，试图用八思巴文取代成吉思汗以来使用的回鹘式（塔塔统阿帮其制定的）蒙古文，还希冀用它来拼写全国各民族固有的语言，达到“书同文”的目的。当忽必烈于 1269 年将其颁行全国之后，由于各种原因，终究未能推行开来，未能达到其预期目的。（杨耐思：《中原音韵音系》9 页，中国社会科学出版社，1981 年。）

4. 元朝语言文字政策在社会实践中终于被废弃

蒙古统治者把蒙古语推到“国语”的地位，从民族情感上说是可以理解的。但是，他们并不明白，他们这样做，试图动摇、改变汉语在全国的客观地位纯系徒劳。南北朝时，鲜卑人入主中原，和蒙古人取得天下一样，统治了比本民族人口多得多的汉族。然而，魏孝文帝却很聪明，他要求从朝廷内部开始，自上而下必须放弃母语而改说汉语。乍一看来，这是朝廷对社会语言进行的人为政治干预。实际上，这正是魏孝文帝为了本民族人们在汉民群体中能以更好地生活和交际，不使本民族自我封闭于汉民社会之外的科学思维和明智选择。

忽必烈掌权之后，将蒙元的政治中心从漠北迁移到漠南汉人区。同时他积极主张“改汉制，用汉法”。他身边重用的亲信重臣，例如，董文炳(将领)、史文泽、张文谦、王文统、刘黑马、张柔、张荣、严实等，有的是“千户”，有的是“万户”。主持各路宣抚司的官员，可谓多有汉人(包括祖居中原的契丹人)，还有不少是汉化程度很高的色目人，如廉希宪、赛典赤等。忽必烈与他们朝夕相处，商讨国家大事，如果坚持使用他心目中的“国语”，完全杜绝这些汉人参与，恐怕许多事情就难以办成。不难看出，尽管蒙古统治者一贯坚持人分四等，但在语言的社会通行上，至少在上层统治集团内，不得不有所变通。汉语的通行地位，实际上与蒙语便不再存在差别。

最终证明元朝官方语言文字政策上的彻底改变态度，应该是从元朝中期实行中原王朝传统的科举制度开始。元朝建立时，元朝统治者崇尚实用，鄙视孔孟之道的儒学。为保证统治权不落于汉人手里，他们一直不肯采用科举取士的制度，甚至社会上形成“一官、二吏、三僧、四道、五医、六工、七猎、八民、九儒、十丐”的歧视儒学的世风。忽必烈死后十九年，公元 1314 年(延祐元年)，元朝开始试行开科取士。科举考试要求蒙古人、色目人、汉人、南人一律采用汉语，考试儒学等内容(录取时，蒙古、色目人有优惠)。这无疑说明，汉语、汉文完全上升到官方通行语的最高地位，无形中宣告“蒙古语是‘国语’”等相关的语言文字政策的被废弃。

西域汉语的通行同内地一样仍居官方通用语地位　全国大势如此，西域也不可能例外。天下是蒙古人掌管的天下，人口却是以比蒙古人口多得多的汉民为主。蒙古语虽然是“国语”,可是连许多蒙古人也不得不使用他们已予认同的全国通用语——汉语。同样,西域社会宏观上汉语的通行,仍然占据无可取代的优势地位。

新疆出土的元代文书中竟有难得的东西可以证明这一点。吐鲁番曾出土的窝阔台时期《杨真宝奴》的汉字草书残卷,以及交河古城出土的至元三年汉字文书《提控审狱文书》残卷都是有力的证据。《提控审狱文书》上说:“中统四年准条奏在狱罪犯,须三日一次亲于牢内点视。若枉禁及淹延不决者,随即检举。月终录其囚数姓名、施行次第、牒送下决官,仍报合属。”据黄文弼先生分析:“吐鲁番在元时,已属畏兀儿国,仍奉元朝政令,故官方文书,仍用汉文格式也。”也就是说,吐鲁番虽属畏兀儿亦都护管辖,尽管尚有回鹘文存在,但作为元朝直辖区域,仍要执行元朝中央政府使用汉文的相关规定。

1928 年在吐鲁番出土的“至元通行宝钞”更能证明汉文在全社会的通行地位。“宝钞”高 30 厘米,宽 22 厘米;上额有“至元通行宝钞”六字;花栏内上半中为“式贯”,楷书。下有钱文两串、每串拾百制钱,……左右为蒙文,右下有汉文“字料”二字,左下有“字号”二字,均横列。整个钞票上,既以汉文标明什么时间的钱币,又用汉文标明面值。汉文在票面上所占的位置均在最显赫之处。

由此可见,在元朝这一特定社会背景下及西域特殊的语言环境中,汉语文的通行仍居官方通用语地位是毫无疑问的。

二、元代西域汉语地名的新特点

地名作为一种文化,它是语言文化在人文地理方面的一种表现形式。某一地理名称用某种语言命名,有其一定的社会文化背景和原因。因此,地名的背后往往会有语言的社会通行等某些文化信息。

自汉代以来,我国西域作为一个多民族聚居区,多种语言并行,从而使得西域出现了产生于各民族的地名。又因为直到后来的魏晋南北朝中期之前,西域除汉族语言有文字之外,其他民族都没有文字,所以,已经产生的各语种地名大都以音译形式进入汉语并用汉字记录下来,成为汉语的外来词而流传于世。它们和用汉语命名的地名一起,就是早期的西域汉语地名。

到了唐代，因为各种原因，西域的汉语地名产生了所指与被指关系复杂化的倾向。例如，同一地方有两个称谓（焉耆国、焉耆部族）。后来，随着突厥、回鹘等民族有了文字，于是，社会上又出现了用民族语言命名并用民族文字记录下来的地名，甚至它们又音译进入汉语，成了汉语里新的外来词。于是，西域地名又有了新的汉语地名和民语地名，出现了一地双名并存的复杂现象。

这种一地双名的地名并存的现象一直长期存在着。例如，唐朝时龟兹有了汉语地名轮台，后来喀拉汗时期又有了《突厥语大词典》称之为"布古尔"的突厥语地名。于是，轮台、布古尔这两个叫法并存。"布古尔"还作为外来词进入了汉语，并存于新疆汉语地名和维语地名之中。这种并存的现象，直到元朝以致后来，也都一直存在着。

进入元代，在我中华民族多元文化一体的大格局中，蒙古人走上国家政治舞台，蒙古语被奉为"国语"。蒙古人把他们在西域命名的地名和来自于突厥、回鹘等民族语的地名，用蒙古文和蒙古统治者特定的"公牍文"（汉文）先后记录保存进了元朝的《元朝秘史》《元史》《史集》等典籍里。后来，这些地名又从蒙古语中对译成汉语，成为汉语中新的外来词，从而使元代西域汉语地名的情况更加复杂。

例如，今天的昌吉，元朝时的《元史·地理志·西北地附录》把昌吉这个回鹘五城之一（yanJibalik）译写成"仰吉八里"。但是专家研究认为，这个地名并不是用蒙古语命名的。它原出于马赫穆德·喀什噶里的《突厥语大词典》，从而认定它本为突厥语地名。

在元代西域这种蒙语、蒙文通行的特殊状况下，西域汉语地名受其影响，有了新特征，这不可能不引起我们对其从文化语言学角度予以关注，而其中最引人注目的是蒙古人用蒙语给一些地方命名留下了新的名称。

例如，今天的巴里坤，唐代属庭州的蒲类县。现在的巴里坤湖，唐朝叫婆悉海（也叫蒲类海）。元朝时，蒙古人来到这里，就有了"巴尔库勒"这个地名。据说，巴里坤城南天山山脊像一只坐虎的两条腿（其实像两只虎爪），蒙古人就把这里叫"巴尔库勒"。专家把这个解释同以前其他的解释进行比较，根据蒙语把老虎称"巴尔"，把腿称"库勒"，认定这个地名来自蒙古人更有道理。（于维诚：《新疆地名沿革》22 页，新疆人民出版社，

2005年8月。)又如今天的哈密,汉时属于伊吾范围,蒙古人来到这个尚无具体地名的地方,称其为“哈密力”,从此这里有了用蒙古语命名的新地名。

诸如此类的来自蒙古语的地名,后来也进入了汉语的西域地名。我们对其进行了不很全面的搜集,作为随机抽样,进行了初步观察,结果发现元代西域汉语地名出现了一种两名之外的一地多名的现象,而且三音节以上的也多了起来。

例如:

今和田	元称	斡端、兀丹、忽炭、忽丹、五端、阔端
今吐鲁番	元称	和州、火拙、和绰、霍州
今库车	元称	曲先、苦先、曲鲜、苦叉、苦扯
今吉木萨尔	元称	别失八里、别失把、鳖思马
今哈密	元称	哈密力、哈迷里、渴密里
今喀什噶尔	元称	可失哈尔、可失哈儿、合思合、乞思哈儿
今莎车	元称	鸭儿看、雅儿看、鸭儿看得
今额敏	元称	业满、业迷立、叶密里
今昌吉	元称	彰八里、仰吉八里、昌都剌、昌八里
今呼图壁	元称	胡图克拜、古塔巴
今塔城	元称	雅儿、楚呼楚

需要强调指出的是,这里所列的一地多名均已被地名专家考证,它们确实多数是来自蒙文典籍中的汉文译名,少数可能是来自汉文典籍,但最终都是用汉文记写下来的。例如,上面提到的莎车,汉语称“莎车”,而蒙古语则称其为“雅儿看”。又如,鄯善在元朝时候叫“鲁克察克”,元末时又改为“柳城”。于是,同是一个地方,若干个名称并存的现象出现在元朝这同一时期。因此,我们有理由说,元代的西域,因为蒙古人是社会政治舞台上的主角,而汉语又是全国使用人口最多的语种,于是汉语和蒙语之间的互译当最为频繁,所以,元代西域汉语地名里才出现了这样称呼繁杂的现象。

除了因为上述一地多名来自蒙古语文典籍而后进入汉语的原因之外,元代西域汉语地名中一地多名的形态特征也是我们把研究的目光进一步锁定在蒙汉两种语文对译之间的重要原因之一。

众所周知,汉语的词从外部形态上看,它以古代的单音节为主,发展演变到后来的以双音节为主,形成了汉语词汇(包括地名)的外部形态的重要特征。而纯粹以汉语命名的地名,其构成成分的语素之间,又明显存在有某种语法关系,如偏正、动宾、主谓等。同时,用来命名汉语地名的两个语素之间往往还存在着明显的内在意义联系。这二者通常是我们区别其是不是汉语本源词的重要标准。

元代西域汉语地名为什么会出现这样的一地多名现象呢?

就现在仅有的这些元代西域一地多名的地名看,它们之所以名称繁多,至少和汉、蒙互译中所用的两种语言文字有非常直接的关系。

1. 蒙、汉两个语种的不同给对译带来的差异

蒙古语属于阿尔泰语系,它的词大都是多音节的。如果对照历史上和近现代汉语中来自欧美等各方面的音译外来词,我们就会看到,蒙古语译入汉语的西域地名音节状况与前者并无二样。蒙古语地名有多种叫法,也就不难做出解释。因为蒙语的多音词以双音节译入汉语时,音节数目和读音就会和译源语有了差异。这当与两个语种音系的音位系统之间的差异、音系拥有的音素多少的差异,甚至译员个人的母语方言口音差异等都可能有关系。

有些地名很早以前就已进入汉语,甚至有了稳定的双音节形式,当它译入蒙古语,而后再译回汉语时,译写也可能会出现差异。因为汉语音系的特殊性,诸如:汉语有声调(蒙语无声调),汉语音节结构中有声、韵、调不同构成成分;声母往往又有发音部位、发音方法的差异;韵母里又会因韵头、韵腹、韵尾中元音音位的细微不同而存在差异,从而造成翻译过程中的各种差异。

例如,库车的"苦先"和"曲先"的不同叫法,出自《元史》《元朝秘史》。其中的"苦"与"曲"的不同,原因在于它们在中古汉语里声母的相同和韵母的相近。蒙古人弄不清其间的差异,一进一出就走了样。"苦"和"曲"的声母,都是中古的"溪"母;它们的韵类则只是相近,前者是遇摄合口一等上声的"姥"母,后者是遇摄合口三等入声"烛"母。中古时它们的韵类确实接近,但发音开口度大小不等。"姥"是合口一等,开口度大些;"烛"

是合口三等,开口度小些。而开口度的大小,影响决定着声母"溪"的实际读音。从而导致"溪"母在开口度大小两种韵前面出现读音分化成为[k]和[q]的差别。元朝时,汉语音系中这种分化演变还一直在持续。南方许多地方可能还都读着中古音,而北方应该已经分化得比较明显了。至于"苦叉"和前者的关系,专家根据它出自1330年的《经世大典》判断,这和此后库车出现的民族语地名[kuqa]的译音有关,与古音对译没有关系。

2. 蒙汉两种文字的不同给地名对译带来的差异

蒙文是音素文字(一个个字母连写成词),而汉字是音节文字(一个个具有声、韵、调的方块字)。在蒙汉对译中,音同、音近的汉字进入蒙语则可能记写形式一模一样,而同一个读音的蒙语词进入汉语就会面临记写成同音异形、音近形同汉字的选用,从而造成翻译记写出音同、音近汉字的结果。其原因不外有二:古音声韵的相同和相近、近代音的相同和相近字的选用;中古、近代声调不同的字的选用。汉字读音相同、相近的现象自古以来就十分普遍,因而汉字的同音字也一直普遍存在,仅因声调不同而造成的同音字可以多达几十个,由此造成一地多名也就不难理解了。

例如:哈迷里、哈密力、渴迷里三个名字中,"哈"与"渴",音节开头辅音发音不成阻的[h]、成阻的[k],存在明显差异。两个音节中元音的开口度大小也有出入。"哈"的韵母是单元音[a],"渴"的韵母是单元音[e]。"哈密力"和"哈迷里"之间,除了"迷"和"密"二字声调不同(前者是阳平,后者是去声)之外,"里"和"力"两个字还存在音节(声韵)的同音和字面的异形。

今额敏县在元代称"业迷立""叶密力",这两个名字的音译用字与上述也一样。除了"迷"和"密"声调不同之外,其余的字"业"和"叶","立"和"力",都是同音异形。今吐鲁番的元代地名"和州"与"霍州"中的第一个字从古音和今音看,都可算是近音。至于"火拙""和绰",也存在音同、音近的情况。至于后来的"和卓",会不会与伊斯兰教传入之后,当地信教群众把原有汉语名称变读而出现了书面的异写,似有待进一步研究。

通过上述简要分析,我们不难看到,元代西域汉语地名的复杂情况既包含着多种语言并存的影响,也透露出多种民族文化的影响,甚至感知到内地汉语方言在此的不同影响,这说明元代西域语言文化环境的复杂。地名中这些复杂现象,也是我中华民族多元一体文化特点的一种表现。

三、元代西域近代白话文已与内地同步通行

汉语发展史告诉我们，自汉魏之后，特别是唐、宋时期，汉语在发展中明显存在口语和书面语分道扬镳的分化发展过程。在这一发展变化过程里，古代书面语日渐衰亡、近代白话则相应渐渐形成。这一发展变化过程长达千年左右。1324年(元泰定帝泰定元年)成书的《中原音韵》一向被现代学者认为是近代汉语音系形成的标志，是现代汉语音系的直接来源。这时，近代白话文在宋话本的基础上，进一步发展逐渐走向成熟。而这时的西域近代白话文的通行是否与中原保持同步，下面对此进行一些粗略的探讨。

古代书面语与近代白话　每种语言都包括语音、词汇、语法三个要素。语言的发展变化，同时表现在这三个要素的变化方面。自从有了文字，语言又有了书面语和口语之分。汉语的上古阶段，书面语和口语相当接近。汉魏之后，汉语的书面语和口语差距越来越大，二者明显表现为分道扬镳之势。到了宋代末年，已经有了传世的记写当时口语的白话文字材料宋话本，可以证明迥别于中古书面语(即文言文)的近代白话的存在。

从古代汉语的衰亡到近代白话的形成是个渐变的过程。汉语的语音、词汇、语法都在慢慢发生变化，而最直观、最明显、最容易感知到的是语音的变化。例如，古代的很多字，由“读书音”改变成了白话音：说话的“说”，由(shui)变成了(shuo)(今天仍有读shui的时候，如：游说)，衰弱的“衰”，由(cui)变成了(shuai)等。这些语音的变化在书面上是看不出来的。于是，我们要观察古代书面语文言文和近代白话文的区别，便只好从词汇和语法上着眼，而这种从词汇、语法上观察古今书面语的不同是语言学家们专门研究的事。下面我们仅引几则文字，从词汇、语法、语体风格等方面进行简单的比较分析，从中粗略窥见汉语从中古到近代发展变化的轨迹，从而达到粗略了解元代西域汉语通行和发展变化状况的目的。

元代的中古书面语和近代白话文的对比　上面所说的古代书面语的衰亡，是说它在社会通行中越来越没有市场，使用频率越来越低，绝不是说它已彻底无影无踪。宋代

科举考试,参加科考的文人们还是在用古代的文言文写文章。而在这同时,社会上的一般交际场合则已逐渐通行近代白话。人们把这种通行于一般语言场合的言语用文字记下来,便是“白话文”。

下面我们节选几段文字作为例子,供大家做比较。先看两则元代知识分子的书面语(文言文):

始隶州县,朝臣共欲以丁为户,公独以为不可。皆曰:我朝及西域诸国,莫不以丁为户,岂可舍大朝之法,而从王国故耶? 公曰:自古有中原者,未尝以丁为户……(宋子贞撰写的《耶律楚材神道碑》)

其国,兵皆刺客。俗见男子勇壮者,以利诱之,令手刃父兄,然后充兵。醉酒扶入窟室,娱以音乐、美女,纵其欲数日,复置故处。既醒,问其所见,教之能为刺客,死则享福如此。因授以经咒日诵,盖使蛊其心志,死无悔也。令潜使未服之国,必刺其主而后已。虽妇人亦然。

(刘郁《西使记》)

第一则是曾经效力于成吉思汗和窝阔台的契丹文人耶律楚材死(1244 年)后,其后人为之所立神道碑(具体时间不详)之碑文。这时,正是蒙元的第二位大汗窝阔台的晚期,也是南宋王朝晚期,距离北宋宣和年间宋话本(白话文)的初现已有一个半世纪。碑文撰写者宋子贞,无疑是饱读儒家经书、擅长文言文的高手。

第二则文字是公元 1263 年(元世祖中统四年)刘郁所写。内容是常德奉蒙古大汗蒙哥之命出使西域 14 个月的沿途见闻。该书成书时间是忽必烈接替汗位后 4 年、元朝正式建立之前 8 年(《中原音韵》成书前 61 年)。这时,中原一带的汉语正在发生着变化,继续向近代汉语发展。而唐宋时的汉语书面语(文言文)在知识分子中仍有一定的市场。

纵观这两则中古延续下来的书面语文字,略有文言文阅读基础者,至少看出它们有以下几点古代书面语特征和语体风格。

1. 许多名词、动词等都是中古的文言词，而且单音节词还相当多。例如：曰、然、纵、蛊、潜、始、隶、娱、欲、令、公、丁等属于单音节的书面语词汇，朝臣、故处、经咒、未尝、心志等是双音节的书面语词汇，后者相对较少。

2. 古代书面语的显著标志是文言虚词很多。例如：之、者、耶、也、而、以、其、所、亦、诸、皆、而已等。

3. 句型短小，语气顺畅明快。一般句子，都是四五个、六七个字一逗，多至十个字的句子就很少见。至于语法上诸如"手刃父兄"中的名词作动词之类，则不必细说。

而后，再看几例官方文书中已经较为通俗的近代白话文。

百姓每分家财的事，你料断着，凡断了事，写在青册，以后不许诸人更改。（成吉思汗吩咐断事官失吉忽秃忽《元朝秘史》）

太初皇帝初起北方时节，哥哥弟兄每商量定，取天下了呵，各分土地，共享富贵。（《元典章·吏部三》投下、改正投下达鲁花赤）

中书省劄付：畏吾儿田地里，从在先传留下来底各自体例有来，这汉儿田地里的众畏吾儿每，丧事体例有呵，自己体例落后了，随着汉儿体例；又丧事多宰杀做来的勾当每，上位听得上头帖薛，不逑蛮也丧事里，依各自体例行有；从今已后，这汉儿田地里底众畏吾儿每，丧事里只依在先自己体例行者，汉儿体例休随者。（《大元圣政国朝典章·礼部三》有关畏吾儿丧事体例）

这几则文字都是元朝建立之后官方的重要典籍，其中不乏前述的蒙古语语法掺杂而致的"洋泾浜"现象存在。但是，与当朝的汉语书面语相比，已有明显不同。

与上面所引的文言文相对比，我们可以清楚地看到：白话文的语句虽比前者稍长，但句间断开频繁，读起来仍然上口。

所用的词语与今天所用的词语非常接近。诸如,“分家财”“料断着”“更改”“起初”“时节”“哥哥弟兄每(们)”“取天下”“分土地”“田地里”“在先”“下来”“上头”“丧事”“宰杀”“落后”“自己”等。其中双音节词和口语中常用的词组(即短语)几乎与今天没有二样。此外,今天口语中的语气词“呵”“了”,助词“的”“底”(即“的”,五四之后还用),远在七八百年前就已使用。所以,今天读起来,除所受“洋泾浜”影响之外,几乎没什么困难。

特别值得注意的是最后一例,这是朝廷下行高昌畏吾儿地区的公文性文字。朝廷下来的公文已经明显带有白话色彩,足见元朝时候,除了小部分汉族知识分子在一定的场合继续使用旧有书面语之外,近代白话文已经在日常生活中较为普遍地使用起来。

可以最佳印证日常生活已经普遍使用近代白话的是来自西域的一件出土文物。它非常真切地反映出西域的一般人通常使用近代白话的事实。新疆博物馆馆藏着一件新疆若羌出土的元代文牍残卷。这一文牍残卷,应该说是至今能够见到的元代西域字数最多的白话文文牍。这一出土文牍残卷被发现时已经断裂成上下两部分。断裂处因纸张破损,每行中间破损处都有文字短缺。有的字正好在断裂处,字迹无法辨认。全文共12竖行,可辨的有11行。为了窥得其内容的大概,此处照引(竖行变成横行)如下。其中,难以辨认或断阙的字用“□”代替之,纸张缺损的地方,以空白断开。

管军百户史□

状申本管军人程□　　　　□衣刁□讫官驴一头在逃了□□□

三日早卑职引领　　　　　　　未获若不 申 覆 恐□早 晚官司

点集□时难以□　　　　□申前去中间并无捏合虚申如却有

捏合虚申纵放或□　　　□到官情愿□当失误

军□□执□

照验施行须至申□

　　计在逃军之□

　　　　鄘□　　　　□程荣□□□□一名李保儿

　　　　　　　　　　　　　　　　□　　枪一条　头盔一顶

　　　　　　　　　　　　　　　　□　　一领

尽管这一文牍不少字迹难辨，又因破损而文字短缺，但是语句流畅，仍能读出大概意思，给人的语感与今天的现代白话文几乎没有两样，甚至比受蒙古语法影响的官方文书读起来还要上口得多。

尽管这里所见的残卷只是一般人员递交自己上司的，但是这样水平的文字既然可以在军中上下级之间顺畅通行，其交际的客观实际正好证明近代白话在西域的发展、成熟之客观存在。

本节前文提到过的吐鲁番崖儿湖古城(交河)考古发现的至元三年(即 1266 年)文书残片也是难得见到的元代西域地方文书。至元三年，距离元朝的建立仅有五年之差。这时，高昌直属元朝中央，当然奉行朝廷政令，所行文书遵从汉文格式也势在必然。据黄文弼先生考证，这是当地“提控牢狱文书残纸”。仔细审读此件，除了因是公文文风需要严肃、庄重而用了“条奏”“枉禁”“淹延不决”“牒送”等一般民间不用的词汇和文言虚词“者”“其”各一个之外，其他词语和句法与今均没有什么差别。特别是，双音节词占多数，十分明显。从这个角度讲，这一文书与上面所举若羌出土残卷一样，应该也是西域近代白话通行最有力的证据。

依据上面的白话文字，我们可以肯定：汉语在西域的发展与内地几乎保持同步；元朝西域汉语近代白话文也已经发展到接近成熟，和内地一样在社会上普遍通行。

关注西域近代白话通行的意义　我们之所以这样悉心关注元代西域近代白话的通行，意义至少有以下两点。

1. 从社会语言学的角度看，西域近代白话与内地同步通行可以借以窥知汉语本身在西域发展变化的进程。

西域近代白话与内地近代白话的同步通行，证明这里社会说汉语的人口相当可观。汉语在此通行不亚于以往，从而使汉语在西域社会的发展与以往保持一种速度相对平衡的状态。从某种意义上看，这里近代白话与中原已基本相同，这就比内地南方诸多省份发展可能还要快一些。更重要的是，它至少为今天我们在认识全国汉语方言的分布、区划，把包括新疆在内的大西北划归大北方方言区提供了可供参考的重要依据，同时也为今天汉语西北方言之间的对比研究提供了某些启发和思考。

2. 元代西域汉语近代白话与内地同步发展，更进一步证明唐宋以来西来西域的说汉语人口的迁徙和汉文化在西域的传播都保持强劲势头。

陈垣先生在肯定西辽于西域传播汉文化的功绩时说："当元人未据西域之先，大石林牙已将汉族文明炫耀中亚大陆。"(《励耘书屋丛刻》上册，卷一，2 页，北京师范大学出版社，1982 年。)陈先生是在肯定西辽传播汉文化的功绩，事实上同时也对元朝在西域的传播汉文化予以了高度赞扬。正如陈先生所说，辽朝灭亡之后西辽的建立，北方原辽朝辖域中的契丹人等说汉语人口被耶律大石驱动流入西域，在汉文化的传播上发挥了很大的作用。成吉思汗及其子孙们的西征乃至经营西域带动国内人口大规模西流，同样对汉文化在西域的传播产生了深刻的影响。前面所举若羌出土的汉文文牍残卷，不但说明元朝若羌一带广有汉人，而且也证明近代白话已在那里广泛通行，这正是中华文化在此强劲传播的有力证明。

第五节
元代兄弟民族对中华文化的传播

中外史学家一致认为，蒙古人的西征虽然使中外人民蒙受了战争的苦难，但是同时也促进了东西方人口的流动，也给东西方经济、文化的交流创造了契机。从全世界看是这样，从我国内部看也是如此。

元朝对西域的统治、管理促进了我国统一的多民族国家的形成和发展，也促进了全国各民族人民之间的经济文化交流。元代西域和中原汉文化上的互动使传统的以汉文化为核心的中华文化进一步丰富了内涵、扩大了外延，成为中华民族各族人民共同的文化。直接促进这一文化飞跃发展的，与元代西域的畏吾尔人和稍后一些时候的回回人都有密切的关系。

一、促进西域和内地文化互动的畏吾儿(维吾尔)人

元帝国向外的大规模军事行动开始于西征盘踞在西辽的乃蛮人屈出律。在消灭西辽政权之时，西州高昌回鹘的亦都护巴尔术阿而忒的斤主动归附，从而得到成吉思汗的信任。成吉思汗不但允许巴尔术阿而忒的斤继续称亦都护，而且将其收为义子，使高昌一带畏吾儿人民乃至汉民免受兵燹之灾而保持相对稳定、安宁的生活。同时，为畏吾儿人走向外部世界创造了良好机遇。

具有丰富中华文化底蕴的畏吾儿人 历史悠久的畏吾儿人自唐代其先民在鄂尔浑河建立回鹘汗国开始就和唐朝关系密切,双方经济上互补、文化上互相渗透吸收,乃至通过和亲建立起了亲密的关系。汉文化深深影响了回鹘人,使之政治、经济、文化各方面都有了较快的发展。后来,天灾人祸使得回鹘人西迁高昌,建立了西州回鹘王国,有了新的发展机遇。

回鹘人在高昌定居,在高昌早有较发达的农业经济之影响下,经过唐末、西辽时期和汉民杂居一起,生产方式从其先民的游牧渐渐转变为从事农业生产,生活发生了质的改变。同时,高昌地区长期所积累的汉文化底蕴又对他们产生了广泛而深入的影响。所以在有了本民族文字的基础上,民族文化事业也得到了相应的发展。他们在努力创造发展自己的民族文化的同时,也积极学习接受汉文化,在具有丰富汉文化底蕴的基础上造就了不少精通汉文化的政治家、军事家、文学家、科学家、翻译家、艺术家,这些人后来都在祖国政治、文化历史舞台上为国家和中华民族做出了重要贡献。

畏吾儿人施展才华的机遇 成吉思汗从蒙古高原西出,直接进入西域。在他得了高昌作为自己的领地之后,又收高昌亦都护作为他的义子,如此一来,高昌自然会义不容辞地随同成吉思汗征战,参与蒙古帝国的事业,这就给畏吾儿人创造了在中华全民族政治大舞台上施展才华的机遇。畏吾儿人得到施展才华的机遇,有诸多主观、客观方面的原因。

1. 政治方面

因为高昌的统治者深受成吉思汗器重,畏吾儿人受到元朝政府历朝当政者的信任和重用。他们中间有的因征战有功受到封赏奖励,有的因有某方面的才能而被重用。后来,蒙古人实行等级制度,畏吾儿人与色目人一起都享受仅次于蒙古人的二等公民政治待遇。甚至,科举考试,畏吾儿和蒙古人一样,可比汉人少考一场;在策选时,同样考题,汉人、南人文章不得少于 1 000 字,而畏吾儿和蒙古人仅限 500 字即可。已经考知的元代 61 位进士中,色目人被录用 15 人,蒙古人被录用 10 人,畏吾儿人就占了色目人被录人数中的 7 人。(谷津:《维吾尔人在蒙元历史上的地位》,重庆科技学院学报 2008 年第 2 期。)这为畏吾儿人登上高位、担任要职,乃至从事其他文化工作提供了极为有利的条件。

2. 文化方面

高昌地区早就具备的浓郁的汉文化氛围，畏吾儿的先民西迁来此之后，与汉民聚居，较早接受汉文化熏陶。上一章曾经提到，高昌一带佛教盛行时，回鹘僧和汉僧常常同住一个寺院，许多经文是从汉文译成回鹘文的，甚至喀拉汗那里也接受了一定程度的汉文化影响。有名的长诗《福乐智慧》的作者玉素甫·哈斯·哈吉甫在该诗的序言中说："此书极为尊贵，它以秦地哲士的箴言和摩秦学者的诗篇装饰而成。""秦地"是指契丹，"摩秦"是指汉人。由此可知，该诗不同程度地反映出曾接受、利用了汉文化材料，足见作者曾经深受汉文化传统的影响。在进入农业社会之后，畏吾儿人渐渐发展成为西北诸民族中文化素养最高的民族。可以说，在西北一隅，畏吾儿人在人文、科技等方面堪称得天独厚，遥遥领先。

有元一代，相关的政策对畏吾儿也十分有利，特别是在蒙古人于西域军士所在诸卫、司中，设儒学教授，敦促教化，大大提高了畏吾儿人的学习积极性，畏吾儿人开始重视教育，使得全民族的文化得以长足发展，为中华文化的进一步发展做出了不可磨灭的贡献。

畏吾儿人在东西文化互动中的贡献　元代做出贡献的西域人中，数畏吾儿人成绩最突出，人数也最多。下面几位都是彪炳史册的人物。

廉希宪(1231—1289)，字善甫。其祖上世居高昌。其父布鲁海牙归附成吉思汗，曾先后在燕京、正定任职。希宪出生时，其父正在燕南诸路任廉访使。希宪自幼熟读经史，是有名的儒者。人称他为"廉孟子"。忽必烈十分赏识他"笃好经史，手不释卷"的精神。他 19 岁担任忽必烈的侍卫，深得信任。他主张"以汉法治汉地"。1214 年(至元十一一年)官至平章政事。他一生"清正廉洁、刚直不阿"，善于审时度势，又忠于职守，是元代一位颇有建树的畏吾儿政治家。

贯云石(1286—1324)，本名小云石海涯。元朝功臣阿里海牙之孙。父名贯只奇，故云石遂以"贯"为姓。号酸斋，又号芦花道人。幼年勇猛，"善骑射，工马槊""折节读书，目五行下"，深受汉文化熏陶。曾承袭父爵，率兵镇永州。仁宗时，官至翰林侍读学士，知制诰。后来弃官,归隐江南,在钱塘卖药。其散曲作品风格豪放、清逸兼具,与元朝散曲家徐再恩(号甜斋)齐名。后人合辑其二人作品为《酸甜乐府》。他不仅是著名的散曲家,也是杰出的书法家。

安藏(？—1293),又名安藏扎牙答思,字国宝,自号龙宫春人。祖籍别失八里(北庭)。曾任翰林学士承旨,正奉大夫。他佛学造诣深厚,兼通儒学,掌握畏吾儿语、汉语、蒙语、藏语等多种语言文字。一生译著丰富,他用蒙文翻译了大量儒家典籍,曾翻译《尚书》《资治通鉴》《贞观政要》等,为元朝制定政策、法令提供借鉴。他还翻译了佛教经典、创作了诗歌,并培养了一些畏吾儿喇嘛僧,促进了佛教事业的发展。

必兰纳识里(？—1332),祖籍别失八里。历世祖、成宗、仁宗三朝。精通汉语、梵语、藏语、畏吾儿语等多种语言文字,贯通三藏。他是一位博学多才的佛经翻译家。所译佛经,汉文有《楞严经》,民族文字则有《大乘庄严宝度经》等。

察罕,祖上是西域人。其父举族归降蒙元,徙居解州。察罕自幼博学强记,通晓诸国文字。仁宗即位,辞中书参知政事,进平章,一生为官清廉。晚年居德安云山别墅,以白云自号。曾翻译《贞观政要》《帝范》为蒙文,翻译《脱必赤颜》为汉文,著有《历代帝王纪年纂要》《太宗平金始末》等。

阿鲁浑萨里,自幼聪慧,通晓畏吾儿、汉、藏、蒙多种语言。精通经史、阴阳、历数。忽必烈闻其才,令其专门研习经史百家之学。他建议忽必烈以儒术治理天下。成宗时,官至中书平章政事。

廉惠山海牙,是元朝著名理财家布鲁海牙之孙。1321 年(元英宗至治元年)中进士,召入国史馆,是《辽史》的纂修官并参修英宗和仁宗两朝实录。

另外,还有杰出的农学家鲁明善,著名的书法、音乐家伯颜不花的斤、达鲁等。

这些畏吾儿人的祖上世居高昌、别失八里这些唐宋以来西域汉民集中的地方。这里的文化背景,尤其是汉文化对他们的成长都直接或间接起了很大作用。

畏吾儿人对中华文化做出的贡献,有几个突出特点。

第一,涉及范围广泛。畏吾儿人做出贡献涉及的领域极为宽广,如政治、经济、文化、科技、军事等,尤其是在文化领域,涉及面尤为广阔。例如,儒家经学、语言翻译、史学、文学等，于是造就了众多在诗词、散曲、经学、翻译、书法多方面俱有突出成就的文化精英，他们的成就涉及面之广阔、成就之突出都是历史上民族文化人中空前的。

第二，促进东西文化的互动。历来西域就是东西方文化的交汇之处，但是历来都没元朝这样的文化互动产生的影响巨大而深远。这时的文化交流，表现出两个明显的倾向。一个是此时中原汉文化对西域人的大面积深刻影响。例如，受来自中原的汉文化影响，使廉希宪成了一个具有丰富儒家思想的政治家，他后来极力主张元政府“以汉法治汉”，就是最鲜明的例证。另一个是受到中原汉文化深刻影响的西域人，反转回来为中原汉文化的发展、传播做出了突出贡献。例如，安藏等翻译家们，不仅精通汉学经典及佛经等，将其互翻成蒙文、汉文或其他文字，而且还培养了一些汉人僧众，促进那里的佛教发展。

第三，畏吾儿人充分发挥了双语兼通的突出优势。畏吾儿人之所以能够在广阔的领域做出贡献，促成东西互动，主要在于他们得天独厚的双语优势。自唐宋以来，他们的先民与汉民广泛而深入接触，使他们具有民汉语言兼通的能力。又因为地缘和佛教信仰的关系，接触、学习藏语也不奇怪，这使之具备了一般人无可比拟的社会语言交际能力。

由于回鹘语和蒙古语都属阿尔泰语系，语言较为相近，所以他们较快掌握蒙语也不困难。掌握了诸多语言工具，接受和输出文化便成为相对容易之事。上述翻译家安藏、必兰纳识里都懂得畏、汉、蒙、藏四种语言，经史家阿鲁浑萨里也精通四种语言，就连在朝为高官的廉希宪，起码也懂畏、汉、蒙三种。畏吾儿人充分利用了这一优势才得以在远离本族的外部世界充分显露了自己的才华。

畏吾儿人参与全社会活动的意义　元代畏吾儿人有机会走出家门，在外部世界一展才华，其意义已经远远超出以往，具有更大社会意义。

1. 畏吾儿人为本民族文化跻身中华民族文化之林做出了贡献

尽管畏吾儿人这些学者、文人的文化成就大都是以汉语、汉字形式完成或保留下来的，但是毫无疑义，有元一季中国的文化发展是畏吾儿人、蒙古人和汉人等各民族人民共同劳动的结果。因此，应当说，中华民族文化因为西域人的参与、创造，更进一步丰富了其内涵，也进一步彰显了中华民族文化各民族共于一体的属性。亦即，汉文化不是汉民族单一的民族文化，而是以其为代表的以儒学为基础的中华民族各民族共有的文化，是多元一体的中华民族文化。

此前，畏吾儿人曾创造了具有特色的文学、音乐、舞蹈等民族文化。这时，畏吾儿在参与全国宏观的社会活动中与各族人民一起共同创造了中华历史、中华文化，在中华历史和文化上留下了本民族智力的印记，使畏吾儿跻身于中华民族之林，取得了很大成功。

2. 畏吾儿人在中华文化的互动中把西域与祖国更紧密联结在一起

前不久，媒体报道了西安考古首次发现汉文、回鹘文合璧的碑刻。碑刻的具体内容专家正在进一步研究。从文化语言学角度看，不管碑刻内容涉及的是哪方面的东西，至少可以知道，它是唐代回鹘和汉民文化交往的产物。后来回鹘迁徙到了数千里之外的西域，但是他们和中原的源远流长关系是割不断的。这次考古的发现，就是畏吾儿人在中华文化的互动中把西域与祖国更紧密联系于一起的铁证。

元代，畏吾儿人促进西域和祖国内地文化的互动，把西域与全国联系在一起，为中华文化的发展繁荣贡献了自己的聪明才智。虽然后来大多数畏吾儿人仍然生活在他们的家乡，少有到外部世界的机会，但是他们与内地的情感联系却永远息息相通。他们的历史功绩不可磨灭。

二、回回人对传承中华文化的突出贡献

元代"回回遍天下"。蒙元的西征，签发、俘掠回来许多中亚乃至西亚各国信奉伊斯兰教的人口。史书上统称其为"回回"，后来才称为回族。唐朝时就有大食等地穆斯林来华，所以历来关于中国回族的形成时间，专家学者所见不同。多数人认为，回族的形成始于元朝而完成于明朝。鉴于此，我们在其大多尚未最终将汉语作为母语、"自觉为我"的民族意识尚未完全形成的情况下，这里姑且对其仍称"回回"，而暂不用"回族"称呼之。

回回进入中国之后，因为各种具体原因，被分散安置居于全国各地，从燕京到云南，从中原到河西，和中国的各民族，尤其是主体民族汉族杂居于一起。所以，新的情况促成了他们对语言、文化等重要方面必须做出新的抉择。

回回进入中国首先面临着语言的抉择。回回人是来自西域甚至更偏远地方的各国人民，一批批工匠、军士和降将、贵族、学者，以及签发来华安置落户的普通人。专家估计多达几十万人，有的说甚至有二三百万人之多，数量很大。

由于当初进入中国的回回还只是一个来自不同地域、不同血统、不同职业，但有共同宗教信仰的穆斯林群体，所以，他们各自运用着自己民族或部族的母语。在其整体上散落各地之后，他们面临的第一个抉择就是语言运用的取向。

他们中除了一部分获得元朝政府的重用之外，多数人则因为“善贾”而继承他们先人的传统，开始活跃于中国各地商业行当，有的则通过从事屯田或依靠赡军田（政府拨给军户）、职田（政府拨给官吏），抑或是其他方式获得土地，成为拥有土地的农耕者。于是，他们也和蒙古人一样，在人口占据绝对多数的汉人社会群体的汪洋大海之中面临着同周围社会成员的言语交际困难。自己的母语，乃至蒙古统治者专为他们考虑而允许使用的波斯语、阿拉伯语，以及被称为“国语”的蒙古语，使用起来都多有不便。为语言社会交际功能所迫，他们出于社会生活最基本的需要，并无统一意志地各自放弃自己的母语，很快又本能地自觉不自觉地开始学习汉语、使用汉语，对汉语作为共同语予以认同。

如果从成吉思汗父子 1221 年西征西辽、花剌子模，继而进入钦察草原，征服俄罗斯，1224 年胜利返回蒙古高原，带回大量战俘开始算起，那么到 1279 年元朝建立，已经长达半个世纪，带回来的回回等战俘及签发来的各种人士之第二代、第三代都要出生了。这时，他们在中国，语言的改变应该大致完成，汉语成了他们之间的共同语。

元代特定的社会背景给回回人创造了难得的机遇　回回人在学习汉语、使用汉语的同时，面临的另一问题就是文化的抉择和认同。如果说，语言的抉择对他们而言，是一种不依主观意志为转移的事，那么在同汉文化的密切接触中，渐渐汉化，融入中国社会却是一个意识清醒的郑重抉择。由于元朝统治者在政治、文化等各方面的政策，汉人和汉文化处于历史上少有的可悲境地。然而，回回人在权衡蒙古文化、汉文化之后，有选择地将汉文化定为最终取向。正是这一特殊社会背景为回回人创造了融入中华文化的难得机遇。许多回回人很快成了具有相当高汉文化水平的人。他们热爱并参与到社会文化生活中来，成了汉文化相关方面的佼佼者。这个为回回人创造难得机遇之特定社会背景，主要表现在以下几方面。

1. 政治方面

多数回回人因为有一技之长，蒙古统治者认为可以为我所用，更不用说曾经有功于蒙古统治者的一些人，得到了蒙古统治者的器重。回回人取得了仅次于蒙古而高于汉人的二等公民政治待遇。当然也有一些沦为地位低下的奴隶，特别是女人，政治待遇例外。社会地位相对较高的优待使大多数回回人得以在经济生活上不愁温饱前提下，在社会从业乃至参与政事等方面带来许多方便，也使得回回人最终在文化创造上取得了举世瞩目的成就。

2. 经济方面

随着社会的发展前进，一向以小农经济为基础的中国，商品交换早就存在，小市民阶层正在渐渐出现。元朝时期回回的到来，为中国市场带来了新的生机。具有"善贾"传统的回回人，大有长于饮食业、屠宰业、制香业、珠宝业、医药业、贩运业者，他们的加入，助长了中国市民阶层的形成。市民阶层迅速形成以后，随之为市民阶层所需的文化娱乐事业也应运而生，其中最主要的形式是供演唱和表演的元杂剧和元曲，特别是元曲的诞生，应该说与回回成为中国社会成员不无关系。

3. 文化方面

据说，伊斯兰教中有这么一则圣训"知识远在中国，亦当往求之"。（海宝明:《回族同胞身上的汉文化烙印》,《中国民族报》2010 年 3 月 23 日。）回回来到中国，知道这一圣训的人，欣喜有遵照圣训接受汉文化知识的幸运。从 1234 年蒙古灭金起到1314 年元仁宗时的整整 80 年间，中国施行了多少朝代的科举制度被废弃，惯以通过科举而入仕的汉民读书人，在"九儒十丐"的社会背景下，难得温饱，断了前程。而社会地位高于汉人的回回，则别有心情关注具有强大吸引力的汉文化，他们广泛深入接触汉文化，进入国子监学习，师从学界名流，学习儒家学说以及诗词等汉学知识，很快成了社会上有文化修养的人。他们在悄然中把传承汉文化视为己任，俨然成了中华文化的主人。

回回人对中华文化的突出贡献　从1224年成吉思汗西征花剌子模、俄罗斯带回首批战俘等人口开始，到1314年元朝恢复科举的90年里，回回经过短时间的无奈抉择，改说汉语。这时，人口繁衍已经迎来了第三代、第四代，正如陈垣先生在《元西域人华化考》中所论，回回从第二代开始，他们中已经有不少人潜心于汉文化的学习。到第三代人，已经大有人在文坛崭露头角，成为佼佼者。

1. 回回人中活跃文坛的佼佼者

语言是文化的重要标识，是文化的重要传媒。回回人在对汉语认同之后，自然进入到对汉文化认同的新过程。经过努力，许多人成为传承中华文化的杰出人才。

萨都剌(1272—1355？)，字天锡，号直斋，其先世为西域人。其祖父、父亲都是成吉思汗西征时签发来华的军士，以“世勋镇云、代”。从世祖时与一般探马赤军一样，“随地入社，与编民等”，成为扎根华夏、屯垦为生的普通农家。萨都剌自幼酷爱中华文学艺术，刻苦学习汉语言文字。年轻时，因诗词、绘画、书法俱精，被人誉为“虎卧龙跳之才”。他因元朝几十年不开科而无法入仕，曾经经营小商谋生。56岁进士及第，因“员多阙少”，“注官守阙”。后虽为官，但一直居于下层，低至九品，曾经意外地擢升过从二品，不久又被罢职改迁。他一生经历元之11朝80余年。长期宦游，浪迹四方，广泛接触元朝社会，对社会政治、经济、文化各方面都较熟悉，加之诗人始终关注国家和民族命运的情怀，所以，其诗歌内容丰富，思想深刻，堪称一代“诗史”。

高克恭(1248—1310)，其祖上是西域人。父亲酷爱汉语汉文，广交文人学士，熟读《诗》《书》《礼》《易》《春秋》等汉文化典籍，以及程朱理学，但雅不乐仕，遂归老房山。高克恭自幼受到良好的教育，“于经籍奥义，口诵心研，务极源委，识悟弘深”。27岁由京师贡补工部令史，后仕途多次升迁，官至工部侍郎。63岁他归回京师，不久病逝。高克恭一生真心学儒，勤政爱民，耿介正直，清廉执法。高克恭诗作多写田园山水，虽作品传世不多，但得到了后世文人学士的喜爱和重视。高克恭的绘画，也是一绝，与时人赵孟頫齐名。

赛典赤·瞻思丁，西域布哈尔人，随西征大军来华，历仕，至世祖时，任中书省平章政事。旋拜云南省平章政事。居云南六年卒。

此外，回回人中的佼佼者，还有诗人迺贤、泰不华、伯笃鲁丁、伯颜子中、哲马鲁丁等人，散曲家不忽木、阿里耀卿、王元鼎、阿里西瑛、蓝楚芳、孟昉、沐仲易等人。他们的业绩恕不在此一一赘述。

2. 回回人对中华文化的贡献

上述成就斐然者，各自身世不同，但有几点突出的共同之处：祖上都是西域人，祖辈、父辈随蒙元西征来华；上辈大多有功于元朝统治者，因而封有勋位；他们个人自幼喜爱汉语言文字和汉文化，或有较好家传，或受当时的文化名人指教，受过较好的汉文化教育；作为来华的第二、第三代便显出突出才干，成为中华民族历史上回民中的佼佼者。对他们的文学成就，文学评论家称："他们的诗以题材的广泛性，内容的丰富性，主题的深刻性，风格的多样性，令元代汉诗大家们刮目相视。他们的词，以意象的优美，抒情的率真，议论的精当，格调的雄放，令元代词坛高手也叹羡仰慕。他们的散曲，更以独出心裁的艺术构思，恬然犀利的批评锋芒，醇厚浓郁的'蛤蜊'风味，赢得了期待文学新变的广大读者的齐声喝彩。"(王十亿:《回族古代文学史》3 页，宁夏人民出版社，1998 年。)其他诸如史学家在史学上的贡献与畏吾儿翻译家、史学家沟通东西文化的交流上，具有同样重要的地位。

元代回回的汉化和传承中华文化的重大意义 元代回回人的汉化和对中华文化的传承和整个中华民族多元一体文化的形成具有极为特殊的意义。

1. 回回人的汉化是回回人重大而成功的抉择

回回作为来自不同地域的原属不同民族或部族的从事不同职业的一群陌生人，在当时中国特殊背景下，仅因宗教信仰相同而聚合成一个较为松散的社会群体。而且他们呈大分散、小集中状态，主要杂居于全国各地汉民之中。大家出自每个成员个体的日常交际需要，并非统一意志地放弃各自的母语，不约而同地以汉语为取向，融入社会之中，进入汉文化圈内，完成了一次重大社会性蜕变，形成了一个新的族群，成功跻身于中华民族之林。可以说，这一重大抉择决定了回回群体全体的后继发展和繁荣的命运，最终形成了一个崭新的民族——回族，其发展进程，确实值得人类学、民族学、文化学等学界予以关注和研究。

2. 回回人进入汉文化圈使中华文化多元一体的特点更为鲜明

汉文化早就不是单纯的汉人文化。汉族形成之后，它是历来融入汉人群体的各族人民文化的集大成。回回的加入，使原来使用汉语的汉人扩大了使用汉语、共同传播汉文化的人口阵容。更值得注意的是，回回人把他们以宗教信仰为核心的文化，带到汉文化圈中来，使汉文化在原有儒学为核心，兼蓄佛、道等文化的基础上，新添了伊斯兰文化的内容，又一次扩大了中华汉文化的内涵和外延，使其多元一体的特点更为鲜明。

文化具有超时空的稳定性和极强的凝固性。回回一经进入中华民族大家庭，成为中华民族的一个成员，便在仍然坚持信奉伊斯兰教的同时，逐渐解决穆斯林信仰中的二元忠诚——顺主忠君问题，从而，作为中国人民，从思想上认同并忠于、热爱这个国家。他们对汉文化的认同，从合理接受孔孟之道到汉语言文字，乃至一些民俗、节庆，他们都大胆予以吸收，乃至在服饰、饮食、清真寺的建筑、音乐美术等方面也吸收中华传统的因子，这都是回回自觉汇入中华民族的具体表现和为中华文化增色之处。

3. 元代回回人的加入使中华文化宝库更加丰富

元代回回人来到中国，在短短一百来年的时间里，抓住机遇，利用各种有利条件学习汉语、汉文化，不少人迅速进入文化阶层，成为诗人、学者。特别是在文学创作上，他们推出了令人瞩目的作品，脍炙人口，享誉文坛，用他们的智慧和辛劳为中华文化增添了色彩，使中华文化宝库更为丰富多彩。如有学者注意到，“《古兰经》还以其‘说服的力量、文辞的动人、结构的奇妙’为一代又一代的回族诗人和作家提供了艺术思维和文学创作的营养”，(王十亿:《回族古代文学史》6 页，宁夏人民出版社，1988 年。)连散曲的曲调也有“来自西域和北方各民族的‘胡夷之曲”。(王十亿:《回族古代文学史》110 页，宁夏人民出版社，1988 年。)这些从西域带来的东西进入汉文化圈内，丰富了汉文化的内涵，这是非常值得重视的。

三、用汉语诗歌抒写西域的契丹才俊耶律楚材

蒙古贵族按照自己建立在游牧经济基础上的价值观、政治观，在用暴力手段掠夺土地、人口和财富的同时，却又摆脱不了汉文化的深刻影响。蒙古大帝国的大汗闻听道教领袖丘处机的养生之道可以使人长寿，便不远万里差人召丘处机到军营为其传授养生秘诀。在此之前，曾差人召见具有很高汉文化修养、声望很高的耶律楚材，扈从其西征。正是成吉思汗父子这样对汉文化的需求，在战争给人们带来灾难的同时也促进了东西方文化的交流，更促进了西域和内地文化的交流。耶律楚材这位契丹才俊，也为传播汉文化立下了不朽的功勋。

耶律楚材的生平　耶律楚材（1190—1244），字晋卿，号湛然居士，又号玉泉老人。契丹皇族子孙。他出生于一个世代深受汉文化熏陶的契丹贵族人家。其八世祖耶律倍，是耶律阿保机的长子，被封为“东丹王”。他倾心汉文化，在治理东丹时，多用汉法。当金灭辽之后，祖父耶律德光为金做官，成了金朝的达官显贵，全家常住燕京。那时，燕京是北方的经济、文化中心，既有斑斓多彩的民族文化，又有深厚的汉文化底蕴，具有浓重的中华文化氛围。其父耶律履继承了上辈读书知礼、博雅多识的家风，史书称其通六经百家之书，精于历算和书法、绘画，还写得一手好文章，后也在金朝做官，但在耶律楚材两岁时去世，耶律楚材便由其母亲杨氏一手抚养调教。知书识礼的母亲对其“诲育备至”，终于把耶律楚材培养成为一代才俊。

耶律楚材一出生，深谙阴阳之学的父亲，曾为他占了一卦，并高兴地私下对亲戚讲，“金国大势已去，我六十得子，这个孩子是我们家族的千里马，将来必有大作为，而且将为异国所用”，并依《左传》“虽楚有材，晋实用之”之句，给儿子取名楚材，表字晋卿。

耶律楚材 13 岁习读诗书，“博极群书，旁通天文、地理、律历、术数及释老、医卜之说。下笔为文，如宿构者”。他 19 岁应试中举，24 岁出任同州同治。当金朝感到来自蒙元的武力威胁而南逃开封之后，耶律楚材与家人一同留守燕京，这正好成了后来成吉思汗召他做幕僚的机缘。耶律楚材被召扈从成吉思汗西征，一去就是十年。成吉思汗死

后,耶律楚材又辅佐窝阔台(1186—1241)及其后人,施展了他的治国才华。1244 年耶律楚材去世,享年 54 岁。

耶律楚材生于契丹贵族世家,成长于女真人在中原日久而汉化了的金朝后期。他以家传的汉学知识,以及所受浓郁汉文化影响,成为一个汉文化知识渊博且深受蒙古贵族青睐的汉文化学者。他以自己汉文诗歌创作的成就,成就了驰名中国文学史的一代诗人,也成为在西域传播汉文化的文化特使。

耶律楚材对中华文化的贡献　深受汉文化影响、精通汉学的耶律楚材,确实胸有抱负,曾经梦想做一番事业。然而,扈从西征的十年,却是他有志难伸、苦闷寂寞的十年。这十年,是他人生的黄金岁月,但他只能在军旅中当个闲差。然而,他不废翰墨,撰文咏诗,丰富自己的精神生活,也成就了他一生最具亮丽色彩的业绩。

成吉思汗死后,他出任窝阔台的丞相。他在主持朝政的日子里,力谏统治者用汉法治理天下,终于使窝阔台默认了他以汉法治汉的主张,逐渐改变了元朝先人抑制汉人的治国方针。他一生在政治、经济、文化方面均多有贡献。尤其是在文化方面,据一些学者研究归纳,其主要贡献有以下几点:保护人才,任用儒生;尊孔读经,科举取士;设置机构,编集经史。因此,学者评价他是“千古名相”,是改变元朝历史的人。然而我们更感兴趣的是,他在西域十年的诗歌创作,为汉文化的传播做出了突出贡献。

耶律楚材在军旅中只是充当成吉思汗判断吉凶的巫师和汉文秘书。于是,胸怀抱负、精力充沛的他却只能在清闲和寂寞中消磨光阴。“自怜西域十年客,谁识东丹八叶孙”,正是他英雄无用武之地的感慨。甚至,他在诗中将自己比作苏武,把十年潦倒生活视为形同苏武之被羁,吟出“又向边城多一岁,天涯漂泊几时回”的苍凉诗句。然而,正是这种寂寞、苦闷的空虚日子使他得以移情于反映军旅之外更广阔的社会生活的诗歌创作。西域瑰丽的山川景物、殊异的风土人情、恬淡的世俗生活,以及悠闲空寂的感受,当然也不乏军旅威武雄壮气势的体验强烈地感染着他。于是,生动形象的描绘和真实感人的抒怀跃然进入他的诗作。例如,描写西域名山的七律《阴山》,诗中既写出了西域八月节令的特征,也描绘了天山峰峦的雄奇俊秀,纵是江左名山,相比之下也已不足道哉:

八月阴山雪满沙，清光凝月眩生花。插天绝壁晚晴月，擎海层峦吸翠霞。

松桧丛中疏畎亩，藤萝深处有人家。横空千里雄西域，江左名山不足夸。

又如《庚辰西域清明》，诗人笔下的西域，春天的秀景，鸟语花香，如诗如画，绘声绘色，绚丽而动人，读后使人心旷神怡：

清明时节过边城，远客临风几许情。野鸟间关难解语，山花烂漫不知名。

葡萄酒熟愁肠乱，玛瑙杯寒醉眼明。遥想故园今好在，梨花深院鹧鸪声。

这些描述，与其"异域丝簧无律吕，胡姬声调自宫商""歌姝窈窕髯遮口，舞妓轻盈眼放光"的诗句相联袂，可谓一派西域风情尽收眼底。

耶律楚材长于七律的写作。为数不多的绝句，往往也写得新颖颇具韵味，比如七绝《西域尝新瓜》，俨然一派西域夏日风情：

西征军旅未还家，六月攻城汗滴沙。自愧不才还有幸，午风凉处剖新瓜。

征战边陲，六月酷热，竟有剖瓜解渴的快事。夏天吃瓜，实属极普通的生活小事，不在西域亲自有所体验，难得写出这样的情致来。

耶律楚材在西域的十年，从其文学事业角度讲，是光彩夺目的十年。传统文学史上也对此有所提及。近年来，不少学者对他的研究又有新意，特别是把他放到丝绸之路上的文化交流来衡量，确实值得进一步探究。

我们认为，耶律楚材不仅是有元一代西域诗创作的大家，更是元代在西域传播汉文化、促进西域和内地文化交流的先驱。他的《湛然居士集》(共 16 卷)收集文章百余篇，诗七百多首。耶律楚材作为一个契丹人，在元代这一特殊历史时期，凭他高深的汉文化修养，用汉语诗歌抒写西域社会生活，除了唐代的岑参、骆宾王，可谓前无古人。契丹族有自己民族的文化，并在很早就吸收汉文化营养，以丰富发展自己。契丹有很多人具备相当高的汉文化修养。宋朝的苏东坡、王安石等大诗人曾经访问辽国，契丹人中大有能与他们吟诗唱和者，遗憾的是，这些唱和诗不见留存下来。因此，耶律楚材的诗作，就尤为珍贵。这些产生于西域的汉诗，是反映西域汉族、契丹族等各族人民生活的诗篇。唐代岑参开创了反映西域生活的边塞诗之先河，耶律楚材则继承、发展了这一优秀传统，在西域生活中注入了契丹人的感情，他用汉诗抒写了边地的生活，反映的生活面更为宽广、细腻和真切。

元代杂剧和散曲的产生和发展，使得诗词相对出现式微。不过，耶律楚材则继承唐宋诗词之盛，作为这个时代的领先人物，以丰硕的诗作对中国文学予以了丰富和发展。除了前述他的诗作数量超人，反映生活的广阔等方面之外，其诗风也有大的发展。随着汉语的发展从中古汉语向近代汉语迈进，词语方面原有的书面语用词过于陈旧之气息，在耶律楚材的诗中都有所改变，这也应是耶律楚材在中国诗坛的又一贡献。

耶律楚材用汉文诗歌把西域与祖国联结在了一起，把西域各族人民与内地人民从文化上联结在了一起，就文化的传承、发展而言，耶律楚材确实是元代一位彪炳史册的巨人。

第六章 明朝时期

（1368—1644）

汉语在西域的通行落入低谷

公元 1368 年，朱元璋建立了明朝，开始了长达 276 年的封建王朝的统治。但是，由于明王朝是在游牧文化和农耕文化经过尖锐冲撞的特殊背景下建立的，加上西方列强势力东渐，使得明王朝从一诞生便面临着国内外尖锐复杂的矛盾。这些矛盾影响着明王朝政治、经济、文化各方面重大政策的确定，影响着明王朝对重大国事的态度，也决定了全中国范围的政治格局。可以说，整个明朝的局面是中华民族多元一体总特征在新形势下的又一次鲜明体现。

面对同北方蒙元汗国残存势力的特殊矛盾，明王朝的主要精力用以应对来自蒙古本土及来自天山以北的瓦剌等对立势力，致使明朝在西域的开发治理上远远逊于前代各朝。加上其他政治、经济等方面原因，不仅汉民到西域的势头锐减，就是原在西域的汉民等说汉语人口也大量被迅速融入其他民族。特殊的社会背景下，说汉语人口的锐减，使汉语在西域的通行和发展落入空前的低谷。

第一节
明王朝和北方蒙古势力的对峙

明朝的建立，结束了中华民族史上蒙古贵族建立的空前统一的局面，又以汉族统治者的封建王朝将其取而代之。然而，被逐出统治地位的蒙古政治势力并没有像其他朝代的更迭那样从此土崩瓦解、灰飞烟灭。于是中国大地形成了北方蒙古政治势力、西域地方政治势力和中原明朝政府之间特殊的一国之内以明王朝为中心的多元一体新格局。

正因为这些特殊的历史原因以及明朝统治者决策上的不可思议等各方面的具体原因，明朝政府从一开始便面临着它与生俱来的复杂矛盾，以至于明朝传承 12 个皇帝、历时 200 余年的统治却始终未能取得全国的统一。

一、明王朝的兴衰变化大势

推翻元朝的统治，从 1348 年(元惠宗至正八年)方国珍起兵海上开始到洪武元年(1368 年)朱元璋称帝止，历时整整 20 年。此后，明朝的 200 多年历史呈如下的发展变化总趋势。

明朝的发展上升阶段　1368 年明朝建立。朱元璋取得中原之后，为了实现全国的统一，还先后在东北迫降元朝故相纳哈出，南讨云南的梁王，向西北平定扩廓帖木儿，西取甘肃、西宁、哈密，收降河西撒里畏吾儿(今裕固族)和当地蒙古各部首领，同时招谕甘、青、藏及西域诸部内附,如此历经20年之久。

得到农民起义的教训,朱元璋父子采取了一系列有效措施,包括调整中央行政机构,取消中书省和丞相,设立直属皇帝的六部,在北方建立九镇的边镇防务系统等措施,大大加强了封建专制主义统治。朱元璋还分封他的24个儿子到各地掌握权力,有的还赋予军权,帮助巩固国防。明成祖朱棣通过"靖难之役"夺了他侄子的权力之后,通过迁都北京、推行削藩政策,进一步巩固了封建专制的中央集权。朱棣还曾用了八年时间先后五次亲征蒙古(四次对鞑靼,一次对瓦剌)。整个北方形成了以北京为中心,以九镇为军事要点,以卫所为防务网络,以长城为屏障和阵地的严密防线。

这时候国内经济也有很大发展,尤其是农业有了恢复发展。从1405年(明成祖永乐三年)到1433年(明宣宗宣德八年),郑和七次下西洋,开辟了当时的海上丝绸之路。此举于明朝对外经济的发展和往来交流可谓意义重大。可以说从洪武经永乐、洪熙到宣德的70年是明朝国内最安定、繁荣的上升阶段。其极盛时期,疆域东起朝鲜,西据吐蕃,南包安南,北据大碛,东西1.17万多里,南北1.09万多里,是世界上的第一大国。

明朝开始走向衰微从1436年英宗登基开始,经宪宗、孝宗到武宗的近70年,明朝开始慢慢走向衰弱。这时,虽然国内商业经济有所发展,资本主义萌芽出现,但是,朝内宦官专权,政治腐败,社会上土地兼并,政治形势开始走向下坡。宦官专权最典型的例证就是英宗时期因宦官王振怂恿而发生的土木堡之变,这为后来历朝多次出现宦官擅权产生了极坏的影响。

孝宗弘治时期,由于君臣合力,国家曾一度呈现中兴气象。

明朝的内外交困 武宗正德、世宗嘉靖统治的60年里,明朝内外交困,逐渐中衰的阶段。武宗正德年间,明朝政府除了内忧之外,外患也接踵而来。首先到来的是葡萄牙、西班牙,接着是荷兰和英国。1511年(明武宗正德六年)它们进入我东海,劫商旅,掠人口,后来,葡萄牙占据澳门,荷兰就势占我台湾,这成了中华民族几百年蒙受外来侵略、凌辱的肇端。元末明初的时候,日本倭寇就开始骚扰我沿海地区,到明世宗嘉靖年间,倭寇已疯狂到极点,接连不断窜犯我沿海各省,烧杀抢掠,祸害极其严重。国内因宦官、严嵩父子专政,朝政腐败,社会矛盾日益尖锐。面对复燃的蒙古势力俺答汗之挑战和倭寇窜犯的外患，以及小规模的农民起义，嘉靖被弄得焦头烂额，以至于1549年(世宗嘉靖二十八年)关闭了嘉峪关。

明朝迅速地走向灭亡　1567年明穆宗隆庆即位，短短的几年，与蒙古的俺答汗达成和议(史称“俺答封贡”)，对外又开放民间贸易(史称“隆庆开关”)，赢得北方相对和平安宁和对外贸易的发展，形成了所谓“隆庆新政”的形势好转，这种形势甚至影响到神宗万历的40年相对安定。

真宗天启年间，宦官魏忠贤的祸患加速了明朝的衰败。到了1628年崇祯上台，朝廷已经内外交困，不久全国农民运动四起。1644年(思宗崇祯十七年)，李自成的起义大军攻进北京，明朝终于灭亡于农民起义的烈火之中。

二、蒙古残余势力与明朝的南北对峙

元朝虽然退出了中原，但是明朝并没有能够统一中国。从此，我国出现了中央王朝和地方政治势力的长时间共存的特殊局面。

新的“南北朝”对峙和鞑靼汗国的兴起　李自成大军攻占北京城，元顺帝仓皇北走上都，标志着作为一统天下的元朝全国政权的覆灭。但是退至上都、应昌和后来的漠北之蒙古大汗政权却依然苟延残喘，这一政权与明朝的抗衡形成了新的“南北朝”对峙局面。后经前顺帝的儿子爱猷识理达腊和脱古思帖木尔等20年的挣扎，五传至坤帖木尔。最后，坤帖木尔被权臣所弑，大汗政权才最后彻底灭亡。

蒙元大汗被杀，部将鬼力赤自立，改称鞑靼可汗。这时，全蒙古分化成了鞑靼、兀良哈和瓦剌三大部分。瓦剌位于西域，史称西蒙古，其他两部分称东蒙古。鞑靼称汗标志着成吉思汗黄金家族政治上的出局，进入其他部族首领做蒙古盟主的新时期。后来，东、西蒙古各部落之间曾不断发生内讧，权力辗转易手，经过本雅失里、阿鲁台等数十年，在与明成祖年间的多次交兵之后，因内部封建领主之间的斗争和对明战事不利，鞑靼也渐渐衰弱。

西蒙古瓦剌在西北崛起　与明朝南北对峙的鞑靼走向衰弱，原来屈从于鞑靼的西蒙古瓦剌则继而崛起。瓦剌，《元史》称外剌、斡亦剌、卫拉特。起初，它是天山北路、蒙古本土以西、金山以北叶尼塞河上游、色楞格河一带森林地区的蒙古部落，其首领率部归顺成吉思汗。1368年元朝灭亡，该部落为强臣猛可帖木儿所统领，从而使瓦剌贵族有了更大的独立性和自我发展的机会。

明成祖年间，瓦剌贵族曾被明朝封为顺宁王的马哈木的儿子脱欢乘机拥立东蒙人脱脱不花为瓦剌可汗。1438年(明英宗正统三年)，脱欢和他卵翼下的脱脱不花率众东进，乘东蒙古各部战争频仍之机，攻杀永乐以来主持蒙古本土政局近30年的一代强臣阿鲁台，尽收鞑靼其部。鞑靼汗国灭亡，蒙古本部“部属溃散”，全面瓦解。蒙古全部为瓦剌脱欢和脱脱不花汗所据，实现了蒙古有限度的特殊形式的统一。

1439年(明英宗正统四年)，脱欢死去，其子也先嗣其位，自称太师，并不再听脱脱不花的号令。先同明朝表面敷衍，私下却逐渐扩展势力。后来，也先竟发兵进攻明之哈密卫，后又攻占东蒙兀良哈三卫，从而势力东移，构成了对明朝的直接威胁。1449年(明英宗正统十四年)，也先借口明朝对其贡马减值，分兵四路大举进犯明朝，甚至兵临北京城下。明英宗听信宦官王振的谗言，数十万大军毫无准备仓促迎战。结果瓦剌蒙古大败明军，逼得明王朝不得不与之谈判媾和，造成了“土木之变”英宗被掳的奇耻大辱。至此，瓦剌势力发展到了登峰造极的程度。这时瓦剌内部因相互猜忌而产生内部矛盾，也先追杀了脱脱不花，四年后自立为汗，六年后也先又被其部下所杀。内耗终使瓦剌日渐衰落，最终不得不退回西域天山以北，成为割据西北的一大势力。

东蒙古政治势力的重振　瓦剌退出蒙古本部之后，鞑靼部的蒙古贵族各自为了自己的利益，互相之间的纷争和兼并仍时有发生。鞑靼部以孛来势力最强，孛来小王子毛里孩先后多次入寇河套地区，实施掠夺，继其后的阿鲁出也是这样。鞑靼与明朝的战争一直延续多年。

1480年(明宪宗成化十四年)，成吉思汗黄金家族的达延重新振作，又一次统一了东蒙古，并即大汗位，在位40余年。1516年(明武宗正德十一年)，达延汗去世，蒙古各部“划地而牧”，左右翼又两相对抗。后来，达延汗的孙子俺答，势力渐大，先兴兵征伐瓦剌，而后又向东发展。1547年(明世宗嘉靖二十六年)，俺答以阴山西侧为基地而称汗。从弘治、正德时的达延汗到嘉靖时的俺答汗都经常率兵侵入明边，在宣化、大同、延绥等地抢掠物资，伤害居民。

直到1571年（明穆宗隆庆五年），蒙古封建主意识到发动掠夺战争反不如与明朝通好贸易对自己更为有利，特别是俺答汗的孙子因政见不同而降明，俺答为形势所逼，不得不请明朝开市，并与明朝言好。明朝政府册封他为顺义王，并册封蒙古封建主以都指挥使、指挥同知等官号，从此边塞形势缓和。明朝在沿边各地开启马市，与蒙古进行贸易，蒙汉人民得以友好往来，甚至出现“铺沿长四五里许”的繁荣气象。在俺答汗晚年和他妻子三娘子统治的30年中，蒙汉两族人民一直维持着这种友好关系。1581年（明神宗万历九年），俺答汗和三娘子在古丰州地方修建了呼和浩特城，明朝政府命名其为“归化”，这里很快便发展成了蒙古地区和内地贸易的商业城市。1582年（明神宗万历十年）俺答死，其子黄台吉世袭顺义王位，以后一直和明中央保持良好关系。

第二节
明朝对西域的努力和西域地方割据

明初,明王朝曾有开拓西域的打算。但是,北方蒙古势力的长时间掣肘,使中原明王朝对西域的宏图难以施展,给西域地方政治势力的发展创造了良机。于是,西域先后建立了曾由蒙古贵族统治的东察合台汗域内数目众多的藩国和叶尔羌汗国,以及出现于天山以北的蒙古瓦剌汗国、西天山的哈萨克汗国等地方政权。西域这时既与明朝保持从属关系,又关系松散并时有摩擦和冲突,从而影响了中原和西域各族人民的往来,影响了内地说汉语人口的西流,影响了西域社会的进步和生产力的发展。

从整体上看,这时西域的政治形势,可分为以下两个阶段。

一、明朝前期对西域的努力

明初对西域的开拓 明王朝在全国大局已定之后,曾经对西域的开拓做出过一定努力。朱元璋特别指挥大军向边疆进军,试图统一西域。从 1374 年(明太祖洪武七年)开始,明朝政府在撒里畏吾尔地区设立了七个卫:安定卫、端卫、罕东卫、沙州卫、曲先卫、赤金卫、东左卫(在青海和甘肃河西走廊一带)。自 1380 年(洪武十一年)至 1391 年(洪武二十四年),朱元璋命总兵宋晟与都督刘真等统兵进军哈密。几经努力,终将哈密纳入明朝版图。

明成祖即位后也雄心勃勃,他对西域也做过一番努力。他曾派傅安、陈诚、李贵、李达诸人遍历葱岭内外，广事招徕，希望招谕西域各国。1406年（明成祖永乐四年），明王朝在哈密设了哈密卫。明朝的“卫”，是明朝实行的异于历代的“兵农合一”的“卫所兵制”建制。京师和各地都设这种兵所：边疆的兵所，其编制和内地卫所基本相同，但屯田尤为重要；边地卫所兼有管军、领土、治民之权（内地卫所不许参与民政），一般委任少数民族头领担任指挥、千户、百户等职。哈密卫兼有管军、领土、治民之权，实同一级地方政府。

哈密设卫之后，历任的官员都由明王朝任命。先是封马哈麻火者为指挥。1409年（明成祖永乐七年），封故元守臣安克帖木儿为忠顺王。1410年（明成祖永乐八年），封安克帖木儿之侄脱脱为忠顺王，并赐予其玉印、玉带，代表明王朝总制西域。1416年（明成祖永乐十四年），脱脱死，封其弟免力帖木儿为忠顺王。1426年（明宣宗宣德元年），封脱脱之子答失里嗣忠顺王。明英宗时期，瓦剌也先强盛，哈密曾迫于压力暗中依附瓦剌，也先死后，哈密又重新内附听命明朝。

后来，位于哈密西部的吐鲁番势力日渐强大。它一边向明朝示好，一边对哈密垂涎，暗起兼并之心。从1471年（明宪宗成化八年）始，前后五次向哈密用兵，使得明王朝对哈密的领有出现三立三绝的危机。其间，明朝政府曾先后任命过（蒙古人）罕慎、陕巴、陕巴的侄子拜牙等为忠顺王，直至1514年（明武宗正德九年）吐鲁番酋满速尔诱降哈密王拜牙，明朝最终丢失哈密。

从永乐四年设卫到正德九年丢失哈密，明对哈密领有、管理长达108年。作为明朝政府在此行使权力的机构，它负责镇守边关、把守国门。过关的外国使节和藩国来贡者均需经哈密关卡验换（翻译）其过关文书。此外，它还利用其地处的优势为朝廷办理重要战略物资的筹措，例如：永乐元年，哈密向朝廷进贡马4 700匹；永乐十七年，哈密地方使臣及境内回回贡马3 500匹；永乐二十三年，又贡驼320峰、马千匹。这种数额巨大的物资与《高昌馆课（来文）》所记的“朝贡”，以求朝廷赏赐所需物品相比，性质完全不同。

哈密设卫是明朝政府在西域建政、行使领有管辖职权的具体行动。这对中原和西域的文化交流、各族的友好往来，对巩固祖国边疆、维护祖国统一，无疑具有重大意义。

册封西域各地藩王 曾与元朝政府长期对峙、处于割据状态的西域窝阔台和察合台二汗国,在其域内反对汉文化和汉治,更多延承其先人的游牧文化理念,实行迥然不同的政治、经济政策。他们背叛元廷的连年战争,给西域造成严重灾难,土地荒芜,民不聊生,人民四散逃亡,这种状态一直延续到明朝。

明朝政府统辖西域的另一重要措施就是册封西域割据混乱中的各部首领为王、为都督,另外还任命西域势力较小一些的地方头目为指挥、佥事、千户、百户等。通过册封,而后由他们自己管理所辖范围的事务。明朝政府通过册封,对各地的内附予以认可,承认这种从属关系,但又不令其对朝廷尽军事、税赋等具体义务。正因为这样领有关系的相对松散,所以这些被册封的西域各部一面表示忠于朝廷,一面又为了一己私利,态度常有反复,甚至同朝廷反目,直接与朝廷发生对抗。

1. 册封瓦剌

元朝即将灭亡时的 1399 年(元惠帝建文元年),瓦剌在西部崛起,瓦剌汗国建立。猛可帖木儿之后,瓦剌分属马哈木、太平、把秃孛罗三个实力派人物管辖。明成祖为了钳制蒙古本土鞑靼势力的膨胀,对瓦剌的实力派首领一一予以册封。瓦剌三部首领接受明朝政府的册封,遂变成了明朝的藩属。但明朝廷缺乏有效的治理措施,养虎为患,最终导致了 1449 年(英宗正统十四年)明朝惨败的"土木之变",使曾受册封的藩国瓦剌成了明朝安全的巨大威胁。后来,瓦剌因内讧逐渐衰微,不得不退回西域。

2. 册封别失八里(东察合台汗国)

别失八里,是元末东察合台领域的一个大"国"。1389 年(明太祖洪武二十二年),得到权臣保护而幸免一死的秃黑鲁帖木儿之幼子黑的儿火者又被原东察合台地方实力派杜格拉家族扶持登上王位,建都于别失八里,号称"别失八里国"。洪武二十四年,黑的儿火者派遣千户哈马力丁向明朝贡马,朱元璋予其以丰厚赏赐。

1394 年(明洪武二十七年),黑的儿火者死,其子沙迷查干嗣位,也遣使入朝进贡。据《国榷》卷 13 载:"永乐三年,四月庚辰,赐别失八里王沙迷查干。初,哈密安克帖木儿为鬼力赤毒死,沙迷查干问其罪,上义之。"永乐六年,"遣祭别失八里国王沙迷查干。时,其弟马哈麻嗣。""永乐十四年三月壬寅,马哈麻卒,仍封其子纳黑失只罕为王。"从这些记述证明,别失八里数代王位都是明朝中央政府册封的。(赵予征:《丝绸之路屯田研究》149页,新疆人民出版社,2009年。)

3.册封吐鲁番等地头目

吐鲁番,元末时是东察合台的属地,是东察合台内所建的"别失八里国"辖域中的一个部分。其首领曾有国万户头衔,明朝又封其为都督佥事。

1406年(明成祖永乐四年),明朝遣使至别失八里,路过吐鲁番,曾以彩币赐之。其万户赛音帖木儿向明朝政府贡玉,自是朝贡不绝。1417年(明成祖永乐十五年),秃黑鲁帖木儿的嫡孙歪思杀死黑的儿火者的继承者马哈麻,自立为大汗。永乐二十年,吐鲁番首领尹吉儿察为别失八里王歪思所逐,逃到明朝京师,"天子怜之,命为都督佥事,遣返故土"。1428年(明宣宗宣德三年),吐鲁番城都督锁恪弟猛哥帖木儿来朝贡马,朝廷命其为指挥佥事。

吐鲁番虽受封成为朝廷臣民,但是也和瓦剌一样,日久便对明朝怀有二心。哈密设卫不久,吐鲁番便欲向东扩张,和明争夺东西交通要冲哈密。在吐鲁番王屡次受封十余年后,大约在明英宗正统十三、四年,吐鲁番相继兼并其邻近地面柳城、火州等,势力渐强。于是,先后五次与明争夺哈密,迫使明朝对哈密经过三立而三绝。

1513年(明武宗正德八年),哈密终为吐鲁番所占,成为阻塞明朝与西域的交通障碍,这也成了后来明朝关闭嘉峪关的主要原因之一。

明朝政府在册封吐鲁番这样较大的地面之外,还册封了兀端地面指挥、黑娄地面指挥、柳城地面指挥、火者地面千户等。

二、明朝西域的地方割据

明朝时期,存在于天山南北的地方割据政权,先后出现过瓦剌汗国、东察合台汗国和后来出现的叶儿羌汗国。

天山以北的瓦剌汗国　瓦剌自1399年(明惠帝建文元年)元朝尚未灭亡时就自立为汗国,势力一直在潜滋暗长。到了明朝,在其受到明廷册封,势力膨胀到崛起称雄时,曾东出成为全蒙盟主。继而,瓦剌于 1449 年(明英宗正统十四年)统率蒙古大军,矛头直指北京,酿成了明军惨败、英宗被俘的“土木之变”。事后,瓦剌首领也先以送英宗还京为名,率兵直犯京师,大掠而去。自也先死后,瓦剌内部四分五裂,一蹶不振,漠北又为鞑靼人所占据。但是,一直处于衰败势态的瓦剌仍是明朝西北之一患。

明朝末年,瓦剌分为四个部分:和硕特部、准噶尔部、杜尔伯特部、土尔扈特部,号称四卫拉特,统称厄鲁特。后来准噶尔异军突起,成为清朝初期西域最强大的政治威胁,从而也诱发了清政府统一西域的决心。

东察合台汗国 公元 1348 年(元惠宗至正八年),即明朝建立前 20 年,原察合台权臣扶持拥立秃黑鲁帖木儿称汗,建立起东察合台。元末的 1363 年(明朝建国前五年),秃黑鲁帖木儿死,东察合台境内出现一片大乱,这种局面一直延续到 1389 年(明太祖洪武二十二年)。这一年,秃黑鲁帖木儿的幼子黑的儿火者才由权臣扶持即位(1389—1403),建都于别失八里,号称“别失八里国”。

这时,汗国领域大致包括三块:一是蒙古斯坦(意思是蒙古人之地),东起阿尔泰山,北界塔尔巴合台山至巴尔喀什湖一线,南包天山山脉;二是向阳地,包括天山以南的“六城”地区(喀什噶尔、英吉沙、叶尔羌、和田、阿克苏、和乌什),以及葱岭以西的费尔干纳地区,有时塔什干也在其中;三是畏吾儿地,即天山东部的吐鲁番和焉耆,有时也包括库车和哈密。黑的儿火者时期与明朝保持着友好关系。别失八里几代汗王都得到明朝的封赐。

当初,1361 年,秃黑鲁帖木儿本人接受了伊斯兰教,他使用强制手段迫使天山以北的 16 万蒙古人臣民改信伊斯兰教。1417 年(明成祖永乐十五年),秃黑鲁帖木儿的嫡孙歪思被拥上汗位。因为瓦剌在其东北强盛起来,势力向西发展到阿尔泰山以西,歪思被迫将国都迁往伊犁河的亦力把里。此后,歪思为了和瓦剌争夺东西贸易通道哈密,双方曾经进行过数十次交战。

1428 年(明宣宗宣德三年)歪思战死。次年,权臣和大部分将领拥立其子也先不花为汗,领有吐鲁番和哈密。歪思的另一个儿子羽奴思及其追随者逃往撒马尔罕,在彼称汗。从此,西域又陷入不相统属的分裂局面。这些割据势力,其大者称“国”,小者称“地面”，诸如于阗、别失八里、土尔番、哈密、哈实哈儿、火州、柳城等，他们甚至各自为政，单独和明朝往来，东察合台国已不国，一片混乱，直至 1509 年（明武宗正德四年）最后灭亡。

元朝末年，占据西域天山以南一大半土地的东察合台在元季存在 20 年，有明之后，继续存在 141 年，总共存在 161 年。

叶尔羌汗国　1509 年（明武宗正德四年），参与西域混战的东察合台汗国的蒙古人赛义德得到权臣家族的支持，花费了五年时间多次出兵，收复了蒙古人传统的游牧之地，最终于 1514 年（明武宗正德九年）攻占了叶尔羌，在天山以南原东察合台的版图上建立起了一个（跨越明清两朝）新政权“叶尔羌汗国”。

叶尔羌汗国之疆域，最强盛的时候主要在天山以南西至帕米尔高原、南界西藏的绝大部分地域。另外，还将巴尔喀什湖以东以南地区、伊赛克湖地区、费尔干纳盆地以及巴达克山和瓦罕地区都纳入了自己的统治范围。

叶尔羌汗国的开创者赛义德及其儿子热西德（拉什德）、孙子阿不都克里木和苏丹马赫穆德是其历史上英武有为、政治开明、有所建树、享有盛名的汗王。热西德在位 27 年，多次出兵蒙古斯坦，成功地在北疆站住了脚。阿不都克里木在位时的主要业绩是把东疆的吐鲁番地区和哈密地区并入了汗国版图，结束了原东察合台中期之后天山以南分为东西两部分的政治局面。马赫穆德在位时，汗国达到鼎盛时期，完全统一了天山南路地区。这时，叶儿羌汗国的统治者（蒙古人）在明初东察合台域内蒙古人信奉伊斯兰教的基础上完成了突厥化和伊斯兰化的过程，最终全部融入了维吾尔，使维吾尔族发展成为西域一个古老而又年轻的大民族。

叶尔羌汗国从 1514 年（明武宗正德九年）赛义德建国，到 1678 年（清圣祖康熙十七年）伊司马义被俘长达一个半世纪的时间里共传 6 代 11 位汗王，历时 164 年。

第三节 明代西域的说汉语人口

与前朝相比，明朝中原和西域之间的往来由于政治、经济等各种原因而冷落下来，内地人口的西流几乎到了停滞的状态，西域长期处于地方政权的割据和长期内乱的局面。在这种特殊的社会背景下，在民族融合及政治、文化（宗教）等各方面因素的影响下，西域原有的说汉语人口相对不断减少，跌入了历史低谷。

一、明代西域的说汉语人口状况

无数历史事实告诉我们，一个朝代的改朝换代和战争祸害酿成的激烈社会动荡所造成人口的死亡总是很有限的。纵然是发生了大规模屠城和大规模杀戮俘虏，造成社会人口锐减，但所占全社会人口总数的比例还是微乎其微。至于因为躲避战火而导致的社会人口流动，充其量明显改变社会人口的分布，绝大多数人口的生命安全无虞，则是很明显的。这种不影响人口数量顿减的社会环境对于全社会某种语言的通行而言，也不会带来什么明显的影响。

改朝换代的战争发生在中原各地，而西域各地各族人民基本未被殃及。元朝统治机器在西域的消亡对西域大多数三等公民的汉民而言，无疑是一种灾难的解脱和精神上的慰藉，蒙古人口、回民人口也都从残酷的封建统治下解脱出来，过上了宁静的安稳的生活。总之,西域各族人民都还相对安然存活于世是可想而知的。

前朝遗留的说汉语人口　明朝从一开始,虽然有过洪武初年收复哈密,之后派军队和吐鲁番争夺哈密的较大规模军事行动,但是与前朝相比,西来的说汉语人口则呈下降势头。因此,最值得关注的就只有前朝遗留下来的说汉语人口状况。遗憾的是,由于各种原因,有关前朝遗留人口的相关材料,历史典籍也没给我们提供多少线索。

大家普遍认定的是,明初1414年(明成祖永乐十二年)派遣出使西域的陈诚在其《西域行程记》里所载:"哈密种落杂居,一曰回回、一曰畏吾尔、一曰哈喇灰。其头目不相统属,王莫能节制。"《新疆地方史》说:"这里的畏吾尔为土著居民,还有回回、哈喇回(瓦剌种类)、汉人同居一城,礼俗各异。"(《新疆地方史》141页,新疆大学出版社,1991年。)由此可知,此时此地确实仍有一定数量的汉人。

回顾相关材料,应该能帮助认定这一事实。宋初王延德路过这里,城主尚为唐代陈氏后人。这些人口经过西辽,并未遇到导致人口大减的灾难。入元一代,确有导致人口减少的因素。元朝中央与西域宗藩之间的战争,至少对前朝汉民相对集中的局面造成一定程度的破坏,尤其是元末高昌城的陨落,汉人肯定四散逃亡。战乱中人口减少,在所难免,但是和历史上的所有类似事件一样,汉人绝不至于悉数死于战乱。何况,陈诚过哈密时,已经进入明朝达数十年。由此可知,哈密一带有汉民和说汉语的回回等人口的存在是肯定的。

关于哈密人口,学者们的意见分歧多在"哈喇灰"的认识上。有的学者(如曾问吾)认为,"哈喇"在回鹘语中是"黑"的意思。据此,认为"哈喇回"是黑帽回。笔者以为,分歧的焦点恰恰不在这里,倒是在于这几个称呼之间逻辑关系的不相统属上。试想,陈诚既然将"回回"与"畏吾尔""哈喇回"并称,不难看出,这三者应各自成类,是相对独立的族群。与此说法相似者,例如,马文升的《兴复哈密国王记》载:"哈密国……回回、畏吾儿、哈喇回,同居一城。"马文升和陈诚的说法一致,显然不是偶合。

尽管后来(清朝时期)人们又有将维吾尔称作"回回"的,但是陈诚所说的哈密"回回"与"畏吾尔"绝非同一群体。因为那时的吐鲁番畏吾儿还正在被迫接受伊斯兰教(信教的事发生在1407—1415年东察合台马哈麻在位时)的过程中,且哈密并不在吐鲁番范围之内，哈密的畏吾儿也尚不在回教信徒之列，而所谓“哈喇回”是“黑帽回”的说法也不能成立。因为“黑帽回”的叫法是明末叶尔羌“白山派”“黑山派”斗争白热化之后，甚至是清代文献里的称呼。所以，“回回”既不可能归于畏吾儿，也不能将哈喇回看成黑帽回。“回回”是独立的自在的一个群体。至于“哈喇回”是什么人，学者仍可去进一步探究，至少不能和回回混为一谈。

如果说元朝时候把哈密“回回”认定为是指从中亚、中东等地信奉伊斯兰教的国家陆续到中国定居的人而言的话，那么，从元到明，他们至少也都已经在中国和汉民杂处100年上下，他们也已早就学说汉语，或者操双语。明时哈密的回回中，有史书上所说的“生回”，他们与已经在中国居住很久的老“回回”（熟回）相比，恐怕只占少数。哈密的多数回回都是说汉语的人口，这一点应当无可怀疑。

西域不只哈密有回回，元朝派来西域屯垦的回回到明朝时也还必定存在，这是此时西域存在说汉语的回回的又一例证。上一章曾经提到，至元二十七年正月“给藤竭儿回回屯田三千户牛、种”，学者们一向认定，这是元朝安置回回屯垦的典型例子。因为回回信奉伊斯兰教，而元朝时藤竭尔周边都是回回心目中的异教徒，回回当会与他们保持一定距离。因生活习惯等原因，回回在居住上保持相对集中，自由流散的可能也不大。

其时，会说汉语的蒙古人必然也有不少留存在西域。我们并不否定，元朝灭亡前夕，元朝统治者有可能匆忙从这里抽调军队，返回内地对付农民起义。元朝灭亡时，这里也可能有一些蒙古人返回蒙古高原，但是路途遥远，在失去官方庇护、支持的困难情况下，这些人（含会说汉语的蒙古人口）能够返回原居地的概率不可能太高。河南、山东等地都有不少蒙古人滞留当地直至今日，何况，元末明初河西走廊以北，天山南北都还有很多蒙古人居住在那里。瓦剌、察合台都可能是他们的去处。因此，这些兼通汉语的蒙古人也是滞留西域说汉语群体的一部分。

最难说得清的是元朝时期西域人口中的汉民人口（除了哈密，前已述及），特别是高昌一带曾经聚居的大量汉民。回溯历史，这里的汉民人口至少遭遇过以下两次大的劫难，造成其人口的锐减：一次是高昌城的陨落，一次是东察合台境内的伊斯兰化过程。

元末，察合台、窝阔台与元朝中央的对抗，战火多次祸及高昌。高昌城何时陨落，史学界都说不清楚。那里的汉民四散逃亡，肯定在所难免。然而，战乱与瘟疫等其他原因而导致的人口锐减不同，作为一个种族，在高昌城陨落中悉数灭绝万不可能。因此，明初高昌、吐鲁番一带汉语仍然通行，也就不会因此而突然中断。

进入明朝不久，东察合台占据了西域广大地盘。在1407—1415年马哈麻汗在位期间，强行推广伊斯兰教。其域内的汉民，特别是那些隶属于蒙古人的汉民则被迫改变宗教信仰，他们的民族归属和语言的运用自由也就难有保障。

据此推断，有明以来，滞留西域的说汉语人口锐减，降低到了历史最低水平。遗憾的是关于这方面的情况，诸如已返漠北的返回内地的滞留西域原地的蒙古、汉、回人口各有多少，全无确切的数字资料可查。汉人和说汉语人口虽然明显大减，却又持续存在，也是绝对肯定的。

除了上述分析，下面的来自其他方面的材料，虽然极为有限，却也很能说明问题。《蒙古民族史》中曾有这样的线索：也先的主要敌手是明朝，为此他早已“搜罗了一大批汉人谋士”“也先帐下多有南人，如山西榆次李员外，亦在彼处，中国虚实，靡不知之”。(《蒙古民族史》134页，内蒙古大学出版社，1997年。)这些“汉人谋士”身份较高、知道较多中国“情报”，瓦剌上层统治者予以关注是必然的，而散居的普通回、汉平民百姓，即使到处都是，不予记载也在情理之中。

外国人也有类似的记载。新疆社会科学院民族研究所编著的《新疆简史》援引《巴尔托里德文集》第二卷第一分册的材料说：“元末明初，西域商人托称贡使去内地做买卖者络绎不绝，汉族商人互市到新疆来也有许多。如14世纪末，阿克苏城内就住着不少汉族的富商。”新疆腹地尚且如此，东疆和原察合台城内、瓦剌城内尚不知能有多少汉人和回回。

总之，前代留存在西域的说汉语人口的确凿存在是明朝西域汉语得以继续通行的起码的社会基础。

瓦剌等对汉民人口的掠夺与贩卖 明朝官方行为的内地人口向西流动几乎断绝，不过，汉人以其他方式向西域的流动并未因此而停止。其间，最为引人注目的是汉族人口的被动西流，这是我们在考察分析明朝时期西域说汉语人口状况时应予高度重视的一点。

从成吉思汗到他的子孙，由他们的奴隶制社会形态和游牧生产的经济形态所决定，他们无不把人口的掠夺当作增加财富和扩大生产的一种手段。当年成吉思汗远征西方带回无数工匠、战俘和女人，史书都多有记载，如：在撒马尔罕掳获有工艺者 3 万人，在玉龙杰赤城所虏者更多达 10 万人以上。这些所掠人口（多是后来所称的“回回”）都分给了诸王、诸将，大多成了奴隶。蒙古诸王、诸将都拥有数量不等的回回奴婢。这些王侯贵胄的奴隶中“回回居其三，汉人居其七”。明朝时期，瓦剌仍然把战争中的俘虏作为奴隶的来源，把掠夺来的汉民人口当作财富，甚至把奴隶贩卖当作生财之道，关于这些史书也都有记载。

1449 年，“土木之变”以后，明朝政府“得悉，‘中国被掳之人自北回南者，’多在哈密地方存在，有的还可能遭到拘杀，遂于 1452 年（明代宗景泰三年）分别敕谕哈密忠顺王答失里、赤金蒙古和罕东等卫头目，要求他们将途经该地的走回汉人，妥善送回甘肃”。（《蒙古民族通史》三卷 178 页，内蒙古大学出版社，1991 年。）后来，经过调查，1455 年，明朝终于摸清了实情，敕哈密忠顺王说：“累闻迤北走回人言：汉人男女先被达贼抢去，有转卖与尔哈密地方者；有自逃回尔地方潜住者；有经过尔处被尔部下拘留不发者，前后约有三千余人。中间被尔部下卖与撒马尔罕地面去者，约一千余人，其余尚有二千余人。”明朝要求哈密尽数送还。该史书分析：“只哈密一地就集中了被掳汉人三千人，其中一千人又转卖撒马尔罕。瓦剌直接卖与撒马尔罕等地的汉人更不知几何！”（《蒙古民族通史》三卷 178 页，内蒙古大学出版社，1991 年。）又《明武宗实录》卷 164 载，正德十三年（1518 年）七月乙亥，“初，吐鲁番酋‘速檀’满速儿谋攻肃州不克，多掠汉人以归”。（转引自袁祖亮等：《丝绸之路人口研究》188 页，新疆人民出版社，2009 年。）

瓦剌的这种人口掠夺和贩卖行为在《明史纪事本末》中也有记载：“正统四年（1439 年），瓦剌强，数侵哈密，哈密惧，稍持两端。玺书谕毋背德，终不悛，至拘留汉人转鬻，使至多暴横。”又据《明英宗实录》正统十三年（1448 年）二月丙寅记载：陕西延安王舍人周辅，“先被达贼掳去，卖与回回为奴，至是未归”。

明朝此类事情的确多有发生，所以才会引起明朝政府的重视。发生在清朝初年的一件事情正好可以拿来回溯证明明朝政府的判断。清顺治六年(1649 年)(距明灭亡仅五年)，河西回族丁国栋联合哈密、吐鲁番两地回民反抗清朝统治，其规模之大，竟让清政府畏惧而关闭嘉峪关。两年后，哈密、吐鲁番请求启关，恢复"朝贡"和贸易关系，清政府提出以先送还所掠内地人口为条件。叶尔羌汗阿不都拉于顺治十二年送还了哈密、吐鲁番两地所掠汉人，而且还拘禁了参加河西抗清的重要人犯土伦泰的父亲和阿不都拉汗的四弟，事情才算了结。这一案例，应该是明朝时期汉民被动西流的有力旁证。(《新疆地方史》152 页，新疆大学出版社，1992 年。)

商贸活动中的西域说汉语人口　西域失去明朝政府直接管辖、经营的机缘之后，所剩只有同明朝有限的商贸活动。而一向长于商贸的回回，来往于中原与西域之间，成了明代丝绸之路上最活跃的力量。《蒙古民族通史》说："在蒙古与明朝的交往中，回回商人起着十分重要的作用。"同书列举许多具体事实证明回回的官商作用，例如脱欢、也先时期，瓦剌使团中受明朝册封并见于《实录》的一些高级使臣，如皮儿马黑麻、哈只阿力、阿老丁、兀马儿、锁鲁丹、赛伏列等，都是回回人，其中皮儿马黑麻自 1436 年(明英宗正统元年)随脱欢所遣正使阿都赤至北京开始见于史册，后又以也先、脱脱不花汗、麻儿可儿汗、孛来的正使身份率朝贡使团多次到明，最后于 1457 年(明英宗天顺元年)归降明朝，(《蒙古民族通史》三卷 178 页，内蒙古大学出版社，1991 年。)此人在蒙古与明朝之间进行外交贸易活动 20 余年，已经引起学界的重视。

除了声名显赫的官商回回之外，还有大量一般的"买卖回回"参与。一般情况下，《明实录》将他们包括在瓦剌使臣中，无法区分。例如，1444 年(明英宗正统九年)瓦剌脱脱不花王及也先使臣卯失剌等 1867 人朝贡，礼部以人多一日之中难以合宴为由，决定第一天宴瓦剌卯失剌等，次日宴回回锁鲁檀等，足见回回商人人数之多。1445 年回回锁鲁檀等随瓦剌使臣至明，这一次"买卖回回"及以必儿、洗必儿等使臣达 1809 人。又据《明实录》载，1447 年(明英宗正统十二年)十一月，"瓦剌使臣皮儿马黑麻等二千四百七十二人来朝贡马"。其中，皮儿马黑麻所率使臣 2 149 人，内中包括所"诱挟买卖回回锁鲁檀等"。另外，也先"又诱令哈密使臣脱脱不花同撒马尔罕使臣马黑麻等男妇三百三十九人自陕西入贡"。(《蒙古民族通史》三卷 179 页,内蒙古大学出版社,1991 年。)看来这些"买卖回回",既可能负有官商之名,有时又是夹带私货的私商,其人数往往成百上千,由此足见活动在瓦剌境内的回回人口之多。

有关零散回回的情况,《明史》中亦多有记载。例如,永乐年间,"回回行贾京师者,甘凉军士多私送出境,泄露边务"。这显然都是民间的私商、行商。他们通过各种方式,沟通边防军士,蒙混过关。虽然规模不大,但是能够无孔不入。可以想象,回回借着元朝以来在蒙古人、汉人等各族之间的特殊身份,利用其语言优势和经营的本领,从事行商、坐商,私商、官商都很活跃,人口数量亦当不小。

上述这些回回商人,有的可能来自内地,有的可能已定居在西域。他们在中国繁衍了好几辈,生活了上百年或更久,他们日常操汉语几乎无可怀疑,否则蒙古人绝不会要他们做掮客而不靠自己直接与明朝政府打交道。

二、明代西域说汉语人口的分布

我们在探讨西域的汉语通行时,称明朝是个"特殊时期",主要原因就在于特殊政治背景下,明朝政府对西域的关顾程度和以往任何朝代都无法相比;西域各地的地方政权,其政治体制、经济形态,又相对较为落后。诚如史书所载,明朝的东察合台境内的别失八里,"其国无城郭宫室""君臣上下无体统""随水草畜牧,人性犷悍""饮食与瓦剌同"。(曾问吾:《中国经营西域史》259 页,商务印书馆,1936 年。)其国度如此,其政府哪有什么职能部门管理、记录百姓的居住、人口等状况。明朝政府既未深入西域实施管辖,当然也就不可能像前朝那样对西域有翔实的情况了解和记录,于是这个特殊历史时期的人口分布,也就几乎无从说起,我们只好根据零星的资料和其他相关的情况,进行大概的推测。

地域分布 明朝时候,西域说汉语人口的地域分布应该基本延续元代说汉语人口的总布局,遍布天山南北。根据明初陈诚《西域行程记》等资料所载:"哈密种族杂居,一曰回回,一曰畏吾尔,一曰哈剌灰。其头目不相统属,王莫能节制……",他们与"汉人同居一城，礼俗各异”，(《新疆地方史》141 页，新疆大学出版社，1992 年。)以及前述《明英宗实录》《明武宗实录》等所记瓦剌将掳掠的汉人羁押哈密的记载，东疆以哈密为中心，在吐鲁番、别失八里一直都有说汉语的回民和汉民存在。

元朝时期曾于至元二十七年“给藤竭儿(今阜康县)回回屯田三千户牛、种”。他们被安置在藤竭儿屯田。据其他著述中称，他们都是“探马赤军”，到了这里“与编民等”“随地入社”，永远定居下来。回回是信奉伊斯兰教的。到了明朝，别失八里这一带东察合台的蒙古群众，被秃黑鲁帖木儿和其后人马哈麻强迫接受伊斯兰教的时候，住在这里的回回自然相安无事。他们的民族心理，本能地保护着他们也不会被其他民族同化。因此，虽然明代史籍上见不到关于他们之后下落的记载，但是，从民族学的角度看，他们在这里完好存留下来，应该毫无问题。

天山以北瓦剌人所活动的区域内有一定数量被掳掠的汉民甚至回民给瓦剌人做奴隶，这也完全符合当时瓦剌的社会实际。在伊犁一带原察合台的封地里，蒙古人所拥有的汉族、回族奴隶，当是此地说汉语人口的社会基础。至于察合台藩王的家族上上下下经元代蒙古人与汉人的长期杂居，到明朝时，他们之中受语言环境的影响，兼通汉语者当不在少数。

元代中期，别失八里、哈喇火州、哈密里、曲先、可史哈儿、斡端等地都先后安置过为数可观的汉军、新附军、蒙古军驻防或屯垦。元朝灭亡时，他们多不知去向。我们推测，他们悉数撤回内地的可能性应该都不很大。尤其是汉军、新附军，他们本来就是那个社会的三等公民、四等公民。元末中原大地农民起义反抗元朝统治，调他们回内地抵抗农民起义是不可能的，元朝统治者更不可能怜悯、体恤他们远走他乡屯垦的苦衷，而考虑安排他们返回原籍，探马赤军的“与编民等”“随地入社”，就是他们的最佳归宿。他们中间的一些汉民、新附军(实际还是汉人)、甘肃等地来此的汉民百姓，以及一些会说汉语的蒙古人，很可能还有不少流落到当地，成了一般百姓。

总的来看，明代西域说汉语人口的分布既不成片，也不成线，除哈密、吐鲁番、别失八里、亦力马力、斡端、可史哈尔等地方可能数量较多点之外，其余各地，说汉语人口当呈零星分散的可能性最大。

时间分布 在明朝200多年的历史长河中,西域说汉语人口的分布随着时间的推移而日渐减少,这是极为明显的变化趋势。

元朝末年的西域,因为察合台内乱再起,察合台汗的子孙们各自拥兵割据,连塔里木盆地也陷于割据和战乱之中。1314—1323年(元仁宗延祐元年至英宗至治三年)笃哇的儿子也先不花和其弟弟怯伯之间形成东西分裂对峙,特别是处于东部(以阿力麻里为中心)的也先不花因袭守旧,坚持本民族的游牧传统,所以,境内城市被毁、农田荒芜,经济凋敝,人口流失。因此,元朝灭亡、明朝立国时,元代西域曾经多有滞留下来的驻军、屯卒及屯垦的平民百姓散布在各"国"和"地面"。下文将要提到的"高昌馆课来文",就是各"国" 和"地面"广有说汉语人口使用汉字的证据。

1348年(元惠宗至正八年),东察合台立。在战乱中,世俗势力利用伊斯兰教继续向东发展。1361年(元惠宗至正二十一年)(明朝立国前七年)东察合台汗王秃黑鲁帖木儿,强迫天山以北他的16万蒙古臣民皈依伊斯兰教。1408年(明成祖永乐六年)东察合台的又一汗王马哈麻再一次强迫其蒙古部属中尚未信奉伊斯兰教者皈依。联系1465年(明宪宗成化元年)吐鲁番首领也密力火者已"僭称速檀"(曾问吾:《中国经营西域史》255页, 商务印书馆,1935年。)的既成事实(速檀即苏丹,回教之首领),对照"15世纪上半叶,陈诚出使西域,在吐鲁番等地所见佛教已在衰微之中的事实,可以推知,吐鲁番等地改奉伊斯兰教",(刘义棠:《维吾尔研究》505页,台北:正中书局。)当是15世纪下半叶的事。由此又可推知,吐鲁番已经改信伊斯兰教的蒙古人为了做礼拜、诵经,放弃母语(许多人已经在说汉语)而学习回教语言,已在过渡之中。这就是说,从15世纪初开始到15世纪70年代的六七十年里,东察合台大部分地方,由宗教信仰到语言转变,人将波及三代。原先说汉语的人口群体发生如此大的变化,说汉语人口迅速减少,也就自然可信。

随着东察合台的主体民族的语言改变,在这个特定的社会群体中,原先处于从属地位的汉民(给蒙古人做奴隶的或其他被视为三等人的汉人自由民),迫于大势和语言环境的迅速改变,渐渐放弃母语而顺从大流,自然也是可以理解的。

待到16世纪末,佛教连同信佛教的政治力量已被赶出了吐鲁番,整个南疆塔里木盆地的居民都皈依了伊斯兰教。统一的叶尔羌政权和统一的伊斯兰教,使过去那种狭隘的宗教意识和地方意识转变成了包括塔里木盆地所有居民在内的的民族意识。原来的回鹘人与塔里木的土著居民以及东察合台后裔的蒙古人在文化上、风俗上及血缘上的融合也已完成,即已形成了虽然仍旧继承回鹘人的语言和某些特点,但已不再是具有典型蒙古人外貌特征的马背民族的维吾尔人。或曰,虽然仍旧沿用着历史古老的回鹘这一族名,但是其内涵确实发生了全新的变化。毫无疑问,明朝期间南疆说汉语的人口数量(会说汉语的蒙古人和少量的汉人)随着时间的推移逐渐下滑,这是过去各朝代所没有的。

综上看来,北疆地区瓦剌人的活动范围里一直都有汉民和回民,北疆原察合台辖域内,回民也当依然存在。汉语在这些地方依然通行可以肯定,只是随着时间的推移,后来通行势头渐趋弱势,则十分明显。东疆与甘肃接壤的哈密一带,汉、回人口当要比其他地方稍多一些。到明朝后期,随着南疆的伊斯兰化,南疆的东西两部分被叶尔羌统一之后,那里除了可能会有少数回民和少数新被掠贩卖到此的汉人之外,说汉语人口存在的可能性已经很小,汉语在此地也许谈不上“通行”二字了。

第四节
明代西域特殊社会背景下汉语的通行

因为明朝政府没有同前朝政府那样，对西域实施切实领有和统辖、治理，所以没有一般历史上那样派驻军队、建政、屯垦等官方人口流动的翔实文献记录。客观上给人造成一种西域已经少有，抑或没有说汉语人口的证据，甚至让人产生似乎西域已不属明朝的错觉。明朝西域说汉语人口数量的下滑使汉语的通行跌入低谷，这是明显的历史事实。但是，西域仍然是中国的领土，汉语在西域仍然通行，也是铁的事实。不过，汉语的通行，不再呈靠说汉语人口的坚实社会基础而形成的优势，而呈特定社会背景下所具有的特殊原因而导致的弱势状态，这是明朝西域汉语继续通行的明显特点。

一、明代汉语在西域通行的有力佐证

因为特殊的历史原因，有关明代西域的汉民、回民等说汉语人口的文献奇缺，所以，关于明代西域汉语的通行实况，人们一向不愿正面做出切实的肯定表述。正当我们迫切渴求证实明代西域汉语文存在的相关文献资料之时，历史学家整理出版的《高昌馆课》引起了我们极大的兴趣。

文字是记录语言的书写符号。有某种文字书写材料的存在，则必有它所记录的语言通行；有某种语言通行，则必有操这种语言的人口群体存在。因此，如果我们能够肯定《高昌馆课》的来文确系明代西域得来的汉语言文字材料，那么，这些材料就是明代西域汉语通行的最有力的佐证！

关于《高昌馆课》一书 由胡振华、黄润华先生整理出版的《高昌馆课》一书是明王朝为担任外事和国内边疆民族事务翻译工作而建立的“四夷馆”之“高昌馆”所翻译、保存的文书汇编。“馆课”一词，本来是行政机构按工作性质分设的办事部门所在场所的名称。史学家们把《高昌馆课》这一来文汇集，曾直言为“高昌馆来文”，所以以下我们也索性简称其为“来文”，它和另一汇集此时回鹘语词汇的书籍《高昌馆杂字》同是“四夷馆”的垂世资料。

据文献学家研究，《高昌馆课》成书于成化至嘉靖(1465—1566)之间。来文所记载的内容基本上是明朝中后期之前西域各地呈来明朝的部分函件、公文之类的文书。史学家把它视为研究西域和中原贸易的珍贵史料。史学家对该书史学价值的评价无疑是正确的。然而当我们从语言文字的社会通行角度，对该文献进行审视之后，我们认为该书的价值应该远远不止贸易，其社会语言学价值也绝不容忽视。

“来文”名曰“高昌来文”，事实上它绝不局限于高昌一地。《高昌馆课》中的高昌，显然只是“西域”的代名词。据有关史书得知，西域同明朝有贸易往来关系的地方很多。史学家把这些函件所来的地方圈定在东连敦煌，西至巴尔喀什湖，南接于阗，不但包括了今天新疆的大部，而且还包括后来被沙俄侵占去的巴尔喀什湖以东、以南的全部地区。就“来文”现有的材料看，这些西域来文至少覆盖明朝时西域的两大片区：一个是以哈密为代表的哈密以东，明朝在西域设有卫所建制的地方，诸如安定(今青海柴达木西北)、曲先(今青海柴达木)、罕东(今敦煌市南)等；另一个是哈密以西，接受明朝册封、隶属明朝的东察合台势力范围内天山南北的诸多地方，诸如吐鲁番、高昌、火州、亦力把力等，甚至更远的今阿富汗等地。

因为《高昌馆课》所辑录保留下来的来文只是西域来文的一部分，许多同明朝有贸易往来而未留下来文的地方，诸如于阗、哈失哈儿、别失八里等。“来文”中虽没有该地汉文来文，但是，谁也不敢据此而断言这里没有汉语通行。因此，《高昌馆课》作为来自整个明朝西域的语言文字材料是可以肯定的。

《高昌馆课》全书共五册：前四册为汉语、畏吾儿语合璧本，主要收入汉文文书(3件，无民文对译)、汉文及畏吾儿文的对译合璧文书，共87件；后一册是汉文和托忒体蒙古文合璧本，这一册除个别篇幅与新疆有关之外，其余都是官方文书和建州等卫来文之类的东西。因此，我们至少可以肯定：明代西域有多种语种存在，而汉语、回鹘语(畏吾尔语)、蒙古语是其中主要的几种语言。汉语正是我们所要关注的主要对象。

“来文”汉文文本是双语对译的译源 “来文”全书大都是汉文、回鹘文的合璧本。两种文本合璧，二者中孰先孰后，对我们来讲，是务必首先弄清楚的，它关乎哪种文本是真正来自西域本地的文字材料。

史学家慧眼认定“来文”对明朝东西贸易研究的价值，这固然有他们的道理。但是，“来文”中却有两则与贸易毫不相关的文字，以及最后一则只有汉文文本而无回鹘文本的残页。这三者不仅引发了我们对其贸易研究之外其他方面价值的思考，而且更引起我们对其文本的孰先孰后的思索。如果汉文文本居于回鹘文本之后，那么它的价值则当别论。显然，两种文本孰先孰后，将直接关乎着其中汉文材料的信度和价值。

胡振华教授的研究告诉我们：“《高昌馆课》中来文看来是先写成汉文，后译成回鹘文的，而且是逐字直译的。”(胡振华、黄润华：《明代高昌馆来文及其历史价值》，中央民族学院学报1982年第一期。)“来文”中的回鹘文译文既是依译源“逐字直译”，这种译文已明确昭示人们，回鹘文文本的出现居于汉文文本之后。从翻译学角度看，回鹘文译文的逐字对译，确实多有不合回鹘语语法之处。这一现象，不仅帮助肯定汉文文本是回鹘文的译源，而且使我们坚信，这些汉文资料就是西域汉语原貌的反映。

除了胡振华先生这一基本判断之外，与贸易毫不相干的“来文”本身也帮助我们认定回鹘文居后的可能，更加坚信“来文”原本确系汉文文本的判断。下面我们仅对这三则与贸易无关的“来文”略作分析。

因为我们见到的不是用有印信的原件，不能确切知道公文的款式、行文中某些地方为表示敬意等特殊顶格或空格的书面处理。所以，以下所有引文，只能就我们认为有可能做过特殊处理的地方和为着阅读方便应予断句的地方统统用逗号断开。同时，按“来文”一书中函件的先后次序，用阿拉伯数字编出序号，以便称说。

两则与贸易不相关的来文,是 4 号文和 7 号文。

第 4 号文:

近年边方法度谨严,昼夜用心,设法处置严加禁约,盗贼少有,地方安稳

第 7 号文:

吩咐守边官军知道,俱各谨严,或有贼人在边墙外打闹牧放,谨守地方差

人哨嘹,如有贼人走过边内,即调大军(捉获)重罪不饶

另有一件“来文”残页,也能帮助我们看出些问题。残页内容:

夷使贡方物,又索牙木兰,(着)令三年或五年为期,夷使虽多

十二入贡(京),余留塞上,是

这三则来文均无头无尾,难知是谁给谁的文书。但是仔细品味,字里行间仍能看出个大概。第 4 号文书,当是边防人员给上峰的情况汇报。如果这一判断成立,那么,这至少说明,不管这个呈文者是蒙古人或者是其他民族的人,下级给明朝官方的呈文,绝不可能使用民族文字而不用汉文。第 7 号文书,从其说话的口吻看,分明是上级对下级下达指示。既然是明朝官方的下行文书,当然只可能是汉文,而不可能用民族文字。至于残页,我们似乎可以肯定是“兵部”所下答复“夷使”进贡入关请求的批文。这三件文书虽然均属个案,但其语种的一致,绝不是偶合。从而可以肯定,它们本来就是汉文文本,而无民文文本。由此又可推论,其他据以译成回鹘文的汉文文本是译源也肯定无疑。

哈密来文也是帮助我们判定“来文”中的汉文文本是译源的理由之一。哈密一地,来文就有近二十件。哈密卫是明朝中央在西域设有军政建制的直属辖区,哈密上呈朝廷的文书,只可能是汉文,不可能是民族文字。如果将上述三件文书与哈密来文联系起来看,那么,应该敢于肯定这些汉文文本确系原文,即是回鹘文翻译的译源。

全书 80 多篇文字,唯有 36 号无汉文文本。现在在“来文”中所见的 36 号汉文文字是胡振华先生根据《高昌馆课》回鹘文转译成汉文的。仅此一例,自然不能证明回鹘文文本是所有汉文文本的译源。

因此我们有理由坚信这些来文就是西域汉语的书面记写,是来自西域的汉语文材料。聚焦于这些来自明代西域的汉语文材料,应该能够从文中看出一些汉语在西域的

通行情况,或者说作为汉语在西域通行的证据,应该是肯定无疑的。

“来文”的汉语文文本是西域各族操汉语者的手笔 经过初步研读,我们获得了如下的印象:这些西域各地的来文,执笔者的汉语文化水平普遍不是很高,他们之间的汉语文水平也有差异。于是,这些汉文文牍是出于什么人的手笔,是汉人,还是少数民族人,成了我们进一步关注的焦点。

根据明朝西域社会的政治格局,以及各民族居住的分布、人口所操语言种属等有关历史情况,我们对“来文”的来源地,对这些西域各地来文的执笔者和呈给朝廷的公文之文笔情况,可以进行如下的大致分类认识。

1. 来文之来源地

(1)来文出自哈密卫

哈密卫是明朝政府在西域的常设军政机构,它既负责边境安全、屯垦生产、民政事务,又负责边卡过往人员过关的审验、检查等交通管理。这就意味着,哈密卫的常设办事机构,必有与其工作需要相称的文员肩负这种语言文字工作。哈密卫本署上呈朝廷的文书,当然也由自己的文员执笔。这样,哈密上呈的文书,文字水平相对必当高于其他地方。“来文”的 80 多件文书中,敢于肯定出自哈密的就有 17 件,它们的文字水平基本相同。例如:

第 5 号文:(进见文书)

哈密地面差来使臣把把亦速等,大明皇帝前叩头奏,奴婢每来京朝见,将本土
出产方物进贡,骟马二匹玉石一条等物,望朝廷怜悯,收留的,怎生恩赐,奏得,
圣旨知道

又如,第 6 号文:(乞回文书)

哈密地面差来使臣把把亦速等,奴婢到京朝见进贡,求讨回去,乞赐衣服银汤
瓶银壶等件,奏得,圣旨知道

很明显,哈密来文语言洗练、通顺。哈密的十几件来文,件件如此,明显优于其他地方。

(2)来文出自其他地方

明代西域哈密以西其他地方的“国”和“地面”多是察合台蒙古人、畏吾儿人或其他

民族主政的地方，他们原先可能使用的是蒙古、回鹘或者其他语文，后来在蒙古人皈依伊斯兰教的过程中，蒙古人、回鹘人都渐渐改用一种察合台文。“来文”中所见的民族文字只是后来馆课文员用回鹘文（畏吾儿文）翻译出来的。这样来看，“来文”中其他地方的来文的执笔人估计不外两种情况：一种是汉人文员执笔拟写成的汉文文牍，另一种是少数民族文员执笔拟写出的文牍。后者又有可能是民文和汉文两个文种。

2. 各地来文的执笔者

这些地方的来文，如果是汉文文牍，自然会被高昌馆课文员直接辑入“来文”；如果这些地方的来文是民文文牍，那么就必当在哈密通关时，由关上专职汉文文员进行翻译。这样看来，出自西域各地的地方来文，因执笔者的文字水平不一，他们所撰文牍多有值得推敲之处，也就不奇怪了。

（1）原件是民文而经过哈密关翻译的文牍

如果原文是民族文员所写的民文文书，那么，在哈密通关时，由哈密关专职汉语文文员过手翻译，应该是肯定的事。“来文”中不少西域偏远的小地面之来文，大多文从字顺，估计很大可能属于这种经过哈密卫专业人员翻译修润的情况。例如：

第68号文：

迤西地面都督土儿的叩头奏，奴婢在边守护年久，多有功劳，至今未蒙陞赏，

今进贡小西马二匹花豹一项，伏望，天皇帝照例陞赏，使后人好效力，奏得，圣

旨知道

又如，第62号文：

黑娄地面指挥阿力平章叩头奏，今仰望，天皇帝好名声，进贡土产方物去了，

就乞讨各色织锦缎子并汤瓶马鞦，怎生恩赐，奏得，圣旨知道

迤西、黑娄（在今阿富汗境内）这些小地方，具有相当水平的汉人文员的可能性很小，具有较高汉语水平的民族文员可能性也不大。来文原件很大可能就是民文，在哈密关过关时被翻译成了汉文。

还有一种迹象，很有值得深思的必要。很多个地面的来文中，竟然出现遣词造句上句式相仿、措辞极其相似之处。例如：

第 58 号满剌马黑麻王的来文中,有“奴婢每在边效力年久,多有功劳”。

第 68 号迤西都督土儿的来文中的“奴婢在边守护年久,多有功劳”。

第 42 号高昌哈尼克的来文中的“奴婢阿黑麻因效力边方有功”。

第 57 号把丹沙马哈麻来文中有“奴婢在边守护,昼夜用心”。

第 32 号满剌马哈麻来文中也有“奴婢远在边方守护,昼夜尽心”。

这种多处来文出现“在边效力年久”“效力年久,多有功劳”;或者多处来文出现歌颂升平的“天皇帝洪福,地方安稳,人民快乐”“天朝好名声”的话语,如果说是一种“套话”,则完全有此可能。依此而推测,说这是各地来文的民文在哈密过关,受了关上文员文风影响,可能性似乎更大。

(2)原件(汉文)是当地汉、民文员用汉文所书

如果来文原件(汉文)是当地汉人或民族通汉语文员的手笔,因为汉语水平所限,行文中或大或小出现点问题则在所难免。这应该视为正常情况。例如:

第 80 号文:

火州地面千户亦思麻因叩头奏,奴婢是安定卫所管的头目,在边效力年久,
未尝陞赏,羊儿年吐鲁番抢掠,也曾效力,仰望,大明皇帝怜悯,照例加陞都指
挥职务,奴婢在边好用心补报,今为此,奏得,圣旨知道

一般看来语言也还通顺。但是,“羊儿年吐鲁番抢掠,也曾效力”一处,明显存在产生歧义、使人误解的语病。是效力吐鲁番帮助其抢掠呢,还是效力朝廷帮助打击抢掠呢?二者意思完全相左,难免让人生疑。

有趣的是,这则文牍不干贸易的事,而且出于安定卫(明在西域所设卫所之一)属下的一个头目。看来他嫌自己的“千户”头衔太小,直接上书朝廷,明码要价,请求加升“都指挥”之职。按道理卫所之所在地应该设有水平像样的汉语文员,然而竟拿出具有明显欠妥的文牍来,可见这里汉语水平偏低的可能性很大,执笔者是民族人士也有很大可能。又如:

第 8 号文:

火州王撒合剌奏,这几年因地方不安,不曾差使臣来京朝贡,今闻得,地方安

稳,仰望朝廷洪福,天下人民安稳,我撒哈剌,备马六匹玉石一块重五斤,今差头目罕先前去,到京进贡去了,奏得,圣旨知道

仔细阅读,就会发现来文行文里表示动作趋向的动词“来”和“去”的使用,明显存在运动方向的矛盾。前面说“不曾……来京朝贡”,说话者的立足点似在朝廷之上,后面又说“今差……前去”“到京……去了”,说话者的立足点却在西域,动作运动方向是万里之外的朝廷。同一个说话人,说话的立足点和动作趋向之自相矛盾十分清楚。

这是执笔的汉人文员执笔中的疏忽,还是民族文员的汉语语法知识太浅,我们不得而知。

这则文牍和上面的一则,尽管不是一人手笔,但是同样来自火州地面。那里的汉语水平即可略见一斑。

类似这样的语言错误,其他地方的来文,也不同程度有所存在。诸如,

第 25 号文中的“大明皇帝洪福前叩头……奴婢每在路辛苦……进贡去了”

第 54 来文“……差来使臣……皇帝洪福前叩头……平安到京……与同文书去了”

其他诸如,“与同文书去了”的用法,出现于六家七件文牍中。介词“与”和“同”连用,而且,其后再用趋向动词“去”和助词“了”。这种用法是他们的语病,还是当时的语言习惯,我们还很难说。

此外,第 87 号兀端地面指挥哈林来文中的语言表述很不得体,其前后分句之间的逻辑因果关系处理,很容易触犯忌讳。文中说,“奴婢在边守护,吐鲁番不敢来抢了,因此,连年道路开通,往来进贡不绝”。读此文牍,人们很容易理解为:“吐鲁番不敢来抢”的直接原因是“奴婢在边守护”的结果,这不免给人以“连年道路开通,往来进贡不绝”的天下太平,是兀端地面指挥哈林的功劳。口气如此之大,那么皇上的威严放到哪里了呢?这是犯大忌的!

综上分析,“来文”中可以看出,文字水平确有很大悬殊。而这种明显差异,正好反映出各地的汉语水平有所不同,各地执笔文员的水平不同。这诸多不同,正好反映了当时西域社会汉语的客观实际。

根据上面对西域来文执笔者汉语水平的排查,我们不妨这样说,这个文集正好是

适用数理统计的随机抽样方法,对西域汉语执笔者汉语水平的一种科学反映。虽然不很全面,但是确有一定的代表性,它足以证明天山南北,尤其是天山以南大部分地方有来文进京,那里肯定有汉语的通行、存在,至于哈密以东的河西、祁连山南的青海柴达木,那里也有汉语通行,则无须多说。

"来文"是明代西域汉语通行的铁证 通过上面对"来文"的分析认识,结合西域说汉语人口和人口的分布等其他相关资料,我们至少可以肯定地说,明代西域的汉语通行无可怀疑。

语言是一种社会现象,是一种社会客观存在。这些来自天山南北各地的来文,正是西域汉语的文字记写,是汉语在此通行的有力凭证。不管来文的执笔者是汉人,还是兄弟民族的双语者,他们不可能是从遥远的内地聘来的文职雇员(哈密卫文员除外)。上述民、汉文员汉语水平的高、低之明显差异,正说明他们都可能是在本地成长起来的。西域实实在在有汉语的社会通行客观存在,为他们学习掌握汉语创设了相应的语言环境。

以下两条文学作品中的艺术反映,证明汉语在西域的通行则更为明朗生动。明成祖年间,曾派陈诚等人到西域招谕西域各国。这时,离元朝灭亡仅有几十年时间。西域同内地前大元帝国的隶属关系,人们都还记忆犹新。作为明使的陈诚,曾有诗句"遗迹尚存唐制度,居人争睹汉官仪"(见《哈密火州城》),证明汉文化在彼之影响至深;另有诗句"九重雨露沾夷狄,一统江山属大明"(见《吐鲁番城》),(吴蔼宸:《历代西域诗抄》79 页,新疆人民出版社,1982 年。),证明似吐鲁番这样曾蒙大明"九重雨露"受到明廷册封的地方,自在大明一统江山隶属之中的政治关系。这里与几十年前一样,汉语照样通行,自然仍有相应的语言通行之社会基础。陈诚的同僚曾棨在为陈诚送行的诗里有这样的诗句:"番酋出迎通汉语,穹庐葡萄酒如乳"(见《陈员郎奉使西域周寺副席中道别长句》和"不用殷勤通译语,相逢总是旧番王"(见《送陈郎中重使西域五首》),(吴蔼宸:《历代西域诗抄》82—83 页,新疆人民出版社,1982 年。)更直截了当道出西域番王"通汉语"而不用殷勤的通译说话,一样能够相互沟通的客观事实。这应该是西域现实生活中汉语仍在通行的活生生的例证。

另外,明朝四夷馆的《高昌馆杂字》里可见的明代高昌回鹘文中的汉语借词,也可帮助说明这一问题。这些借词中最为引人注目的是都督、指挥、签事、千户、职事等官场用语，特别是职务名称，都是明朝朝廷给予当地头目的分封。他们用于职务称呼，使用频率很高，而且使用面积广泛。这既可证明他们和明朝政府之间的上下隶属关系，又可在一定程度上证明汉语在西域使用的社会客观现实。

二、处于通行弱势的汉语在西域仍居官方通用语地位

明朝取代元朝的改朝换代，在中原重新建立了汉族地主阶级政权。随着汉族统治者的掌权，占全国使用人口绝大多数的汉语，从元朝时的次于"国语"地位重新提升到了全国的官方通用语地位上来。而明朝的西域，因为特殊的历史原因和社会变化带来的人口群体结构和分布的变迁，使汉语的通行呈现出不同于前朝又异于内地的另一种势态。要言之，明朝时期西域的汉语通行，虽然已经处于弱势，但是其仍然居于官方通用语地位在西域继续通行又是确定无疑的事实。

西域的政治割据和同明朝的隶属关系　要想弄清明朝西域汉语居于官方通用语的地位，必须先弄清楚当时西域和明朝中央之间的关系。

明朝时期的西域，政治格局一片混乱。由元代西域藩王割据以来形成的察合台内部长时间割据，元朝灭亡之后西蒙古瓦剌的崛起，察合台及其之后南疆叶尔羌的割据，使西域出现了从未有过的混乱局面。明朝政府意欲在西域有所作为，却因北方蒙古残余势力的掣肘，心有余而力不足。历史和现实的原因使明朝在哈密设卫之后在西域的政权建设再无进展。明朝对哈密之外的西域各地，一并采取了既似唐朝、西辽，又比前者更为松弛的羁縻政策，从而使西域和明王朝之间呈现出一种非常微妙的政治隶属关系，以至于使人不禁产生错觉——仿佛这时西域已经不属明朝的版图，甚至一些书中也对此讳莫如深，避而不谈这是一种怎样的关系。

其实，回顾一下中国历史，特别是春秋时期各诸侯国与周王室之间的关系，这时西域的复杂政治割据和明王朝之间所存在的这种隶属关系，也就不难理解了。

最突出的理由是，明朝中央在建政管理力不从心的情况下，对西域的瓦剌、察合

台，以及后来的别失八里、吐鲁番、亦力把里等大小不等的西域割据政权曾一一予以册封，给予名义上的承认，使得它们与明朝之间形成了一种主与从的隶属关系。这种关系尽管外观上有点若即若离，但事实上却构成了明朝对西域的政治统属。这种隶属关系，从明朝的《高昌馆课》西域各地给明朝中央所呈公文中就可以清楚地看出，西域各国对明朝的宗主地位从来不敢否定。

明朝政府对西域各地割据政权的这种册封，对于西域各国来说，当然乐见如此不受朝廷任何管束、不向中央政府负有赋税等任何责任的自由自在。它们中间有的不同程度地怀有二心，甚至有的（如吐鲁番和瓦剌）公开与朝廷产生利益之争，但是表面上则无不对这种隶属关系欣然予以承认，它们一边图谋扩展自己的势力，一边又对明朝皇上装出诚惶诚恐的样子。《高昌馆课》中的西域来文，每一篇都是以满口“主子”“天皇帝”的敬辞极尽恭维，并自我鄙称“奴婢”，以显示自己对朝廷的听命和顺从。《高昌馆课》中的西域来文中，许多“国”和“地面”都表示，自从祖辈就在边为朝廷效力，“昼夜尽心”“多有功劳”，自认为是皇上的奴仆，甚至为此直接向朝廷邀功，请求予以职务升迁，把这看作是依靠主子，谋得福祉的正常渠道。尽管这种升迁，几乎得不到多少物质利益，但是能得到朝廷认同的职位，在社会上意味着什么，们它都非常明白并十分在意。这些，无不活生生地表现出它们特有的人臣心理和对朝廷的崇敬心意，也是对隶属关系的明确认同。

足以证明它们与明朝中央的隶属关系的典型例证莫过于吐鲁番在哈密问题上的态度。吐鲁番一直垂涎哈密，多次出兵占领，惹了朝廷之后，又厚颜乞求朝廷对它宽恕。弘治年间，吐鲁番以诡计诱杀哈密王罕慎，再占哈密。弘治发诏书，申斥吐鲁番，吐鲁番迫于压力，不战而交还哈密。看来，虽然吐鲁番头目心中犯上的贼心不死，但是皇帝的诏书则又不可公然违拗，它不得不承认皇上至高无上的权威，不得不尊重自己与朝廷之间的这种隶属关系。

与政治上的离不开一样，经济上西域与明朝之间的相依和互补关系，也使西域各国深知不能与中原分离。一千多年来，西域各地与内地王朝的密切来往使它们从政治到经济，乃至文化都对内地有着深刻、清醒的认识。对于它们来说，葱岭之外的中亚乃至西亚，发达程度没有一处能与中原明王朝相比，这也正是一千多年来它们心向内地、不二中华的主要原因。

明朝后期，国内外复杂的矛盾确实有损朝廷的权威，但是明朝的经济在世界上还是最富有的。西域各国自身经济发展相对落后，朝廷不要它们尽任何赋税之类职责，而它们却还要经常不断地向朝廷进贡，敬献一些地方土产方物，借此从朝廷获取更多迫切期待得到的当地不能生产的奇缺物品。"进贡"的付出和所得之间的明显差额，说明这完全不是什么等价的商品交换，实难算是通常所说的贸易。这种物质上对经济发达的明朝之仰赖，庞大进贡队伍，一进一出，又吃又拿，甚至连朝廷都已经意识到这是一种沉重的经济负担。以致后来，朝廷竟不得不对它们每年的朝贡做出次数和人数的限制。正如英国《剑桥中国明代史》(第十章)所说："那里(指西域)的首领依旧是明朝的附庸""这些统治者都愿意接受明朝属国的象征性地位，以便从中国的紧密商业联系中得益。"当然也有以批量的马匹满足明朝军队建设需要的真正意义的贸易。而这两种行为(尤以进贡的频繁)正好各从不同侧面反映出西域和内地经济上的相依和互补关系。

一千多年同内地王朝之间的往来，西域人民深受汉文化的影响，他们心目中确实留下了深刻而美好的记忆。这种影响进而升华为一种强大的向心力、凝聚力，这也是西域各国发自内心认同与明朝的隶属关系的重要精神原因。最为动人的例证是，作为明朝西域瓦剌的后人，远走欧洲的土尔扈特部后来历尽艰辛回归祖国的事情。当土尔扈特首领渥巴锡参见乾隆的时候，竟然捧出了明成祖当年册封他们先人时赐予的印玺，以示本部世世代代都是这块土地上的子民。

总之，表面上松散的隶属关系之深层则表现出这些割据政权与明朝政府之间内在的特殊紧密关系：政治上的对立统一、经济上的相依互补以及文化上的关联共存，维系着互相之间不可分割的关系。这种政治、经济、文化上紧密联系决定了这些貌合神离的割据政权与明朝的往来频繁，交际密切，同时也决定着西域各国和明朝中央相互之间的语言交际的客观现实。

处于通行弱势的汉语在西域仍居官方通用语地位　在西域的每一个具体的族群聚居地，当地主体民族的语言居于主要交际地位，这是十分正常的社会语言现象。但是当放眼全国,放眼于西域和中原王朝之间,这种更大的公共交际场合的语言交际使用政府的官方通用语则是唯一的选择。这个道理,我们通过前两章西辽、元朝的语言政策分析,个中道理已经明白。明朝西域使用官方通用语交际是遵循朝廷的官方规定,是对明朝政府宗主权威的尊重。

明代西域汉语通行滑落于空前弱势地位,这是就西域整体而言如此。但是,绝对不可忽视的是,明代西域哈密一带的另一番情况。哈密作为明朝政府的直辖地区,汉民、回民仍然保持一定的密度,汉语的通行也保持着一定的强势。

前文提到的《高昌馆课》"来文",明确告诉我们汉语在西域通行的客观事实,而且汉语是西域各地民族地方政权一致认同的官方通用语。不管大国、小国,在和明朝朝廷的往来中必须使用汉语文,这是不可违拗的官方意志。它们前往内地的使者所持通行文书及其他相关公文都必须使用汉语文。确实出于条件限制,所呈文书是民文的,则必须按规定在哈密关进行通关文书转换,方可持之进入明朝境内。"来文"也印证了明朝政府赋予哈密卫执行这一语言文字政策的职能。西域各地都毫无例外地执行着这一语言文字规定,客观地反映了尽管汉语在西域处于通行弱势,但是汉语官方通行语的地位却是不可动摇的事实。

还有一则资料,可做这一观点的旁证。

当时,由于瓦剌、吐鲁番等各有野心,经常滋事生衅,"外使入境,通事多用色目人,时发生弊窦,致交通生衅,后改用汉人为通事"。(曾问吾:《中国经营西域史》258页,商务印书馆,1936年。)这里所说"外使",正是史书上所说的"仅就由嘉峪关出入之朝贡之大国"(同上)而言,主要就是指瓦剌。西来入关的主要有吐鲁番。乍一看来,这里所说似乎仅仅是择用翻译人选的问题,实际上内中更重要的是运用语种的问题。固然,凡是翻译,当然至少都要会两种语言,但问题在于:翻译是站在谁的角度说话。外使请色目人充当翻译,站在外使的立场,钻边卡卫护人员语言不通的空子,自然难免"发生弊窦""交通生衅"。明朝要求"改用汉人为通事",瓦剌、吐鲁番对这一规定的予以认同就是对官方通用汉语的认同。

由此可见,无论西域地方有多少种民族语言在地方通行,即使汉语在西域的通行处于弱势，其官方通用语地位也是肯定的。

三、从《高昌馆课》看明代汉语在西域的发展变化

明朝时期的西域，人口群体发生了重大变化。说汉语人口四散于各地，与畏吾儿、蒙古（瓦剌、察合台）等各族人民杂居一起。后来还有其他原因所致，汉民多有融入兄弟民族者。说汉语人口数量的逐渐减少，使汉语的社会通行出现了空前的弱势。然而，《高昌馆课》（以下仍简称“来文”）不但证明汉语仍在西域通行，而且，证明汉语仍在西域正常发展和变化。

语言的发展是语言结构要素的发展　“语言的发展，是语言结构要素的历史变化。新的语言结构要素的产生和旧的语言要素的消亡，使语言日益丰富、完善、精密，以满足社会发展的需要。”（邢公畹：《语言学概论》201页，语文出版社，1990年。）而观察研究语言的发展，很重要的方法是历史比较法。通过对不同历史时期的语言要素进行对比，从而看出它们之间的不同。因为明代的特殊社会历史背景所致，可供作为西域汉语发展进行前后对比研究的材料几乎找不到，“来文”就成了至今我们所能得到的关于明代西域汉语文的唯一可贵资料。

“来文”共有80多件，来自西域各地。但是，每件的字数都很有限。少则几十个字，最多的也不过一二百个字。因此，仅凭此一份材料来进行语言发展变化的研究，实在困难。

但是，尽管“来文”只是字数有限的简约公文，其行文中除了少部分公文常用的书面语词汇之外，大部分语言从语法到词汇，口语化色彩很浓。从它更接近近代白话的语体风格这个角度看，它的研究价值仍值得考虑。

明代西域汉语发展中一些动态迹象　通过初步观察，我们觉得“来文”中还有值得入手进行研究的地方，至少颇能说明明代西域汉语处在不断发展的动态之中。只是鉴于没有其他更多材料做依据，所以对于一些问题，尚不敢草率做出结论。下面所列出的几点，也只是个人极为粗浅的不成熟的看法。

1. 关于量词

汉语的量词,古已有之。汉语的量词之丰富是汉语语法系统的一大特点,也可以说是汉语同畏吾儿语等西域语种之间的差别之一。

表示不同事物的量,往往要用不同的量词(此处尚未见动量词)。量词通常总要同数词相搭配,置于相应的名词之前,共同来修饰、限制这一名词。这种表示物量的词和它要修饰、限制的名词之间的搭配关系,是人们语言实践过程中的一种社会约定俗成。

"来文"中出现了大量的数量组合,用来修饰限制物的量。大多数的数量组合与它所修饰、限制的名词之搭配关系,今天看来,明代已经被肯定下来,并为人们普遍接受。例如,表示"马"的量用"匹",表示"衣服"的量用"件"等。

稍事留心,我们又会发现"来文"中不乏名词与之相搭配的量词,出现不相一致的现象。例如,同是表示玉石的量,第 5 号文中称"一条",第 14 号文中称"四片",而第 8 号和第 51 号文中则称"一块"。很明显,这种量的称说不一,暴露出表示某些物品的量词的使用,还没有达到约定俗成的规范程度。或曰,这种量词使用的不尽一致正好反映这是其走向规范的发展过程之中的一种不稳定现象。

又比如,第 63 号文中,称"铁角皮"的数量为"二十条",第 82 号文中,称"银鼠皮"的数量为"五十张"。"铁角皮"是金属,还是皮革,我们弄不清楚。即使那时西域已经有了将金属碾压成薄片的技术,那么,把面积大而薄的片状物品,称"张"比称"条"似乎更贴切一些,今天人们把薄铁皮就统统称"张"。明朝时候,在西域汉语里,这种把面积大而薄的片状物品,可称"张",又可称"条"的现象,也处于正在发展变化的动态之中。

再比如,今天称说不同的动物的量,要用不同的量词,如称"马"则用"匹",称"骆驼"则用"峰"。而明朝时西域称"骆驼"论"只"(第 45 号文),其他动物,如狮子、花豹、哈喇虎、金钱豹等,"来文"中都称"项",与今天称呼相应动物的量词大相径庭。

可见,明朝西域对这些动物的量之称说,还处在没有固定的状态,或曰,存在着即将发展变化的倾向。

2. 关于虚词"的"

现代汉语中的虚词"的"在明代西域近代白话中已经大量出现。但是使用方法与今多有不同。我们依着古汉语虚词“之”演变出现代汉语结构助词“的”的线索，对“来文”中“的”之用法进行归纳比较，认为它的使用法大致可分为两大类。这两类用法，正好显示出它从中古汉语发展而来的变化大势。

（1）古汉语用法的残留

这一类用法，是“的”字出现在句尾。例如：

第 1 号文：“望赐与的”

第 18 号文：“赏赐与的”

第 23 号文：“望朝廷怜悯收留的”

第 43 号文：“……如蒙恩赐与的”

这一用法最为普遍，凡数十例。它们中间之“的”字，出现在表示授受意义的动词之后。

还有一些用法与其相似，也出现在句尾。但是，处于句尾之“的”字前面、表示授受意义的动词之后，还有一个趋向动词“回去”。两者有着明显的区别。例如：

第 13 号文：“仰望朝廷怜悯乞赐回去的”

第 14 号文：“快些打发回去的 ”

第 27 号文：“恩赐远人的”（仅此一例）

相比而言，这几例是少数。为数居多的一类和居于少数的一小类似有联系，而又有不同。

似这些出现于句尾之“的”字，好像是表示语气的助词。然而，与其语句结构相似而不带“的”字的例子比这更多。有的其后再无其他内容，有的还有下文。例如：

第 25 号文，“今求讨赏赐回去”（其后再无句子）

第 28 号文，“求讨恩赐回去”

与之表述相似的还有，第 53 号、第 33 号、第 49 号、第 9 号来文“事完求讨赏赐回去”，紧接着其后还会有其他内容。凡此不下十例。

上述第一小类之例：第 1 号、第 18 号、第 23 号、第 43 号来文，表示授受意义的动词之后之“的”，似有所指，但又难以译出确切意义。查检《宋元语言词典》，“的”字条目之下,用法有二:一是"同'得'",二是"衬词,无义"。"衬词,无义"之说,启发我们将其与古汉语中"学而时习之""姑妄言之妄听之"中的"之"字相比,颇为相似。"的"在这里理解为"之"的虚化,以"衬词,无义"来解释颇为恰当。

上述第二小类之例:第13号、第14号来文中"的"字出现在趋向动词之后,似为语气助词,表示动作事态的完成或末了。这二者与例27号(恩赐远人的)再相比对,后者却又无法解释。研究现代维吾尔语的学者,认为这有可能是民语语法中"格"的影响所致。但在例子极少的情况下,学者也不愿对此做出肯定结论,我们也不敢妄作判断。

(2)结构助词"之"的演化

"的"字用得最多的,是用作结构助词,几乎每篇来文都有。其作结构助词的用法,已经和现代汉语用法完全一样。它显然是由古汉语中做结构助词的"之"演化而来的。例如:

第70号文:"奴婢是阿黑麻王的妃"

第80号文:"奴婢是安定卫所管的头目"

第40号文:"天皇帝可怜见赏赐些应用的物品"

第75号文:"如今天皇帝的法及远近夷人皆都害怕"

这是典型的结构助词"的"的用法。用它联系其前的修饰、限制成分和其后的中心语。

明代还有将这一基本用法省略结构助词"的"后面的中心语,而产生出今天所说的"的字结构"。这显然又是一种由近代汉语向现代汉语变化的动向。例如:

第17号文:"我每年老的祝赞,年小的效力"

第56号文:"我每年老的祝赞,年小的效力"

虽然来文中仅此二例,但是形式非常典型。毫无疑问,这是省略中心词"人"字,而形成的"的字结构"。

值得注意的是,来文中还出现了今天所说的形容词重叠作状语的语言构造,而其中的结构助词,也用"的"。其情况和20世纪"五四"时期现代汉语中的助词"的""地"不分一样。例如:

第66号文:“伏望朝廷重重的赏赐给与回来”

第78号文:“怜悯远人多有功劳重重的赏赐”

将上述“的”作助词的用法,相互联系起来看,“的”字前后明显存在发展变化的趋向。它由古汉语中的助词“之”变化而来,而且分化成几种用法。这种变化动态,正说明汉语当时在西域处于向现代汉语发展的不断变化之中。

3.关于虚词“了”

可以说,虚词“了”的大量使用,也是汉语向现代白话发展进程中的一个重要标志。

“来文”中几乎件件都有“了”字出现。归纳起来,其用法主要是帮助表时态、表语气两种。例如:

第26号文:“没有稀罕物误了进贡”

第22号文:“如犯了理法定罪不饶”

这种用法,也仅此二例。“了”字出现于动词之后,表示动作的时态,其后还带有宾语。结构十分典型,很有代表性。与现代汉语对比,一点也不觉陌生。

“了”的用法中使用最多的是置于动词或动词性词组之后,帮助表示肯定语气。这种用法几乎每件来文中都有。例如:

第36号文:“奴婢每有罪了”

第60号文:“望皇帝怜悯饶了”

第65号文:“赴金阙扣头相见了”

第75号文:“近年以来赏赐都减少了”

相比较而言,用于单音节趋向动词“去”(作补语)之后,表示动作的进行持续状态者更为普遍。例如:

第66号文:“法虎尔丁等进贡骟马十匹,哈喇虎一项,小驼一只去了”

第69号文:“……今进贡大小骟马二十匹去了”

第72号文:“都督昂克孛罗等进贡马匹方物去了”

第62号文:“今仰望天皇帝好名声进贡土产方物去了”

单看句子结构主干,“某某……进贡……去了”,是“主—谓—宾—补”。这里看来应是补充表示动态的持续状态。

更为罕见的是，上述这种结构模式的趋向补语之前，又增加一个“介宾结构”。所表达的意思倒也能够理解，但是，读起来却非常别扭。例如：

第 14 号文：“……都督赛尔虎仙进贡珊瑚……番红花五十斤，与同文书去了”

第 58 号文：“今仍照例专差使臣进贡各样方物，与同文书去了”

第 81 号文：“使臣昂克孛罗等进贡……花豹一项……玛瑙二块并各样方物去了”

似此，句型形形色色，似乎也是西域汉语在向现代白话发展中的一种动态。其后加上“与同文书去了”，应该如何理解，“了”的用法是否有变化，的确还需要进一步研究。

4. 关于语素“每”

语素“每”附于人称代词之后，表示人称的复数，这一用法，元代已经出现。前人已经有所研究。《宋元语言词典》中有其用法的详解。

“每”表示人称代词复数的用法，同今天的“们”。经前人研究，在“们”出现之前，宋元时候，还曾有过用“懑”“瞒”“每”“门”等字。而明代西域汉语唯见用“每”，几乎“来文”的每一件都有用“每”表示复数的用法出现。而且，“每”可出现于人称代词之后，也可出现于名词之后。例如：

第 75 号文：“今差你每去天朝途中，经过衙门……因此说与你每知道”

第 77 号文：“我每年老的祝赞，年少的效力”

用于名词之后的，例如：

第 83 号文：“奴婢每在边效力……”

第 38 号文：“奴婢每仰望天皇帝洪福……”

第 48 号文：“照例赏赐奴婢每好往来进贡”

从“来文”每一件中的用法看，明代西域汉语完全保持元代的用法。而与“来文”同期的白话文学名著《西游记》中用“每”表示复数的用法已经不见，几乎清一色用“们”字代替之。例如孙悟空对群猴说：“你们都不曾尝着。待我再去偷他几瓶回来，你们各领半杯，一个个也长生不老。”

《西游记》作者吴承恩生于明朝中期的公元 1500 年。“来文”正是这时西域各地汉语的汉字记录。可见，作为表示人称复数的语素的“每”，在西域汉语里一直存在到明代的中后期。而在中原汉语里，则已早就被“们”所代替。据此，可以说明明代西域汉语中的一些语言结构要素的发展要比中原滞后一些。

除了上述四例之外，“来文”中所见的助词“得”、介词“与”及一些句式等都有可以窥见明代西域汉语发展变化的动态迹象，恕不一一列举分析。

通过上述几例的浅析，我们可以肯定地说，明朝西域的汉语方言是汉语继宋元以来在本地发展而来的。今天新疆有些人称“汉语是很晚的时候从内地传来的”之说法，毫无根据，完全不符合语言发展的规律，也不符合中国历史的客观事实。应该看到，观察研究明代西域汉语的发展不仅具有语言学意义，而且具有一定的社会意义和政治意义。

第五节 明代西域中华文化的影响依旧深远

文化和语言是相依共存的，只要某种语言在社会上通行，与之相关的文化便会得到相应的传播。明朝西域汉语的通行与前朝相比，尽管相对处于弱势，但是它毕竟仍在社会通行。前朝汉语的通行对中华文化的影响犹如生机勃勃的大树，已经根深叶茂。这样，明朝汉语的通行，依旧对中华文化传承继续发挥着重要的作用。

一、《高昌馆课》的文化语言学解读

语言作为交际工具的同时，又作为传媒承载着丰富的文化信息，进行文化传播。《高昌馆课》是用汉字记录的明代西域各地到朝廷进贡的文书，这就是说，《高昌馆课》在文化语言学研究方面，也是难得的资料。

专家研究告诉我们，该书所收文献，只是当时西域同中央王朝往来公文的一个部分。因此，尽管它对西域社会生活有所反映，但是难免片面。但是对文化语言学的研究来说，却依然弥足珍贵。因为只要有文字材料，就一定有文化的因素存在于其中。它的文化价值绝不因为不见某些地方的来文而缺失，其研究价值不可低估。

“来文”内容的文化语言学解读 《高昌馆课》中的来文，不管是来自哈密，还是高昌、火州、柳城、吐鲁番、曲先等地，它们历来都在我国范围之内。一千多年来与中原的紧密联系,受中华文化影响之深,已非一日之功。“来文”作为由西而来的文书,确实明显地折射出西域各地所受中华文化的深刻影响。

1. 从“来文”文体上看

“来文”是西域各地向朝廷进贡时上呈的小型文书。作为应用文的一种,它不同于一般公文,也不同于表、奏章等用于最高层次的专用文书。它的呈送和接受双方身份“序次”之严格,是十分明显的。这种文体的专用本身就有浓重的文化气息,或者说:已打上了涉及皇家事务专用的烙印。这种君君、臣臣的伦理之序是中国封建社会的产物,是儒家学说中社会伦理的核心部分,是典型的中华文化的表现。

下面我们先以两则来文为例,对其中行文语体所反映出的文化色彩做简要观察分析。

第10号文:

哈密地面差来使臣法虎尔丁,大明皇帝前扣头奏,奴婢路途行走艰难,仰赖,
朝廷洪福,平安到京,今将骟马四匹硇砂皮条等物进贡,怎的恩赐,奏得,圣旨
知道

第35号文:

大明皇帝洪福前,速檀阿力王奏,奴婢在边效力年久,多有功劳,进贡不缺
今照例专差使臣,进贡各样方物,与同文书去了,奏得,圣旨知道

文中的“使臣”法虎尔丁也好,“速檀”(宗教领袖)阿力“王”也好,是呈递公文者。其他文书里,呈奏者中地面的“王”“速檀”,诸如哈密忠顺王陕巴、吐鲁番地面阿黑麻王、把丹沙地面速檀等,即使一方之王,但在大明皇帝面前,一概自称“奴婢”“小奴婢”,无一例外,这是汉唐以来中国封建社会下级在上级面前的“鄙称”,也是典型的臣子身份的得体表示。

文书上呈“大明皇帝”。有的文书中称谓不这样直呼,还要加上一些恭敬、颂扬之辞,比如大明皇帝洪福、天朝洪福、天皇帝洪福、天皇帝主人洪福等。为了表达皇帝的至高无上,其前还要用“大”字、“天”字,都是为了表示尊敬。

这种公文文书的呈、受双方关系十分明确，下级对上级的臣属关系井然有序，不容含混。不管其内心深处是否有二心的成分，但在公开的行文中，礼节是绝不敢出格的。行文之间的措辞，诸如奏、叩头、仰望、伏望、恩赐、乞赐、朝廷厚恩、万岁主人等，也都表示对至高无上的“天”皇帝的崇敬、景仰之情。这是此种文体风格的要求，也是传统中华文化里的伦理、礼仪的具体表现。

2. 从来文主体部分的内容看

应用文的主体部分，是全文内容中心之所在，也是我们所关注的最重要的部分。大多数来文中主体部分的内容都与进贡物品有关。作为明朝在西域的藩属，各地面的王、速檀，派遣使者千里迢迢到得京城，面见皇上，空着双手、不带礼物是不合中国传统礼仪的。于是，带点土产方物，甚至更为稀奇珍贵的物品，贡予皇上，讨得圣上欢心，这是连平民百姓都懂得的起码礼数。如果纯粹将此称之为“贸易”“交易”来看，我们觉得似乎偏颇了点儿。因为除了有“交易”的成分之外，还有比重超过这一点的期望和诉求。进贡、呈送礼品，只是取得觐见的手段，而得到觐见机会之后的真正意图，至少还有乞赐物品、讨封升赏、颂德表忠几点，这些正是其文化意义的表现。下面依次对其进行简要分析。

(1)进贡物品

据不完全统计，西域各地进贡的物品居于首位的是马，其次是玉石、玛瑙、珊瑚、眼镜(我们估计可能是制作眼镜的水晶石)、金刚钻。此外，还有供作中药的羚羊角、番红花；供作观赏动物的虎、狮子、金钱豹等。

我们从中可以看出，西域各地对明朝朝廷的心理早有洞察，所贡物品非常符合朝廷的胃口。马，是冷兵器时代军队建设的重要物资。这对朝廷来说，自然是多多益善。涉及具体进贡物资的文书中，有 39 件贡马(占绝大多数)。马的品种繁多，什么西马、骟马、大西玛、小西马、阿鲁马，不一而足。可谓正中朝廷下怀。

玉石和玛瑙之类的物品，属于珍宝。对玉石、玛瑙之类的喜好，特别是对玉石的钟爱，是中华文化的一个突出表现。玉石制成的玉镯、玉环、玉珮等各种首饰、服饰，是中华传统审美中富丽、华贵的象征。玉石雕成的各种艺术品，作为摆设、收藏，其高贵、典雅，都是皇家、贵胄的热烈追求。贡品列有玉石的来文达8篇之多。西域各地熟知皇家所好，正是中华文化深刻影响的结果。

(2)乞赐物品

西域各地的进贡主要是为了取得觐见机会，所贡东西能值几何，他们心中都很清楚。希望以此讨得皇上欢心，得到“重重的赏赐”是不言的目的。反正朝廷一旦赏赐，肯定价值超过奉上的贡品。因此，不少公文里索性只写“伏望”“恩赐”，不写自己所希望得到的具体物品名称。但凡列出所希望得到的物品名称者，无不可以清楚地看出，他们的希望之所在，正是中华物质文化中最精华的东西。

众所周知，明代中国的手工业之发达，驰名全球。最为引人注目的是中国瓷器和丝绸，西洋人甚至因此而用“china”(瓷器)称呼中国，明朝的远洋贸易赢得海外市场的主要货物，也正是这两样产品。仔细审视西域各地的乞赐物品单子，可以清楚地看到，这两样闻名遐迩的货物，正是他们之所求。

丝绸纺织品，几乎是西域各地都期盼得到的。例如，第72号文：把丹沙地面，希望赏给“大红织金蟒龙缎子，通袖膝襕缎子，花素纻丝虎儿斑绢，并汤瓶”等物。有的甚至连很普通的纺织品也在所需之列。例如，第1号来文，哈密地面乞赐“胸背通袖膝襕，青红布匹”等物。据不完全统计，来文中列出乞赐物品单子的共27件，其中25件来文明确提出希望得到绸缎赏物。

在瓷器和其他器皿等项物品里，瓷碗、磁碟占第一位。20几件来文里，希望赏赐瓷碗、磁碟之类的有十数件，占一半以上。除此之外，希望得到的是金盆、银盆，金碗、银碗、金壶、银壶、汤瓶之类的器皿和用具。这些物品价值昂贵，又极为实用。明朝这些器物的制作工艺之精，在当时也是举世闻名。

从西域各地所乞赐的物品看，他们对中华文化的了解如数家珍。如能得到朝廷赐予，既可满足自己的高档生活需要，又因此物为皇家所赐而极为荣耀。这种物质上、精神上的满足，无不看出他们心理深处所受中华文化影响之深。

另外，意味深长的是，他们中不管是王、还是速檀，所要的绸缎的颜色最多也只敢要大红色，没有一家敢提出要黄色的。因为，明朝政府规定，黄色是皇家专用，红色、紫色为大臣、贵胄们使用，而平民百姓只能用杂色。西域各地的“土皇帝”们，自己可以独霸一方，甚至可以和明朝朝廷分庭抗礼，例如吐鲁番，竟然一边向朝廷纳贡，一边和朝廷争夺哈密，但是面向皇上讨要物品时，则绝不敢冒犯朝廷威严。这无疑也是他们长时间受中华文化影响，深懂中华文化伦理、仪礼的缘故。

(3)讨封升赏

借着进贡的机会，向朝廷表示愿意更好效忠皇帝，以期博得皇帝怜悯，从而给予更高职事升赏，这比那种经济上得到一些可心的东西，实在更为重要。

属于这种涉及升赏的文书，所占来文总数之比重并不算太大。据统计，属于此类的，共有 16 件。如果我们稍加注意，像哈密、吐鲁番、柳城、火州等大多数地面，本来就是明朝已予正式任命、封赏的地方，自然没有再提这类要求的必要。80 余件来文中，除去上述纯粹关心物质利益的 53 件，所剩的 33 件中，直接或间接提出政治诉求的 16 件。这样看，比例就算不小了。

其中，为数较多的，则是以委婉、含蓄的口吻向朝廷提出，把讨封的意愿作为“潜台词”，留给皇帝去揣摩。赏与不赏、封赏什么，“仰望”皇帝去考虑。属于这类的，例如第 68 号文：

> 迤西地面都督土儿的叩头奏，奴婢在边守护年久，多有功劳，至今未蒙升赏，今进贡小西马二匹，花豹一项，伏望，天皇帝照例升赏，使后人好效力，奏得，圣旨知道

这位迤西地区的“都督”，首先申述自己“在边守护多年”“多有功劳”，然而“至今未蒙封赏”。言下之意，期盼升赏晋级，而且暗示朝廷如果“天皇帝照例升赏”，就可以“使后人好效力”，其期望政治封赏的意图可谓溢于言表。诸如此类的，还有第 41 号、第 42 号、第 68 号、第 74 号、第 77 号来文等。

而讨封意图在行文中直接予以表露的，虽然只有寥寥几例，但是，这对当时西域和明朝中央的微妙关系来说，却最有值得研究的必要。甚至，还有毫无遮拦地为儿子讨封的。例如第 83 号文：

> 奴婢累世蒙，朝廷厚恩，重赏至今，进贡不绝，奴婢长男火只雅牙，在边曾

有功劳，未蒙升赏，伏望，万岁主人怜悯，照例授升都督职事，使奴婢每好在边

效力，为此，奏得，圣旨知道

这个“也先不花王”直截了当向朝廷为其儿子讨封，连具体的职事都很明白地提出来了，一点都不肯客气。这类情况虽然只有一例，但是十分典型。

须知，当时西域的“国”与“地面”级的大大小小的“土皇帝”，明朝政府大多早就给予了相应的册封。这里提出讨封诉求的是级别又低了一层的“头目”、甚至是儿子辈之类的小人物。尽管当时明朝对西域给予头衔封赏者，只给头衔，不给俸禄，然而，他们非常明白，得到皇帝所封头衔，就等于得到了皇帝对权力和利益的认同。否则颇有“名不正、言不顺”之嫌，所以得到朝廷的认同则是极为重要的事情。皇帝的认同，既是一种荣耀，也是一种资本。这个道理和逻辑关系，就连那些级别低点的小头目在长时间的社会体验中，也已心领神会，这是他们孜孜以求的根本原因。可见，千百年来封建社会的封建分封制在西域的影响何其深刻！

(4)颂德表忠

恭维朝廷以期取得朝廷欢心和信任，这是封建时代最为耐人寻味的东西。政治、物质上的其他不便直说的诉求，一切都隐含在娓娓动听的说辞之中。“来文”中具有这样内容的文书所占比重相当大。那些陈说“路途艰难”“一路辛苦”“道路不宁”“地方不出好物”表示歉意的客套话除外，恭维之辞，归纳起来，大概有下面几方面：

其一，感恩戴德、追叙旧恩。例如：

第37号文：“自祖父以来，皆受朝廷厚恩，感戴不尽”

第47号文：(也先)“奴婢累世蒙朝廷厚恩，重赏至今”

其二，自诩效力、力表忠诚。例如：

第42号文：(高昌)“奴婢祖父阿黑麻因效力边方有功，蒙大明封为王爵，颁给印信就在本处束夷众，传及至今，进贡不绝”

第258号文：“奴婢每在边效力年久，多有功劳，进贡不绝”

第87号文：(兀端)“奴婢在边守护，吐鲁番都不敢来抢了”

“印信”在他们眼里，就是爵位和权力的象征。感激朝廷颁给印信，授予权力，言下

之意即:皇上如此器重,忠于皇帝自是责无旁贷。

其三,颂扬升平、安分守己。例如:

第39号文:“天下太平,人民安稳,就是一草一木,皆蒙化育”

第43号文:“(阿速)远居边方,一心遵守礼法,不敢违背”

第45号文:(哈密陕巴)“仰慕天朝好名声,如日月一般,无处不照,无人不仰”,甚至连嘱咐下属的话语,都出现在公文里。速檀王说与都督罕慎等人,“天朝进贡途中经过衙门,不许无道理,如违犯了理法,定罪不饶,如今天皇帝的法及远近夷人皆都惧怕,因此说与你们知道”。真可谓对皇上“诚惶诚恐”“毕恭毕敬”。

其他诸如“地方安稳,夷众快乐”“我们老的祝赞,小的效力”等赞美之辞比比皆是,甚至还有对朝廷提出加强治理西域地方的愿望,其忠心可鉴。例如:

第38号文:“奴婢每累世蒙,天皇帝厚恩,有来至今,往来进贡不绝,近年因吐鲁番无道理,时常抢杀,不得行走,仰望,朝廷禁约他”

仰望朝廷禁约不轨的吐鲁番,可谓爱憎分明。忠于朝廷之心,跃然纸上。

可以说,从进贡的物品到乞赐物品,讨封升赏,更无须说颂德表忠本身,无处不折射出中华传统文化的深刻影响来。

文化具有极强的影响力,而且具有牢固的稳定性。某种文化的影响一经渗透到社会生活的每个角落,短时间内,它绝不会轻易淡化或者泯灭,而且总会顽强地、不由自主地在相应的方面表现出来。

通过上面的分析,我们已经可以清晰地看出,中华文化在西域人心目中的深邃影响。这当然与自汉魏以来历朝历代长时间中华文化的渗透有关。尽管明朝政府在西域所采取的羁縻政策比西辽还要松散,杂居各地的说汉语人口相对空前稀少,但是朝廷在他们心目中仍然至高无上,因此西域各地在感情上也愿意凝聚在明朝的龙幡之下。

“来文”在昭示西域广泛而深刻受有中华文化影响的同时,还向我们明确肯定了明代西域各地和明王朝之间的政治隶属关系。而这种隶属关系本身其实也就是文化中的宗法关系的具体反映。明朝政府对西域的松散领有是历史事实,如果以明朝政府不曾派官员直接在西域进行管理,就认为西域不是明朝的疆域,这就既不符合历史真实,也不符合文化源流之本真。

“来文”还告诉我们西域和中原经济上息息相关的互补关系。两地经济发展的反差很大，西域对中原的物质需求与西域土产方物对明朝的所需互补。而经济的发展和人们的物质追求本身，又无不和文化有着紧密的联系。

每一件“来文”，都明显地表现出明朝中央与西域各地的领属关系。尽管历史上西域的吐鲁番、瓦剌都曾先后和明朝中央有过对哈密的争夺，而这不过是封建社会分封制度下产生的一种负面后果。这样的事情，历史上从春秋战国到汉唐，历代都实在不乏其例。但是，这种矛盾斗争存在的本身，就是民族文化发展的必然，也隐含着统一的必然。

二、回族在特定社会里对汉语通行所起的独特作用

明朝西域说汉语人口，除汉民之外，主要的是我国这时最年轻的民族回族，以及有元以来遗留下来的操蒙、汉双语的蒙古人等。其中回族是最值得我们特别予以关注的。他们在明朝对西域采取特殊政策这一特定社会环境里，对汉语在西域的通行起着举足轻重的作用。

“回回”和“回族”不是同一概念　严格地说，“回回”和“回族”应该是两个不同的概念。这两个概念有渊源上的联系，但又有本质上的不同。前者是元朝时期的一个外延笼统而模糊、内涵混沌的外来人口群体，而后者是一个从前者发展而来的在中国独立自在的年轻民族。

有史记载，自唐朝开始，西域就有很多商人来到中国，他们是中国回族最早的先民。到了宋朝，关于回族先人活动的记载就更为详细。公元 966 年（宋太祖乾德四年）“喀什噶尔王名布格拉者，奉伊斯兰教而人民亦从之。其后布格拉西征土耳其斯坦，大获全胜，掳其人民（皆伊斯兰教徒），置于天山南路”。公元 972 年（宋太祖开宝五年），这些人大半释归本土。“其未归者，名为东干。‘东干’者即遗留之义”。（曾问吾：《中国经营西域史》269 页，商务印书馆，1936 年。）今天新疆人，包括回族人自己，仍以“tong gang ”称回族，与突厥语的称呼音近。

200年后，成吉思汗及其后人西征回来，带回许多来自中东、中亚伊斯兰国家的俘掠人口。因他们大都信奉伊斯兰教(亦称“回回教”)，所以史书将这些人称“回回”。历史上称“元代回回遍天下”，“回回”即泛指这些来自西方各伊斯兰国家而落户中国的人。清朝时，人们把信奉伊斯兰教的维吾尔也称“回回”，后来为了区分而把维吾尔称“缠回”，把回族称“汉回”。至今，包括回族人在内，仍然有把回族人称为“回回”的。但严格地说，回族是指一个民族，不能再和回回这一外延模糊、内涵含混的人群称谓相等同。

回族在中国的诞生 马克思主义民族理论告诉我们，区别和认定一个民族的存在，很重要的一条就是看其民族心理的自在意识。当然还有其他条件，诸如宗教信仰、风俗习惯、语言文字等。学者对中国回族究竟产生于元朝还是明朝，尚有争议，原因主要就在民族意识这一条。

据史书记载，“回回”是来自各国的哈剌鲁人、西辽人、康里人、波斯人、阿剌伯人等不同民族的人。虽然同称“回回”人，但元朝时他们自己也都知道，相互之间语言不同、肤色有别、习俗各异，并非同族。

我们之所以在明代史段里把这些人称为回族，主要就是考虑，这时他们心理上才相互视为同类，视其他民族“非我族类”，共同有了明确的“自我”意识。这一心理变化，真正明确并稳定下来当在明朝初年朝廷的几个政策出台之后。曾问吾在其《中国经营西域史》中曾做如下简要引证。

据《日知录》云：“洪武元年(1368年)，诏胡服，胡语，胡姓，一切禁止。”

又《明律集解》云：“凡蒙古、色目人，听与中国人为婚姻，不许自相嫁娶。违者杖八十，男女入官为奴。其中国人不愿与回回钦察为婚者，听从本类自相嫁娶，不在禁限。”

又《明史太祖本纪》“洪武元年徐达入元都。诏：蒙古、色目人有才能者，许擢用。”(曾问吾：《中国经营西域史》246页，商务印书馆，1936年。)

上述律令的下达，使这些回回人感到，自元朝备受优待，到目前的多受限制，实为心理上的一次沉重冲击。这时，他们在中国与汉等民族通婚，已经繁衍到第五、第六代。进入明朝，新的一代降生之后，因与其先人来华已相隔近二百年，甚或更长时间，其祖辈原系何方人氏、何种民族，恐怕都知之甚少。即使知道一些，意识恐已十分淡薄，唯独信奉伊斯兰教和某些生活习惯还十分清楚。所以元朝政府虽然考虑到回回中间许多人是波斯人、阿拉伯人，遂将波斯语、阿拉伯语定为他们的通用语，然而事实上，因为在汉人群体里生活和交际的需要，他们早就放弃了各自的母语或波斯语、阿拉伯语，而把汉语当成了自己的民族共同语。

朱元璋的律令颁布天下，明显已经把回回视为不同于汉族的异类，这足以唤醒他们的"自我"意识。这些回教徒在心理上已互相认同，从此不约而同"固守教规，不与教外人联婚，饮食习惯亦与异教人有别，而自成一宗教团体。唯文字、语言、服饰等完全与汉人同化。国家观念亦一致。"（曾问吾：《中国经营西域史》245 页，商务印书馆，1936 年。）从此，他们不再计较本来的国度和原本的族源，在对中国认同、汉语认同的基础上，自视为中国人中同信伊斯兰教、同说汉语的一个族类——回族。

明朝时期西域的回族人口　"元代回回遍天下"。到了明朝，西域仍然到处都有回族人，因为中原王朝从元到明的政权更迭，西域回回的社会生存环境基本没有发生什么改变。他们同其周围的瓦剌人和察合台人的相处，关系大致依旧，少有危及其生活的矛盾冲突。于是，他们的人口群体必然不会发生任何较大的动荡和改变。

前述明初陈诚的《西域行程记》中所见哈密城里的"回回"，一定是有别于"哈喇灰"和"畏吾儿"的另一族类——回族。他们是这时哈密城中的说汉语的人口。

1290 年（元朝至元二十七年），在藤竭儿（今阜康）安排"回回屯田三千户"，给予牛、种。这些人和"探马赤军"一样，"随地入社""与编民等"，完全成了当地的住户。诚如前文分析，到了明朝，原东察合台的秃黑鲁帖木尔和其后人马哈麻强迫其域内人民皈依伊斯兰教的时候，其境内的汉民很有可能都被迫接受了伊斯兰教，而藤竭儿的回族人本身就是伊斯兰教徒，当不会受到冲击，故保持原状，安然无恙。

藤竭儿的屯田回回，只是可以见于具体文字记载的屯垦回民之一例。实际上，西域回民的分布决不只有哈密、藤竭儿两个点。有学者根据当时元朝政府在西域的屯垦事业推断，"天山以北的昌吉、阜康、吉木萨尔、伊犁河流域，天山以南的喀什噶尔、和田等地，都有不少回回人从事农业生产。"（马国荣：《回族》12 页，新疆美术摄影出版社，

1996年。)例如,1298年(大德二年),元军在平定海都和那木罕部下昔里吉叛乱之后,曾留军亦里黑(亦力把里)屯田。1288年(至元二十五年),命回回人忽撒马丁为管理甘肃、陕西等处达鲁花赤,"督斡端、可失可儿工匠千五十户屯田"。这些屯田者中当不乏探马赤军和一般回回人。

另外,根据与西域相关联地区的有关情况推断,西域境内与其毗邻地区一样,一定还有许多回民。例如,忽必烈的孙子阿难答自幼为一位穆斯林所收养。他笃信伊斯兰教,并潜心研读《古兰经》,攻读阿拉伯文。1280年(至元十七年),他即安西王位,在其辖地河西、关陇地区及所部蒙古军民中传播伊斯兰教,广建清真寺,实施回历。河西如此,西域回族人这时决不会孤立地存在于几个点上,而是遍布天山南北。再加上分布在各地的回族商人,诸如官商、私商、坐商、行商;跑单帮的,结成团伙的;出入瓦剌人之中的,来往于察合台人之间的。明代西域回族总人数可能不比汉人少。

明朝西域回民的历史贡献 正是这种民族心理意识,这使得回族在明代西域的特定社会里,自视有别于信仰伊斯兰教的原东察合台人,也有别于不信伊斯兰教的瓦剌人。他们保持自己的相对独立,又坚持使用汉语,成为西域说汉语的人口群体中最稳定的一部分,做出了特殊的历史贡献。

1. 回民成了西域社会汉语稳定通行的坚实的社会基础

在明朝西域伊斯兰化过程中,伊斯兰教波及之处,汉民大多都被视为"异教徒",面临着不得不皈依伊斯兰教的选择,甚至最终改变生活习惯、放弃母语而改说民族语言。而回族作为一个新的年轻民族,既保持着伊斯兰教信仰,又把汉语作为其民族共同语,故西域的伊斯兰化对于回民自然未予触动。所以,回民聚居地的汉语通行语言环境,一直保持稳定状态。于是,回民成了西域社会汉语稳定通行的坚实的社会基础,保障了汉语在西域稳定而长期的存在,起到了这时汉民所无法起到的作用。

上述瓦剌人到明朝进贡贸易,常常有数百、数千的回回相协助,诸如有名的回回商人皮尔马黑麻、阿老丁、锁鲁丹等。瓦剌需要和明朝进行交易,东察合台同样要和明朝进行交易,他们同样需要回族人从中襄助。回族长期从事这种掮客业务,靠的就是精通商务和熟练运用汉语这一交际工具。他们活跃在丝绸之路及天山南北的广大市场,对促进经济发展的作用，以及汉语在西域的通行上所起的作用，均不可忽视。

2. 西域回民充当了明朝时期东西方文化交流的桥梁

明朝时期西域的这些回民，已经在中国与蒙汉各族人民生活了较长的一段时间，他们定居中国，运用汉语，最终成为中国社会的一分子。同时，他们又笃信伊斯兰教，与西方保持着宗教文化上的联系，成了中国人民与西方各国人民之间相互沟通和交流的桥梁。他们一方面在中国传播伊斯兰文化，包括西方的医药、建筑、天文等科技方面的知识和技能；一方面又通过他们所擅长的商业经营，充当了东方文化向西方传播的使者。

三、明代西域蒙古人在汉语通行中所起的作用

历来的改朝换代，除了战争直接殃及的部分百姓之外，大部分地方的社会和人口群体都能够保持相对稳定。人口不会无故蒸发，语言的通行更不会发生突然中断或改变。

从元朝灭亡到明朝建立，西域基本上未因改朝换代而受动乱殃及。因此，社会人口虽然会有些许流动，但大体保持了原来的状况。由元朝遗留下来的社会人口的分布和人口数量，按常理都与元朝时候并无多大差异。这时，西域总体上保持蒙古人、维吾尔人、汉人、回回人等杂居一起的社会人口群体结构特征和分布格局。这时汉语在西域的通行，虽在西域大部分地区蒙古人口居多的情况下渐趋弱势，但汉民、回民和蒙古人中蒙、汉语兼通的双语者仍在社会上占有一定比例，保证了汉语在西域社会的通行。

元代留给西域的三个蒙古人为主体的社会片区 元朝留给明朝的西域社会人口群体及分布格局，亦即整个社会语言环境，以蒙古人为主体民族做标准，大致可以划分为哈密卫及其以东的蒙古人掌权的明朝政府直辖区、瓦剌人占领区、东察合台人占领区(辖维吾尔人)三个片区。在这种分布格局里，汉民、蒙民的人口数量不同，社会地位不同，汉语、蒙古语的社会影响度也各有不同。因此，汉语的通行相应地要受到蒙古人不同程度的制约性影响。他们对本地区的汉语通行所持的态度，对汉语在本地区的通

行起着重要的作用。

三个片区内汉语通行的不同 这三个片区中汉语通行的不同，与这里居住的蒙古人的社会地位、民族心态、传统观念、政治作为等各种社会因素有着直接或间接的关系。

1. 哈密及其以东的明朝中央直辖区的汉语通行

永乐初年，明朝在哈密所设的哈密卫是明朝政府在西域建立的唯一的军政合一性质的权力机构。这一带杂居着汉民、回回、畏吾儿、蒙古人等。设哈密卫之前，朱元璋将哈密委托元之投诚者哈密首领兀纳失里代管。设卫时，兀纳失里已死，哈密由兀纳失里的弟弟安克帖木儿主事。安克帖木儿还被册封为忠顺王。是年，安克帖木儿被人毒死，其位置由其兄长的儿子脱脱继任。脱脱自幼久居中原，明朝对其“抚养甚至”，在脱脱前往上任时，明朝政府还特命大臣“周安为长史，刘行为纪善，以辅脱脱”。后来，哈密卫的继任者陕巴、陕巴之子等，都和安克帖木儿族人一样，是明朝廷的命官。因此，这些蒙古人都忠于明朝政府，是明朝中央政府利益在此的代理人。其地位高于蒙古人，也高于一般汉人。

哈密卫作为明朝政府在此的权力代行者，负有朝廷使命，肩负着军政责任。哈密以东直至嘉峪关，都是明朝行政机构权力的覆盖范围。这里与敦煌、张掖、武威等地，久有众多汉民人口，汉语的通行历来一直呈强势状态。

因此，哈密与周边的端卫（今甘肃酒泉南山）、罕东卫（今敦煌市西南）、沙州卫（今张掖）、东左卫（今敦煌市）、赤斤卫（今玉门县赤金堡）等，共同构成明朝嘉峪关外类似内地州、府所辖范围的明朝政府直辖区，汉语在此相对稳定地以官方通用语通行。

哈密是明朝政府防务的前沿，近乎今日的海关。哈密卫的长官虽然是蒙古人，但是他肩负朝廷使命，在此代表朝廷意志，执行防务、驻屯、行政以及关防通行管理。这里的工作，对社会安定的保障，以及相关政策的执行，往往对本辖区乃至对周边以及更远的地方汉语言的通行，具有官方保障作用。

作为关卡，西域以及域外更远地方的人前来朝贡、贸易，都要在此通关。按照明朝政府规定，外使必须在此审验过关文书。过关文书如果不是汉文文本，则要在关转换汉文文书，方可持之进入中国；同时，所携通事亦须换用汉人。甚至后来，对西域的一些“国”和“地面”每年来贡的次数和每次来贡的人数，都有限制。这些规定，都要由哈密关（东边由嘉峪关）代为执行。这些任务的执行，既是明朝政府权威和尊严的体现，也是对明朝政府官方语言文字使用的一种官方意志体现。哈密卫的职责之一，就是要保证明朝官方通用语的有效通行。虽然直接接受这种审验、制约的人数有限，但其社会影响巨大。朝廷的威严直及西域各地，这对那里杂居的汉民语言的使用，也是一种无形的助势。

作为卫所，哈密既要保卫国防，又要保一方百姓平安。哈密卫的辖区内，社会稳定，人民方可安逸。这里的人民和其以东敦煌、酒泉、张掖等地的百姓之间，可以自由往来，汉语在此通行无阻，形成了有别于西域其他地方的汉语通行环境。地方社会安宁，人民不至于因为缺乏安全感而离乡背井。哈密卫所起的保障作用，就是一个重要因素。虽然这里的掌权者是蒙古人，但是他们对朝廷尽职尽责，对汉语的通行确实关系重大。这些当权者个人，例如来自中原的脱脱等人，或精通汉语，或兼通汉语，对汉语在此的通行明显起着助势的作用。虽然，他们也曾有过诸如瓦剌势力强大时，暗中倒向瓦剌的反水行为，然而，较多时候还是听命明朝政府的。他们对汉语在此的通行，确实起着重要的保障作用。

简言之，哈密卫掌控局面的蒙古人对西域汉语通行，尤其是对哈密卫一带的汉语通行所起的作用是正面、直接的和积极有力的。

2. 瓦剌人占领区汉语的通行

元朝解体，以成吉思汗黄金家族为代表的蒙古贵族仓皇逃回漠北。原来归顺成吉思汗的瓦剌得以解脱，于是，有了自我发展的自由。其不但没有退缩回阿尔泰山以北，而且和东蒙保持一定距离，占据西域原窝阔台领地的大部，以及原辽朝西部、西夏的一部分。这里原有汉人（包括元灭金后从中原迁来的一批汉人工匠）、党项人、契丹人、蒙古人等，这个以瓦剌人为主体的多民族人口群体，共同构成了明代这一地区的社会特定语言通行环境。

从瓦剌占领范围的自然条件来看，大片土地是戈壁或沙漠，降雨量偏小，年平均温度偏低，自然条件较差，那时这里的农业恐怕尚无较大发展。因此，域内的汉民或可能在天山北麓、阿尔泰山南麓的一些地方从事农耕，或依附于瓦剌人从事畜牧业，或从事辅助性的劳动，汉人在瓦剌占领范围的总人口中所占比例也就不可能太大。瓦剌的民族上层作为这一区域的统治者，使这里占据人口相对多数的瓦剌人所使用的蒙古语占据了社会通行优势。这里的说汉语的人口相对居于少数，汉语通行在这里处于相对弱势地位。

如前所述，瓦剌和明朝政治上的对立统一关系、经济上的相依互补关系、文化上的关联共存关系，使得其需要靠和明朝的贸易来维持生计，这就决定了瓦剌对汉语通行所持的微妙态度。其最突出的表现有两点：一是目的明确地对汉民人才进行招拢，搜罗了一大批汉人谋士，即“也先帐下多有南人”，这是出于政治的需要而“保障”了汉语的存在，虽然这只是涉及很少一部分汉人，然而瓦剌域内的其他汉民百姓也随之受益；二是利用长于经商而颇通汉语的回回与明朝打交道，这是瓦剌重视汉语社会交际功能的重要表现，也是对汉语在其域内通行的一种积极默认。

在有明的几百年里，瓦剌人对汉民人口的掠夺和贩卖，对西域社会汉语通行得以维系所产生的作用也是极为微妙的。明朝官方规模向西迁徙人口之举，基本不再进行。然而，说汉语的人口不但继续生存在西域，而且还有说汉语的人口陆续向西增补。瓦剌人抢掠、贩卖内地汉人，就是向西域增补说汉语的人口的主要方式。史籍列举此类案例条数并不很多，但这并非只是个案，所以才会引起明朝政府的高度重视。不难想见，“只哈密一地”一次就集中了被掳汉人三千，其他地方还有无类似情况发生？再进一步思考，瓦剌人在保留旧有生产方式的同时，保持这种视掠夺人口为生财之道的观念，10年，50年，100年，200年，该有多少汉人被掳而贩至西域？明朝的270年里，西域这样的说汉语的人口该有多少？这实在是直接影响明朝西域说汉语的人口的最大变数。

瓦剌人不仅抢掠人口为自己做奴隶，而且将其作为商品贩卖。他们能够远距离将其卖往撒马尔罕，更能近距离卖往天山以南的叶尔羌汗国，供那些改信伊斯兰教的元裔驱使。这也为南疆增补了说汉语的人口。

总之，瓦剌抢掠贩卖人口之风的存在，客观上确实对西域汉语的通行起了微妙的助势和维系的作用。

3. 东察合台占领区的汉语通行

东察合台所占领的范围，主要是汉唐以来西域汉民人口与屯垦回回较集中的地方。但是有明以来，这里大部分地方处于割据状态，加上上层统治者皈依伊斯兰教后用暴力强迫子民信教，影响了其整个域内的社会稳定，同时也影响着这里的语言通行情况。汉语的通行已经由明显的优势而走向弱势。

明朝西域的东察合台曾接受了明朝的册封。因此，从政治上说，它自然也隶属于明朝。但是，明朝政府政策掌握上的宽松，甚至可以说是放任等特殊原因，特别是不需为朝廷肩负任何责任等事实，东察合台就和哈密卫有着质的区别。它和明朝之间的松散关系，对明王朝中央没有社会责任的系联，以及和王朝之间的若即若离，都使得此处域内汉语的通行与它的态度有着间接的微妙的关系。

因为要改信伊斯兰教，蒙古人及其中的蒙汉兼通双语者都毫不例外地顺从大势，那些早就沦为蒙古人的奴隶、丧失人身自由的汉民更是身不由己地被迫卷入其中，甚至其他在其域内有身份自由的汉民也可能受到波及。由此而导致为读经、适应宗教活动的需要，人们很快放弃汉语并改变所操语言是可以想象得到的事。这里说汉语的人口的迅速减少，汉语通行迅速走向低谷，则势在必然。

第七章 清朝时期

（1644—1911）

汉语在新疆的通行迈上新的巅峰

清朝是我国漫长封建社会的最后一个王朝，也是我国历史上继元朝之后又一个由兄弟民族贵族统治，并实现了全国统一的王朝。尤其是在清代实现了对西藏、新疆等边疆地区的有效领有和管辖、治理，可谓业绩空前，意义重大。

清朝在划定版图之后开发新疆的过程中，采取了一系列有效的政策和举措；同时，满族统治者还高度重视对传统汉文化中儒家学说的传扬，并利用汉语、汉文化的社会影响，对新疆、西藏等地区进行有效的行政治理；加之汉族、满族人民在新疆开发中的参与和努力，共同促进了汉语在新疆的通行和发展，并将其推向了面积更广阔、影响更巨大的新的巅峰，也使以汉文化为代表，兼蓄满、蒙、维、回等众多民族文化的多元一体中华文化在新疆、在全中国得到了更广泛、更深入的传播。

第一节 清初西域的政局以及新疆的统一

明朝末年，朝政紊乱，政治腐败。这时崛起于我国东北的女真（后称“满族”）建立了“后金”政权，并于1636年（明思宗崇祯九年）在沈阳改称为“清”。1644年（明思宗崇祯十七年），李自成所领导的农民起义军攻占北京城，明朝宣告灭亡。明朝的山海关总兵吴三桂投降清军，引清兵入关，进入北京。后接替皇太极王位的福临，将京都从盛京迁到北京，定年号为顺治，在我国建立了继元朝之后又一个由兄弟民族执政的中原王朝——清朝。

一、清廷执政早期全国和西域的政局

清初全国和西域的政局概况　公元1644年（清顺治元年）十月一日清世祖福临定鼎北京，宣告清朝建立。但是天下大局未定，整个中华尚未完全统一。

顺治帝福临登基次年四月，多尔衮即诏告“西域三十八国部落之长，投诚归顺者，抚按官查实具奏，照例封赏”。表明清廷执政伊始，便对西域十分关注。顺治三年，西域吐鲁番遣使始奉表贡。顺治四年，哈密亦遣使奉贡。此二地率先带头响应。

清世祖顺治在位十三年。后经康熙、雍正、乾隆三代的不断努力，特别是康熙的早期亲政，先后铲除权臣鳌拜、平定三藩，安定陇蜀，收复台湾，抗击沙俄。

在清廷致力东北、东南、西南等方面的事业之时，西北一隅，因沙俄不断蚕食、掠夺和积极支持准噶尔少数反动贵族的割据叛乱，致使西域一直处于不安定状态，严重威胁着祖国西北边疆的安全。

清初西域的地方政治割据 清初，西域基本上延续了明朝末年的政治格局。天山以北是瓦剌故地，即后来被称为厄鲁特（又称卫拉特）的西蒙古人的活动范围；天山以南是明朝时的叶尔羌故地。

1. 天山以北的瓦剌

清朝建立的时候，西蒙古卫拉特（明朝时的瓦剌）分化成和硕特、绰罗斯（即后来的准噶尔）、杜尔伯特、土尔扈特四部。四部分别相互对峙，达到白热化程度。这时也正是准噶尔部野心勃勃，企图称霸的时刻。

随着准噶尔部的逐渐强大，其他各部渐感威胁。土尔扈特部被迫于 17 世纪 20 年代末，逐渐西迁到伏尔加河流域游牧。和硕特部也于 1638 年（明思宗崇祯十一年）被迫迁往青海境内。杜尔伯特部及辉特部则屈从于准噶尔。从此，天山以北尽为准噶尔部所据。

1671 年（清康熙十年）准噶尔部首领僧格死后，其异母弟噶尔丹回到本部自立为准噶尔汗。1678 年（清康熙十七年），噶尔丹乘叶尔羌汗国统治集团内部宗教派系斗争之机，派出 1.2 万骑兵进入天山以南，攻破叶尔羌城，扶立傀儡，掌管南疆。从此，天山以南，尽成准噶尔的属地。

这时暗存野心的噶尔丹，一边向清朝政府声称“我并无自外于中华皇帝”，一边暗中扩张自己的势力，伺机而动。

2. 天山以南的叶尔羌

叶尔羌汗国于公元 1514 年（明武宗正德九年）建国。明朝末年，叶尔羌境内的伊斯兰教信徒们渐渐取代元裔，掌握了山南各城的政教大权。及至清朝初期，察合台的后裔阿布都拉（已经维吾尔化）为叶尔羌汗时，他派其诸弟到吐鲁番、哈密、阿克苏、库车、和田、喀剌沙尔（今焉耆）、乌什、喀什噶尔等八城为长，掌握当地的大权。

早在叶尔羌汗国中后期（明朝末年），山南伊斯兰教内部就出现了黑山宗、白山宗

(即黑帽回、白帽回)的教派纷争。

进入清朝后,叶尔羌内部白山派和黑山派的争夺趋于白热化。后来,白山派首领阿帕克为黑山派的首领所逐,逃到西藏,求援于五世达赖喇嘛。达赖命令曾在西藏当过喇嘛的准噶尔贵族噶尔丹前往并帮助白山派。于是,早怀野心的噶尔丹,便于1678年翻越天山,攻陷叶尔羌城,最终击败黑山派,叶尔羌末代国王伊司马义被俘。元裔诸汗尽被拘押囚禁于伊犁。噶尔丹命令白山派首领阿帕克在南疆掌控叶尔羌。

至此,尽控天山南北的准噶尔首领噶尔丹就成了清朝政府统一西域的最大障碍。

二、清朝政府统一新疆

清朝政府自康熙时就开始为统一西域而努力。这一战略任务的实质是消除地方割据势力的反叛并维护国家统一。经过康熙、雍正、乾隆三朝近百年的努力,斗争才告结束。斗争大致分为前后两个阶段:前期指康熙平定噶尔丹的叛乱;后期指乾隆统一天山南北——彻底击败准噶尔反叛势力,以及叶尔羌白山宗大小和卓的反叛势力。

康熙平定准噶尔叛乱 暗藏野心并向清廷表示过忠心的噶尔丹的反叛行径,终于引发了康熙平定准噶尔的战争。

噶尔丹自立为准噶尔汗,一边对外积极扩张,并吞他的远亲近邻;一边暗中勾结沙皇,谋求其支持。公元1688年(康熙二十七年)夏,喀尔喀蒙古土谢图汗部军民因不堪忍受沙俄殖民军的抢掠、搜捕和侵略而奋起反抗。正当土谢图汗部与敌决战的关键时刻,噶尔丹率部反抄了土谢图汗部后路。结果,腹背受敌的土谢图汗部惨败,倾国东逃。公元1690年(康熙二十九年)6月,噶尔丹借口追击喀尔喀土谢图汗部,直抵漠南,矛头竟指向清朝京城,叫嚣要与康熙平分中国,南北分治。

康熙清醒地看到了准噶尔的野心,决意与其交战。自公元1690年(康熙二十九年)8月始,康熙先后采取大规模军事行动,并亲自出征,连续多次重挫噶尔丹叛军。昭莫多一战,噶尔丹所率人马3万为清军所击败,致使其精锐尽失,仅以数十骑逃遁。1697年(康熙三十六年)2月,康熙第三次亲征。穷途末路的噶尔丹走投无路,“遂仰药死”。三次战役，最终以噶尔丹的殒命而结束，同时宣告了准噶尔叛逆凶焰的暂熄。

乾隆统一天山南北 康熙三次亲征准噶尔之后几十年的雍正朝，曾帮助清廷在阿尔泰山设伏断绝噶尔丹退路的策妄阿拉布坦，率准噶尔卷土重来，最终引发了乾隆统一西域的再次决战。

1. 乾隆统一天山以北

公元1715年（康熙五十四年），曾佯装对清廷一片忠诚的准部首领策妄阿拉布坦，突然派兵2 000攻掠已经归顺清朝政府的哈密，继而派他的弟弟大策零敦多布，率军6 000侵袭西藏，攻占拉萨。这使清廷大为恼火。

1727年（清雍正五年）策妄阿拉布坦病死，他的儿子噶尔丹策零即位。1729年（雍正七年）之后，噶尔丹策零发兵击破清军的哈密—阿尔泰山防线，并连年发兵进攻漠北的喀尔喀蒙古。这正暴露了准部新酋同样藏有野心。

公元1736年，乾隆即位。1745年（乾隆十年）11月噶尔丹策零病死，准噶尔贵族集团内部因争夺汗位而发生内讧。权力争夺中失败的绰罗斯首领阿睦尔撒纳投奔清廷，并向乾隆备言伊犁可以攻取之状，极力请求出兵西征，终于促使乾隆下定决心向伊犁发兵。

公元1755年（乾隆二十年）2月，清廷派遣大军进剿准噶尔部。5月，清军攻占伊犁。6月，清军乘胜追袭达瓦齐残部，夜夺格登山，准军大败，达瓦齐带领20余人落荒而逃。后当达瓦齐逃到乌什，被城主霍集斯伯克擒获，押送北京。至此，准部初次被平。

当初投降清廷的阿睦尔撒纳意欲假手清军，实现其总统四卫拉特、专制西域的目的，当乾隆封其为绰罗斯汗之后，他私下招兵买马，聚集党羽，准备伺机谋取更大权力。其实，阿睦尔撒纳的阴谋，乾隆已有察觉。是年9月，朝廷命令他们到热河避暑山庄入觐，参加册封典礼。行至半途，心怀鬼胎的阿睦尔撒纳自觉阴谋败露，迅速返回塔尔巴哈台，公开发动了反清叛乱。次年1月，清政府派兵3万，分兵两路西征。2月，清军攻占伊犁，阿睦尔撒纳逃往哈萨克，后被哈萨克酋长擒拿并送交清朝政府。

从此，准噶尔反叛势力彻底被消灭。天山以北完全为清廷所领有。

2. 乾隆统一天山以南

早在1678年（康熙十七年）准噶尔部噶尔丹攻陷叶尔羌时，安置白山派的阿帕克和卓在彼代为掌控叶尔羌。1700年(康熙三十九年),阿帕克之嫡孙阿哈玛特和卓自立称汗,被准噶尔的首领噶尔丹策零击败并押赴伊犁软禁。在伊犁生活的岁月里,阿哈玛特生养了两个儿子,长子波罗尼都,次子霍集占,史称"大小和卓"。

平定准部叛乱之后,大小和卓表示愿意效忠朝廷。于是,清廷就派大和卓波罗尼都前往阿克苏管理当地,而将小和卓仍留伊犁他用。不料,小和卓霍集占因曾暗中参与自封准噶尔头目的阿睦尔撒纳叛乱失败而潜逃到南疆,他出乎意外地打出"反对异教徒"的口号,并意欲建立起一个政教合一的专制政权。大和卓开始还犹豫不定,后来也经不住狂热的宗教蛊惑,终于成了反清叛乱的首领。

1757年(乾隆二十二年),大小和卓在库车打出"巴图尔汗国"的旗号,与已经统一全国的清朝中央政府决裂。

1758年(乾隆二十三年)初,清政府任命雅尔哈善为靖远将军,以吐鲁番归顺政府的额敏和卓等为参赞大臣、库车归顺政府的鄂对为前导,率大军万人讨伐大小和卓。1759年(乾隆二十四年)夏,大小和卓看大势已去,疯狂抢掠各地各族人民的财物和牲畜,而后向国外逃窜。在清军追击下,逃到巴达克山国的大小和卓,被山国酋长擒获并处死。

因为叛军的行径从根本上违背了国家、民族和人民的利益,所以,从一开始,他们就遭到人民的反对。政府军所到之处,受到各族人民的支持。清廷终于完成了统一新疆的大业。

第二节
清朝中后期新疆说汉语人口的变化

乾隆时期，曾把从地方割据势力手中夺回的地区，包括四川的大小金川（金沙江地区），云南的乌蒙山区，贵州东南的古州和西南的安顺、镇宁等地，一律称之为“新疆”，其中含有“旧土新归”的意思。

准噶尔被平定以后，清政府曾将这里称为“西域新疆”。待到平定大小和卓、在伊犁设置伊犁将军之后，因为伊犁将军松筠主持编成《伊犁总统事略》一书，1821 年（道光元年）皇帝钦定该书名为《新疆识略》，从此“新疆”就成了“西域新疆”的专称，历史上对天山南北统称“西域”的叫法至此终止。本书也从《新疆识略》被命名之时起，将“西域”改称“新疆”。

一、清朝中后期新疆说汉语人口的快速增长

新疆统一之后，为了巩固边疆，清政府实行了军府戍边、移民实边、建政定边等一系列政策，使新疆社会从此面貌一新。全疆说汉语的人口随之出现了空前的快速增长。

军府戍边

1. 军府的设立

公元 1762 年（乾隆二十七年），清政府宣布在新疆设立“总统伊犁等处将军”，驻于伊犁惠远城。伊犁将军为清政府在新疆的

最高军政长官,其主要职责包括:统辖天山南北两路驻防官兵,兼管全疆行政事务,监管归附清朝的中亚地区及哈萨克各部。伊犁将军由满族亲贵或蒙古重臣担任。

除伊犁将军外,清政府还在乌鲁木齐设都统。乌鲁木齐都统与伊犁将军品级虽然相当,但在军事上则要归伊犁将军节制和调遣。此外,伊犁将军之下又设伊犁、塔城、喀什噶尔参赞大臣、领队大臣、办事大臣等。

自军府制建立之后,伊犁、塔城、乌鲁木齐、喀什噶尔便成为新疆的四大镇。军府制下设各级军府衙门共 17 处,堪称庞大的军事体系。军府上下各级官员人等,都是满族贵胄或蒙古上层,自然都从内地派来。

2. 南北疆的驻军

伊犁将军的主要任务是节制军队、保卫边防。清朝军队的兵种有八旗、绿营两大类:八旗主要是满蒙马步,这是清军的中坚力量,以驻防地方为己任;而绿营都是汉人,主要肩负屯垦任务等。

伊犁将军军府的军事指挥系统分为东路、北路、南路。其驻军的布防也按这三路分配。通常情况下,驻疆清军总数为 4 万人。(新疆维吾尔自治区教委高校历史材料编写组编:《新疆地方史》169 页,新疆大学出版社,1991 年。)

驻军重点放在北疆(北路和东路),其中伊犁、乌鲁木齐、塔城、巴里坤四处驻军最多,约占总数的 4/5。整个伊犁地区驻军合计 13 340 人。(曾问吾:《中国经营西域史》297 页,商务印书馆,1936 年。)以上均为携眷永驻者。此外,还有换防兵 2 300 人(绿营),后有变动。

东路驻防军计有:乌鲁木齐驻满洲兵 3 400 余人,镇西驻兵 1 000 人(归都统管辖),奇台驻兵 1 000 人(归副都统管辖)。这些也是携眷永驻,属伊犁将军节制。

南路驻的是换防军。起初,阿克苏、喀什噶尔、叶尔羌、英吉沙尔四处兼设满营、绿营,分兵防守。其他,如喀喇沙尔、库车、乌什、赛里木、和田等地,只酌留绿营。南路所驻军队人数大约为 5 000—6 000 人。后来驻地、所驻人数都有所变动。

上述驻军兵额大约为 1.9 万人(人数最少时),满营兵由伊犁派往,绿营兵则自陕甘和乌鲁木齐派充。 一般情况下,清朝在新疆驻军、卡伦驻兵、台站配员,合计不低于2.2

万人。(按照这种分布,实际兵额则超过了 4 万。)

3. 戍边军屯

清朝时期的军屯，一般解释为由驻防各地的绿营兵和部分八旗进行的屯垦行为。清朝的军屯严格分为旗屯和兵屯(泛称军屯)两类。

(1)旗屯,是指驻防伊犁一带的满、蒙、锡伯、索伦、察哈尔等八旗兵,以及八旗人丁中的闲散人员从事的屯垦事业。

八旗内部又有两种情况:一种是满营兵丁,他们的待遇因有银有粮,所以不必屯田;一种是锡伯、索伦、察哈尔、厄鲁特四营的兵丁,他们的待遇因有银无粮,按规定必须自耕自食。因此,从事旗屯的大部分是锡伯、索伦等这些必须自己解决口粮的人。另外才是满族营里未服现役的满族闲散人丁。(赵予征:《丝绸之路屯垦研究》169 页,新疆人民出版社,2009 年。)

大约在乾隆二十九年前后,很多驻军被陆续派往伊犁。到嘉庆年间,据伊犁将军松筠调查,伊犁各营驻防军、旗屯人丁和家属总人口由原有的 13 340 口增至 98 340 口。(曾问吾:《中国经营西域史》300 页,商务印书馆,1936 年。)

(2)军屯(兵屯),是指以汉族士兵组成的绿营兵丁屯田。绿营虽然也是清政府的正规军,但是屯田、运输等庞杂艰苦的事务却多由绿营兵丁承担。一般每卒授田 20 亩,官给种子、耕牛、农具,每卒每年纳粮 12—18 石。据《新疆图志》所载,到乾隆四十二年,新疆屯兵达 13 904 人,种地 283 108 亩,岁获粮 14.3 万石。

这里顺便提及犯屯。犯屯又称遣屯,是指把囚犯发配新疆进行强制生产的一种屯田形式。因为犯屯需要军力监控而依附于军屯,所以,将犯屯一项与军屯同列屯垦戍边之中。

移民实边 清朝统一新疆之后,这里历经元朝察合台藩王割据、明朝时期瓦剌的内乱以及东察合台内部割据,大片土地、人口流失,田园荒芜、生产凋敝。清政府采取了一项非常有针对性的政策,那就是屯垦实边。以此促动内地人口的大量西流,使新疆大面积土地得到开垦,社会经济得以恢复,边疆也因之得以巩固。

1. 清朝民屯与以往的不同

乾隆时期的民屯是将人民的自发行为变成政府主导的官方行为,从而使清朝的民屯与前朝有了质的区别。其不同在于，国家出资招募平民承屯。其特点包括朝廷有明确宗旨、国家有相应政策、地方有严格管理三项。

2. 清朝民屯的种类

乾隆期间，新疆的民屯又有农户、商户、兵户等几种不同种类。据《清史稿·食货志》记载："乾隆初，定一兵垦二十五亩，凡兵二千五百，种地三之，驻守二之。时回部如辟展各要冲，多设屯，厚兵力。逮准噶尔平，版图益廓，边防与屯政相维。七年，川陕总督尹继善请以蔡把什湖地租与回民，假贷耕种，事得允行。二十年，以伊犁西境喀尔喀东陲多闲壤，悉遣满、汉、蒙兵数千开屯，视蒙古授田例。又设额尔齐斯屯田，巴里坤亦置屯，遣甘、凉、肃屯地兵五百往种，秋收后入城，三年更迭，塔勒纳沁开田三千余亩。"于此可见一斑。

(1)农户

这主要是指清政府在甘肃等地组织招募而来的贫苦农民参屯者。有研究专著说，"山北之迪化、镇西各属，山南之吐鲁番大兴户屯，广事招徕，内地之汉人及汉回负载出关，辟草莱，长子孙者不下数十万人"；又说"自新疆内属以后，大兴户屯，广事招徕，陕甘人民，负载出关，移殖于天山南北各地者为数甚重。经数十年之休养生息，户口滋盛，不下数十万人"。（曾问吾：《中国经营西域史》350页，商务印书馆，1936年。）

这一类型的对象里又有两种情况：一是从内地招募的，一是当地认垦的。这二者之间，前者是主要的。民屯里，农户人口占据绝对多数。

(2)商户

这是指在清政府进军新疆，平定准噶尔部叛乱之后，内地商贾源源不断出关经营而应募参屯者。商户的人数比农户要少得多，但显示出自己的特点。他们或集中抱团，或其种植略带商业经营性质。这对广大农村以农业为基础，附以发展商业流通，有着非常微妙的促进作用。

(3)兵户

这是那些绿营兵不在军籍的子女、家属们的屯垦者。绿营屯垦实行携眷制之后，屯兵的子女随之迁居到新疆屯区。于是，来到垦区而未能到军营补缺的绿营兵子弟，便按民屯惯例认垦地亩而谋生。不过,这一类型的人数与农户相比也比较少。

3. 清朝的回屯

清朝时期的回屯,是指政府专门组织信奉伊斯兰教的维吾尔族群众参与的民屯。

早在17世纪初期,准噶尔贵族就强迫南疆维吾尔族农民前往伊犁,为他们生产军粮、马料。史称这些在伊犁种田的维吾尔人为“塔兰奇人”。

建政定边 统一新疆之后,清政府针对新疆的民族特点,因地制宜,因俗施治,分别建立了三种行政管理系统,将新疆三分而治,即把当时的新疆地域分给伊犁将军、乌里雅苏台将军和甘肃省分管。

其一,额尔齐斯河以西、以南和天山南北的广大地区属伊犁将军管辖,其下分为伊犁、塔尔巴哈台、库车、阿克苏、喀什噶尔、英吉沙尔、叶尔羌、和田、喀喇乌苏、吐鲁番等行政单位。当时新疆建政主要就在这些地方进行。

其二,额尔齐斯河以东的阿尔泰一带归乌里雅苏台将军管辖。

其三,天山以北的乌鲁木齐、巴里坤、吐鲁番等地,归甘肃省管辖。这里因操汉语的汉族、回族人口较多,和内地一向联系紧密,因而清政府在此同甘肃省内其他地方一样,实行州县制。域内设镇迪道。道之下分镇西府和迪化直隶州。

除了划归甘肃省和乌里雅苏台将军管辖之外,真正归新疆行政管辖的地方,则实行札萨克制和伯克制。

札萨克制:札萨克,是蒙古语音译,即“部落首领”或“执政官”的意思。清政府对蒙古实行分旗管理之后,将各旗的首领称为“札萨克”。在天山以北的游牧民族蒙古族、哈萨克族,以及天山以南的哈密、吐鲁番两地的维吾尔族中,清政府也实行札萨克制。札萨克基本上保持世袭这一政府赋予的特殊权利。

伯克制:清政府在天山以南的其他地区,沿用维吾尔族旧制,保留伯克制的行政制度。当时各城的阿奇木伯克大都是哈密(额贝都拉)、吐鲁番王(额敏)之王族,以及先后投降清军的伯克。

清政府实行了上述一系列举措,使新疆各方面发生了巨大变化。最直接的变化是军屯、民屯带来的说汉语的人口数量的迅猛增加,改变了新疆的社会、政治、经济、文化等方面的面貌。

二、清朝中后期新疆说汉语的人口的变化

康熙、雍正、乾隆史段，是清王朝统治的鼎盛时期。嘉庆时，全国政治形势由盛而衰。道光年间，则由衰而乱。新疆受全国大局的影响，形势也发生了巨大变化，接连发生了南疆的张格尔之乱、浩罕军人阿古柏的武装入寇等突出事件。尤其是阿古柏入侵事件，给新疆的政治、经济、文化等方面带来了极大的破坏，对新疆社会生活，特别是人口的数量也带来了严重的冲击。

外来入侵者的祸害造成社会人口大减 从1815年和卓后裔张格儿入侵作乱开始的半个多世纪里，新疆各族人民一直处在水深火热之中，匪徒到处烧杀抢掠，给各族人民生命财产带来了惨重的损失，全疆人口尤其是说汉语的人口也因此急剧减少。

最可恨的是浩罕入侵者阿古柏，他公然提出“杀卡甫尔（异教徒）”、建立“哲德沙尔”王朝的口号，把屠刀刺向各族人民。1865年（同治四年）9月1日，阿匪占领疏勒，纵兵大掠七天。1866年底，阿匪诈取和田，纵兵屠城五天五夜，还声称要“把被征服者屠杀净尽”。据目睹惨状的英国人沙敖说：“仅在喀什噶尔和叶尔羌二城，被杀的汉族人和满族人就有四万人。”（赵予征：《丝绸之路屯垦研究》219页，新疆人民出版社，2009年。）从1865年入侵到1876年（光绪二年）被左宗棠剿灭，阿匪前后祸害新疆各族人民十余个年头。除巴里坤之外，全疆各处都遭到了阿匪的践踏和蹂躏。

《中国经营西域史》一书这样记载：“此次大乱十四年，人民死亡极众……兹仅就迪化州、昌吉、阜康、绥来、奇台、吉木萨、呼图壁、精河八属户口而观察之，原有户数共计两万四千余，至光绪四年实存之户口只有六千余。以今比昔，减去四分之三，死亡之众，殊可惊人也。乾隆以来，移民屯垦之成绩，至是几完全消灭。”（《曾问吾：《中国经营西域史》378页，商务印书馆，1936年。）仅北疆中国人死去和流离的比例，可谓几近灭顶。

清政府的戡乱靖边 同前朝一样，肩负戡乱靖边军事使命的军队曾多次出入这里，正是观察、研究晚清新疆人口变动的注目点。尤其是左宗棠将军收复新疆，对新疆

的安定所做出的突出贡献，影响巨大。这促使全疆说汉语的人口得以恢复，社会意义十分明显。

嘉庆二十到三十年，和卓后裔张格尔在浩罕的支持下，先后四次入犯作乱。1826年(道光六年)清政府任命伊犁将军长龄等人，调集内地大军3.6万人，进剿作恶8年的张格尔。次年政府收复南疆四城，终于平息祸乱。1830年(道光十年)初，张格尔的哥哥玉素甫再次入寇，最终亦遭政府打击而惨败。

1864年(同治三年)新疆发生了浩罕入侵者阿古柏的入寇祸乱。1876年(光绪二年)左宗棠受命指挥清军入疆戡乱。戡乱大军仅以6万之众，于1878年(光绪四年)1月消灭了阿匪势力；其后又通过军事威慑与外交谈判两手，迫使沙俄交还其乘机占领的伊犁地区，全部收复了新疆。

左宗棠平定阿匪入侵这一战役，粉碎了英、俄帝国主义企图肢解和鲸吞新疆的罪恶阴谋，为保卫祖国西部边陲建立了不朽的功勋。

左宗棠戡乱后新疆说汉语的人口的变化　左宗棠的戡乱以及戡乱之后在新疆的作为，对新疆说汉语的人口状况的改变，以及后来新疆的经济、文化发展，都可谓意义重大。

1. 戡乱之后驻疆军队的整编

左宗棠戡乱之后，在疆清军总人数已近6万。左宗棠便具折上奏，其所率军队一律在疆就地驻防。之后的1884年(光绪十年)，新疆建省，新疆的军制进行了重组，整编成为“旗营”和“标营”两部分。旗营，即以前驻防伊犁、塔城、乌鲁木齐、镇西等处旗营残部招抚整编而成。而标营则是戡定新疆时左宗棠从内地带来的客勇裁编而成。实际上，是把戡乱入疆的部队通过整编后，正式变成了驻疆部队。

军制变更后，清军人数如下：

旗营：整编后的旗营包括伊犁、古城两地旗营，总共55 597人。(曾问吾：《中国经营西域史》406—407页，商务印书馆，1936年。)其中古城还驻有原是镇西、乌鲁木齐的满营残余285户，1 615人。这些都是原来携眷永驻的满、蒙八旗。

标营：平乱之后，随左入疆部队尚有5万余人。整编后的标营(未予裁遣前)合计

50 700 人。户部奏请“新疆约留精壮 3 万人为度”。(曾问吾:《中国经营西域史》407 页,商务印书馆,1936 年。)于是,标营便裁减为 3.1 万人。后来又裁去 1.7 万人,约余 1.4 万人。

这样,北疆军事系统(部队及眷属相关人等)旗营、标营合计仍有确切人数 6.9 万多人。被裁减安置地方的 4 万多名军人,成了地方百姓。这对经过 10 余年战争摧残、人口急剧减少的北疆来说,对其充实人口、稳定社会、保障边地安全,意义十分重大。

2. 随从西征大军赶大营商人的定居

随着左宗棠西征大军的推进,还有大量的平民百姓向西流动。诚如史书所载,光绪初,清军出关时烽烟不息,转运艰难。天津商人首蒙霜露,冒锋镝,随大军西征。因此军中资粮充积,对所获战利品恣意奢汰,不屑较锱铢,津商皆大获其利。他们的乡人闻风而至,谓之“赶大营”。晋湘诸省商贾亦不后人,相继运货以入新疆。平乱之后,当局奉移民实边之旨,除募人屯垦外,又广招商贾赴疆。因“赶大营”而牵动的人口流动,确实不在少数。只是未见确凿数字记载。这些人对边疆人口充实、汉语通行之社会意义也不可忽视。

3. 对被解救的回民百姓的安置

左宗棠大军直接追剿的是浩罕入侵者阿古柏。因为社会矛盾的复杂化,原自陕西发生的白彦虎农民反清起义大军,在被清政府追剿逃到新疆境内之后,与阿古柏入侵匪徒纠合在了一起。于是被白彦虎裹挟而来的无数无辜回民百姓,也蒙受了战争之苦。仅据粗略估计,被清军解救的这部分民众当有 10 余万人,均由清政府派来的善后官员就地做了安置。

左宗棠收复新疆的行动和此后的一系列举措,对新疆整个社会的影响是巨大的。对新疆说汉语的人口的补充和增长、对边疆巩固也起了很大的作用,对汉语在新疆通行大势之影响确属举足轻重。

第三节 清代新疆说汉语的人口的数量和分布

尽管满族统治者与历朝统治者一样，努力采取维护统治集团利益的措施，但决摆脱不了历史发展的必然规律。因此，清朝统治者既有成绩卓著的兴盛时期，也有政治上的没落和衰败阶段。随着晚清朝廷政治的没落、朝政的腐败衰微、国内形势的每况愈下，新疆境内的一连串外侮入侵之乱，曾使汉语通行之势有所回落。不过，即使这样，比起以往，这时在疆说汉语的人口仍要高过历史上的许多时候。汉语的官方通用语地位并未动摇。

一、清代新疆说汉语的人口群体

相比明代，清朝新疆全社会的人口结构发生了不小的变化。据《清史稿·地理志》统计数字："宣统三年，编户四十五万三千四百七十七，口二百六万九千一百六十五。"其中说汉语的人口群体主要由汉族、回族、满族，以及锡伯、达斡尔等其他民族为数不少的民、汉双语兼通者组成。

汉族　明朝后期，新疆残存的汉民和其他说汉语的人口，其数量属历来最低，前已厘清。乾隆朝开始，政府移民实边而发起的大规模移民，持续时间之久、迁徙人口数量之大，都是历史上空前的。从而，使天山北麓长达几千里的沿山地带，形成空前广大的汉语通行片区。这些汉民连同前朝遗留的汉民，成为清朝新疆说汉语的人口的坚实社会基础。

回族　有清以来，西北各省，特别是陕、甘、宁、青几省生活着为数众多的回族人。清乾隆年间开始进行大规模的移民实边，甘肃的回民参与其中并来到北疆者，为数不少；甘肃回民因地缘近便和宗教信仰相同的关系，也有大量私自流入南疆并在那里结婚或成家落户的。

清代，回民大量进入新疆，尤以清朝后期陕西的回民反清义军白彦虎部的入疆最为突出。1862 年（同治元年），这支起义军遭到清政府的镇压，白彦虎带着所剩部队以及跟随逃亡的回民百姓到达新疆。后白彦虎同阿古柏联手，共同抵抗清军，结果被左宗棠大军击败。白彦虎余众除部分逃亡境外，大部分被俘兵士和随部逃亡的百姓接受了清政府的善后安置，滞留于天山南北各地，成了当地说汉语的回族人口。

此外，还有一些因灾荒等原因从青海湟中等地逃来南疆焉耆等地定居的回民。

这些人成了清代后期新疆说汉语的人口中的一大部分，也是现代新疆汉语中的“回民话”形成的主要社会基础。

满族　满族有自己的民族语言。清廷建立后，恢复了科举取士制度，还提倡与汉族通婚。这样的举措无疑是对满族人民发出了学习汉语、使用汉语的无言指令。1651 年（顺治八年）福临曾发过这样的感慨，满族人“习汉书入汉俗，渐忘我满洲旧制”，（戴逸：《简明清史》184 页，人民出版社，1985 年。）足见他们汉化的速度之快。“康熙八年（即 1669 年），盛京地区已经出现‘族民杂处，以致满洲人不能说满语’的现象”。（出处同上）盛京地区如此，内地汉满杂居地区，满族人说汉语的情况也就可想而知。到乾隆时期，“甚至连满族宗室也不能以国语（即满语——原文注）应对”。（出处同上）可见，从 1644 年满族人进入北京起，到 1755 年（乾隆二十年）乾隆进伐准噶尔时的 110 余年里，满族八旗人在转战中华大地的过程中（人已繁衍四代），不同程度地接触、学习、掌握了汉语，至少大都已成为满、汉双语兼通者。

清朝统一天山南北之后，1762 年（乾隆二十七年）往伊犁派驻的首批八旗军队就是从西安、庄浪、凉州、热河调来新疆的。他们（包括其家属）普遍会说汉语。这些人自然也是新疆说汉语的人口的主要成分。

其他　除了上述三个民族之外，其他诸如锡伯、达斡尔、蒙古等民族，听命清政府调遣，从其家乡迁徙新疆驻屯之后，在和汉族、满族、回族民众的社会交际中，亦渐习汉语，不少人兼通民、汉双语，也合自然之理。

二、清代新疆说汉语的人口的数量

从清朝的驻军戍边和移民实边引发的人口西流，我们已经清楚地看到，清朝中期新疆说汉语的人口的数量之巨。

乾嘉两朝新疆说汉语人口数量的高峰　乾嘉两朝，新疆说汉语的人口数量达到历史的最高峰。据研究统计，其人口数量情况如下。

1. 西来参与民屯的人口数量

史书记载："内地之汉人及汉回负载出关，辟草莱，长子孙者不下数十万。"或曰："经数十年之休养生息，户口滋盛，不下数十万人。"下面一条史料具体反映了乌鲁木齐一地 10 余年的民屯增速情况，可借以窥得上述概数的可靠程度。据《乌鲁木齐纪略》载："乾隆二十七年至四十四年(即 1762—1779)乌鲁木齐的屯户达 12 467 户。"(赵予征:《丝绸之路屯垦研究》181 页，新疆人民出版社，2009 年。)如果我们按其每户平均 5 口计算，仅乌鲁木齐一地，16 年间屯户就达 6 万多口。

下面的一条史料则可借以推断整个北疆屯垦人口的总数。1790 年（乾隆五十五年）陕甘总督勒保奏称，五十四年巴里坤、乌鲁木齐所属各地认垦人数为 110 537 口。嘉庆八年(1828 年)增为 15 万余口。再加上晶河、库尔喀喇乌苏、伊犁、塔尔巴哈台等地，北路认垦人数约为 15.5 万人。嘉庆末年约 20 万。(赵予征:《丝绸之路屯垦研究》182 页，新疆人民出版社，2009 年。)这还只是北路乌鲁木齐以东、以西的民屯人口。

此外，民屯里屯兵携来的眷属的人数也不少。就在刚实行民屯不久的 1762 年(乾隆二十七年)，乌鲁木齐已有营屯 5 处。该年秋天，"乌鲁木齐屯田兵四千名，携眷前来者，一千八百有奇"。(赵予征:《丝绸之路屯垦研究》179 页，新疆人民出版社，2009 年。)这仅是一年之数，至嘉庆末年的近 50 年中，绿营屯兵携来眷属至 10 万之数实属正常。

商户的增速，人们也多不大注意。乾隆四十三年携眷到屯的商户就有 1 136 户，分别安置于迪化、阜康、济木萨、昌吉等地。也按每户 5 口计，此项就是 5 500 多人。(赵予征:《丝绸之路屯垦研究》173 页，新疆人民出版社，2009 年。)如果仅将商屯增速都按每年 3 000 口计算，从该年至嘉庆末年(即 1820 年)的 43 年，商户前来参屯的至少又是 12 万口。

仅据上述几项来看，北路民屯人口权且计为 20 万，兵屯携眷也且仅计 8 万，商户参屯 12 万，三项就是 40 万。至于数十年时间里，人口滋繁增殖又有多少，尚未敢妄估。上述官方所说的“数十万”，起码应该是 40 万左右。

2. 驻军和军屯(含犯屯)人口数量

清代新疆的驻军情况比前朝复杂。驻军和军屯的关系也较复杂。民族军人里满人已通汉语，满族之外的察哈尔、锡伯、索伦等几个民族的汉语程度还很难说。下面我们主要关注满族人中的说汉语的人口情况。

关于伊犁驻军，前面曾引嘉庆年间伊犁将军松筠对伊犁地区的人口调查数据。伊犁各营驻防军、旗屯人丁和家属的总人口已经增至 98 340 口。(曾问吾:《中国经营西域史》300 页，商务印书馆，1936 年。)分别为：

惠远满营　(原有 4 000 人)　22 600 口

惠宁满营　(原有 2 140 人)　13 340 口

锡伯营　(原有 1 000 人)　9 200 口

索伦达呼尔营　(原有 1 000 人)　4 500 口

察哈尔营　(原有 1 800 人)　11 700 口

厄鲁特营　(原有 2 800 人)　26 300 口

绿营　(原有 3 000 人)　10 700 口

这个总人数显然包括了眷属在内。满营家属大都已经会说汉语，这应该是可信的。如果按锡伯、达呼尔、察哈尔、厄鲁特四营说汉语的人口只占 1/3 计算，则可达 1.7 万口。以伊犁两满营和绿营说汉语的人口有 46 640 口计，加上锡伯、达呼尔等，合计达 63 640 口。

乌鲁木齐地区的军屯人口，可参照1759年10月（乾隆二十四年）"清政府派往乌鲁木齐等地的绿营屯田兵达一万数千人"（赵予征:《丝绸之路屯垦研究》179页，新疆人民出版社，2009年。）这一数据。如再把与军屯相关的犯屯人数考虑进去，又是个不小的数字。据有关史料统计，1766年（乾隆三十一年）后的4年中，昌吉五堡等地每年参加屯垦的遣犯平均安置1 447人。如果权且按每年遣犯千人计算，乾隆三十一年至乾隆末的30年，遣犯就可达3万人。到嘉庆末又是25年，遣犯合计又有2.5万上下，两朝遣犯合计可达5.5万人。

综上所计，再计入乌鲁木齐、古城、镇西的满营驻军（54 00）等，加上伊犁地方流犯（与乌鲁木齐相比估计2万）等，各项合计少说已经接近20万。

这样，将上述新疆北路的民屯（40万）和伊犁等地的驻军、军屯，乌鲁木齐地区的驻军、军屯（20万）等两大部分（南疆尚为计入）合计，乾嘉高峰期新疆说汉语的人口起码在60万以上。

清末新疆说汉语人口数量的回升　同治年间的阿古柏入侵之乱等，致使南北疆人口普遍大减。劫后至清朝灭亡，虽然只有不到30年时间，但全疆人口和说汉语的人口都有明显的回升。残留和新增的说汉语的人口总数，仍然超过历史上的许多时候。

1. 全疆军队系统说汉语的人口数量

阿匪入侵祸乱严重冲击了原伊犁将军所辖的驻军系统，致使伊犁各营军队及其眷属、军屯人数大减，尤以满营蒙受损失最为严重。经过左宗棠的招抚整编（改编后称旗营），伊犁、塔城等地旗营残部情况与劫前相比，大致如下：

	（嘉庆时期人口数）	招抚整编后人口数
旧满营	（22 600 口）	1 662 口
新满营	（13 340 口）	4 129 口
锡伯营	（9 200 口）	13 769 口
索伦营	（4 500 口）	1 723 口
察哈尔营	（11 700 口）	20 268 口
厄鲁特营	（26 300 口）	12 431 口

绿营 (10 700 口) (无数字)

伊犁各营招抚整编人数共计 8 708 户,53 982 口。另外,驻于古城、镇西等地满营招抚整编残部计 285 户,1 615 口。两项合计 8 993 户,54 267 口。(曾问吾:《中国经营西域史》406 页,商务印书馆,1936 年。)

左宗棠所率领的进剿阿古柏的军队有 6 万多人,战后军队改制(称为标营)后的标营起初仅留 3 万在营,其余留寓当地为民。后来标营又陆续裁减,最后只剩 8 700 多人。亦即有 5 万余人在屡次裁减中很快成了当地的百姓。

这样,戡乱之后的新疆军事系统仅伊犁一带(含古城、镇西)旗营(54 267 人)和乌鲁木齐标营(8 700 人)(南疆尚未计入)合计尚有 6.3 万多人。如果除去其中的厄鲁特、察哈尔等四个民族营可能不会说汉语的人口,姑且以一半(54 265 的一半,2.7 万)计算,那么,旗营、标营会说汉语的人口合计当有 3.6 万人。

2. 地方民众中的说汉语人口数量

戡乱之后,地方人口损失也十分惨重。据曾问吾《中国经营西域史》说,劫后北疆当地原有百姓仅存十之二三。相当一部分民众逃匿深山避难,劫后渐被刘锦棠送归安置。随着民屯、军屯、遣屯的渐渐恢复,这些人口成了当地人口恢复中的主流。

此后 30 年的宣统元年,清政府的一组人口调查数字可以帮助我们了解经过 30 年的恢复,北疆各地人口的大致情况。这次调查结果显示,全省合计 412 596 户,2 017 931 口其中,镇迪道(驻迪化)所辖一府、四厅(吐鲁番厅、镇西厅、库尔喀喇乌苏厅、哈密厅)合计 41 765 户,198 492 口。其统计表下的注释称,回部亲王府辖回民 8 447 丁口不在内。由此可知,表中人口数是将维吾尔族人口除外所剩余的说汉语的人口。仅此,人口已有近 20 万。(曾问吾:《中国经营西域史》394—395 页,商务印书馆,1936 年。)

表中所列伊塔道驻宁远城所辖一府二厅,合计 9 758 户,40 759 口(这里应该也未计伊犁回屯的塔兰奇人等)。

上述新疆北路乌鲁木齐、伊塔道(198 492 口,40 492 口)两地民户人口合计近 24 万(239 250 口)人。这个总数中,看来应该已包括光绪年间左宗棠裁军为民的 5 万军人、赶大营的数万商人等。

如果把在南北疆所安置的陕甘回民(有说达 10 万众)姑且按七八万计入,那么,南北疆地方民众说汉语的人口总数当有 30 余万人。

最后,把军队系统(3.6 万)和地方民众(30 余万)的人数合计,清末说汉语的人口回升数可达 35 万以上,接近 40 万。因此,可以肯定地说,清代新疆汉语的通行程度、汉文化在新疆的传播和影响力,依然高过以往许多朝代。

三、清代新疆说汉语的人口的分布

清朝政府治理、开发新疆的 200 多年里,说汉语的人口的分布情况随着时间的推移有较明显的变化,其空间分布也有明显的变迁。

时间分布　1647 年(顺治四年),哈密维吾尔都督额贝都拉请求内附,但当时顺治朝尚无精力顾及西域。1695 年(康熙三十五年),哈密因功封札萨克一等达尔汗。1715 年(康熙五十四年),康熙遣大军进驻巴里坤并着手进行军屯开发。起初派千人驻屯,雍正时最多可达 5 000 人之多。清政府先后在哈密和巴里坤开展屯垦,后又深入吐鲁番地区,而那时西域纵深尚被准噶尔盘踞。

1759 年(乾隆二十四年)清朝统一天山南北之后,于 1762 年设伊犁将军,自此开始对新疆进行大面积、全方位的开发。仅几十年时间,新疆移入人口就达 60 余万,出现了历史上前所未有的移民高潮。这种局面一直持续到嘉庆时期。可以说,乾隆到嘉庆末的 60 年是清朝政府治理和开发新疆的黄金时期。

道光中期(1820—1828),新疆先后发生了 4 次由和卓后裔张格尔引发的动乱。此后的 30 年间,浩罕多次支持其境内的新疆和卓后裔接连侵入、骚乱南疆。一连串的祸乱,致使新疆的大好形势日下。其中最严重的是 1864 年(同治二年)的阿古柏入寇,其祸害新疆各族人民达 10 多年之久,致使乾隆前期以来的移民实边成绩遭到摧毁,说汉语的人口亦因此而锐减。直到 1878 年(光绪四年)左宗棠率军剿灭阿匪,收复新疆,这一状况才有所改变。很显然,清初的近 120 年,西域说汉语的人口在明末遗留数量较少的基础上,因东疆渐渐有所移入而略有增加;乾隆前期到嘉庆末的六七十年里,说汉语的人口飞速增加;道光中期至光绪初年收复新疆的 80 年里,说汉语的人口大减;清末,说汉语的人口又迅速恢复。由此可见,整个清代新疆说汉语的人口的数量随着时间的推移,发展变化呈马鞍形。

地域分布　新疆的行政区划、驻军、移民迁入、民族居住等因素直接影响着清朝说汉语的人口的地域分布情况,明显呈现出以下几个片区的分布状态。

1. 甘肃辖区

所谓甘肃辖区,是指清廷在新疆的民政管理系统建设中,将乌鲁木齐以东、以西沿天山山麓的地方,在军事上划归伊犁将军节制,而民政则归甘肃省管辖的地方。这些历来就有汉民居住的地方,与河西的地面连接,地缘和人口来源给这里说汉语的人口群体的发展提供了极为有利的条件。

河西走廊地区古来经济繁华、人口稠密的敦煌、酒泉、武威、张掖和划入甘肃省的镇西(巴里坤)、吐鲁番、乌鲁木齐同在一个行政区划之中,被政府动员招募到镇西和乌鲁木齐去的各地农民在心理上少有背井离乡之感,加上清政府的经济补贴等优惠政策促使农民踊跃前往,不几年就积累了数十万人。他们多被安置在东起宜禾,西至绥来的奇台、济木萨尔、阜康、昌吉、呼图壁等地。后来,镇迪道州行政体制有所变化,募来的回、汉民众还有被安置在哈密、吐鲁番、库尔喀喇乌苏、精河等处的。大致相当于今天的乌鲁木齐市、昌吉州、哈密、吐鲁番、塔城地区及博州的一部分地方。另外,这里的绿营屯兵家属的民屯,甚至犯屯,人数也很惊人,远远超过其他地方。这是清代移民安置最突出、最集中的地方。

2. 伊塔地区

伊塔地区是指伊犁将军直辖、重点安置满洲八旗驻军和军屯的伊犁河和塔城一带。

伊犁将军直接节制的戍边大军有惠远满营和惠宁满营。军人总数虽不到 1 万,但是他们都是按规定“携眷永驻”的,所以加上家属,人数就多起来了。八旗驻防大军之外,又有从东北和内地其他地方调来的锡伯、察哈尔、达斡尔、厄鲁特以及绿营汉军,这些人则安置在伊犁河两岸、塔城、博乐等地,一边屯垦或放牧,一边进行操练。

在他们中间，满族军人及其家属大多已经会说汉语，至少也是满、汉双语兼通者。来自东北盛京的锡伯人，有同汉人较长时间杂居历史的也已会说汉语。其余的察哈尔人、厄鲁特人至少在来到伊犁、塔城之后，也开始渐渐学说汉语。这个区域说汉语的人口分布数量仅次于甘肃辖区。

3. 南疆地区

南疆地区主要是指天山以南实行伯克制的维吾尔人民聚居的地方。

南疆各地由清政府任命的伯克管理维吾尔人民，但这里的防务，包括各级伯克的考核等管理工作还要由伊犁将军负责。于是，这里的喀什噶尔以及叶尔羌、英吉沙尔、和田、乌什、阿克苏、库车、喀喇沙尔都驻有伊犁将军的属下参赞大臣、领队大臣、办事大臣、协办大臣，同时还有派驻的满营、绿营军队。这些官员大都由满族、蒙古族人充任。他们和满、汉兵士大都会说汉语。这些人总数虽不是很多，但往往集中在某个点上，所以南疆至少也形成了上述七八个相对集中的汉语通行小环境。

此外，驱逐阿古柏之后，清军解救出数以万计被白彦虎裹挟的陕甘回、汉人民并就地安置于南北疆(主要是南疆)各地，他们成了后来南疆汉语发展的重要社会基础。诚然，这一地区分布的说汉语的人口数量远远低于上述两个地区。

第四节
清代汉语在新疆的通行迈向了新的巅峰

清朝的贵族统治集团一反元朝统治者狭隘的民族意识，摒弃人为抬高本民族语言文字地位的做法，将使用人口占全国绝对优势的汉语推举到全国官方通用语的地位。应该说，这是一项了不起的文化政策。

清朝统一新疆之后，采取了一系列治理政策和措施，促成了内地满、汉、回说汉语的人口的大量西流，从而使新疆从明末以降汉语通行的低潮得以扭转，迅速地迈向新的巅峰。

一、清代汉语在新疆的通行达到新的巅峰

清朝政府语言文字政策的出笼　1644年十一月，多尔衮扶持福临在北京登基称帝。清朝统治者面对因连番战乱造成的混乱局面，以及力量尚存的李自成、张献忠农民义军和各地继而起兵的反清武装，他们心里十分明白，如何统治这个国家，是一个大难题。为此，清廷强调首尊满洲，意重“满洲根本”，以不忘本源凝聚本民族；同时，又推行满汉通婚，以“满汉一家”笼络汉人民心，稳定天下大局。清廷一边努力保持满洲贵族的“议政大臣会议”，以期保证满洲贵族占据国家主导和核心地位，一边又大批任用汉官，以期“以汉治汉”。这一时期清政府的所作所为呈现出一种微妙的矛盾心理。

在这样的心理状态下，他们意识到要防范汉族，又不得不拢住汉族，而语言不通则难以达到这一目的。于是，1645年(顺治二年)，清政府即全面恢复科举考试制度，明确实施以汉文为载体的汉学取士的做法。这一政策无形之中也给满族人下了一道学习、运用汉语言文字的命令，很快把汉语言文字推到了全国官方通用语的地位。

汉语言文字被科举考试所采用，取决于它在全国的通行地位，汉语文本身的发达成熟也是其得以被各族人民认同、接受的重要原因之一。此外，满族统治者最高层带头学习(例如康熙、雍正、乾隆等)并成为汉语文水平极高的学者型政治人物的这种表率作用，对汉语在全国的通行(新疆也不例外)起到了不可忽视的重大作用。

汉语成为清代新疆通行的第二大语种 清朝统一新疆之后，除了采取正确的语言文字政策之外，更为重要的是采取了一系列治理、开发新疆的举措。这直接带动了人口向西的大规模流动，并在短时间内迅速改变了新疆地区的人口群体结构、人口数量分布，也改变了新疆全社会的语言通行状况。

清政府为了保卫和开发边疆而实行的军府制、州县制、驻军戍边，以及移民实边政策，在促进新疆社会政治、经济发展的同时，使全疆社会人口族群发生了很大变化。政府除调动了满族人口之外，还调动了蒙古族、汉族、锡伯族、达呼尔族等其他民族人口，大大改变了新疆社会人口族群的成分，使这个自古以来就是多民族聚居区的地方人口成分更为丰富，也促使新疆社会通行的语种更为多样化。新的民族大家庭在清朝政府的操持下，在新疆迅速形成。此前新疆就有维吾尔语、哈萨克语、汉语、蒙古语、柯尔克孜语、乌兹别克语等语种通行。满族、锡伯族、达呼尔族等民族的到来，使满语、锡伯语、达呼尔语等新的语种也在此得以通行。特别是汉族群体的骤然增大，说汉语的人口的社会影响力更进一步加大，使汉语的通行从明代的趋于弱势迅速走向强势。

同时，兄弟民族中说汉语的人口也迅猛增加。满族人入关之后不久，因为政治需要、语言文字政策的明朗化，以及允许满汉通婚等多种原因，促使各阶层的满族人迅速学习和使用汉语。到乾隆朝统一新疆，前后已历经百余年，此时，满族人在社会交际中的语言运用已经发生了巨大变化。大部分满族人民都掌握了汉语，许多人成了满汉兼通的双语者。这样，全疆说汉语的人口的民族成分由原先的以汉族、回族为主，又新增加了满族。后来，部分锡伯族、达呼尔族等民族人民也渐渐进入说汉语的人口的行列之中。这一重大变化使汉语成为清代新疆社会通行语言中仅次于维吾尔语的第二大语种。

汉语在清代新疆的官方通用语地位得到空前巩固 清代新疆说汉语的人口数量及其分布的广泛，前所未有。加上清政府语言文字政策的政治作用力，汉语作为新疆官方通用语的地位更为牢固。

清朝中后期朝廷科举、办公(并不排除满文)几乎都使用汉语文。新疆的伊犁将军府、乌鲁木齐都统衙门办理公务时也都无一例外使用汉语文。历来出任伊犁将军的人选里，诸如明亮、松筠、布彦泰等人都是精通汉学的大文人。乾隆时期，最早发配到新疆的纪晓岚因受到乌鲁木齐都统的器重，不但不用做苦役，而且还在政府机关担任秘书官，负责起草奏折檄文并可签署一般公文。纪晓岚是汉学巨匠，他的名著《阅微草堂笔记》中的重要内容就是在新疆构思拟稿的。从他在乌鲁木齐的供职情况可以肯定，这时新疆地区政府办公已通用汉语言文字。

清代自乾隆时期开始，伊犁将军在新疆为戍边的将士子弟开办学堂，让他们学习汉学，先习《三字经》《千字文》，进而学《论语》《孟子》之类。学堂也设科举学额，规定每年科考允许录取的文、武学额人数。教学和考试都用汉语文。这种办学内容与方式也巩固了汉语在新疆的官方通用语地位，促使汉语在新疆的通行迈上新的巅峰。

二、新疆现代汉语方言臻于形成

汉语方言学告诉我们，一地的现代汉语方言是在古汉语向中古汉语发展，继而向近代汉语发展的基础上最终形成的。新疆现代汉语方言的发展形成，也符合这一发展规律。清朝新疆汉语的通行盛况，也向我们明确昭示了新疆现代汉语方言臻于形成的发展趋势。

两千年的汉语通行奠定了新疆汉语方言的隶属基础 汉语在新疆通行的两千年，绝大多数情况下是以官方通用语而存在的。其通行在大多数朝代呈强势状态，有时也偶趋弱势，但其通行从来不曾中断过。大量的历史文献与出土文物有力地证明了汉语在西域和内地同步向现代汉语过渡的事实，新疆现代汉语方言绝不是无本之木。

从汉代张骞通西域开始，丝绸之路的东西通道从长安经河西走廊到西域历来是内地人口西流的通衢大道。在中国人口流动史上，它恐怕是唯一的长久性的交通线。从汉朝开始，中原以及河西的汉民人口源源不断西流，使历代西域都保持着以说北方话的人口为主要成分的状况。从而使新疆社会形成了以说北方话的人口占主流的局面，最终奠定了新疆现代汉语隶属于汉语大北方方言的基础。

清代的行政区划营造了新疆汉语三个次方言的形成空间 现代的文化语言学家早就注意到了我国"旧府州辖境内的方言内部有很大的一致性"。这说明，"旧府州"的辖区和这里的方言内部的"一致性"之间有着一定的因果关系。研究证明，新疆现代汉语方言也基本如此。

清朝在治理新疆过程中，实行的重要措施之一是因地制宜地进行行政区域的划分。这种将新疆三分而治的做法，直接社会效果是有利于对新疆现实社会的各民族的管理。也许使统治者们始料未及的是，这种做法还营造了新疆现代汉语方言内部次方言的形成空间，从而促成了新疆现代汉语方言内三个次方言的形成。

三个次方言分属三个不同的行政管理区域。其形成固然与当地原居民族、民族语言，甚至和地理、地貌等自然条件都有关系，但是，三分而治与三个次方言的产生与各自分属的直接社会环境都有直接关系。20 世纪 80 年代初，新疆高校的方言学者对新疆现代汉语方言进行了调查研究。调查研究结果发现：新疆不但如内地各省一样形成了本地的方言，而且从整个新疆现代汉语内部的声韵调系统特别是中古声调向今声调演变的规律等方面的一致性进行划分，恰好可分成三个次方言。这三个次方言的分布基本上和清初清政府对新疆的行政区划相吻合。语言的现实和历史的真实之间，这种惊人的一致绝对不是偶然。

以兰银官话北疆片为例，属于这一个次方言的县市包括乌鲁木齐市、乌鲁木齐县、米泉、阜康、昌吉、木垒、奇台、吉木萨尔、呼图壁、玛纳斯，博乐、精河、沙湾、乌苏、塔城、额敏、裕民和阿勒泰、青河以及哈密、伊吾、巴里坤等 22 个县市。其中，阿勒泰、青河在清朝时属于乌里雅苏台将军属下科布多参赞大臣所管辖的范围。塔城、额敏、裕民在清朝时属于伊犁将军直辖范围。另外，原属甘肃省镇迪道管辖范围的吐鲁番(含善鄯、托克逊)发展变化后归入今天的南疆中原官话片区。原属甘肃省管辖的绝大部分地区(即今乌鲁木齐市、昌吉州、哈密地区、博尔塔拉州的一部分)都在兰银官话片区之中。属于上述例外情况的地方，各有具体的历史原因。而且，它们毕竟是少数。少数的例外，并不能动摇基本规律的存在。

将新疆原属甘肃省管辖的这一地区的汉语方言发展情况进行前后比较，一个行政区内语言内部出现一致性的科学结论便不难理解。这一地区之内的人口来源(下面还要分析)、社会经济的主要生产方式、地理地貌及交通状况、政治隶属和上下的联系、域内的经济往来物资交流等，都使一个区域内部的人们之间的互相往来更为密切，从而使本区域内部语言在交际过程中的互相影响更大，最终使它们之间语言的一致性更加鲜明。清初，新疆这样的行政区域划分，为汉语方言的发展形成营造了相应的发展空间，也就不难理解了。

同理推论可知，清朝政府把南疆和伊犁交由伊犁将军直接管辖，使得南疆地区和伊犁一起形成了后来的南疆中原官话。清政府把受准噶尔盆地相隔、原属蒙古人活动和生活的东北疆一带划归科布多参赞大臣管辖，在那里实行与新疆大有不同的政策，使那里直到划归新疆省之后更晚一些时候，才有批量汉民移入，形成了北疆地域的汉语方言北京官话。这与上述甘肃省辖区成为一个方言片区，其方言形成的空间，同样是清政府行政区划的结果。下面对它们之间的不同还会有所交代。

新疆汉语次方言的形成具备了各自的基础方言　一地方言基本特点的形成，都是在某一方言的基础上接受其他方言的影响并逐渐发展变化而形成的。这个方言形成的基础，方言学称其为基础方言。例如，今天广东、福建、江西等地的客家话形成于魏晋南北朝时期，那时，中原社会动乱，民不聊生，大批量的中原百姓(往往数以万计、数十万计)南逃到一地落脚，以其语言交际中中原话的相对优势影响着那里的汉语言环境。久而久之，那里便形成了以这种古代中原话为基础的新方言——客家话。这就是说，魏晋南北朝时期的中原话就是形成客家话的基础方言。

清朝将新疆三分而治，这为新疆现代汉语方言的形成创设了三个不同的发展空间。这里自汉唐以来，直至元明，早就有来自中原地区的汉语在这里通行和发展。清朝治理新疆的驻军戍边、移民实边政策驱动了空前规模的内地人口西流，从而为上述新疆三个汉语方言提供了发展空间，先后带来了三种不同的方言，它们在这里以压倒优势促使本地原来的汉语地方话向它们靠拢，渐渐融为一体，最终形成了本地的汉语方言。这一占据主流地位的方言就成了新疆现代汉语方言形成的基础方言。

先以甘肃省辖区为例。清政府划归甘肃省实施行政管理的东疆部分，原属清初卫拉特四部中和硕特的游牧地。准噶尔的强盛迫使和硕特出走青海。清政府平息准噶尔叛乱之后，这里已经人烟稀少，田园荒芜。清政府决定在发展军屯的同时，着力发展民屯，招募关内农民来疆，屯垦实边。

由于清政府的优惠政策深得民心，不到数十年，应招来此屯垦的农民就达数十万之多。他们大多来自甘肃省的安西、高台、肃州、敦煌、张掖、武威、镇番、平番、中卫、静宁等地，甚至内地更远的地方。这数十万人口主要来自甘肃，他们在当时这里前朝遗留下来的说汉语的人口当中，占据绝对多数。于是，甘肃话在这一地区迅速占据语言通行的绝对优势。至于其他来自山东、山西、河北、河南、湖北、四川等各省的人们带来的各地方言，相形之下，都居弱势。这些方言在日常的交际中受甘肃话的强势影响，慢慢向甘肃话靠拢，或曰相互渗透，由分化状态逐渐走向统一。经过乾隆中期之后的100多年时间的逐渐融合，最终形成了后来的以甘肃话为基础、兼蓄其他方言色彩的北疆汉语新方言。

20世纪80年代，新疆汉语方言学者们把对这一区域的汉语方言调查研究的结果，上报中国社会科学院之后，著名语言学家李荣、傅懋勣先生根据这一地区汉语方言与西北的兰州、银川等地方言的一致性，将通行这一方言的新疆天山以北方言片区称为“兰银官话北疆片”。这种方言也就随之被称为“北疆兰银官话”。它和整个大西北的汉语方言统称汉语大北方方言的西北方言。形成北疆兰银官话的基础方言就是甘肃话。

再以伊犁将军直辖的区域为例。清朝政府在边疆实行军府制，给予伊犁将军的首要任务是保卫边疆。北从塔城以北,南到和田,长达数千里的国境线均由伊犁将军负责管辖。虽然他是这里代表政府的最高军政长官,但是全疆行政事务毕竟属于他所“兼管”的次要任务。于是,朝廷将新疆东部划归甘肃省布政司,把该地区的驻军、防务交伊犁将军节制下的乌鲁木齐都统主管。其余塔城、博乐以及南疆各地的蒙古、维吾尔等民族地区的民政则通过实行札萨克制、伯克制,交由当地民族上层具体代管。而这些地方的驻军、防务则尽归伊犁将军负责。这就是说,伊犁、塔城、博乐以及南疆形成了一个相对独立于乌鲁木齐等地的另一个汉语方言发展形成空间。

伊犁将军驻于伊犁河上游原准噶尔人的游牧地。归伊犁将军直接指挥调遣的满营军队,从西安、庄浪(西安以西直线距离仅几百里)、热河(北京东北方向长城之外)等地调来,便驻扎于伊犁地区。截至嘉庆年间,伊犁仅惠远、惠宁的满营和绿营人口已达四万五六千人。这些在汉人群体里征战、生活了百多年的满族军人乃至家属,大都早已会说汉语。这数以万计的说汉语的人口(尚未计入锡伯族人中会说汉语的人口)便成了这里说汉语的人口的主体。这里所说的汉语以从西安、庄浪来的满族八旗军人和陕甘总督派来的绿营军人所说的陕西话(中原话)稍占优势。

伊犁将军所节制的塔城和南疆八城(喀什噶尔、和田、英吉沙尔、叶尔羌、乌什、阿克苏、库车、喀喇沙尔)的满营驻军,由伊犁将军直接调往。那里的绿营屯兵则由陕甘总督调给。这些满营、绿营军人成了南疆八城、塔城主要的说汉语的人口。他们的人口数量虽然比不上北疆,但是居住比较集中,于是在当地形成了一个小一点的汉语通行环境。伊犁作为这些地区的直接领导机关所在地,各点上的官兵同伊犁的官方接触,以及所驻八旗军人的换防,都是促使它们之间实现人口流动的机会。这种人口的相对流动,是它们之间的语言由原来的分化状态走向统一的重要原因。

对南疆人口增加影响最为突出的是,同治年间的阿古柏入侵时,败退来疆的陕西白彦虎回民义军(3万)及其裹挟来的近10万回民百姓(有的书上说人数达数十万)。他们被陆续解救之后,由清政府的善后局安排于南疆吐鲁番、焉耆、库车等地。这10余万回民的落户南疆,大大增加了这里说汉语的人口中陕西人的比例,使中原官话在社会通行中的优势更加巩固。后来它在融合其他方言的过程中逐渐统一,新疆现代汉语方言南疆片的中原官话便依此为基础方言而最终形成。这一结论,也为中国社会科学院语言所的专家所认同。

至于北疆归属科布多参赞大臣管辖的地方,那里说汉语的人口大局的改变发生在此地归于新疆省之后。新疆建省后不久,清王朝就遭灭亡。那里的汉语方言的形成,是清朝灭亡之后的事情,这里不再叙述。

综上所述,清政府在新疆实施管辖和治理的过程,为新疆现代汉语方言的形成创设了条件。经过100多年的发展,至清朝灭亡,新疆现代汉语方言已臻于形成。这也丰富了汉语发展史的内容。

三、清代新疆汉语地名的中华文化透析

同前朝一样,清代新疆汉语地名主要是指现时和过去说汉语的人口用汉语命名的新疆地名;以及由民族语言命名,但因交际的需要已经通过音译等方式用汉字予以记录,并进入汉语词汇库中的新疆地名。二者统称新疆汉语地名。

旧有地名的保留,新地名的大量涌现,使清朝新疆汉语地名呈现出一些不同于前朝的特点。这些特点的出现,无不有直接或间接的文化缘由。下面仅就几个最主要的表现,进行简要的中华文化透析。

清代新疆汉语地名的汉语言结构特征　汉语言文字,文化内涵丰富,非常有特点。用汉语命名的地名,以及音译加汉语语素合成的地名,均因其语素具有音义结合的特点、语法结构无典型形态标志等独有特征而使汉语地名含有汉文化所独有的蕴涵。

关于汉语地名的构成,前几章我们已经从不同角度有所接触。诸如,从其他语言借入汉语的外来地名,主要以音译、意译、音译加汉语语素等方式用汉字记录下来;汉语地名为了避免同音可能造成的指称混乱,早在汉朝就出现了以双音节为主、多音节者较少的倾向等。到了清代,双音节地名仍不失其主流地位,但是多音节地名却空前地多了起来。这正反映了汉语地名文化的一种新的发展变化趋势。

汉字作为构成语素的基本形式,它是音、义的结合体。以语序为主要语法组合方式

所构成的地名，除了有区别所指对象的作用之外，还通过地名的构成语素透露出一定的文化信息，表示某种意义。例如：

迪化，两个语素呈并列结构组合而成，指称清朝东疆镇迪道的政治中心，即今天的乌鲁木齐市。而两个语素中的“迪”字是启迪的意思，“化”是教化、开化的意思，两个语素合在一起，除了指称这一地方之外，还表示启迪、教化之义。

阜康，两个语素呈并列结构组合而成，指称清朝镇迪道的阜康县。两个语素中的“阜”含有物资“多”的意思，“康”是“富足、丰盛”的意思，两个语素组合在一起，表达了人们对“物阜民丰、富足康乐”的美好意愿。

其他诸如绥来(今玛纳斯)、孚远(今吉木萨尔)、绥定(今霍城)、宁远(今伊宁)等，都由两个语素组成，除指一个县份之外，都寄寓着一定的含义和愿望。

清代新疆地名又出现了大量的多音节地名。例如，光绪二十八年从阜康县析出而新成立的孚远县(吉木萨尔)共有 25 个村庄。它们的名称中双音节地名只有 3 个(头工、二工、西地)，复音节(多音节)的共 22 个(附城渠、三盛渠、大有渠、太平渠、长山渠、公盛渠、长盛渠、双岔河、后堡子、芨芨窝等)。

它们中除“芨芨窝”是由两个语素组合而成之外，其余都由三个语素组成。其语法组合都有两个结构层次。它们的构成语素之间，在意义上都有一定联系，几乎不需做太多分析，就可“望文生义”，知道它的名称和含义的大概，得到它名称来由的一定信息。这是汉语言文字文化所特有的。例如，“大东沟、小西沟”，几乎不要考查，仅从文字上就可直观得知它们的地貌特征、大小及方位坐落等相关信息。将其与民族语言命名的“库尔喀喇乌苏”相比，这个从音译进入汉语的地名，能够看到的只是六个汉字(六个音节)，从字面上完全看不出任何意义联系。不参看相关资料，无论如何都不会知道，它是由“库尔”(雪)、“喀喇”(黑)、“乌苏”(水)三个语素构成，意为“有雪的地方的一条黑水”。

通过上面的简要分析，我们可清楚地看到，清朝新疆汉语地名复音节形式大量涌现的发展趋势，并发现地名的构成语素之间往往透露出一定文化信息的特点。

清代新疆汉语地名群落状况　地名是一种历史的文化性产物，或曰，是人类社会活动留下的足迹。综观清代新疆的汉语地名，它们具有鲜明的地名群落的特点。所谓地名群落，是指同一语种命名的许多地名成群聚落于一起。它异于多种语种命名的地名零散混杂于一起的状况。新疆汉语地名群落这一特点的形成，显然与历史上操不同语言的人口在各自所在空间相对集中，有着紧密的关系。它是说不同语言的人口在各自的生活范围内留下的文化痕迹和标识。

清代新疆汉语地名的群落有两种明显的分布状态。

第一种是汉语命名的地名和通过音译进入汉语词汇库的民族地名，各自分布于相对的地域空间。

清朝统一新疆之后采取的行政区域划分和移民实边政策，促进了北疆乌鲁木齐一带和伊犁河一带汉民（含回民、满民）等说汉语的人口的聚居区域的形成。与其相对存在的是南疆广大的维吾尔人民聚居区。两大地理空间分别主要行用着汉语、维语两种语言。两个地理空间里，人们各自运用自己的语言命名了许多地名（还有古代已有的地名）。各地的地名（合乎级别的）都要通过注册，从而进入政府的相关文档之中。于是，北疆的汉语地名被清政府记录在案；南疆民族聚居区的民族地名也以音译形式用汉字记录存档。两大类地名分别以地名群落的状态，分布于天山南北两大地理空间。

南疆民族聚居区中的地名群落，我们且以温宿（后来的阿克苏）为例。光绪二十八年所设温宿府，下辖温宿、拜城两县和柯坪分治县（初称柯坪巡检）。温宿府共有 12 个居民点，分别是曲坦、柯柯巴什、麻帕下、哈拉塔、浑巴什、伯什勒克、玉朱满、阿瓦提、羊瓦里克、赛里木、阿音柯、萨依里克，全部居民约 55 200 人。

很显然，12 个居民点为清一色民族地名。这些地名虽然以汉字的形式被记录下来，但是从字面上看不出每个地名文字间有任何意义上的联系。

相比之下，以汉语命名的地名从字面上一看便知。这里再以精河为例，相佐比对。光绪十四年置精河直隶厅（归镇迪道），其所辖范围相当于今天的精河、博乐、温泉三县。当时，精河下辖东乡、北乡、体仁乡、同仁乡和里仁乡共 5 个乡，全部居民只有 2 200 多人。显然是清一色以汉语命名的地名。

另一种是汉语命名的地名群落和进入汉语词汇库的民族地名群落的两相重合。这种地名群落分布最典型的要数哈密。清初，哈密王额贝都拉因主动归附清朝政府有功，清廷册封他爵位并继续保留其王位，让其管辖他原有的地方。后来，清政府在哈密大兴民屯，且将哈密划归甘肃省布政司管辖。哈密地方的民族事务，甘肃布政司则不予插手，仍由哈密王负责。于是，除哈密王当初管辖范围的村庄用维语命名之外，大批汉民屯垦者逐渐聚居形成的居民点，则由汉民自己命名。于是，两种语言命名的地名在这块土地上呈共存状态。

1884年（光绪十年），清政府设置哈密直隶厅，哈密直隶厅归镇迪道管辖。当时，哈密直隶厅辖有六城。这六城是哈密（即今回城）、素木哈尔灰（头堡）、阿思塔纳（二堡）、托哈奇（三堡）、珠楚克（四堡）、哈拉托巴（五堡）。六城的名字除哈密产生于元朝，由蒙古人命名外，其余五个地名当是以维吾尔语命名。

全厅分为35庄，包括烟墩、风洞、苦水、碱泉、沙泉、头堡、二堡、三堡、四堡、五堡、东新庄、黄芦冈、小南湖、大南湖、火烧庄子、铁尔板金庄等，其中除了铁尔板金庄有些特殊之外，其余都是用汉语命名的。

很显然，原先哈密王所辖的五城就是后来的五个堡。这几个用民族语命名的小地名群落被其余几十个用汉语命名的地名构成的大地名群落所覆盖。

另外，宁远县（今伊宁县）也属类似情况。伊犁河地区原先是西蒙古准噶尔部的大本营。清朝设伊犁将军之后，从乾隆二十六年至四十五年（1761—1780），先后在此修建了伊犁九城。自此，在首建的塔勒奇城之后，接连所建的绥定、宁远、惠远、惠宁、熙春、广仁、瞻德、拱宸八城都用汉语命名。这也算是一个汉语地名群落。1888年（光绪十四年）设置伊塔道，与道同时设立的宁远县与道同治宁远城。那时，东九城一带多是屯田的维吾尔人居住之处和察哈尔、厄鲁特等部族放牧的地方。宁远县下辖57个居民点，除了五工、城盘子是用汉语命名之外，其余54个清一色是民语地名（恕不一一列出）。这50余个民语地名的地名群落和伊犁九城中的八城小群落，呈两个层次重叠的状态，无疑是有其历史文化原因的。

上述两类地名群落的构成和分布，显然与清朝统一新疆之后，政府治理新疆所采取的移民实边政策带来的汉民（含回民、满民）同维吾尔人民居住之大局、两种语言的通行区域以及各自地名文化的影响有着紧密的关系。

清代新疆汉语地名的级别层次 前面曾经提到，民族语地名一经清政府注册，用汉字记录在档，都算是汉语词汇库中的外来借词，都属新疆汉语地名的研究范围。然而，民族语地名的命名方法毕竟与汉语不同。民族语命名的地名在级别层次上，似乎没有明显表现。下面我们仅从汉语命名的地名入手，对地名的级别层次进行简要分析。

把北疆各地的汉语地名群落集中在一起进行比对，可以发现至少县级和村庄级的地名存在十分明显的差别。

1. 县级地名和村庄地名的比较

用汉语直接命名的县名，主要集中在北疆。因为这些县名在清代产生时间的早晚有所不同，它们中的名称有的多有沿革变化，而沿革变化不在此处所研究范围，所以原则上只择一地几种叫法中最常见的一个为例。

北疆的汉语县名计有迪化县、宜禾县、昌吉县、奇台县、阜康县、绥来县、孚远县、宁远县、绥定县。

这些县名，其构成模式一模一样，都以“县”字为中心。其前加上两个语素构成的地名，构成一个偏正结构，表现出明确的含义。

北疆各县还有一些比一般居民点要大，后来多被作为县、厅的治所且由政府一手兴建的“城”，规模像样的，落成时政府都予命名。它们的名称结构的成分和层次，与县名也基本一样。例如巩宁城（迪化老满城）、迪化城（汉城）、宁边城（昌吉）、靖边城（奇台）、恺安城（吉木萨尔）、景化城（呼图壁）、康吉城、绥来城（在玛纳斯）、安阜城（精河）、庆绥城（乌苏）皆是如此，只有辟展城、吐鲁番城例外。

有名的伊犁九城中，绥定城、瞻德城、拱宸城等八城在结构与上相同，唯塔勒奇城例外。它们都以语素“城”为中心，前面加上一个有明显含义的限制成分，如宁远城在“城”字之前加的“宁远”二字。

哈密县、呼图壁县也是县名，“县”字之前，是一个音译地名。从结构上看，这一音译地名只是以一个代码作“县”的限制成分，字面上则不表示任何意思。

作为准县级的吐鲁番厅、库尔喀喇乌苏厅，也属这种情况。

县级建制和县城治所以下的居民点，以及见于记载的大小村庄，其语言构成也明显地具有一些共性，然而，却与县级地名有着明显的不同。它们在构成上，音节多少不等，结构中心词之前的限制成分的意思也有明显的特点。例如前文已经列举过的哈密直隶厅全厅共有 35 个村庄：其中双音节的共有 13 个，如烟墩、风洞、苦水、碱泉、头堡、二堡、三堡、沁城、东山、小堡等，名字的两个语素之间的偏正关系十分清楚，前面的限制成分表示某种特点或属性，含义也十分清楚；三音节的共有 20 个，如东新庄、黄芦冈、长流水、红柳园、星星峡、三道岭、泥迹头、黑帐房、南山口等，其结构和层次乃至含义，恕不一一分析；三音节以上的共两个，火烧庄子也有明确的含义，铁尔板金庄则属于例外。

2. 县级地名和村庄地名之间的异同

两级地名音节数有别。县名、城名完全是三音节形式，全然没有双音节者。村庄名则多有双音节的，又有三音节的。例如，县、城名宜禾县、昌吉县、瞻德城、拱宸城（三音节）；村庄名烟墩、苦水（双音节）、长流水、红柳园（三音节）。

语法结构形式一致。县名、城名的中心成分与限制成分之间都是偏正结构。村庄地名（三音节）的中心成分与限制成分之间也都是偏正结构。二者的不同在于三音节村庄地名的中心词大都不同，所指五花八门，诸如山、水、树、湖、河、园、庄、湾、岭等，完全不像县名均以“县”字为中心，城名则均以“城”字为中心那么一致。

语言的语体风格迥别。县名、城名以及准县级的厅名，其前的限制成分清一色是含有含蓄、抽象、深奥意义的辞藻。而村庄地名前的限制成分则清一色是直观地具体地浅近地表现地物、地貌、数量、地域的言语。它们之间的措辞不同，语言风格也截然不同。

3. 两类不同级别的地名，出于不同文化层次的人

上述两个不同级别的地名之间语言风格的明显反差，绝非偶然现象。它们的含蓄、抽象、深奥和直观、具体、浅近之间的强烈对比，明确显示出两类地名必定是出于不同文化层次的人之手笔。

联系清朝的移民实边政策和实行府县行政建制的具体历史文化背景，依据北疆归属甘肃省管辖、汉民在北疆一带聚居开垦的历史事实，我们无可怀疑地说，这里的县级行政建制乃至县城的建筑以及命名都是官方行为，而一个个大小不等的村落名称则是

拓荒民众逐渐自愿地聚集于一起并对所居地点“约定俗成”的称呼，完全是民间的自在行为。前者一经县、厅建制确定，筑城工程告竣，官府自要予以命名。命名者或是地位显赫的高官，或是满腹经纶的达人，他们以其学识来斟酌某个具有一定含义的文雅名称，自然不是难事。而后者多是应招前来认领垦田的劳苦农民，衣食尚且难得为继，读书识字的可能性很小，几户人家凑到一起为邻，天长日久，便以所在地的地貌、地物、居家数量、人口来路等做标识，指称自己的居住地。故而名称杂乱、五花八门，能以指称得以区别也就达到了目的。

因此，我们认为，清朝新疆汉语地名的这种级别层次差异，是当时当地的历史文化的折射，是居于不同层次的汉民之间文化差异的折射。它是那个特定社会生活的历史文化的产物。

清代新疆汉语地名的文化蕴涵　地名，是一种蕴含某种文化意义的语言单位。清代新疆的汉语地名呈群落大片分布，不仅较为集中地产生于一个时代，而且呈现出鲜明的级别层次差异，它们的命名方法和其中的文化蕴涵确实大有研究价值。下面即对此分别进行一些简要分析。

1. 地名命名方法

汉语地名的命名，通常总要用某种方法。这种方法本身就属于命名文化。

清朝新疆的汉语地名，县级及县级以上的地名，都是文人们用抽象的字眼组成表示某种深刻含义的词，用来为某地命名的。这种方法，我们姑且称之为“寓意”法。

例如，北疆县名、城名中已经出现的迪（启迪、教化）、绥（安抚、安好）、靖（平定、平安）、恺（快乐、和乐）、宁（安宁）、仁（仁爱）等，这些字的字义都较抽象，用它们和其他的字组合成的双音节词，诸如绥宁、绥远、宁远、靖远、广仁、恺安，都寓意含蓄，一般人从字面上还难以理解它们的深刻意思。

清朝县以下的村落的汉语地名都是普通百姓用它们身边熟悉的具体事物等，经过较长时间的发展，以约定俗成的方式来指称自己村庄时产生的。这种借某种具体事物为由头，称代村庄的命名方法，我们姑且称之为“借代”法。

例如，三道岭，即以这里的山势地形称呼之。一棵树，当是最初定居的地方曾有一棵树，于是，便把那一棵树作为村子的标识。南山口，当是该村坐落在南山山口或朝南之山口。双岔河，当与两条河交汇有关。以这种命名方法产生的地名，具体、形象、直白，标识鲜明，通俗易记。

常常用来借指称村落的，有以下几种具体方法：

借人口来源称村名的，如广东户、西宁工、河州工、甘州工、凉州户、郃阳渠；

借驻屯户的性质称村名的，如军户，商户，兵户，夷户、商户沟、小军户、兵户渠；

借屯垦住所编序称村名的，如头工、二工、中营工、下头屯、小三工、八工庄；

借驻屯的户数称村名的，如二十户、十七户、十二户、八户沟、五户庙、九家湾；

借居民姓氏称村名的，如方家沟、蒋家湾、冯家坝、桑家渠；

借当地特有植物称村名的，如芨芨窝、葡萄沟、梭梭沟、胡桐窝、下芨芨梁；

借湾、沟、山等地貌称村名的，如七道湾、大东沟、下垫坝、黄芦冈、南山口；

借河、湖、渠、泉等水利设施称村名的，如西工渠、大南湖、头屯河、二道泉。

借代的方法远不止这些，可谓五花八门，形形色色，其中关于屯垦的“工”“户”“屯”数不胜数。而且，如军户、夷户、兵户、商户，头工、二工之类常有重名；广东户、凉州户、太平渠等也有重名。

村名里也有隐含、寄寓某种意愿的词，但是它们又往往和具体对象相组合。例如，太平渠、丰盛堡、安宁渠，“其太平、丰盛、安宁”是百姓对生活寄予的美好希望，将它们置于“渠”和“堡”之前，还是用以称“渠”“堡”这些具体地方的。

2. 地名的文化蕴涵

这里所谓的文化，是一定社会政治和经济的集中反映。其中关于思想意识形态，是人类社会实践过程中的历史产物。长时间以来，我们所说的汉文化就是两千年来各民族文化的集大成，清代以满族贵族为代表的统治阶级在统治全国各族人民的过程中，则继承了长时间以来的各族文化的集大成，又表现出中华民族历代各族统治者共有的一些思想意识。汉族、满族、回族说汉语的人口中的平民百姓来到新疆生活，又会带来历代各族人民的某些共同的思想和愿望，这些汇于一起，也是一种集大成。我们统称其为中华文化。

仔细审视上面两类地名的命名方法，体会两类不同语言风格的地名所承载的信息，其中华文化的蕴涵至少有以下两点。

寓意性质的地名中，深含着封建统治者的王权意识。清朝统治者把我国漫长封建社会所形成的一整套符合统治者需要、为维护封建统治的政治理论、宗法制度以及思想意识，继承并奉行不悖。为了治理新疆，清政府以前朝的府州行政建制"为我所用"，在新疆建设适合当地民情的地方政府，并用汉语予以命名。地名中不可避免地会有封建王朝意识的反映。"迪化"最为典型，反映出皇家"经天""济苍生""教化草民"的思想；"绥远""绥靖""靖边"无不表现出统治者"奉天承运"，使得天下太平、安宁的意志；"广仁""体仁""同仁"则更明显地体现出统治者所尊崇的儒家"仁者爱人"的伦理思想。

平民百姓以借代指称自己家园的命名方法，看起来只是简单地把家居和客观的天然事物联系在一起，仔细品味，其中也无不或隐或显地表现出一种民族心态或习俗。用大自然永恒的山、水、湾、冈称说村庄，寄寓着天人合一、牢固永恒的意愿；将地名与河、渠、坪、坝、树这些与自己息息相关的大自然景物联系起来，以"长流水""二道泉""疙瘩井" 反映人们对自然环境的依赖意识；"太平渠""丰盛渠""安宁渠""永丰渠""花果园"更寄予着人们的美好期盼和愿望。至于以自己屯户的身份、姓氏、祖籍称代所在村庄，更是人民质朴、老诚和不忘家乡与本宗的表现。这些也都是一种文化现象。

四、清代新疆"谪戍派"汉诗的中华文化影响

清朝政府统一新疆之后，全新疆的社会政治、经济、文化发生了巨大变化，各民族文化也都有了诸多新的成就，其中尤以这一时期新疆传统汉诗创作的空前繁荣最为突出。

这里所称的"汉诗"，并非专指汉代的诗歌，而是对古来我国诗人依据汉语言的特点创作出的诗歌的统称。它包括古体诗和南朝之后兴起的近体格律诗。为了和清代新疆各种民族语言的诗歌称谓上不相混淆，这里我们把清代新疆用汉语文创作的诗歌仍称汉诗。

清朝新疆的汉诗最引人注目的当属这时所形成的特点鲜明的"谪戍派"所创作的

诗歌，这是清代历史上比较独特的社会文化现象。它对我们了解、认识清代新疆中华文化的传播情况有着特殊的价值。

清代新疆“谪戍派”形成的时代背景　“谪戍”是指人犯被朝廷发配或放逐到边远地方的一种仅次于死刑的严厉惩罚形式，即流刑，也就是我们通常所说的流放。

清朝统治者为维护自己的统治，制定了一些体现封建统治者意志的相应刑律，如将免死减等的罪犯流放到边远地区，令其“效力赎罪”。这样做，既体现了对人犯的惩罚，又表现出对其宽恕的一面。清初，政府曾以东北和蒙古军台为主要流放地。后来，清朝统一新疆并设立伊犁将军，地处边远的新疆便成了清廷流放罪人的主要地区之一。

自乾隆年间开始，清政府就不断将一些犯罪的平民和获罪的官员（包括王公、学人）流放新疆。这些流放人员中的一般平民百姓，大多交由新疆军屯屯点监督劳动。而王公、学人之类的“遣员”（又称“废员”“戍员”），则按清律，文武职官犯徒（比“流”低一等）以上，轻则军台效力，重则新疆当差“处置”。自深得乾隆赏识、器重而闻名京师的大学士纪晓岚于乾隆三十三年流放迪化之后，陆续放逐新疆的显赫人物，诸如学士编修洪亮吉、祁韵士，皇亲显贵明亮（乾隆孝贤皇后之侄、乾隆女婿），光绪的堂兄、辅国公戴澜，甚至名震中外的禁烟名臣林则徐、邓廷桢等人，竟达千人以上。

这些人大都是进士出身的饱学之士，深受传统汉文化教育，儒家经学是他们的本行必具，吟诗作赋也是起码的基本功。（当然，也有不长于此者，如明亮、徐松等）他们都是流人身份，都有从高位沦为戍员的遭遇和心理落差，所以当他们成为废员，没有太多必予操心的公务时，从事诗歌创作多成怡心骋怀之事。另外，他们的人生遭遇、流落边陲的境地、接触的现实生活内容，多有共同之点，于是，他们的内心世界也就具有颇多共性。

众所周知，法律、刑罚都属于文化范畴。清代的新疆由于成为许多遣员的流放地，从而营造了一个前朝所少有的特殊文化人的文化圈。这些特殊文化人创造了一种其他文人无法比拟的特殊的文化成就，即他们与众不同的诗作。尽管他们生活的年代不同，放逐的地点未必在一起，但是他们为数众多，其诗作便天然地形成了一个无形的流派。这里，我们姑且称之为“谪戍派”。

清代新疆“谪戍派”的代表人物 清代在新疆写传统汉诗的诗人颇多，具有常人身份的诸如施补华、易寿松、左宗棠、景廉、褚廷璋、萧雄、宋伯鲁、王树枏等人。“谪戍派”诗人与他们相比，遭遇、处境和心态、思想境界都有着明显的不同。可以说，“谪戍派”汉诗创作的成就和影响，更受世人重视。

“谪戍派”诗人有纪晓岚、洪亮吉、祁韵士、李宣鸾、史善长、铁保、裴景福、宋伯鲁、张荫桓等，其中突出的代表当推纪晓岚、洪亮吉、林则徐。

1. 纪晓岚(1724—1805)

纪晓岚，姓纪名昀，字晓岚。晚号石云、观弈道人。河间府献县人。生活于清雍正、乾隆至嘉庆三朝。嘉庆初病逝于北京，享年 82 岁。他是乾隆时期杰出的文学家、编纂家、目录学家、考据学家和诗人。

乾隆三十三年，作为乾隆身边文学侍从的纪晓岚，因得知姻亲扬州两淮盐运使司卢见曾亏空盐税案将获罪而为其通风报信，以漏言泄密罪被流放新疆乌鲁木齐。他在乌鲁木齐生活了两年多。因为他曾是京官、著名文人，故受到乌鲁木齐最高军政长官办事大臣的礼遇，受任秘书官，负责文书及一般政务。著有《乌鲁木齐杂诗》160 首。

纪晓岚在《乌鲁木齐杂诗》的自序中说，这些诗是他获释东归自巴里坤至哈密的路上，利用“旅馆孤居，昼长多暇”“追述风土，兼叙旧游”所得之作。他将这些“杂诗”大体分为风土(23 首)、典制(10 首)、民俗(38 首)、物产(67 首)、游览(17 首)、神异(5 首)六个部分，首次向后人展示了清代前期乌鲁木齐地区的社会状况和风土人情，成为清代“谪戍派”诗歌的开山人物。

2. 洪亮吉(1746—1809)

洪亮吉，字君直，又字稚存，号北江，江苏常州府阳澄县人。生于乾隆盛世，嘉庆后期病逝，享年 64 岁。

洪亮吉自幼家贫而聪慧好学。父亲早逝，她在母亲教育下成人。他虽然刻苦勤奋，师辈都称其才气过人，但科举道路不顺，曾屡试不中。直到 44 岁才有幸得中第一甲第二名进士，受职翰林院编修。他是乾隆时期的知名学者和诗人，一生著述丰富，经史注疏、诗文地理，无不钩稽贯通。计有《泾县志》《北江诗话》《春秋左传诂》《比雅》等十余种。

因为他来自社会下层，后又到基层出任过地方学政，对社会问题多有研究。他既在探讨人口学方面提出过见解新颖的学术观点，又对清朝政治、经济乃至军事各方面的弊端有较清醒的认识。性情耿直的洪亮吉，在乾隆去世、嘉庆登基时，就此向朝廷进谏，不料惹怒了年幼的嘉庆而被流放新疆。“谪出长城不许诗，一看瀚海放歌奇”这一诗句，充分反映了他在新疆的创作心境。尽管洪亮吉到伊犁惠远城仅仅百日使获释，但赴戍来去的匆忙中，他还写出了《伊犁日记》《天山客话》和诗集《万里荷戈集》《百日赐环集》四部著作。

《万里荷戈集》是洪亮吉在赴戍途中记载伊犁的诗集，《百日赐环集》是他自伊犁返回家中时所写的诗集，两部诗集分别从其来去西域的途中生活角度，反映了他的西域见闻和内心世界的感受。

3. 林则徐（1785—1850）

需要特别予以重视的是，因受命在广州禁鸦片而有功于中华民族的钦差大臣林则徐。

林则徐，字元抚，又字少穆、石麟。晚号七十二峰退叟。福建侯官（今福州）人。嘉庆十六年应试时考中进士。仕途颇顺，历官 14 省，颇有政声。他是著名的封建政治家，中国近代史上第一位杰出的民族英雄。1838 年他受命钦差大臣在广州禁烟，声震中外。后来，道光皇帝屈辱外强，以“误国病民，办理不善”的莫须有罪名，于 1841 年将林则徐革职流放新疆。流放期间，林则徐仍坚贞坦荡，忧国为民，为新疆人民做了许多事情。1845 年获赦东返，之后在被重新起用的途中病逝于广东，终年仅 65 岁。

林则徐一生“以余事为诗”。诗作辑为《云左山房诗钞》，其中收入他的流放诗作百余首，占其诗钞的四分之一左右。他流放时所写的感时抚事、忧国忧民的诗作，反映了他伟大的爱国精神、高尚的品德情操，是其一生诗作中的佳品。

清代新疆“谪戍派”汉诗的文化影响　关于清代新疆“谪戍派”诗人诗作的思想性、艺术性，早有文学界学者在不断研究。这里，我们只就这些诗人及其诗作在文化方面的影响，进行简要的分析。

1. 身处逆境而秉持坚毅、坦荡的品格

人生的道路是曲折的，得天时、地利、人和而一帆风顺者少，而且这种人做出惊人成就者难。在我国历史上，人们一向赞扬左丘明和司马迁，几乎众口一词说他们是在逆境中发奋并成就事业的楷模。人在逆境中如何应对，如何把握人生，我国传统文化中不仅将此视之为人生的态度，而且还把它上升到了气节、品德的高度。

我国历史上不乏因各种原因而遭谪戍的正直、清廉的人士，他们的美名一直为人们所传诵。相比而言，清代似乎人数众多，影响更为集中。短短不到二百年的时间，清代新疆的“谪戍派”诗人及其诗作，给后人留下了深刻的印象。他们在逆境中自重自爱，坚贞刚毅，坦荡豁达，不改志向。他们热爱生命、珍惜光阴，在艰难之际，尽自己之所能，忍辱埋头为人间留下自己的心血结晶。其诗歌中所表现出的人格魅力、豁达气度、慎独精神，着实堪称典范。

民族英雄林则徐，其捍卫国家和民族尊严的功勋盖世，而所获罪名却又有口难辩。他在西安《赴戍登程占示家人》志别时，有“出门一笑莫信哀，坦荡襟怀到处开”的诗句，便是他豁达胸怀的生动写照。流放新疆期间，他还忧国忧民，尽自己之所能为新疆的屯垦、发展生产、兴修水利做出了贡献，至今仍为人们称道。

处事严谨、廉洁稳重的祁韵士，做梦都不会想到，他按例并不查库，只办手续交接而出任宝泉局监督，却因库铜亏空落了个不白罪名。然而，在谪戍期间，他却以坦荡的胸襟，安然伏案，进行新疆史地学的研究，为边疆文化事业做出了卓越贡献。

坦荡无私的洪亮吉，冒死进谏嘉庆皇帝，却获罪遭戍。就在他无言赴戍匆匆来去及在戍的一百来天中，还留下了包括诗集在内的四部著作。

他们以独特的人格魅力、充满激情的诗歌创作，为中国文化史留下了宝贵遗产。

2. 以常人心态发现并表现了祖国边疆之美

新疆的壮丽河山，以及景色的瑰丽、风俗人情的多彩、社会风物的奇异，尽有它的独特之处。这在从异地而来的人来看，无不为之耳目一新。对获罪谪戍的高层文化人来说，更是一种新颖的心理刺激。于是，他们必有情不自禁的反映。特别是我们所说的“谪戍派”诗人，他们虽然犯了所谓“弥天大罪”而远戍边疆，而他们所受的教育、个人的修养，使之在逆境中能清醒对待。尽管他们从社会高位跌落阶下，承受重大打击，随之可能出现巨大的心理落差，但是他们最终则能以平常人的心态，自我平抚可能的心理创伤，从而平静对待。于是，他们以常人的心态观察生活，发现生活中的美，成功地用诗歌对其进行美的表现，写出了反映边疆之美的不朽诗篇。其中有篇幅宏大的古风，也有严谨工整的律诗和绝句。

值得注意的是，他们中许多人都有不少描写和歌唱边疆美的"竹枝词"。竹枝词从外观形制上看，与七言绝句无异。其不同就在于竹枝词吸收了民歌通俗、平易之优点，使诗歌跳出格律诗的"文雅""高贵"束缚，更加接近民众生活。就这一点看，他们颇有与唐代受贬谪的诗人刘禹锡（竹枝词的发掘者和推广者）"同病相怜"之处。例如，祁韵士的《西陲竹枝词》一百首、林则徐的《回疆竹枝词二十首》皆是如此。就是纪晓岚的一百多首《乌鲁木齐杂诗》，用他自己的话说，这些杂诗的创作，多是"旅馆孤居""昼长多暇""意到辄书""无复诠次"，仿佛就是"急就篇"，已不像在朝廷里歌功颂德那样精心措辞、着意工严的阳春白雪，大有与用口语脱口而出的竹枝词相近乎的"下里巴人"之风。他们用诗歌认识生活、反映生活的新迹象，也是对传统文化的一大贡献。

3. 空前的作家群以汉诗丰富了中华文化宝库

自唐朝的骆宾王、岑参，元朝的耶律楚材，明代的陈诚等，写有不少反映西域题材的诗歌之外，清朝大量流放新疆的高层次文化人，促使新疆出现了异乎前朝的特殊汉诗作家群。他们以诗歌为纽带，把西域同中原大地联系在一起，以更为丰富的作品丰富了中华文化宝库。

清朝"谪戍派"诗人数量多，在戍时间较久。他们多数落脚于伊犁和乌鲁木齐，也有进入南疆的。他们较广泛地接触了新疆各族人民，更大范围地亲近了新疆的山山水水。因此，他们的诗作更广泛、更深入地反映了新疆的自然风貌、社会生活、风土人情。诗作所表现的各族人民生活，也更为生动、丰富，充盈民族风情。

例如纪晓岚的《风土》（二十三）："秋禾春麦陇相连，绿到晶河路几千。三十四屯如绣错，何劳转粟上青天。"俨然一派民屯盛况，令人赏心悦目。洪亮吉的《发二台》："看山不厌马蹄遥，笠影都从云外飘。一道惊流直如箭，东西二十七飞桥。"恰似一帧山水剪影，辽阔壮美。祁韵士的《乌鲁木齐》：“茔沙岭北问王庭，绝巘排空拥翠屏。郡县久经成腹地，轮台旧迹草青青。”抒写了历史悠久、颇负盛名的古城美丽景色。林则徐的《回疆竹枝词二十四首》之（十六）：“桑葚才肥杏又黄，甜瓜沙枣衣糇粮。郇郇绝少炊烟起，冷饼盈怀唤作馕。”色彩绚丽的农村风情、维吾尔民族生活特色，农家情趣跃然纸上。

还有以超凡的文才颇负盛名、进士出身的满族诗人铁保。他从两江总督位上革职始屡遭流放。他发配新疆后启用为喀什参赞大臣时，有《徕宁杂诗》，其中的《回部》真实描写了南疆维吾尔人民的生活：“聚族连回部，酣歌乐有余。衣冠同左衽，文字任横书。土屋居无榻，荒田草不锄。问年惟记日，岁月及乘除。”铁保在阿克苏遇到被戍的将军长龄，吟有《常制均起官河南巡抚喜赋》：“总制西南若比邻，笑君先我逐边尘。出关路作入关路，失马人为得马人。回纥山川题已遍，汴梁风土治从新。一般谪官叨恩遇，望著归鞭及早春。”二人虽然同为遣员，其诗却丝毫不见悲切、愤懑，充满了豁达而乐观的情怀。

以上仅引述几位满汉诗人的几首诗作，并未做全面深刻分析，权且借以窥豹。

清代新疆汉诗作家群以其丰硕的诗作，广泛而深入地反映新疆各族人民的生活与边疆风貌，用诗歌作纽带，把新疆与全国连为一体，其意义重大而深远。

第五节
中华民族的凝聚力空前增进

有清一代，汉语作为中华民族的官方通用语，在新疆日益通行，其作为社会交际工具的功能得到了更好地发挥，同时也对新疆各族人民对国家的认同、民族之间的相互认同、民族之间文化的互相认同具有极大的促进作用。从而使中华民族的凝聚力空前增进，为我国成为一个举世公认的多民族团结的统一大国做出了贡献。

一、清代新疆各民族的国家意识臻于凝成

在中华民族经过两千多年的风风雨雨之后，有清一代，国家版图既定，全国重新统一，各民族共同的国家意识明显臻于凝成，新疆亦然。对国家的认同，是民族意识的立足点，是中华民族稳固地居于民族之林的根基。它使各民族产生了向心力、内聚力，从而使几十个民族在情感上凝聚在一起，成为坚不可摧的祖国大家庭的成员。

国家认同，不二中华　满族入主中原之后，在中国这个以数亿人口的汉族为主体的国度里，自顺治开始到康熙执政，很快果断地确定了一系列大政方针。首先，是满族对以汉族为主体的全国几十个民族一体的国家之认同和对两千多年来形成的以汉文化为主体的中华多元一体文化的认同。顺治年间，清政府首先确

定了汉语在全国的官方通用语地位，同时恢复以儒学为考试内容的科举取士制度，允准满汉两个民族之间通婚。到了康熙时期，康熙亲自授命张廷玉、陈玉敬编纂《康熙字典》，修订供科考使用的《佩文诗韵》《佩文韵府》。后雍正帝亲自撰文，申明满族是华夏的一部分，不是外部入侵中原。最高统治者的带头身体力行，对催化各族人民大中华民族意识的形成，起着鲜明的强有力的导向作用。

在清朝新疆各族中华民族国家意识凝成的过程里，当时，西域的维吾尔和准噶尔表现最为突出。

有清之后，1646年(顺治三年)吐鲁番遣使奉贡于京；同年和硕特部顾实汗遣使向清政府奉表进贡，准噶尔首领及其他各部首领也“附名”入贡。1647年(顺治四年)，哈密王额贝都拉遣使赴甘州乞粮，愿效忠上国。尽管伊斯兰教在维吾尔人中传播已久，而且在叶尔羌汗国之前就已实行政教合一的制度，对老百姓进行一元忠诚(忠诚于真主)教育，但是他们中的有识之士还是胸怀国家社稷，他们对国家的认同态度非常明朗坚定。准噶尔被平之后，他们才真正得以内附。1696年(康熙三十五年)，哈密王额贝都拉被封札萨克一等达尔汗。雍正十四年，吐鲁番额敏和卓被封为札萨克护国公。这正是他们对国家认同的明证。

准噶尔部的历届首领，多有扩张本部的野心，甚至对清廷有所图谋。但对外来的扩张势力，则不相与谋，坚决抵制。噶尔丹当初奉贡请附时，声称“我并无自外于中华皇帝”。策妄阿拉布坦和他的儿子噶尔丹策零，也曾先后对入侵准噶尔领地的沙俄军队进行过多次坚决抵抗，用具体行动证明其不二中华的态度。

最为感人的是，原卫拉特四部之一的土尔扈特于乾隆年间历经千辛万苦从遥远的伏尔加河流域回归祖国的壮举。当初，准噶尔部强大起来，土尔扈特部感到威压而游牧出走伏尔加河流域。后来，土尔扈特成了沙俄欺压、攻击的对象。危难之际，土尔扈特部先后于顺治十二年、康熙五十一年，遣使与清廷取得联系。康熙皇帝还派人专程前往伏尔加河流域慰问土尔扈特部人民。1770年(乾隆三十五年)，在民族危亡关头，土尔扈特人以全族回归祖国视为最美好的夙愿，其首领渥巴锡毅然决定率众（于次年1月)东归。近17万人众经过8个月的残酷战斗和艰苦跋涉，加之饥寒交迫、瘟疫流行，土尔扈特部幸存仅7万人终于回到祖国怀抱。清廷获悉他们回归的消息，立即派兵接应。乾隆迅速下令边境参赞大臣接待安置，发放衣物，拨给牧场和耕地；还拨放库银20万两，以供其购买牲畜、毡房、粮食等生活必需品。乾隆皇帝还安排接见了渥巴锡等首领，并亲撰《土尔扈特全部归顺记》和《优恤土尔扈特部众记》，树碑记载这一举世瞩目的壮举。乾隆还论功册封了渥巴锡为首的14名有突出表现的领袖人物。土尔扈特不远万里回归祖国，充分体现了蒙古人民认同中华的爱国精神。

民族认同，一致对外 清代新疆各族人民意识深处的向心力、凝聚力，还表现在中华各族是一家的民族认同和一致对外的行动上。自明朝以来，境外势力就一直对我新疆存有觊觎之心。有清以来，沙俄、英帝、安集延等，都相继蠢蠢欲动，发动大小不等的入侵战争。面对外来势力，新疆各民族人民一经认清来犯者的嘴脸，便万众一心，同仇敌忾，誓死捍卫国家领土完整和民族尊严。新疆统一之后的100多年里，各族人民谱写了一曲曲团结一心共同抵抗外来侵略的壮烈颂歌。

首先是19世纪初期平息浩罕支持下的张格尔之乱，新疆各族人民，尤其是维吾尔族人民做出了重大贡献。当人民认清自立苏丹而残害人民的乱军的真实嘴脸之后，维吾尔族群众奋起组建武装，奋勇杀敌。和田和叶尔羌的维吾尔族人民与清军里应外合，擒献叛军头目，开城迎接清军。仅库车一地，维吾尔族群众便出动上千名民工和大批车马，为清军运送粮草。几年后玉素甫入寇的消息，首先也是由维吾尔族郡王伊萨克报告政府的。叶尔羌办事大臣壁昌(蒙古族)迅速传集各伯克、阿訇，晓以保家卫国之大义，维吾尔人民群情振奋，组织义兵数千，配合清军作战，又获全胜。长达8年的英勇战斗，充分体现了维吾尔族人民认同国家、认同中华民族是一家的意识，体现了各民族团结一致，共同抵抗外侮，保家卫国的民族精神。

第二个重大事件是，彻底击溃同治年间英、俄帝国主义扶植的阿古柏入侵。安集延反动军人阿古柏挟持逃往安集延的和卓后裔，打着“伊斯兰教解放者”旗号，利用军事暴力，在屡遭柯尔克孜族、维吾尔族、回族、汉族、满族等各族人民的坚决抵抗之下，以血腥屠杀的方式占领了南疆七城。喀什周边的柯尔克孜人，叶尔羌的维吾尔族、回族人民，库车热西丁和卓及其所领导的反抗军民等，与阿匪入侵者战斗多年，付出了巨大牺牲。1870 年阿匪又将侵略的魔掌伸向北疆,同样遭到了汉族、回族人民保家卫国的武装反抗,尤以乌鲁木齐汉族民团首领徐学功联络各地民团共同抗敌的影响最大。新疆各族人民的顽强抵抗,一直坚持到 1875 年清政府派遣左宗棠收复新疆大军的到来。左宗棠所率西征大军进入新疆,军民团结一致,仅以一年半时间便彻底打败入侵者,收复了被蹂躏 10 年的国土。

各族人民自发奋起抵抗英、俄外侮,也是这一时期各族人民又一不可磨灭的历史功勋。

还在阿古柏入侵之前,为了反对沙俄的殖民统治,阿尔泰一带便多次发生哈萨克人民的武装起义。后来,北疆又接连发生塔城人民反抗沙俄暴行的斗争。1855 年(咸丰五年),沙俄为霸占我塔城雅尔嘎图山金矿,制造了残杀中国矿工 200 多人的惨案。忍无可忍的汉民群众在安玉贤领导下,将沙俄侵略者赶回了俄国。1870 年(同治九年)8 月,俄国寻找借口出兵侵占我伊犁南部。伊犁地区的各族人民,包括索伦、锡伯、蒙古、维吾尔族人民,以及汉民、回民,同仇敌忾,协同作战,参加战斗的群众多达万余人,谱写了一曲团结抗敌的民族颂歌。

文化认同,和谐共存 各民族人民在文化上的互相认同,是中华民族凝聚力增强的又一重要原因。文化认同也是各族人民之间更深层次感情交融的结果。在清代,首先表现在统治者满族贵族对各族文化的认同,又特别表现在满族统治者对人口数量最多、文化影响巨大而深远、两千年来诸多民族和汉族文化相融之集大成的汉文化的认同。这一方面的内容前已述及,不再赘述。另外如康熙、乾隆的汉诗创作和书法造诣,都自成一家,他们对汉族的命名、避讳、字号、堂号、碑铭、牌匾等文化,也特别注意加以吸收和运用。

清朝政府在新疆对各族文化的认同也同样如此。首先是在维吾尔、蒙古人民聚居区实行民族传统的行政制度。满族统治者认同这里的民族文化,尊重他们的民族习惯,沿用他们原有的宗法制度,分别实行伯克制和札萨克制,将地方权力分给受封的阿奇木伯克、札萨克执掌。这种针对当地实际而采取的行政制度,就是典型的民族文化认同。当然后来晚清时期,制度有些变化,但也还是在尊重民族群众根本利益基础上的变更。

除了在新疆通行官方通用语汉语外，清政府对其他各族语言文字，包括满语文、维语文、蒙古语文、哈萨克语文、柯尔克孜语文等，一律都照样通行。在这种认同的同时，运用民族语文进行学校教育乃至借助语言文字进行的宗教传播，也都得到了认同。因此，伊斯兰教、蒙古人信奉的黄教，都照样进行传播活动。与之相关的黄教寺庙教育、伊斯兰经堂教育，也都得到认同，依然合法存在。

土尔扈特部郡王帕勒塔少年英俊，思想开放，进过京城，留过外洋(日本)，参观过各类学校，见多识广。回到本部之后，聚集各部王公于乌苏，建议设学堂为自强之基。后设文学堂于省城，各部送子弟前往就学。塔城参赞选各族子弟设立一座武备学堂，蒙、汉、回、哈各以其语言进行教学。哈密、吐鲁番、库车之回部王，也各设汉语学堂、识字学堂。这些都体现了各族之间文化的互相认同。

国家的认同、民族的认同、文化的认同，使新疆各族人民为一家的中华民族意识得以凝成，中华民族文化的多元一体特点更为鲜明，中华各民族的统一国家更加巩固。

二、清代新疆历史地理学的开创

我国的史志文化包含的史地学问，历史悠久，成果丰硕。清朝乾嘉时期，新疆所开创的新疆史地学，为我国史志文化增添了新的光彩，成为中华文化不可或缺的重要组成部分。

乾隆时期新疆史地学的兴起　某种文化成果的产生，离不开一定的社会政治、经济、文化背景。清朝康乾时期的连续努力，使新疆重新得以统一。清朝政府划定版图，采取驻军戍边、屯垦实边等政策，使国人无不瞩目新疆。当人们视野开阔，悉心审视、认识新疆时，学者们顿觉新疆的历史、地理都有待深入研究。于是，撰写新疆志书的热潮开始兴起，新疆历史地理学应运而生。

先是乾隆三十七年，流放新疆的道员固世衡和两任喀什噶尔参赞大臣永贵、苏尔德共同完成了一部《回疆志》(5卷，4万字)。乾隆四十年，伊犁惠远城满营协领格琫额编纂成《伊江汇览》(近3万字,不分卷)一书。紧接着,乾隆四十二年,曾任镇迪道员的尼玛查·七十一(字椿园)撰成了《西域闻见录》(8卷,约4万字)。后来,乾隆亲自派人调查编写,并经20余年的增纂,于四十七年完成的新疆第一部通志《新疆图志》(52卷,60万字),堪为新疆史地学研究走向成熟的标志。

此后,接连又有《伊犁事宜》《喀什噶尔英吉沙尔事宜》《乌鲁木齐事宜》《塔尔巴哈台事宜》和嘉庆朝的《回疆通志》《三州辑略》等志书成书。而最终成书于道光初年的《西陲总统事略》(成书时定名为《新疆识略》),成为继《新疆图志》之后的又一卓越大作。

新疆史地学研究成就斐然 乾隆皇帝亲自主持编纂《新疆图志》,从某种意义上说,体现了关于边疆史地科研的官方意志之导向。自此,关于边疆史地的研究,引起了更多学者的兴趣。

1. 运筹新疆史地学研究的核心人物松筠

松筠,字湘浦,玛拉特氏,号百二老人。蒙古正蓝旗人。1772年(乾隆三十七年),他以翻译生员考补理藩院笔帖式,开始步入仕途。曾历任军机京章、户部侍郎、军机大臣、吏部尚书、驻藏大臣、陕甘总督、伊犁将军等职务。他精通蒙古语、满语、汉语等多种语文,对汉文化,特别是儒学,造诣颇深。

松筠是位尊重知识、爱惜人才的学者型官员。他一生三次出任伊犁将军(第一次不足半年)。当他第二次出任伊犁将军(1802—1809)的第三年,祁韵士被放逐惠远。此前,松筠正在伊犁利用流放官员山东金乡县知县汪廷楷编写志书。久仰祁韵士的人品学问、功力造诣和编修成就的松筠,知人善用,马上延请本该服苦役的祁韵士为主笔,对已成的志书初稿订正增纂。这一大胆起用流人之举,终于使祁韵士的才学、功力得以发挥,成就了他晚年的大业。

当松筠再次出任伊犁将军(1813—1815)时,适逢又一文化名人徐松被遣伊犁一年。松筠又大胆起用徐松,对祁韵士所完成的《西陲总统事略》进行了再次增纂。松筠作为这一研究的选题确定、运筹实施的核心人物,在创立新疆史地学中功不可没。

2. 新疆史地学开山大手笔祁韵士

开创新疆史地学研究的第一大手笔,当推祁韵士。他是山西寿阳人,字鹤皋。乾隆十六年(1751)出生。27岁赴京会试，殿试得中，赐进士出身。28岁的祁韵士步入仕途。他曾向时任礼部满人尚书德保、继为武英殿大学士的阿桂等人学习满文，很快便达到熟练阅读和翻译满文档案的水平。出任编修期间，他奉旨创立了蒙古王公表传。历经8年辛劳，最终完成了120卷、乾隆钦定、纪传体巨著《蒙古回部王公表传》(满汉合璧本)。该书成书后，即被录入著名的《四库全书》。

1801年(嘉庆六年)，45岁时他被保荐为宝泉局(专司钱币铸造)监督。54岁时，他因宝泉局局库亏铜案发，受牵连而获罪发配新疆伊犁。嘉庆十三年，三年流放期满，他获释回归原籍。1815年(嘉庆二十年)在保定去世，终年65岁。祁韵士的一生，官运并不亨通，而成就他一生的却是学问的积累和治学的历练，以及其丰硕的著述。

54岁的祁韵士，无辜而获罪，并被发配伊犁，实属一大不幸。然而，他却意外地受到了礼遇和器重，使其聪明和才智重新得到了发挥。祁韵士得到松筠的关照，心领松筠的美意，重操旧业，心志有所寄托。于是，他潜心钻研，钩沉考稽，缜重撰写，夜以继日。终经两年努力，完成了《西陲总统事略》这一新疆史地学开创性研究的惊人成果。

《西陲总统事略》，又名《伊犁总统事略》，全书12卷，14万字，舆图19幅。其主要内容包括以下几个方面：清朝统一新疆的经过及新疆的疆域、城镇、山川、卡伦、军台、官制、兵额等概况；伊犁本境各军政官员的任免，各城池衙署、坛庙、祠宇的兴建，以及粮饷茶布、军械营务、钱法、船工、图迹、矿厂的记载，特别是屯田和水利的详细记载；乌鲁木齐、塔尔巴哈台及南疆各城事宜概述；蒙古、哈萨克、柯尔克孜及古代乌孙、突厥等民族的活动与习俗的概述。(周轩、张力:《清代新疆流放名人》93页，新疆人民出版社，1994年。)全书内容翔实，资料丰富，表述缜密，是研究清代乾隆时期新疆，特别是研究伊犁地区政治、经济、历史、地理的一部重要志书。

祁韵士在完成《西陲总统事略》的同时，又另行构思，独立完成了《西陲要略》(4卷，3.5万字)和《西域释地》(1卷，1万余字)二书。《西陲要略》主要叙述新疆的疆域、山川、卡伦、军台、城堡、职官、驻兵、屯牧、水利以及蒙古、维吾尔、哈萨克、柯尔克孜等部的历史、宗教和风俗等，对喀什噶尔及赴境外的路程也做了简要的纪录。《西域释地》一书则分两部分，对新疆的一些重要地名，分述其历史沿革、解释含义，并注明其四至、山川、地理位置和走向等,对研究新疆地名等都有一定的参考价值。

祁韵士一生著述丰硕,有《书史辑要》《珥笔集》《袖爽轩文集》《筠渌山房试帖》《房山随笔杂录》《濛池行稿》《西陲竹枝词》《鹤皋年谱》等10余种。

3. 新疆史地学研究巨匠徐松

继祁韵士之后,对西域史地学又做出卓越贡献的巨匠是比他小30岁的徐松。他以增修《西陲总统事略》和撰著《西域水道记》两大成就而享誉学界。

徐松,字星伯,1781年(乾隆四十六年)出生。原籍浙江上虞。幼年随父宦游京师,后入籍京郊大兴。嘉庆五年中举,年仅19岁。次年会试,得中二甲第一名进士,被授予翰林院编修一职。他以博学文采而名重当时。

1811年初(嘉庆十五年底),徐松被授湖南学政,时年30。这对一位编修来说,实为格外重用。不料,次年底,他便被参"需索陋规及出题割裂圣经"等获罪,谪戍新疆。本来罪期3年,实际在新疆耽搁了7年。道光元年,41岁的徐松回到京城。

徐松流放西域1年之后,复出伊犁将军的松筠得知其才学能力过人,毅然决定再请徐松对《西陲总统事略》重写三稿。在戍而被委以重任,这对年轻志高的徐松来说,无疑是个"宦途潦倒不介意,末路益坚重振作"的极佳机遇。于是,他以自己的勤奋和雄厚学识,伏案潜心于新疆史地研究。他认真熟悉、阅读、研究了他所能够看到的有关新疆的古籍、档案与现实资料,亲自走马天山南北进行实地考察。他在充分占有材料的基础上,不辱使命地将松筠主修、祁韵士增补的原《西陲总统事略》二稿,增纂成了28万字的鸿篇巨著。他新增修的《西陲总统事略》共12卷:卷首为乾隆诗文,并略述统一新疆之经过;前四卷为新疆总图及各地舆图,另有图说,对各地山川、河流、道路、卡伦、台站等予以详细记载;卷五至卷十,则记载新疆官制、兵额、屯务、营务、库储、财赋、厂务等,对伊犁地区的农牧生产记叙尤详;卷十一是边卫,即在伊犁各卡伦的设置;最后一卷在记述哈萨克、柯尔克孜等民族状况之外,还有伊犁将军、参赞大臣、领队大臣、总兵等任职表。(周轩、张力:《清代新疆流放名人》168页,新疆人民出版社,1994年。)增修的《西陲总统事略》,成为一部全面认识新疆的通志。嘉庆二十五年秋,松筠将该书进呈刚即位的道光皇帝,道光钦定赐名《新疆识略》。徐松也因此获释回京。

徐松在努力修志、报答松筠知遇之恩的同时，还以一个学者学无止境的气度，抚平心态，匠心独运，最终完成了举世瞩目的学术专著《西域水道记》。这也是他流放新疆期间，耗费精力最多、学术价值最高的力著。他根据内陆河不是流向大海而是流向湖泊这一共同特点，创造性地依新疆河流的受水体湖泊，把全疆水系划分为罗布淖尔（罗布泊湖）、喀喇淖尔（敦煌以西的哈拉湖）、宰桑淖尔（斋桑湖）等 11 个湖区，继而对全疆各水系进行综合整理，拟出提纲，依之进行深入研究。而后，他根据乾隆时期对全疆地形的实际测量和自己在南北疆长达数年的实地考察，对山脉和河流的地势、走向、经纬度以及所经城乡、距离等，逐项著文表述、绘图注明。除了对诸水道的翔实记载之外，还旁及各水系流域的交通物产、民族分布，直至城邑的兴废。从而使全书对全疆每一条河流的源流、主流、支流，河流的流向、地理地势，各流域的历史概况、古迹名胜、驻军屯垦、风物特产，包揽无遗。书中对许多年之后土地被强邻沙俄霸去，而当初本属我国疆域的国界都有翔实、具体的记载。

最终成书的《西域水道记》共 5 卷，内容丰富，包察古今，成为一部研究新疆农业绿洲、畜牧草原、古今变迁、人文地理等多门科学的学术专著。可以说，这一著作倾注了这位学者一生黄金岁月的全部智慧和精力。徐松以其在新疆的学术建树，成为建树新疆边地史地学蜚声中外的代表人物。诚如有的学者高度评价的那样，堪称“近世言西域者罕与伦比”。

徐松一生著述丰硕。除了前已提到的之外，还有《唐登科记考》《新校注地理志集释》《西夏地理考》《元史西北地理考》等。

新疆史地学建立的意义及影响　清朝新疆的边地史地学的建立，是我国近代学术史发展中一件了不起的大事，其政治意义和学术价值都是不可低估的。

1. 中华民族多元一体文化的特点更为鲜明

新疆史地学作为一项文化事业，它的建立是在清朝大一统局面下，致力开发新疆、建设新疆的大背景中，由蒙古族学者、汉族学者、满族学者共同努力，为中华文化增添新的光彩的一项大事业。它在完成过程中，不仅自始至终得到来自政府方面的支持，主要由汉族学者主笔编纂，而且在学者调查研究过程中，得到过天山南北各族民众的大力帮助和热情支持，最后得到朝廷的高度评价和肯定。这一业绩是内地学者和新疆各族人民共同创造的。

同时，作为一门学科，从其内容看，它反映的是自汉唐以来我国各族人民开发建设新疆的历史及当朝新疆各民族的人文资源；也反映了新疆各族人民共同劳动、一起生活的这块土地之社会现实。它为各族人民进一步开发新疆、发展新疆提供了扎实的科学依据。因此，可以说，这一学术成就是中华民族多元一体文化特点更为鲜明的佐证。

2. 对新疆各民族经济文化发展具有更大的现实意义

新疆史地学，客观反映了两千年来各族人民在共同开发新疆上所做的贡献。作为一种文化建设，它对促进各族人民之间的相互了解、加深情感、团结和谐和巩固国家认同感意义重大。同时，它对各族人民明确相互依存关系，共同抵制与揭露分裂祖国的罪恶阴谋，同样具有重要的认识价值。

新疆史地学，从山川、道路、物产等各方面，为新疆各族人民提供了了然环境和条件，对了然家底和生产同样具有重要的资料价值与认识意义。这对新疆经济、文化各方面的长远的可持续发展，对实施“一带一路”的伟大战略构想，都有极大的促进作用。

3. 在我国学术界的深远影响

清代新疆史地学的研究是开创性的和卓有成效的。它的成功建树，对当时全国学界影响巨大，接踵而来的许多学者的成果泉涌般地问世，皆受益于此。其历史影响也是深远的。

例如自祁韵士巨著脱稿，其英名便不胫而走。许多学者慕名效法，紧步其后。如俞正燮写出《驻扎大使原始》和《俄罗斯事辑》等，很快便推向了社会。徐松回到北京，马上受到道光皇帝的召见，还表彰了他们为国家所做的贡献。于是，海内通人争与相交，与之请教、切磋学问者益众，以致在其身边无形中形成了“边疆之学”“西北史地之学”“少数民族之学”的研究中心。在前述比徐松年长的学者俞正燮之后，名藻当时的龚自珍的《西域置行省议》、魏源的《圣武记》，以及徐松的晚辈沈尧的《元史西北地蠡测》、张穆的《蒙古游牧史》、何秋涛的《朔方备乘》等，无不受到祁韵士、徐松治学精神的深刻影响。这些著述的问世，使得边疆史地之学在晚清终成学界的一门显学，成为中华文化事业中的一个亮点。

值得一提的是,笔者个人认为,当代的“敦煌学”“吐鲁番学”蜚声海内外,吸引众多学科的专家学者关注和潜心研究,应该也受到了清一代新疆史地学研究的影响。

三、清代新疆教育事业的发展

教育,是一个民族的社会和文化发展到一定时期所产生的以语言文字为传媒而传承本民族文化的一种方式。就我国来说,单独看汉族是这样的;就整个中华民族看,也都是这样的。

新疆历史上,早在南北朝后期,高昌一带就有了教育事业。那时,不仅有以传播儒学为己任的汉语教育,而且有了以双语为传媒的民族教育。唐朝以高昌为中心的北疆大部分地方,民、汉教育都较为繁荣。元朝、明朝时期的西域,因史料短缺而其教育则难知其详情。自乾隆时新疆再次统一之后,新疆教育发展速度日快,尤其是平定阿古柏入侵之乱和新疆建省之后,教育的发展速度空前。这时的新疆教育,作为传承中华民族文化的重要事业,也充分显示了多元一体的基本特点。

清代新疆教育事业的发展概况　乾隆时期的新疆教育,不妨说还是一种“原生态”教育。就其民族语言文化背景及教育的课程设置、教学内容、培养目标的不同来看,这时的新疆教育呈三元并存状况,即乌鲁木齐都统辖区(甘肃省管辖)的汉语传统儒学教育,南疆地区的维吾尔语伊斯兰教经堂教育,北疆地区蒙古族、满族的(托忒文、蒙文)黄教寺庙教育和旗学教育三种教育形态的并生共存。其中,汉族的儒学教育对学生实施君权、教权的二元教育;维吾尔族和蒙古族、满族的经堂教育和寺庙教育,都对学生实施单纯的教权一元教育。

清代新疆教育的繁荣发展程度是史无前例的。自乾隆中期到清朝灭亡的150年里,新疆教育事业的开办、发展,可以以新疆建省为分水岭划分为建省前、建省后两个阶段。前者是旧有的“原生态”教育的延续;后者则是在社会发展的新形势下,教育领域受到新的意识形态影响而出现的新发展和新变化。其发展速度、变化程度都是历史上前所未有的。仅以汉语教育来看，有关文章援引《新疆图志·学校志》称：属于今新疆境内府州县的官学，前期的乾隆四十四年也仅 7 所。因之，可以说所设义塾实不算多。朱玉麒的《清代新疆的民族教育于政府的反思》载于《民族社会学研究通讯》109 期。另据《新疆教育厅网站》载，到宣统时期，新疆全省总计有学堂 606 所，教习 764 员，学员 16 063 人。《新疆图志》卷 39《学校志二》《学堂》两相比对，可以看出，新疆教育的发展和变化可谓非常惊人。

清代新疆教育的发展变化　清代新疆教育的发展变化，如上所述，可分前后两个阶段。

1. 建省以前的"原生态"教育延续阶段

乾隆统一新疆之后，随着军府制在全疆的实施，以及清政府移民实边政策的推行，大批陕甘民众应募到北疆乌鲁木齐一带参与屯垦，促使这里的人口迅速增加。不久，伊犁、乌鲁木齐、镇西驻屯携眷的官兵和前来应募的民众大量聚集，形成了大面积的说汉语的人口聚居区。于是，他们之间自然萌生了子弟接受教育的需求。而清政府从实行科举取士制度始，就基本上照搬了汉族千年以来既有的以应试为目的以传播儒家思想为中心的汉语儒学教育。这样，传统的义学教育便在乌鲁木齐都统所辖地区里兴盛起来。这时的新疆学校教育，完全照搬内地传统的汉族教育模式。义学里，学生主要从《千字文》《三字经》等开始学习，接受启蒙教育。初始兴办的义学，是为驻扎兵丁子弟提供学习文化的书院，所以受教育者都是汉人、满人的子弟。

后来，伊犁将军也开始在伊犁地区兴办教育。伊犁一带的教育，主要在伊犁将军管辖的满、汉驻军军营里开展。因为随营子弟不能家自为学，也没有内地那种由望族办起的私塾来满足这些随营子弟接受教育的需求，所以，汉营和八旗旗营便分别各设一所清书学房。后来为了让更多的子弟读书，又在每营各设义学一所。满汉各校学习满语、蒙古语、汉语以及俄罗斯语。除文化课外，亦学习骑射。办学模式与乌鲁木齐都统辖区基本相同。

1769 年(乾隆三十四年)乌鲁木齐都统又在迪化州所属的昌吉、阜康、绥来三县，以及镇西府和其所属的宜禾、奇台二县，设学宫、置学官，并设立了同内地相同的科举学额。例如迪化县、昌吉县、阜康县、绥来县岁试每县文童、武童各四员，奇台县岁试文童、武童各五员，宜禾县则岁试各六员。到乾隆四十四年，各处兵屯之地都有了属于府、州、县的官学。然而，这时的教育仍仅局限于在汉、满驻营官兵和汉族民众中实行。

及至阿古柏入侵之乱发生，全疆教育大面积受到破坏，唯巴里坤一地尚存。左宗棠平乱之后的光绪初年，汉满子弟中间的教育很快有所恢复，但是仍然受制于科举的桎梏。

由于清政府实行军政合一的军府制，广大民族地区实行伯克制、札萨克制，军府原则上对民族聚居区的教育不予过问。所以，至少自“嘉庆八年（1803年）直到清朝中期，新疆地区最高管理层与当地民族之间，仍处于文教不通的状态”。民族教育完全属于道地的“原生态”自发态势。

关于民族教育的教学实施，少见官方文献介绍。清同治年间参都统金顺、提督张曜戎幕，进疆十数年的湖南人萧雄在他的《西疆杂述诗·风化》一诗的小注中，对当时当地的民族教育有过极为具体而细致的描写。萧雄写道：

俗亦重识字，以识字诵经为出众，皆童时肄习之。传教者曰阿浑，师傅之谓也。其人不受官职，通经讲理，立品端方。不饮酒，不吸烟，恪守遗规，期为表率，常劝人行善事，学好样。老幼男妇，莫不亲敬。伯克、台吉等，不敢以势加之，分与望同坐。亦重道隆师之意也。讲舍必倚树阴。室中无椅案，师徒席地而坐。旁设矮桌一二张。夏日则环坐树根，捧书诵读。凡入学者，各执木简，或牛羊版骨一片，趋谒阿浑。阿浑为之书字于上，即读本也。小儿不率教者，则以红柳木条笞其脚心。据云，红柳，乃圣人遗留责人者，能使人开心思，善记忆，且脚心击之无伤也。束脩极薄。往年南八城一带，生徒一人，每至七日，供送普儿一文，遇节馈面馍油馓而已。

引自吴蔼宸：《历代西域诗钞》286页，新疆人民出版社，1982年。

从萧雄的诗注可以清楚地看出，当时的民族教育以识字为主要任务，以识字（民文）促读经为出发点，当然也教行善做人。总体来看，这时常态的民族教育只是由伊斯兰经学出发的启蒙教育。

另外，北疆蒙古人的生活区域，群众信奉黄教，膜拜喇嘛。这里的教育形式则是由喇嘛教读黄教经书的寺庙教育和旗学教育。执教者是喇嘛。施教的目的主要是传播教义,连识字都算不上是重要任务。

2. 建省以后的教育改良阶段

1884 年(光绪十年)清政府在新疆建省,其后的新疆教育发生了巨大变化。除了宏观上可见的民族教育的普遍开展之外,整个教育事业发生了质的蜕变。这一时期又可分为两个阶段,两个阶段以实施新政设新疆提学使为分水岭。

建省之后,左宗棠奏请改设郡县,设学塾,特别是对民族儿童实施新的教育形式。1880 年(光绪六年)刘锦棠奏请镇西以西划归新疆,镇迪道由镇西移于迪化。左宗棠的奏请获准之后,义塾在南疆陆续设立,以维吾尔族儿童为主要对象的民族教育大规模兴起,从而改变了过去教育偏于东疆一隅的状况。这时北疆的汉语儒学教育仍依旧制运行。不过,这时东疆的汉语学校都已是设立学额制度下的义塾。甚至,无学额的伊犁、温宿、疏勒三府也设训导,以资启迪文化。政府重资延请教习,还在乌鲁木齐开办书局,刊印发行经书,甚至免除了一些交不起书费者的费用。

起初的民族教育,其要旨是通过教育使学生识汉字,学说汉语,接受汉文化思想教育。所以,授课内容也是《千字文》《三字经》《百家姓》之类。刚开始,民族家长以儿童读书为荣,"群相矜宠,并请增建学舍"。其间,吐鲁番办起 8 所,乌苏办起 2 所,精河办起 3 所,拜城、焉耆、沙雅也都陆续建校。不多久南北两路各地开办义塾已达 37 所。义塾、义学都同样得到了官府的支持。但是,语言隔阂、宗教信仰等各种原因致使民族教育的实施陷入一哄而起、收效并不如左氏所想的境地。

清末新疆教育质的蜕变 光绪后期,新政实施。1903 年(光绪二十九年),政府公布了《奏定学堂章程》。三十一年,朝廷废除了科举制度,设立学部。三十二年,省设提学使、劝学所。该年,新疆也设立了提学使。有了提学使,意味着政府机构开始有了专门分管教育的官员。从此新疆教育和全国一样,掀开了新的一页。

设立提学使前后的新疆教育与平定匪乱之前的教育,固然有所不同,但是,设立提学使之后的教育与其以前的教育又有着本质的不同。这个不同既表现在发展的速度和规模上,还表现在质的蜕变上。

1. 实行新政之后的教育事业的大发展

兴办各级各类学堂，是实施新政后教育发展的典型例证。仅仅几年工夫，一批学堂便在天山南北如雨后春笋般涌现出来。当时，省城设有高等学校(后改为中学，今乌鲁木齐第一中学便是)，府厅州县设两等小学。省城建起的学校计有省立政法学堂、省立试验教员讲习所、省立中学附设师范、师范附小、省立巡警学堂、省立中俄学堂、省立将弁学堂、省立陆军小学等。当时的新疆四道镇迪道、伊塔道、阿克苏道、疏勒道所属府厅州县设有两等小学、初等小学、识字学堂、汉字学堂、实业学堂、艺徒学堂、初级农业学堂、官话学堂等，其中，迪化府学堂 2 所，迪化县学堂 25 所。其他诸如伊犁、古城、和田、疏勒等地都有新办义塾若干。这些学校有官立的，也有私立的，有半日制的，也有全日制的，可谓种类繁多。

特别是增设义塾对民族教育发展的促进，最为瞩目。民族师资的培训、教师待遇费用都由官方支付，保证了教师队伍的稳定；对民族学生所采取的奖励办法，吸引了更多生源，保证了一定的入学率。这两个举措可谓从实际出发，效果明显。例如，在中学设简易师范班，一年毕业，厚薪派往四道(镇迪道、伊塔道、疏勒道、阿克苏道)充任教习。师范班也有学习民文、民语的，修业期满，即派到民族学校任职。特别是考虑到民族教育的需要，派汉族人员充任会因语言障碍、宗教信仰等原因而不相适宜。所以，政府还专门开展民语教育对干部进行培训；挑选调集以前进过义塾、有一定汉语基础的维吾尔人到师范学堂读书，两年毕业，授以衣顶，让其进入社会担任学董、乡约，协助政府管理教育。结果，颇受民族群众欢迎。

政府统一解决教育经费，也是教育欣欣向荣的重要原因。光绪三十二年，新疆省立学堂经费达白银十七万二千五百余两，四道所属公私学堂经费达白银六十六万四千七百余两。

这时，与当地生产实际相结合的实业学堂(数量较少)也兴办起来。例如府、州、县所办的实业学堂、艺徒学堂、初级农业学堂、官话学堂等，均颇具特点，已经把教育与物质文明的创造联系了起来。另外，伊犁将军马亮在伊犁所办的养正学堂从满蒙学员中选拔苗子派往国外留学，培养涉外事务及外语人才的教育，更属首创。

2. 新形势下新疆教育事业质的飞跃

将提学使设置前后之清朝新疆教育相比，就可以看到，教育事业发生了质的飞跃。

(1)教育从民办到官办，发展为全社会的文化事业

新疆建省之后，特别是左宗棠的奏请经朝廷批准后在南北疆大办义塾，政府设立提学使、劝学所，教育由民办变成了官办，民汉学校教育一改过去无人问津的局面，成为官方主导下的政府行为。各类学校的兴办、科举制度的废止，从而使教学设置、教学内容、教学目的等都发生了根本性的转变。

相比之下，由官方主导新办的学堂不再受旧有传统教育——汉语儒学义塾、南北疆经学教育、寺庙教育的局限，促使受教育的对象比前大增。因此，南疆迅速办起许多学校，全疆教育面貌焕然一新。前面曾经提及，至乾隆四十四年，北疆所办汉语义学仅有 7 所。而教育改由官办之后，学堂则成倍地增加。据《新疆图志·学校志》载，阿克苏道和疏勒道在光绪晚期学校数目分别为 158 所、262 所，在校学生分别为 5 148 人、7 979 人。(曾问吾:《中国经营西域史》449 页，商务印书馆，1936 年。)学校类型的多种多样，学生所学知识的丰富新颖，以及走向社会后知识的切实有用，都是旧式教育无法相比的。

学校由民办转为官办，政府予以一定经济投入，是教育大为改观的重要原因之一。在政府的财政支持下，办起的学校数目大增，得以接纳的受教育者更广。以乌鲁木齐几个学校为例，省立政法学堂在校学生就有 60 人，年经费白银 24 200 余两，人均 403 两;省立陆军小学在校学生 270 人，经费 1.7 万两，人均 63 两(弱)。那时，新疆一斤蚕丝市场价大约仅值 1. 53 钱白银，而一个陆军小学学生，国家一年就要为之支出 420 斤蚕丝的代价。似政法学堂那样的学生，每年国家将为其支出的代价就更高了。

由此可见，学校走向官办，不仅有政府专职官员负责管理，而且得到了政府财政的支持，自然大大增强了教育的生命力。从而使教育成为覆盖社会面更广、带给社会福祉更多、具有更大意义的一项社会文化事业。

(2)教育体制的改变，使传统教育开始向现代教育迈进

清末新疆教育的转变，始于转为官办之后教育体制的根本转变。提学使的设置及

相应的教育机关的建立，以及教育事业的专项财政开支，体现着官方办教育的意志。设提学使，意味着有了代表政府负责教育的专人。政府的专项教育经费投入，保证了办学的规模。特别是受维新思潮的影响，新的现代教育思想的传入，也都使教育大为改观。新疆教育自此一改过去传统教育的模式，在学校建设的类型和级别上，在学校的教学设置、教学内容、教育目的等诸方面，都发生了根本性的变化。进而，使新疆教育从旧有的封建教育快速迈向新的现代教育。

当时新疆教育的发展中，新的各级各类学校的出现，尤其是结合当地生产实际的实业学校的开办，以及伊犁为培养留学预备生的养正学堂的开办，都具有鲜明的时代特色。这是一种全新的教育形式。实业学堂把旧有教育单一传播精神文明的文化传承，扩大到传播物质文明的文化传承，从而使教育成为传承精神文明和物质文明的完全意义的文化传承事业。养正学堂以培养涉外事务的文员为办学目的，使教育面向社会，体现了为社会服务的新精神。这些都呈现出从旧有的封建教育开始向现代教育迈进的崭新气象。

余 论

通览汉语在西域通行两千多年的历史，以下几点基本认识，应该已经十分明确。

一、两千年来汉族一直在西域参与开发建设

自汉朝始,汉民开始进入西域参与开发建设,这是中外有文字记载的历史和大量出土文物所证明的。当时,与汉族同在西域的,有匈奴、大月氏、乌孙、羌族等诸多民族。汉朝之后,先后又有柔然、鲜卑、高车、铁勒、突厥、回鹘、契丹、蒙古、回族、满族等民族先后陆续进入西域活动。汉民族和他们休戚与共、相濡以沫,是当今我国五十六个民族当中,最早参与新疆开发的民族。

汉代之后,汉民连同其他民族中的说汉语人口,陆续迁徙于天山南北。在民族融合中不断壮大的汉族,和后来通过民族融合而产生的其他民族,尤其是唐宋之后逐渐发展壮大成为当地主体民族的维吾尔、哈萨克、蒙古、回等民族,成为新疆这个多民族聚居区中主体民族中的一员。这是无可争辩的历史事实。

汉民在新疆发展史上,曾经和其他兄弟民族一起,以创造出过汉代、唐代两个经济、文化发展的高峰而驰名中外。魏晋南北朝时开发建设新疆的各族人民中,汉族又是其中最主要的角色。后来,汉族和其他前来新疆参与建设的契丹族、维吾尔族、蒙古族、满族一起,共同创造了西辽、元朝、清朝新疆的历史。明朝在西域的建政虽只及于哈密,但是汉民仍然散居于新疆各地,同各族人

民杂处一起,共同生活,共同劳动,也是无可怀疑的历史事实。汉族民众在新疆的开发建设中所做出的贡献,日月可鉴。

二、汉语是西域发展史上唯一不曾断绝的语种

语言依附于人类社会,依附于说这种语言的人口群体。操某种语言的人们一旦不复存在,这种语言也就成了死语言。有资料证明,汉朝之前,西域曾经有过羌、塞种、雅利安、伊兰种人等在此活动。后来,历朝历代都几乎不再见到有关他们的活动记载,见不到他们的踪影。他们当初所操的语言也已完全消失。

汉代进入西域的汉族、匈奴族,和当时西域本地的各部族,那时大都有了自己的语言。除了位于今天新疆之外的个别国家当时有了文字之外,连分布很广、势力很大的匈奴,都还没有自己的文字。汉代之后,历史给西域各国、各民族、各部族安排了不同的发展命运。连汉族之外最大的匈奴,也在魏晋南北朝之后,悄然融于汉族和其他民族而消失。至于匈奴语什么样子,至今我们都无从知道。

据研究得知,汉朝前后,西域还出现过粟特文、吐火罗文、佉卢文等,而后来这些语言文字都消失了。汉代西域还有过龟兹语、焉耆语、于阗语等本地语种,后来也不知去向。汉朝之后,西域还曾出现过的柔然、鲜卑、高车、铁勒、突厥、回鹘等民族。他们都有自己的语言。他们都曾兴旺一时。后来,因为政治、经济、文化等各方面的原因,他们历史地、身不由己地产生了分化,分别与周边的人们进行了这样的接触、那样的相融,陆续在不同时期演变成大大小小的不同民族。后来他们又与其他民族进行了再接触、再相融,进而演变成了更新的民族。例如,今天的维吾尔、哈萨克、蒙古、吉尔吉斯、乌兹别克等民族,都是唐宋之后,陆续形成的既古老而又年轻的民族。他们有的本来的语言已不复存在,而变成了同一语系的不同语族的、新的不同语种。

其间,汉族也在不断与其他民族进行融合。不过,因为汉族在史前和商周(春秋、战国)时期的长时间发展,其本身已经在漫长的发展过程中,迅速壮大而成为东亚分布最广、人口最多的一个大民族。后来与之相融的部族、民族,在和汉族相融合的时候,大都因为双方人口数量的巨大悬殊,使得他们无不因为在相形之下人口居于少数、语言处

于劣势的情况下，最终融合于汉族之中。其母语也就自然放弃而被汉语所取代。历史上的柔然、鲜卑、氐族，包括匈奴族的大部分，都这样融入了汉族，而本民族的语言从此再也不复存在。汉代的诸多语种里，唯有汉语一直存活到今天。这是历史上汉语一直通行于中华大地的根本原因之一。

当然，在西域发展史上，汉族人也有融入别的民族的时候。西域历史上这种情况的出现，应该说，各个朝代都没有中断过。特别是明朝时期，为数不少的汉人因为政治、宗教等各种原因，陆续融入了蒙古族、维吾尔族和回族以及其他民族之中。融入其他民族的这些汉族人，自然也会放弃母语而改变所操语言（唯汉族融入回族不存在语言的改变）。但是由于汉民族本身群体庞大，人数众多，因为各种原因而融入其他民族的，毕竟只是一小部分，继续存在了下来的，和后来源源不断进入西域的汉民，相继又组成了西域说汉语人口新群体。所以，汉语在西域的通行，从未中断过。

西域汉民人口的补充，也许确实难免出现一时的短暂中断。但是，按照社会语言学、文化语言学的观点看，这种汉民人口的增补一时出现中断，只要遗留下来的说汉语人口的民族心理没有改变，汉语仍能保持相当长时间的存活。宋代因西夏的存在，宋与西域的喀拉汗、西州回鹘的来往阻隔，西域汉民难以得到补充。但是西州自盛唐以来此处多有汉民的状况，仍继续保持。汉语在西域的通行始终不曾中断。

三、汉语两千年来一直是西域社会的通用语

语言是一种特殊的社会现象。一个民族内部，不同阶级之间，不管矛盾对立到何种程度，对立的双方，总还要用自己的民族语言相沟通。不同的民族，从不可能各自画地为牢，自我封闭，不和外人往来。只要他们要和别的民族相交际，就必须有一种语言供他们作为相互沟通的交际工具。春秋战国时候，列国之间方言不同，洛阳话就被约定俗成为“通语”，即普天下的通用语。历朝历代，各地的官员，包括边远地区的民族上层，要办公事，都必须会说“官话”。 社会实践证明，一个民族内部的方言与方言之间，一个民族与另外的民族之间，客观上也必须有一种供大家通用的语言，作为共同的交际工具。古今中外概莫能外。这是语言的社会功能所决定的。

以今天科学的语言观来看，一个民族内部方言之间的通用语、民族与民族之间的通用语的确定，是一个严肃的科学问题。历史事实证明，封建朝代大多数情况下，通用语的被全社会确认，大多取决于说某种语言的人口群体在全社会的影响、该语言在全社会的交际中使用频率和该语言的发展进步程度等。一般情况下，这个通用语又与统治民族有一定的关系。语言学常常称其为官方通用语。

汉语在西域通行的两千年中，一直被认定为全社会的官方通用语，除了因为历代中央王朝和西域各部族之间政治实力的反差之外，也因为本身的发达成熟、并有发展成熟的文字系统作为语言的辅助，其社会交际功能超过西域任一个部族的语言，其社会影响，超过西域任一个部族的语言，从而使汉语上升到西域全社会的通用语地位。

至于元代和清朝，这两个少数民族贵族主政的封建王朝，汉语仍居通用语地位，也只有用社会语言学才能解释得通。蒙古贵族和满族贵族在取得全国政权之后，出于维护本民族上层的利益，曾经制定了相关的压制汉人的政策，但是他们面对本民族人口散入四处都是汉民的中原大地，出于交际的需要，不得不实行学说汉语、进而改用汉语的语言政策。于是很快在全国大范围内，汉语成了政府认同的官方通用语。

清代乾隆之后的 200 年，汉语在新疆的大规模通行，使汉语从近代迈入现代发展阶段，到 1949 年新中国建立，最终被国家通过法律形式，确定其为中华人民共和国的全国通用语。今天汉语在全国、在整个中华民族的通用语地位，就是这样历史地形成的。

四、现代新疆汉语方言是汉语在两千年通行中逐渐形成的

汉语方言学告诉我们，一地的现代汉语方言，是古汉语在这里通行、发展演变，又经过近代的通行发展演变直至现代而形成的。全国其他省份是这样，新疆也不例外。不管这个发展演变过程中，这里发生过什么样的社会动荡，只要汉语在这里还存在，其后来的发展总与前面存在着一脉相承的关系。

新疆历史上发生过无数大大小小的社会动荡，说汉语人口的发展有起有伏。汉语在这里的通行，曾经出现过多次辉煌的高峰，也出现过相对的通行低潮。但是，汉语的通行从未中断过。后来的新疆汉语发展，不管又从内地移来多少说汉语人口，汉语的发

展受到这些移民所操语言的多大影响，总和这里的古汉语、近代汉语保持着一脉相承的关系。只不过因为后来的某些时候某地来的说汉语移民比重增大，这些移民的家乡方言在通行中占据了优势，可能对新疆汉语方言的形成更具影响，从而使新疆汉语方言相对更具这些方言的特点。现代新疆汉语方言之所以使某些人产生“就是陕西话、甘肃话”的错觉，就是这个道理。

1983年，新疆汉语方言学界的学者们，接受中科院语言研究所的邀请，参加了以李荣、傅懋勣二位先生主持的国家六五计划期间重点社科研究项目的子项目——新疆汉语方言的调查研究。经过三年的艰苦努力，大家对全疆60多个方言点，进行了汉语通行两千年来的第一次科学调查。最后，研究得出了现代新疆汉语方言是汉语在两千年通行中逐渐形成，新疆确有与陕西话、甘肃话相近似而又具新疆特点的新疆汉语方言的结论。对此，笔者已在上一节做了比较详细的阐述，兹不再赘述。

五、汉语在西域通行的意义

语言是人类社会最重要的交际工具。它除了每日每时供全体社会成员进行日常交流之外，更重要的是，它作为一种传媒，不断进行着文化的内部传承和向外传播。

一个民族的产生发展史，就是一部文化发展史。一个民族的文化，涵盖着该民族的社会生活的方方面面，包括物质文明和精神文明。例如，饮食文化，服饰文化，民俗文化，教育文化，书写文化，宗教文化，娱乐文化，戏剧文化，文学艺术等等。每一个民族的文化，往往与该民族的生产方式、社会形态等方面的发展水平和民族传统有着直接的密切关系，并反映出一定的民族特点。而民族和民族之间的接触，导致文化的相互学习、相互渗透，又是在所难免的。这是人类社会的必然现象。

汉语作为汉民族语言和中华大地的通用语言，在文化的交流、传承、传播上，在整个中华民族的发展史上起到了极为重要的作用。同样，汉语在西域通行的两千多年里，对中华民族多元一体文化的形成、发展，对西域各族人民的社会生活、文化发展的积极作用，是无可怀疑的。今天，通过正确了解和认识汉语通行的历史，在各族人民中进一步普及历史文化知识，对当代新疆地区的经济、政治、文化建设，具有重大的现实意义。

参考书目

1. 曾问吾:《中国经营西域史》,上海:商务出版社,1936年。

2. 新疆维吾尔自治区教委高校历史材料编写组编:《新疆地方史》,乌鲁木齐:新疆大学出版社,1991年。

3. 白寿彝:《中国通史》,上海:上海人民出版社,1997年。

4. 翦伯赞:《中国史纲要》,北京:人民出版社,1996年。

5. 赵予征:《丝绸之路屯垦研究》,乌鲁木齐:新疆人民出版社,2009年。

6. 袁祖亮、袁延胜等:《丝绸之路人口研究》,乌鲁木齐:新疆人民出版社,2009年。

7. 刘义棠编著:《维吾尔研究》,台北:正中书局,1975年。

8. 杨耐思:《中原音韵音系》,北京,中国社会科学出版社,1981年。

9. 马国荣:《回族》,乌鲁木齐:新疆美术摄影出版社,1996年。

10. 王仲建:《汉族》,乌鲁木齐:新疆美术摄影出版社,新疆电子音像出版社,2010年。

11. 杨建新主编:《古西行记》,银川:宁夏人民出版社,1996年。

12. 于维诚:《新疆地名与建制沿革》,乌鲁木齐:新疆人民出版社,2005年。

13. 马学良:《语言学概论》,武汉:华中工学院出版社,1981 年 4 月。
14. 邢公畹:《语言学概论》,北京:语文出版社,1990 年 8 月。
15. 杨春霖:《现代语言学流派》,西安:陕西人民出版社,1987 年。
16. 罗常培:《语言与文化》,北京:语文出版社,1989 年。
17. 周振鹤、游汝杰:《方言与中国文化》,上海:上海人民出版社,1988 年。
18. 游汝杰:《中国文化语言学引论》,北京:高等教育出版社,1993 年。
19. 袁家骅:《汉语方言概要》,北京:文字改革出版社,1989 年。
20. 罗常培:《唐五代西北方音》,北京:科学出版社,1961 年。
21. 柳洪亮:《新出吐鲁番文书及其研究》,乌鲁木齐:新疆人民出版社,1997 年。
22. 卢明辉:《清代蒙古史》,天津:天津古籍出版社,1990 年。
23.《蒙古民族通史》,呼和浩特:内蒙古大学出版社,1991 年。
24. 厉 声:《中国新疆历史与现状》,乌鲁木齐:新疆人民出版社,2010 年。
25. 张迎胜、丁生俊:《回族古代文学史》,银川:宁夏人民出版社,1988 年。
26. 胡振华、黄润华:《高昌馆课》,乌鲁木齐:新疆人民出版社,1982 年。
27. 吴蔼宸:《历代西域诗钞》,乌鲁木齐:新疆人民出版社,1982 年。
28. 周轩、高力:《清代新疆流放名人》,乌鲁木齐:新疆人民出版社,1994 年。
29. 吴鸿清编:《中国书法史图录简编》245 页,中央电大出版社,1987 年。
30.《汉字文字系统发生的重大变化》209 页,北京:《语言学论丛》,1981 年。

后 记

在已经眼花耳背的古稀之年，我勉力终将本书完稿的时候，比往日完成任何一个项目时的欢乐,不知要多出多少倍。长舒一口气,闭目独自思忖,今生今世足矣。到了这般时候,还完成了一件自己割舍不下的事情,应该说再无遗憾可言。

三十年前，我应邀参加国家六五计划期间的重点社科项目“中国语言地图集”(国际合作项目）之子项目——新疆汉语方言的调查研究。对于我个人来说,这实在是一个学习和历练的好机会,也是带动我至今仍为之做出努力的机缘。当年,新疆课题组同仁共同完成集体任务之后,我个人在尝试研究确定新疆汉语方言内部片区代表话的过程中，因为接触到一些新疆的历史知识,于是,新疆汉语方言的形成、汉语在西域两千多年的通行这一命题一直在我心中萦绕不息。我在闲暇时间翻看了一些新疆历史方面的书籍,特别是退休之后,在深圳女儿家赋闲之中,对这一命题的兴趣更为浓郁,直至难以割舍。

2010年夏天,分管学校(这时已改称乌鲁木齐职业大学)科研工作的韩亚平校长得知我在闲暇中的这些思考,鼓励我向校方提出立项,正式纳入研究计划。当时已经年过古稀的我,自感身体状况还好,头脑一热,便真的提出申请并办了立项手续。然而,真正动作起来,才感到“廉颇老矣”,当离预计结题时间不到半年的时候,仅几天工夫,几种疾病并发,我不得不住院就医。好在校领导也清楚,倒也不予催促,而家人、同学、朋友却纷纷劝我就此搁笔。但我对已经完成过半的文字实不忍心抛弃，就这样，咬着牙也要坚持，也就在这一年多里，同学、同事连续离世者就有六七人。每当深夜难以入睡时，我便尤为担忧，深恐自己的这一大半心血付之东流。谢天谢地！今天总算脱稿了。兴奋之际，拿出日前为此所拟的一首诗来：

荒唐岁月蹉跎久，慨叹荒疏遗憾稠。学海苍茫方即岸，书山幽远未神游。

几星心悟三更露，半盏粟粱守岁馐。向晚纵观千古秀，苍天助我续春秋。

——《西域汉语通行史》脱稿欢歌

这首七律是我在就医中吟成的，当时所写的尾联是“向晚挑灯缝纫苦，以期谢幕有行头”，可以说集中表现了我欲进困难、欲罢不能的焦急、无奈和痛苦心情。现在大功告成，兴奋之至，忽然心中一动，便做了些修改，足可表达我此时的欢快和喜悦。

人生苦短，逃过史无前例的年代，我已进入不惑之年。虽曰“不惑”，但是人生、事业无不满腹困惑。从那时到退休，摸着石头过河，一眨眼二十年飞逝而去。这期间除了受命创办学报、负责常务主编工作的八年，晋升正高职称之后，又受命负责全面开展乌鲁木齐地区中学教师的继续教育、中学校长岗位培训工作，一晃又是六七年。而真正用于自己专业治学的时间实在是太短太短，毫不客气地说，这实在是终生的遗憾。也正是眼下这点念想不息，才有了今日这一皓首请缨的冒昧之举。

回首这人生最后的一次冲刺，韩亚平校长是首先要予感谢的。我的老同事、原乌鲁木齐教育学院院长任伊临教授也是要感谢的。从课题的确定到所需资料的搜集、直到初稿的审读，他们都无时无刻不在帮助我、鼓励我。特别是教育学院的老同事、中华书局编审柴剑虹先生，更是务必要感谢的。他不仅从选题的确定到全书的谋篇给予我帮助，而且还在京帮助查寻资料，直至最后审读、加工全稿并屈尊赐序，一直都予以关注并热情支持。可以说，没有他，没有任伊临、韩亚萍等各位的大力支持，这项工作很可能难以完成。

此外，还要特别感谢新疆博物馆办公室主任郭金龙先生亲自为我提供馆藏珍贵文物的照片等资料。其无私帮助，实为别处无可寻求，更为相关部分的研究起了决定性的作用。

该项目结题之后，学校现领导杨军校长十分重视，立即筹划并决定在经济上予以资助，使其得以付梓。科研处王金生处长自始至终对学校建校数十年来这一个人最大项目极为关切，并最终为我争得了这一校级资助的殊荣，更使我喜出望外。在此谨向学校领导致以诚挚谢意！

乌鲁木齐职业大学传媒学院的徐媛媛(硕士)、单良倩钰(硕士)两位老师自该题立项之后，为该课题做了许多具体工作，付出了辛劳。我四十七年前的学生杨东林(当时读初一)也帮助我拍照并整理有关资料，在此一并致以谢忱。

最后，谨以此书献给我生活、工作了五十年的新疆和新疆各族人民！

谨以此书献给我的业师，已故著名语言学家山东大学殷焕先教授！

雕虫斋主人　马克章　时年七十又五

2013 年 7 月 25 日